“十三五”国家重点图书出版规划项目

丛书主编　钟秉林

中国教育改革40年

学前教育

虞永平　张　斌　等/著

科学出版社

北　京

内 容 简 介

改革开放40年来，我国的学前教育事业走过了一条不断学习、变革、创新、超越的道路，发生了天翻地覆的变化，也面临诸多问题。

本书分为三编，分别从社会事业、育人活动和学术关注的角度，对40年来我国学前教育在办园、管理、经费投入、师资队伍建设、基本观念、保教环境、幼儿园课程、质量评价和学术研究等方面的改革发展进行翔实、深入、客观、理性的阐述与分析；旨在回顾40年来我国学前教育改革发展的历史，发现成就，总结经验，破解问题，概括具有中国特色的学前教育发展模式，为未来我国和国际学前教育的发展提供专业智慧。

本书适合从事教育研究和社会发展研究的人员阅读，也可作为大专院校相关课程的参考用书。

图书在版编目（CIP）数据

学前教育/虞永平等著. —北京：科学出版社，2018.12

（中国教育改革40年/钟秉林主编）

ISBN 978-7-03-060150-6

Ⅰ. ①学… Ⅱ. ①虞… Ⅲ. ①学前教育-教育改革-研究-中国
Ⅳ. ①G619.21

中国版本图书馆CIP数据核字（2018）第285854号

责任编辑：朱丽娜 高丽丽 / 责任校对：王萌萌
责任印制：张 伟 / 封面设计：黄华斌

编辑部电话：010-64033934
E-mail:edu_ psy@mail.sciencep.com

科学出版社 出版
北京东黄城根北街16号
邮政编码：100717
http://www.sciencep.com
北京虎彩文化传播有限公司 印刷
科学出版社发行 各地新华书店经销
*
2018年12月第 一 版 开本：720×1000 1/16
2024年 1 月第三次印刷 印张：18 1/4
字数：345 000

定价：99.00 元

（如有印装质量问题，我社负责调换）

编 委 会

丛书序

（一）

1978年，恢复高考后第一批学子走进大学。1978年，党的十一届三中全会做出改革开放这一关乎当代中国命运的关键抉择。改革开放40年来，中国缔造了震撼世界的奇迹，解决了13亿多人口的温饱问题，实现了最大规模的经济和社会转型，正在实现从人口大国向人力资源强国的历史性转变。

改革开放40年来，中国教育事业迅速发展，成就显著。1978年，我国小学升入初中的比例只有60.5%，高校在校生只有85.6万人；2017年，全国各级各类学校51.38万所，学历教育在校生2.70亿人，专任教师1626.89万人。[①]教育普及程度不断提高，在规模上成为名副其实的教育大国。教育投入平稳增加，教育结构不断优化，教育体制改革不断深化，办学效益逐步提高，人才培养质量不断提升，服务国家、服务人民和参与国际竞争的能力显著增强。

目前，虽然我国教育在结构、质量、体制、管理等方面仍存在这样那样的问题，如人才培养质量与经济社会发展需求还有差距、教育国际竞争力还不够强等，但不可否认的是，40年来教育改革发展取得了举世瞩目的成就，为建设教育强国和

① 教育部．2017年全国教育事业发展统计公报．(2018-07-19) [2018-12-07]. http://www.moe.edu.cn/jyb_sjzl/sjzl_fztjgb/201807/t20180719_343508.html.

人力资源强国奠定了坚实的基础。

（二）

改革开放40年来，我国教育的功能从社会本位向以人为本转变。40年前，党和国家的工作重心转向经济建设，急需提高全民素质，教育承担了重要的社会功能。40年来，教育逐渐强调以人为本，重视学生的全面健康发展。20世纪80年代以来声势浩大的素质教育热潮，21世纪以来倡导“一切为了学生的发展”的课程改革，教育部发布多道“减负令”减轻学生过重的课业负担，国家启动新一轮高考改革等，都是为了改变不科学的教育评价指挥棒，将立德树人作为教育的根本任务。进入新时代，我们期待教育为实现学生全面发展奠基，注重学生批判性思维、创新精神与实践能力的养成，致力于学生全面而有个性的发展，培养德智体美劳全面发展的社会主义事业建设者和接班人。

改革开放40年来，我国教育的战略地位从战略重点逐步上升为优先发展。40年前，教育经费严重短缺，教育发展水平比较低下。40年来，教育的战略地位稳步提升，逐步由经济发展、科技进步、人力资源开发的战略重点上升为优先发展的战略地位。国家财政性教育经费占全国教育经费投入的比例平稳增加，国家财政性教育经费占GDP的比例从2012年起实现了超过4%的既定目标，2017年为4.14%。① 习近平在全国教育大会上强调，“教育是国之大计、党之大计”②。教育的基础性、先导性、全局性地位更加凸显。党和国家高度重视职业教育，提出大力发展职业教育、加快发展现代职业教育，构建现代职业教育体系，提升国民素质；高度重视创新型人才培养，加快建设一流大学和一流学科，提升我国高等教育的综合实力和国际竞争力；高度重视教师队伍建设，提高教师政治地位、社会地位、职业地位。进入新时代，我们期待教育引领经济社会发展，致力于为实现“两个一百年”的奋斗目标，实现中华民族伟大复兴的中国梦做出新贡献。

改革开放40年来，我国教育发展的目标已经从规模扩张转向质量提升。40年前，中国教育发展的任务是“两基”攻坚：基本普及义务教育，基本扫除青壮年文盲。40年来，我国教育的普及化程度全面提高，学前三年教育加快普及，

---

① 中央政府门户网站. 国家财政性教育经费占GDP比例连续6年超4%.（2018-10-17）[2018-12-07]. http://www.gov.cn/shuju/2018-10/17/content_5331510.htm.

② 中央政府门户网站. 习近平出席全国教育大会并发表重要讲话.（2018-09-10）[2018-12-07]. http://www.gov.cn/xinwen/2018-09/10/content_5320835.htm.

毛入园率达到 79.6%；九年免费义务教育全面实施，巩固率为 93.8%；高中阶段教育基本实现普及，毛入学率为 88.3%；高等教育正在快速从大众化阶段迈向普及化阶段，毛入学率达到 45.7%；中等职业教育和高等职业教育已经成为高中阶段教育和高等教育的“半壁江山”。[①]教育领域的主要矛盾已经突出表现为人民群众对优质教育的急迫期盼与优质教育供给不充分、不平衡的冲突，教育公平与质量问题凸显。择校、进城务工人员随迁子女受教育、大学生就业等已经成为社会广泛关注的热点问题。我国教育的发展方式正面临根本性转变，从以规模扩张和空间拓展为主要特征的外延式发展，转变为以提高质量和优化结构为核心的内涵式发展。具体表现在：学前教育要坚持抓好普及与提高保教质量并重；义务教育要兼顾提高巩固率与优质均衡发展；高中阶段教育要坚持多样化发展和特色发展；职业教育要主动适应科技进步和产业革命的需要；高等教育要加快“双一流”建设，实现内涵式发展；民办教育要严格规范和大力扶持，利用市场机制推动教育可持续发展。进入新时代，我们期待更加公平、优质、多样的教育，致力于拓展优质教育资源覆盖面，合理配置有限的优质教育资源，全面提升教育整体水平。

改革开放 40 年来，中国教育信息化发展从无到有，由弱到强。当今世界，信息技术发展日新月异，给世界带来了翻天覆地的变化。我国先后颁布了《新一代人工智能发展规划》《教育信息化 2.0 行动计划》等教育信息化发展战略，教育发展面临着前所未有的机遇与挑战：互联网、大数据、虚拟现实、人工智能等先进信息技术与教育教学深度融合，正在改变着传统的教育教学观念、教学组织形态、教学管理机制、教学方式与学习方式。知识传播方式从传统的单向传递转变为多向互动，教师的角色从知识的传播者转变为学生学习活动的设计者和指导者，学校中的师生关系正在转变为新型的学习伙伴关系。教育界对此要保持敏锐的目光，密切跟踪发展趋势，主动、理性地面对挑战；中小学校和高等学校在为信息科技革命提供人力和智力支撑的同时，要主动适应信息科技与教育融合带来的教育形态和就业市场的变革。进入新时代，我们期待构建信息革命驱动下的教育现代化新形态，同时也呼唤回归生命养成的教育，让学生学会学习，迎接充满挑战的未来社会。

改革开放 40 年来，我国教育体制机制改革逐步深化，现代教育体系和能力

---

① 教育部. 2017 年全国教育事业发展统计公报.（2018-07-19）[2018-12-07]. http://www.moe.edu.cn/jyb_sjzl/sjzl_fztjgb/201807/t20180719_343508.html.

建设取得突破。40年前，教育领域改革的迫切任务是拨乱反正，1977年恢复高考成为我国恢复与重建教育新秩序的开端。40年来，我国教育体制机制改革的重心是简政放权、扩大学校办学自主权，创建现代学校制度，建立与社会主义市场经济体制相适应的教育管理体制；特别是21世纪以来，我国进入深化教育领域综合改革、推进教育治理体系与教育治理能力现代化的新阶段。40年来，我国逐步完善义务教育管理体制，举办农村义务教育的责任主要由政府承担，以县为主，将农村义务教育全面纳入公共财政保障范围，建立中央和地方分项目、按比例分担的农村义务教育经费保障机制。40年来，我国逐步探索高校招生制度改革，更加注重科学性、自主性、选择性与公平性，人才选拔的标准从知识本位转向能力本位，考试科目从零散分科走向文理融合，考试方式从单一走向多元，招生录取从效率优先转向更加注重公平，强调对弱势群体的补偿。40年来，我国多渠道拓展经费投入，逐步引入市场机制，民办教育迅速发展，形成了从学前教育到高等教育、从学历教育到非学历教育，层次类型多样、充满生机活力的发展局面，有效增加了教育服务供给。进入新时代，我们期待建立政府主导、多元参与的中国特色现代化教育治理体系，不断深化教育领域综合改革，实现教育治理能力的现代化。

改革开放40年来，我国教育发展的模式从照搬模仿转向自主探索。1978年，我国掀起了“实践是检验真理的唯一标准”的大讨论，教育也开始在照搬、模仿国外经验的基础上，探索中国特色发展道路。习近平同志在全国教育大会上的重要讲话中强调指出：“在实践中，我们就教育改革发展提出一系列新理念新思想新观点，主要有以下几个方面，坚持党对教育事业的全面领导，坚持把立德树人作为根本任务，坚持优先发展教育事业，坚持社会主义办学方向，坚持扎根中国大地办教育，坚持以人民为中心发展教育，坚持深化教育改革创新，坚持把服务中华民族伟大复兴作为教育的重要使命，坚持把教师队伍建设作为基础工作。这是我们对我国教育事业规律性认识的深化，来之不易，要始终坚持并不断丰富发展。”[①] 教育发展的模式要根据各国不同的历史传统、现实国情和发展方向来进行抉择，不能走趋同的道路。进入新时代，我们期待培养具有中国灵魂、国际视野、国际理解力与参与能力的世界公民，探索教育发展的中国经验与中国方案，为教育国际化做出中国贡献。

---

① 中央政府门户网站．习近平出席全国教育大会并发表重要讲话．(2018-09-10) [2018-12-07]. http://www.gov.cn/xinwen/2018-09/10/content_5320835.htm.

《论语·为政》有云，“四十而不惑”。回首40年来我国波澜壮阔的教育改革发展历程，这是中国教育史上浓墨重彩的一笔，也必将引起国际社会的广泛关注。可以预见，中国教育在国际舞台上将扮演越来越重要的角色。

2018年教师节，党中央召开了具有历史意义的全国教育大会，习近平同志在大会上作了重要讲话。全国教育大会在新的历史起点上开启了教育事业新征程，对加快推进教育现代化、建设教育强国、办好人民满意的教育进行了总体部署，为未来我国教育改革发展指明了方向。展望新时代，就是要扎根中国大地办教育，坚持中国优良文化传统，拓展国际视野，追求质量卓越，促进教育公平，建设教育强国。

（三）

科学出版社乔宇尚编辑策划的“中国教育改革40年”丛书为“十三五”国家重点图书出版规划项目，聘请国内教育学界的权威专家和知名学者担任主编，丛书包括10卷：《学前教育》（虞永平 张斌）、《义务教育》（宋乃庆 陈婷 张辉蓉）、《高中教育》（朱益明）、《高等教育》（张应强）、《农村教育》（范先佐）、《教育信息化》（黄荣怀 王运武）、《民办教育》（周海涛）、《学校德育》（冯建军）、《高考改革》（郑若玲）、《职业教育》（石伟平 匡瑛），力图从不同层次、不同领域、多角度展示改革开放40年来中国教育的改革进程、发展成就、改革经验和最新进展。

《学前教育》分为三编，分别从社会事业、育人活动和学术关注的角度，对40年来我国学前教育在办园、管理、经费投入、师资队伍、基本理念、保教环境、课程建设、质量评价和学术研究等方面的改革发展进行了客观、理性的阐述与分析。该书旨在回顾40年来我国学前教育改革发展的历史，揭示成就，总结经验，破解问题，概括具有中国特色的学前教育发展模式，为未来我国和国际学前教育的发展提供专业智慧。

《义务教育》在《中国义务教育发展报告》《义务教育第三方评估报告》《中国基础教育改革与发展》等系列研究成果的基础上，坚持辩证唯物主义，定量与定性相结合，点面结合，尤其注重史料、数据、典型经验案例等支撑，回眸改革开放40年中国义务教育发展的伟大历程，总结改革开放40年中国义务教育改革的成就和经验，反思存在的问题和不足，并提出对策建议，凝练改革开放40年义务教育改革发展的中国模式。

《高中教育》从普通高中教育发展与制度体系、教育经费投入、课程改革、教师培养与培训、现代高中学校管理、现代高中学校制度、薄弱学校改进与普及攻坚等七大方面，系统介绍了普通高中改革与发展的政策轨迹与实践成效。面对新时代中国教育现代化发展要求，分析了当前中国普及高中教育面临的新形势，提出了改革与发展的行动策略和普通高中学校改革的逻辑建构。

《高等教育》遵循两条基本思路：一是全面反映40年来我国高等教育改革发展的历史进程和重要成就，从学术角度系统总结我国高等教育改革发展的成果、经验及面临的问题，概括高等教育改革发展的中国模式和中国道路。二是遵循"合一分一合"的逻辑，以主题或专题形式，抓住主要方面，对我国高等教育40年的改革发展做出准确概述和客观评价，体现研究性和学术性。专题包括：高等教育大众化、高等教育体制改革和结构调整、高等教育质量建设、世界一流大学建设、高等教育体系建设、学位与研究生教育、高等教育法治化建设、高等教育对外开放与国际合作等。各个专题研究在坚持全面和准确概述的基础上，力求突出核心问题，体现创新性。

《农村教育》将关注的重点放在农村教育财政体制、农村中小学布局调整、农村中小学教师队伍建设、流动人口子女教育、农村贫困地区教育发展、农村小规模学校与大规模学校建设、农村学生资助等涉及我国农村教育发展的重要方面，就40年来党和政府在这些方面所采取的举措、取得的成效、积累的经验进行深入分析和系统总结，力图概括农村教育发展的中国模式和中国道路，发出中国声音，为国际农村教育的发展贡献中国智慧。

《教育信息化》回顾与剖析中国教育信息化改革与发展40年历程，将教育信息化发展历程分为计算机教学起步、计算机教育发展、基础设施建设大发展、教育信息化应用水平大力提升、特色教育信息化发展五个阶段，并展望了教育信息化未来发展趋势。该书以教育信息化领域权威性、国际性、引领性和战略性为追求目标，以推动中国教育改革和发展为根本宗旨，助力实现中国伟大的"教育梦"。

《民办教育》以民办教育40年发展历程为主线，以民办教育法律法规为依据，坚持改革导向、问题导向和政策导向，针对民办教育总体概况、民办教育发展数据变化、民办教育法律制度变迁、民办教育规范和管理、民办教育扶持和服务、民办学校办学体制机制、民办学校育人特色、民办教育未来展望等重要问题进行客观分析，总结改革成效，剖析突出问题，提出具体建议，努力为民办教育改革发展提供一定的理论支持和实践参考。

《学校德育》以改革开放40年德育发展的历史为经，以学校德育要素为纬，依照“总一分一总”的思路，全面回顾总结了改革开放40年德育发展的阶段、特点与经验，并从德育方针与政策、德育价值与目标、德育内容与课程、德育教学与实施、师德与德育队伍、德育理论研究与德育模式探索等方面分析了40年的变革及发展趋向，最后以习近平新时代中国特色社会主义思想为指导，分析新时代我国德育面临的机遇与挑战以及未来的发展。

《高考改革》在概述高考制度发展的基础上，对高考的形式、科目、内容、录取等高考制度各主要方面的发展与改革进行细致梳理，对其中一些较为突出的问题进行深入分析，并对高考制度的最新改革进行追踪与反思。研究成果既是对高考制度发展与改革的学术加工与思考，可以丰富相关理论成果，又可为高考综合改革实践提供学理支持，平稳推进改革进程。

《职业教育》总括性地描述改革开放40年职业教育事业发展的基本阶段、主要成就、核心特征；在此基础上分别聚焦8个职业教育发展中的核心问题进行深入研究，涉及理念变迁、体系建构、办学模式嬗变、专业课程改革、师资培养培训、农村职教改革、德育改革和国际化发展；最后基于对新时代背景的分析，提出中国职业教育未来发展的路径。

综上所述，丛书力图展示1978—2018年我国教育改革与发展的历史进程和重要成就，梳理国内学者在各专业领域的研究和探索，系统总结我国教育改革与发展的成果、经验及面临的问题。丛书旨在讲述中国教育故事，增强文化自信；总结中国经验，提高文化软实力；探寻中国教育模式，扩大中国教育国际影响力。希望丛书的出版，能够为广大读者提供参考和借鉴。

（四）

教育是梦想和希望的载体，我们都在憧憬教育的未来，构筑教育现代化的中国梦。

未来的教育，将是体现“有教无类”教育理念的公平的教育，每个公民都可以在学习型社会框架下，随时、随地、随意地学习，不断丰富和完善自己；未来的教育，将是体现“因材施教”教育理念的多样化的教育，每个公民都可以接受适合自己的教育，彰显个性和特长；未来的中国教育，将是体现“人尽其才”

教育理念的高质量的教育，每个公民都可以在学习中成长，在服务国家和社会的过程中实现自我价值。

当前，我国教育已经进入深化综合改革、加强内涵建设、优质均衡发展的新时代，现实与理想的距离在不断拉近。我们有充分的理由相信，只要认真学习贯彻落实党的十九大精神和习近平同志在全国教育大会上重要讲话的精神，坚定不移地走中国特色教育发展道路，坚持改革开放，励精图治、锐意创新、厚积薄发，中国教育一定能够取得更大的发展成就，建设教育强国和人力资源强国的战略目标一定能够早日实现。

对此，我们充满期待。

是为序。

钟秉林

2018 年 12 月 7 日

目录

绪论

中国学前教育发展40年

到2017年，我国共有幼儿园25.50万所，在园儿童4600.14万人，幼儿园教职工419.29万人，专任教师243.21万人，学前教育[①]毛入园率达到79.6%。这是世界上最庞大的学前教育体系。对于一个经历波折的发展中大国而言，建立并运行这样一个体系，是一个充满艰辛和挑战的过程，需要政府的意志和决心，需要法律的保障和维护，需要公众的共识和支持。比起1978年188万在园儿童和10.6%的毛入园率，今天的学前教育发生了翻天覆地的变化。[②]改革开放40年来，我国的学前教育虽然也有曲折坎坷和停滞不前，但这无法掩盖总体发展路程的波澜壮阔、峰回路转、高歌猛进。这40年的发展历程，是不断回归儿童和回归学前教育本质的过程，是国家对学前教育不断重视和加强的历程，是公众对学前教育的认识不断深化、需求不断提高的历程，是学前教育不断规范化和科学化的历程，也是学前教育不断提升内涵和质量的历程。总结40年来学前教育的发展历程，是学前教育事业持续稳定发展的需要，是学前教育事业继往开来、不断创新发展的需要，更是促进中国儿童不断健康成长的需要。

回顾改革开放40年来学前教育的发展，有必要认清学前教育发展的基础，关注影响学前教育发展的核心问题，把握学前教育发展过程中各个要素之间的联系。

① 因时代变迁及政策表述的变化，本书中的部分术语会出现混用现象，特此说明。其中，“学前儿童”与“幼儿”意同，指3岁至入小学前的儿童；“学前教育”与“幼儿教育”意同，指针对3岁至入小学前儿童实施的教育；“幼儿教师”与“幼儿园教师”意同。

② 《中国教育年鉴》编辑部. 中国教育年鉴（1949—1981）. 北京：中国大百科全书出版社，1984：1031.

一、认清学前教育薄弱的发展基础

在“文化大革命”的10年中，学前教育事业受到了极大的冲击，很多幼儿园被迫关停。幼儿师范学校和高等学校学前教育专业停止了招生，大量幼儿园教师改行，专业的幼儿园教师严重缺乏，农村学前教育的发展面临更大的困难和问题。1979年11月6日，中共中央批转了湖南省桃江县委《关于发展农村教育事业的情况报告》，指出“目前我国的教育事业，很不适应农业、工业、国防和科学技术现代化的需要，农村教育存在很多问题……我国已经有了很大发展的教育事业又倒退了”①。桃江县的重要经验之一就是普通教育、业余教育和幼儿教育三种教育一起抓，全面发展农村教育。他们在全县大办农村学前班，培训幼儿教师，加强对幼儿教育的引导和管理，收到了实际的成效，促进了幼儿的发展，也解放了农村劳动力，促进了社会发展。桃江县教育的基础和状况基本上代表了当时广大农村的教育状况，但像桃江县那样重视农村学前教育的地方还是少数。改革开放初期，学前教育基础非常薄弱，人们对学前教育的认识也严重不足。因此，对于学前教育而言，不是加快发展的问题，而是要补基础、提认识、抓动员、稳队伍。

所谓补基础，就是充实和完善学前教育资源，尤其是农村学前教育资源。学前教育资源严重缺乏，不是简单的多少问题，在一些农村地区就是零，很多在农村出生的人没有接受过学前教育。发展学前教育的重点是办机构，无论是幼儿园还是学前班都需要建立起来，有了机构才可能有真正的教育。相对而言，城市的教育部门办园和企事业与街道办园数量虽不充足、布局虽不尽合理，但总体上看，大中城市都有初步的规划。而大部分农村地区学前教育是从无到有的提升，从小学附设学前教育的建设起步，是乡镇农村学前教育发展的重要途径。1983年教育部发布了《教育部关于发展农村幼儿教育的几点意见》，指出在我国这样一个人口众多、经济尚不够发达的国家，发展幼儿教育必须坚持“两条腿走路”的方针，农村以群众集体办园为主，充分调动社（乡）、队（村）的积极性；县城则应大力倡导机关、厂矿企事业单位、街道办园，并支持群众个人办园。与此同时，要积极恢复和发展教育部门办的幼儿园。②

所谓提认识，就是提高对学前教育必要性和重要性的认识，包括提高基层干部和广大群众对学前教育的重要性和必要性的认识。应该说，改革开放40年来，群众对学前教育的认识明显提升，甚至部分群众对学前教育的认识已经“过头”

① 中国学前教育研究会. 中华人民共和国幼儿教育重要文献汇编. 北京：北京师范大学出版社，1999：717.
② 中国学前教育研究会. 中华人民共和国幼儿教育重要文献汇编. 北京：北京师范大学出版社，1999：197.

了，对学前教育作用的认识出现夸大、扭曲的现象。提高基层干部对学前教育价值的认识是发展学前教育的关键，无论是丰富学前教育资源，完善学前教育师资队伍，加强规范化管理，还是建立良好的事业发展机制，都与基层领导对学前教育的认识和决策有关。20 世纪 80 年代后半期，赵寄石教授组织申报了全国教育科学“七五”规划课题“农村幼儿教育的研究”，课题组在对一些县的研究中发现，农村幼儿园建设和发展的水平与当地的社会经济发展不完全呈正向对应关系。乡镇领导的学前教育意识和对学前教育的重视程度是决定农村幼儿教育发展的关键。课题组推出了当时江苏省扬州市邗江县①公道乡②的经验，其核心就是书记、乡长充分重视幼儿教育，关心幼儿园的建设，在办好乡中心幼儿园的同时，办好村办教学点，加强中心幼儿园对村办教学点的支持作用。当初邗江县大部分乡中心幼儿园都已经配备公办教师。

所谓抓动员，是指在提高广大群众认识的同时，动员他们把子女送到幼儿园或学前班接受教育。在经济发达地区，这项工作比较简单，容易推行。改革开放是全方位的，整个社会都卷入了改革开放的洪流，解放劳动力是除了促进幼儿发展之外学前教育的又一项重要功能，办好学前教育就能为社会提供有效的服务，解放家长的劳动力，使其能安心参与社会建设。正像恩格斯在《英国工人阶级的状况》中描述的那样，工业革命和社会生产的发展必然会提出解放妇女劳动力的课题，集中照护和培育儿童是一种有效的方式。从另外一个意义上说，办好学前教育就能促进改革开放，促进社会生产。在经济发展较快的地区，家长送子女入园的积极性很快能得到调动，并成为他们自己实际的需要。在一些经济发展较慢的地区，教师进村入户动员孩子入园的情况还是存在的。改革开放初期，大规模的外出打工潮还没有形成，学前教育的一些基本理念还没有得到有效传播，加上祖辈看护的传统，吸引家长将子女送进幼儿园接受教育也是一项重要的工作。

所谓稳队伍，是指建立一支稳定的、得到基础培训的幼儿教师队伍。改革开放初期，幼儿师范学校正在恢复，大部分幼儿师范学校是从 1979 年以后逐步恢复的，1982 年后才逐步有毕业生，而且当时的幼儿师范学校数量很少，每年招生的数量也比较少。“文化大革命”前的毕业生数量少且年龄偏大，有些已经改行。幼儿教师的缺乏是全国性的问题，尤其是农村地区幼儿教师缺乏的问题更加突出。而教师队伍是学前教育起步的关键，也是影响学前教育质量的核心因素。因此，学校培养和社会招聘“两条腿走路”的教师队伍建设方式就出现了。对幼儿教师学前教育的基本知识、基本技能及基本态度和情感的培训是引导其胜任幼儿教师

---

① 2000 年年末撤销邗江县，以原行政区域设立扬州市邗江区。

② 1987 年 8 月 6 日，撤销公道乡，改建公道镇。

工作的关键。教育部强调了建立一支稳定、合格的教师队伍对于发展农村学前教育的重要性，要求各省都要建立幼儿师范学校，加强各层次的教师培训，妥善解决幼儿园教师的报酬问题，整顿不合格的教师队伍。

改革开放初期，我国的学前教育基础非常薄弱，尤其是农村地区，学前教育基本上处于空白的状态。这样一个发展起点，一方面说明了加快发展学前教育的必要性、紧迫性，预示了发展过程中可能出现的问题、困难和挫折；另一方面也意味着必须采取适合国情的、灵活多样的发展举措，创新发展的路径与方式。

二、把握体制机制这一影响学前教育发展的关键因素

影响学前教育健康持续发展的核心因素是体制机制的建立。体制机制的建立和完善对于各项社会事业来说，都是至关重要的。40年来学前教育改革和发展的事实表明，学前教育发展快、事业稳定的地区，大多有良好的体制机制作保证。因此，建立和完善体制机制，应该成为发展学前教育的第一要务。

体制就是特定的组织架构及其较为稳定的相互关系。它是由组织、机构等实体存在和制度、规范等关系存在两个方面构成的。任何体制一定会涉及数量不等、层次不同的组织及其所包含的人员、资源、规范及职能等多层次的要素，组织内部及不同组织之间的多层次的要素之间构成相对稳定的关系，并在这种关系中发挥各自的机能，这就是体制。因此，体制不是组织和要素的静态存在，而是一个运行着的关系实体。考察一个体制的健全程度，一定要考察体制内各种要素的关系，这些关系的现实表现及其机能的发挥水平就是体制的运行状态。如果某些关系要素出现了偏差或存在不良关系，就会在一定程度上影响体制的运行。从体制发展的进程来看，体制改革是维系体制健康、有效运行的重要举措。为了修缮、激活和增强体制的特定机能，需要一些特定的制度安排、策略措施，这就是机制。机制是体制特定部位的润滑剂和推进器，为了真正有效地推进体制的运行和技能的发挥，使机制达到预定的结果，必须进行机制创新。机制创新一定是以问题为导向，以推进机制运行和提高效能为目的，创新的重点是制度和举措。体制改革和机制创新成为一项事业发展必不可少的驱动力量。

学前教育体制是有关学前教育机构与学前教育规范的结合体，其中学前教育机构指的是学前教育的实施机构和学前教育管理机构，是学前教育体制的载体；学前教育规范是指建立并维持学前教育机构正常运转的规章制度，是学前教育体制的核心。学前教育机制反映的是学前教育现象各部分之间的相互关系及其运行方式，包括行政（计划式的机制）、指导（服务式的机制）和监督（服务式的机

制）3 种；从功能的角度而言，则包括激励机制、制约机制和保障机制 3 种。学前教育体制机制涉及学前教育的投入、办园、管理、质量监控等众多方面的内容。其中，最核心的是投入问题。投入是体制机制运行的动力来源，也是体制机制中对其他相关因素影响最大的方面。在学前教育体制机制改革中，重点和难点就在于投入的改革。我国的学前教育实行成本分担制，政府和家长共同承担学前教育成本。我国幼儿园办学主体多样，幼儿园的性质和收费方式不同，成本分担的方式也各不相同，也就是说，幼儿园的办园主体和投入方式是多样且复杂的。

学前教育投入改革是体制机制的核心和重点。投入的原则是保资源、保运行及保质量。通过投入，不断满足幼儿的入园需求，满足幼儿园运行的需求，确保幼儿园基本的教育质量。因此，“入园难”、教师收入低且不稳定、幼儿园环境材料缺乏等问题都是与投入紧密相关的。国家倡导建立公益普惠的学前教育体系，这是面向广大普通群众的，也是广大人民群众的迫切愿望。这意味着政府在学前教育投入中应起到重要的核心作用。公益普惠的学前教育意味着学前教育是社会公益事业，是重要的民生事项，是重要的公共服务，政府应加强投入，确保学前教育的公益和普惠性质。与世界发达国家和其他金砖国家相比，我国公共财政对学前教育的投入是不足的。2015 年，我国财政性学前教育经费占教育经费的 3.88%，学前教育经费占 GDP 的 0.16%，远远落后于学前教育普及率较高、发展势头较好的国家和地区。①OECD 国家在学前教育阶段（3 岁到入小学之前），分担成本的比例高达 83%。②因此，必须加大对学前教育的投入，真正实施国务院领导、省级统筹、以县（市、区）为主的投入体制，确保学前教育经费占财政性教育经费的比例稳定在 6%以上，确保学前教育有质量地运行。要进一步加强对学前教育的投入，才能确保学前教育持续稳定地发展。从全国范围看，依然存在着学前教育资源不足的问题。普惠性资源尤其是较高质量的普惠性资源的供需矛盾尤为突出。一方面，按照《教育部等四部门关于实施第三期学前教育行动计划的意见》的要求，到 2020 年，全国学前三年毛入园率要达到 85%，普惠性幼儿园覆盖率达到 80%左右。因此，在未来的几年中，学前教育资源的刚性需求是确定的。另一方面，全国不少地区幼儿园班级容量较大，安全隐患多，儿童的生活和学习质量受到严重影响，要将每班幼儿调整到国家规定的标准，需要增加大量的资源。加上单独二孩政策实施后的第一批幼儿 2017 年已经入园，有些幼儿园已经感受到了新的入园压力，资源不足的问题将更加突出。因此，必须持续增加普惠性资源，

① 2013 年，经济合作与发展组织（Organization for Economic Co-operation and Development，OECD）中的国家学前教育经费占 GDP 的比例平均为 0.8%；俄罗斯、智利和巴西也在 0.6%以上，数据来源于 UNESCO 数据库。

② OECD. Starting Strong 2017: Key Indicators. Paris: OECD Publishing, 2017: 99.

否则，不但现有的无证园无法得到有效控制，还会新增无证园。无证园是儿童成长的重要隐患，取缔无证园的最有效措施就是不断增加公益普惠性幼儿园。

要加强投入，完善体制机制，关键在于更新决策者对学前教育的认识，改进学前教育价值观念。如果还是认为学前教育是可有可无的，那么就难以落实对学前教育的投入。党的十九大将“幼有所育”作为重要的民生事项，提出要办好学前教育。这就要求我们进一步普及学前教育，让更多的儿童获得接受学前教育的机会；要进一步加强对学前教育的投入，努力增加公益普惠的学前教育资源，改善教师的待遇，提升学前教育质量。我国的学前教育还面临很多的问题，如发展后劲儿不足、运行水平不高，离人民群众的要求还有很大的距离。要深刻认识到学前教育是构筑国家未来财富的事业，也是提升国家未来人才竞争力的事业。很多国家都在积极普及学前教育，“幼有所育”已经成为一种国家责任，成为一种世界潮流。2010年以来的事实表明，对学前教育的投入与各地经济发展水平是相关的，更与政府对学前教育的认识紧密相关。学前教育是关系到国家和民族未来的大事。正如联合国教育、科学及文化组织（United Nations Educational，Scientific and Cultural Organization，UNESCO）前总干事马约尔所言：“我们留下一个什么样的世界给子孙后代在很大程度上取决于我们给世界留下什么样的子孙后代。”[①] 西方国家高度重视学前教育，把学前教育看成是看不见的、保护未来的“军事力量”。例如，美国《先行计划法》《儿童保育与发展固定拨款法》《美国2000年教育目标法》《幼儿教育五年计划》《不让一个孩子掉队法案》等，甚至《国防法案》都强调了早期教育对于儿童、家庭和国家的重要性，体现了抢占未来制高点的新智慧，充分体现了国家对发展学前教育的决心和意志。只有站在国家战略的高度上，才能对发展学前教育从高处设计、从长远规划、从现实推进。[②]

三、关注政府这一引领学前教育发展的关键力量

学前教育体制机制需要政策和制度引领。40年来，政府通过一系列的政策文件引导学前教育的发展，在确定学前教育发展方向、解决学前教育重大问题等方面发挥了积极有效的作用。40年的发展历史，就是国家关于学前教育发展的大政方针不断明确和落实的过程，是国家有关学前教育的政策、法规不断完善的过程，也是国家对学前教育发展牵引作用的认识不断加强的过程。梳理改革开放40年来学前教育发展的历史，我们可以看到，不同的历史时期，政府抓住重点问题，因

① 联合国教科文组织. 世界教育报告（1998）. 北京：中国对外翻译出版公司，1998：前言.

② 虞永平. 办好学前教育是新时代的号令. 中国教育报，2017-12-17（1）.

势利导，引导学前教育不断改革和发展。

（一）“拨乱反正”和建立体制阶段

在“文化大革命”的10年中，我国的学前教育处于混乱的状态和较低的水平。“大量园所被解散，房舍被挤占，设备被破坏，幼儿师范学校等培训保教人员的机构几乎全部被砍掉，托幼事业遭到严重摧残。”①粉碎“四人帮”以后，各地积极恢复学前教育，解决学前教育发展中的基础问题，入园率得到提升，师范院校逐步得到恢复和新建。但还是存在不少较为严重的问题，如园所数量少，保教质量低，远远不能满足儿童入园的需要，不少托儿所、幼儿园房屋狭窄、失修，设备很差，无户外活动场地，有的存在环境污染问题，危害儿童健康；保教人员社会地位低，待遇差；教材、教具、图书、玩具严重不足，儿童所需的副食品供应缺乏保障，部分儿童营养不良。除了“文化大革命”的影响，出现以上问题还在于政府对学前教育重视不够，没有纳入国家计划，缺乏统一的领导，学前教育经费没有切实的保证。②

为此，1979年教育部、卫生部、国家劳动总局、中华全国总工会和中华全国妇女联合会召开了全国托幼工作会议，分析了学前教育存在的问题及其根源，提出了解决当前学前教育问题的政策建议，并成立了国务院托幼工作领导小组。会议的主要建议是：①加强托幼工作的统一领导和分工合作。明确了成立国务院托幼工作领导小组。对各级政府发展学前教育的责任和政府各部门管理学前教育的责任进行了明确和规范，具有重构我国学前教育体制机制的重要价值，对学前教育的恢复和发展起到了十分重要的作用。②积极解决托幼工作的经费及保教人员工资、劳动保险和待遇问题，提出依靠国家、集体、社会、个人等各个方面，采用多种方法，解决好经费来源问题。其实就是明确了学前教育成本的分担机制，明确了各级政府及政府相关职能部门在解决学前教育经费问题中的作用。③坚持“两条腿走路”的方针，即政府办园和社会力量办园同步进行，相互补充，恢复、发展、整顿、提高各类托幼组织，核心是动员有力量的社会组织举办托幼机构，通过多种形式发展学前教育，增加教育资源，满足社会需求。④建立一支又红又专的保教队伍。其主要任务是通过师范院校培养和培训幼儿教师队伍，不断提高幼儿教师的质量和水平。⑤努力提高保教质量。对保教工作提出了明确的要求，国家将进一步制定政策规范幼儿保教工作，不断提高保教工作的质量。③

① 中国学前教育研究会. 中华人民共和国幼儿教育重要文献汇编. 北京：北京师范大学出版社，1999：115.
② 中国学前教育研究会. 中华人民共和国幼儿教育重要文献汇编. 北京：北京师范大学出版社，1999：116.
③ 中国学前教育研究会. 中华人民共和国幼儿教育重要文献汇编. 北京：北京师范大学出版社，1999：117-122.

《全国托幼工作会议纪要》对改革开放初期我国学前教育的发展和稳定起到了重要的作用，尤其是对我国学前教育体制机制的建立以及明确各级政府和政府各职能部门对发展和管理学前教育的责任起到了极其重要的作用。此后教育部颁布的《城市幼儿园工作条例（试行草案）》，卫生部、教育部颁布的《托儿所、幼儿园卫生保健制度（草案）》，教育部颁布的《幼儿师范学校教学计划试行草案》《教育部关于发展农村幼儿教育的几点意见》等文件，包括20世纪80年代中后期教育部门与其他部门联合出台的关于幼儿园教师编制、幼儿园建设规范、幼儿园面积、幼儿园收费等相关政策，都是这个时期落实学前教育恢复、发展、整顿、提高的重要的引导性文件，是针对学前教育事业发展现状的一套组合性政策，一定程度上体现了国务院各部门之间的分工协作、密切配合。这些政策为我国学前教育走上发展的快车道提供了保障。

（二）依法管理和稳定发展阶段

20世纪80年代以后，我国的学前教育持续稳定发展，受益儿童日益增加，办园条件不断改善，教育质量不断提升，与整个国家的改革开放形势密切呼应，依法管理和依法办园的理念日益深入人心。《幼儿园管理条例》《幼儿园工作规程（试行）》的颁布和实施，对我国学前教育的深入发展起到了积极的作用。国家教育委员会在关于实施《幼儿园管理条例》《幼儿园工作规程（试行）》的意见中明确指出，两个法规的实施，将使幼儿教育逐步走上依法治教的轨道，推动幼儿教育健康发展和管理工作的科学化。《幼儿园管理条例》《幼儿园工作规程（试行）》规定了国家对幼儿园的基本要求和管理的基本原则，是举办、管理和评价幼儿园的基本依据。各地应根据需要，按照职责、权限，制定相应的地方性行政法规和必要的规章、制度。①因此，《幼儿园管理条例》《幼儿园工作规程（试行）》不仅引导和规范各项教育和管理工作，也引导和鼓励各地落实依法治教的理念，在我国学前教育法规发展史上已经产生重要的影响。

《幼儿园管理条例》是规范幼儿园管理工作的重要法规。该条例明确了幼儿园的职能和目的；明确了地方人民政府在发展和规划幼儿园中的责任；明确了幼儿园的管理实行地方负责、分级管理和各有关部门分工负责的原则；明确了教育职能部门的主管作用。这是国家法规对学前教育管理体制的重要确认。该条例规定了举办幼儿园的基本条件和审批程序、幼儿园保育教育工作的基本要求、幼儿园的行政工作等，为各级政府部门管理幼儿园提供了法规依据，有利于进一步管理和依法办园。该条例对各地制定学前教育政策，开展学前教育督察，强化学前教

① 中国学前教育研究会. 中华人民共和国幼儿教育重要文献汇编. 北京：北京师范大学出版社，1999：304-305.

育管理，以及完善学前教育管理制度，起到了重要的引领作用。

《幼儿园工作规程（试行）》是规范幼儿园内部各项工作和各类人员的重要法规，是引导幼儿园开展各项工作的重要指针。该文件规定了幼儿园的性质、任务和培养目标，对幼儿园的招生、编班，幼儿园的卫生保健，幼儿的教育，幼儿园的园舍、设备，幼儿园的工作人员，幼儿园的经费，幼儿园与幼儿家庭的协作配合，以及幼儿园的管理工作，都做了具体明确和可操作的规定。该文件对幼儿园办园起到了重要的指导作用，是幼儿园各项工作的指南，有助于幼儿园的规范办学，消除安全和卫生隐患，确保教师专业化，有助于提高幼儿园的教育质量。

值得注意的是，《幼儿园管理条例》《幼儿园工作规程（试行）》既充分体现了现代学前教育的立场和理念，继承陶行知、陈鹤琴和张雪门等教育家的思想，关注儿童，关注生活，关注经验，又能体现当代儿童心理和学前教育研究领域相关理论，是既立足现实又与国际接轨的重要法规，在几十年的学前教育实践中得到了检验和修正，对未来学前教育具有一定的引领作用。

随着两个法规的颁布和实施，人们对法律和法规在学前教育发展中的作用的认识越来越深入，对学前教育立法的呼声也越来越强烈。人们期待加快学前教育立法，为学前教育的可持续发展保驾护航。在全面依法治国的背景下，学前教育立法已经成为当务之急。一级教育的普及与提升必须有立法的保障，这也是世界各国教育发展的主要经验。因此，要从法律上确认学前教育对人生发展、家庭及对国家民族的价值，确保学前教育的地位，确保政府的投入，确保幼儿教师的地位和待遇，真正使学前教育走出洼地，稳步前行。另外，要通过立法，尽快建立健全学前教育经费保障的长效机制。近几年，各地建立了大量幼儿园，但在运行保障方面的问题还比较多，机制尚未真正建立起来。要想保证学前教育持续健康发展，真正实现普惠，关键是要建立长效投入机制。

（三）学前教育快速发展和普及阶段

2010年以来，是我国学前教育快速发展和普及的时期，也是学前教育被政府和公众高度关注的时期。进入21世纪，我国的学前教育在发展过程中遇到了一些问题和困难。有一些地方教师队伍不稳定，专业素质下降，个别教师还产生了虐童行为。幼儿园数量增长缓慢，有些地方还出现了减少的情况。公办幼儿园更是发展缓慢甚至大幅减少，“入园难”成为公众关注的重要问题，在一些地方出现了“入园贵”的情况，学前教育质量较低。总之，学前教育还难以满足广大人民群众的要求，人民群众对发展学前教育的呼声强烈。

国务院高度重视学前教育存在的问题，2010年11月2日温家宝考察幼儿园，并就学前教育的发展问题进行调研，11 月 3 日温家宝主持召开国务院常务会议，研究部署当前发展学前教育的政策措施。会议指出，学前教育是国民教育体系的重要组成部分，是重要的社会公益事业。办好学前教育，关系亿万儿童的健康成长和千家万户的切身利益，关系国家和民族的未来。改革开放特别是进入 21 世纪以来，我国学前教育取得长足发展，普及程度逐步提高。但总体上看，学前教育仍是各级各类教育中的薄弱环节，教育资源严重不足，城乡发展不平衡，师资队伍不健全，一些地方"入园难"的问题突出。因此，必须充分认识发展学前教育的重要性和紧迫性，把发展学前教育作为保障和改善民生的重要内容，按照公益性和普惠性的原则，坚持政府主导、社会参与、公办民办并举，破除体制机制障碍，建立覆盖城乡、布局合理的学前教育公共服务体系，保障适龄儿童接受基本的、有质量的学前教育，促进幼儿健康快乐成长。会议提出了发展学前教育的五项措施：①扩大学前教育资源；②加强幼儿教师队伍建设；③加大学前教育投入；④强化对幼儿园保育教育工作的指导；⑤完善法律法规，规范学前教育管理。

在此基础上，国务院发布了《国务院关于当前发展学前教育的若干意见》（简称"学前教育国十条"）。"学前教育国十条"从十个方面对学前教育的发展提出了要求：①把发展学前教育摆在更加重要的位置。②通过多种形式扩大学前教育资源。③通过多种途径加强幼儿教师队伍建设。④通过多种渠道加大学前教育投入。⑤加强幼儿园准入管理。⑥强化幼儿园安全监管。⑦规范幼儿园收费管理。⑧坚持科学保教，促进幼儿身心健康发展。⑨完善工作机制，加强组织领导。⑩统筹规划，实施"学前教育三年行动计划"。这十条意见，有些涉及提高对学前教育重要性和价值的认识问题，有些是对学前教育公益性和普惠性的确认和强调，有些涉及发展学前教育的政策和具体举措，有些是加强学前教育的专项举措。总之，"学前教育国十条"涉及更新理念、扩大资源、加大投入、规范准入、优化管理、提升队伍等方方面面，是将学前教育带出低谷的重要牵引性文件，为学前教育的进一步发展指明了方向。

在"学前教育国十条"的引导下，国家出台了一系列发展学前教育的政策和举措，加大了对学前教育的投入，尤其是对中西部地区的学前教育进行了前所未有的投入，大力推动了中西部学前教育资源的补充和扩大，西部地区自 2010 年以来，成为学前教育发展最快的地区之一。"学前教育国十条"中提出的"学前教育三年行动计划"得到了有效的落实，各级政府在制订和实施"学前教育三年行动计划"的过程中，加大了对学前教育的投入，加强了对学前教育的管理，与正在实施的三期"学前教育三年行动计划"实实在在地促进了我国学前教育的改革和发展。大部分省（自治区、直辖市）政府都出台了发展学前教育的文件，部署和规划本地学前教育的发展。因此，今天的地方政府比任何一个时期对学前教育都更具有规划意识，更具有投入意识，更具有管理意识。

在总结改革开放 40 年来学前教育发展的过程中，除了关注以上几个方面，还应整体关注影响学前教育发展各个方面的因素。学前教育是一个系统工程，学前教育的发展需要各种力量相互支撑、协调发展。学前教育的发展需要进行教师队伍的建设，建设一支数量充足、具有专业性的教师队伍是学前教育发展所必需的。在过去 40 年中积累了很多关于教师队伍建设的经验，丰富和发展了教师教育的理论，当然，也还有很多的挑战和问题。学前教育的发展一定与课程改革分不开，在过去的 40 年中，课程改革如火如荼，幼儿园课程精彩纷呈，素质教育不断深化，科学的儿童观、教育观不断得到落实，幼儿园活动的面貌发生了很大的改变，当然也出现了很多的困惑和偏差。学前教育的发展离不开科学研究，在过去的 40 年中，儿童发展、课程教学、卫生保健、学前教育基本理论等领域的研究不断深入，同时幼儿园管理及学前教育政策等领域的研究也得到了关注，为学前教育的持续健康发展提供了理论支撑，当然学前教育还有很多值得关注的研究领域。全面系统地总结改革开放 40 年来学前教育的发展，是历史的要求，是未来发展的要求，也是每一个学前教育工作者内心对自己的要求。

上编　作为社会事业的学前教育

第一章

办园体制机制的改革与发展

办园体制机制的改革与发展是改革开放 40 年来中国学前教育体制机制改革的重要内容。办园体制机制关涉的是"谁能办""如何办"等问题，是影响学前教育资源提供的核心要素，也是影响学前教育管理体制、财政体制改革的重要因素。改革开放 40 年来，办园体制与机制始终处于不断调整与变化的历程中，从其历史演进中可以发现学前教育发展与变革受制于整个社会经济体制改革，尤其是计划经济体制向市场经济体制的转换。社会经济改革既为中国学前教育发展带来了生机与活力，也加速暴露出办园体制机制存在的种种问题。经过 40 年的调适与改革，学前教育坚持了政府、市场、社会共同参与的多元化办园主体，并逐步形成了政府主导的公办民办并举的格局，朝着建设"广覆盖""保基本""有质量"的学前教育公共服务体系的方向努力。

第一节　办园体制机制的历史演进

一、1978—1992年：公办园为主体，社会力量逐步参与办园

中华人民共和国成立初期至改革开放以前，政府对包括私立幼儿园在内的私立学校进行了接管，政府成为主要的办园主体，同时调动了厂矿、企业等主体，这一时期幼儿园基本上全部为公办。具体而言，在城市中，幼儿园主要由教育部门、厂矿、企业、机关、团体及群众举办，在农村中则提倡由农业生产合作社举办。1978年党的十一届三中全会的召开，拉开了学前教育办园体制改革的序幕，办园不再由国家包揽，社会力量尤其是个人逐步参与办园，这一时期整体办园数量增长明显。

1979年全国托幼工作会议的召开对学前教育办园体制改革起到了重要的推动作用。1979年10月11日，《中共中央、国务院转发〈全国托幼工作会议纪要〉的通知》中强调要继续坚持和巩固“两条腿走路”的方针，“依靠国家、集体、社会、个人各个方面，采用多种办法，解决好经费来源问题”[①]，“继续提倡机关、部队、学校、工矿、企事业等单位积极恢复和建立哺乳室、托儿所、幼儿园”，“单位小或孩子少自办有困难的，大力推动按系统办、与附近单位联合办、或单位和街道合办”[②]。

随着办园需求的增长，个人举办幼儿园的数量逐步增加，改革开放初期，个人与其他社会团体被统称为“社会力量”。1982年《中华人民共和国宪法》提出“国家举办各种学校，普及初等义务教育，发展中等教育、职业教育和高等教育，并且发展学前教育”，并提出“国家鼓励集体经济组织、国家企业事业组织和其他社会力量依照法律规定举办各种教育事业”。[③]这是社会力量首次出现在具有最

① 中国学前教育研究会. 中华人民共和国幼儿教育重要文献汇编. 北京：北京师范大学出版社，1999：118.
② 中国学前教育研究会. 中华人民共和国幼儿教育重要文献汇编. 北京：北京师范大学出版社，1999：120.
③ 中国学前教育研究会. 中华人民共和国幼儿教育重要文献汇编. 北京：北京师范大学出版社，1999：2.

高法律效力的宪法中，并被承认是举办教育事业的主体之一，无疑为社会力量包括私人参与办园提供了重要的制度保障。同时，改革开放的深入，个体经济逐渐蓬勃发展，而个人办园的积极性也大为提高。例如，温州等地已经出现了个体举办的幼儿园快速发展的状况，个体幼儿园的出现，一方面说明个体办园的权利得到确认，另一方面说明了政府办园的严重不足，市场经济的理念进入教育领域，对学前教育的公益性是具有一定冲击的。

1984 年教育部转发《北京市社会力量办学试行办法》时再次强调，“社会力量举办的各类学校，是我国社会主义教育事业的组成部分。各级政府教育部门必须予以充分重视，加强领导和管理”①。《北京市社会力量办学试行办法》中对社会力量办学的组成进行了界定，是指“北京市的各民主党派、群众团体和经过正式批准成立的社会团体、学术团体（不含筹备机构）以及公民个人举办的各种教育事业”②，并强调社会力量办学是国家、集体组织和企业事业单位办学的必要补充，同时也要求社会力量办学必须经市、区、县人民政府有关部门批准。1988 年国家教育委员会发布《社会力量办学教学管理暂行规定》，正式从行政法规层面对社会力量办学行为进行了规范和约束。

除了中央层面颁布的法律法规确认了社会力量作为办园的重要参与者，一些地方政府也陆续出台政策支持和鼓励包括个人在内的社会力量办园。例如，1986 年颁布的《江苏省幼儿教育暂行条例》作为第一部地方学前教育法规，明确提出“鼓励并支持个人办幼儿园”③，而 1986 年 12 月颁布的《江苏省幼儿教育暂行条例实施办法》则明确“鼓励并支持有办园条件和办园能力的个人举办幼儿园”④。到了 1988 年国家教育委员会等部门出台的《国家教委、国家计委、财政部、人事部、劳动部、建设部、卫生部、物价局关于加强幼儿教育工作的意见》首次明确地指出幼儿教育事业“要依靠国家、集体和公民个人一起来办”，并且强调“公民个人举办幼儿园（班），各地人民政府和有关部门应予以扶持并加强指导、管理”⑤。

虽然社会力量逐步参与办园，但在这一时期政府仍然是最主要的办园主体，公办园占有绝对主体地位，民办园数量较少。社会力量办园主要是以教育部门外的集体单位为主体的，真正的个体办园在全国范围内还没有成规模地出现。教育部门办园数量在这个时期增长明显，《全国托幼工作会议纪要》曾提出要“积极

① 何东昌. 中华人民共和国重要教育文献（1976—1990）. 海口：海南出版社，1998：2189-2190.

② 中国学前教育研究会. 中华人民共和国幼儿教育重要文献汇编. 北京：北京师范大学出版社，1999：205.

③ 江苏省教育委员会，江苏省妇女联合会，江苏省总工会. 关于贯彻执行《江苏省幼儿教育暂行条例》的通知. 1979—1999 年江苏省档案馆关于幼儿教育文件资料的汇编（内部资料），卷宗 4013-永久-0253-1987.

④ 江苏省人民政府. 批转江苏省幼儿教育暂行条例实施办法的通知. 1979—1999 年江苏省档案馆关于幼儿教育文件资料的汇编（内部资料），卷宗 4013-永久-0253-1987.

⑤ 中国学前教育研究会. 中华人民共和国幼儿教育重要文献汇编. 北京：北京师范大学出版社，1999：273.

地恢复和发展卫生部门、教育部门办的示范性托儿所、幼儿园，有条件的地方也可以办实验性园所”[①]。数据显示，1980 年全国共有 7495 所教育部门办园，占园所总数的 4.40%，截止到 1992 年，全国共有教育部门办园 20 938 所，占园所总数的 12.14%。[②]

除了积极恢复示范性的教育部门办园，《全国托幼工作会议纪要》也强调机关、工矿企业等单位要积极建立幼儿园。此后，一系列政策文件一再重申“发展学前教育不能由国家包起来”，强调“要依靠国家、集体和公民个人一起来办”，甚至明确提出“幼儿园不仅有全民性质的，大量应属集体性质的，以及由公民个人依照国家法律及有关规定举办的”[③]。因此，各类单位以及群众组织作为城市学前教育的直接生产者仍然在这一时期发挥着重要作用。在中央关于“两条腿走路”的精神的指引下，各地的单位办园和集体办园都得到了快速发展，例如，江苏省仅 1985 年全省就新建厂矿企业托幼园所 377 所，截止到 1986 年上半年，全省已有厂矿企业托幼园所 8734 所，入园入托儿童达到 235 133 人。[④]这些厂矿、企业等多为国有，从性质上而言，这些单位以及机关、部队举办的幼儿园也属于公办园，因此部门办园数量在一定程度上也能够反映公办园的数量。截止到 1992 年，全国其他部门办园有 28 167 所，占园所总数的 16.33%。[⑤]另外，这一时期为了满足女职工的托儿需要，在城市中还有大量由街道、妇联等社会团体举办的集体性质幼儿园，而在农村则存在一定数量的由集体举办的季节性幼儿园（班），1980—1990 年，集体办园比例一直超过了 70%。[⑥]

集体性质的幼儿园一直缺乏较为稳定的经费来源，这一时期为了鼓励集体办园，也陆续出台了一系列扶持政策，并开始制定不同类型幼儿园的收费标准，允许幼儿园根据实际情况实行合理收费。例如，1988 年《国家教委、国家计委、财政部、人事部、劳动部、建设部、卫生部、物价局关于加强幼儿教育工作的意见》指出：“集体性质的幼儿园（班），是群众集资办园的好形式，应予以提倡和鼓励。城镇街道举办的集体性质的幼儿园（班），应实行合理收费，独立核算，自负盈亏。根据中共中央、国务院的有关规定，地方人民政府可酌情对其开办、添

① 中国学前教育研究会. 中华人民共和国幼儿教育重要文献汇编. 北京：北京师范大学出版社，1999：120.

② 1980 年的数据可参见中华人民共和国教育部计划财务司. 中国教育成就：统计资料（1949—1983）. 北京：人民教育出版社，1984：229；1992 年的数据可参见《中国教育年鉴》编辑部. 中国教育年鉴（1993）. 北京：人民教育出版社，1994：88.

③ 中国学前教育研究会. 中华人民共和国幼儿教育重要文献汇编. 北京：北京师范大学出版社，1999：274.

④ 江苏省总工会. 关于当前我省厂矿企业托幼工作情况调查的报告. 1979—1999 年江苏省档案馆关于幼儿教育文件资料的汇编（内部资料），卷宗 4013-长期-0147-1986.

⑤《中国教育年鉴》编辑部. 中国教育年鉴（1993）. 北京：人民教育出版社，1994：88.

⑥ 冯晓霞. 中国教育改革大系·学前教育卷. 武汉：湖北教育出版社，2016：55.

置大型设备及房屋修缮等开支，从地方财政的自筹经费中给予适当补助。”[①]同时，强调“养育子女是儿童家长依照法律规定应尽的社会义务，幼儿教育不属义务教育，家长送子女入园理应负担一定的保育、教育费用。各地应在调查研究的基础上，制订各类幼儿园的收费标准。收费标准由教育部门本着取之于民，用之于民的原则，兼顾实际需要和家长的经济承受能力，提出意见，经同级物价部门核定”[①]。从一定意义上说，这些政策是保公益和保普惠的，有利于幼儿教育持续稳定地发展。

通过坚持“两条腿走路”，鼓励和支持社会力量参与办园，改革开放初期园所数量有了明显增长，从 1978 年的 163 952 所增加至 1992 年的 172 506 所，学前教育资源的供给得到了明显扩充，入园人数从 1978 年的 787.75 万人增加到 1992 年的 2428.19 万人。[②]这一时期，定位于“单位福利”“地方性、群众性”福利事业的学前教育初步迎来了繁荣发展，满足了学龄前儿童的入园需求，但由于过于依赖“单位福利”和群众办园模式，在随后的“单位福利”改革过程中，也被迫对整个办园体制做出了调适。

二、1993—2002 年：国有企事业单位改制背景下的社会化办园

1992 年，中国共产党第十四次全国代表大会召开，明确提出我国经济体制改革的目标是建立社会主义市场经济体制，1997 年中国共产党第十五次全国代表大会报告中进一步巩固了市场在国家宏观调控下对资源配置所起的基础性作用。2000 年 10 月，中国共产党第十五届五中全会通过《中国中央关于制定国民经济和社会发展第十个五年计划的建议》，指出社会主义市场经济体制初步建立，并且要进一步深化改革，完善社会主义市场经济体制。

这一阶段，伴随社会主义市场经济体制改革的逐步推进，国有企事业单位开始逐渐转换经营机制，原有的依靠单位福利供给的学前教育办园模式受到冲击。加上整个社会对于学前教育的需求逐步多样化，这一时期的办园体制改革总体呈现出社会化、市场化方向，一系列政策文件都明确了这一方向。

1993 年 2 月，中共中央、国务院颁发的《中国教育改革和发展纲要》指出，“随着经济体制、政治体制和科技体制改革的深化，教育体制改革要采取综合配套、分步推进的方针，加快步伐，改革包得过多、统得过死的体制，初步建立起与社

① 中国学前教育研究会. 中华人民共和国幼儿教育重要文献汇编. 北京：北京师范大学出版社，1999：273.
② 冯晓霞. 中国教育改革大系·学前教育卷. 武汉：湖北教育出版社，2016：92.

会主义市场经济体制和政治体制、科技体制改革相适应的教育新体制”。在办学体制改革方面，要“改变政府包揽办学的格局，逐步建立以政府办学为主体、社会各界共同办学的体制”①。

1995年9月，出台了《国家教委、计委、民政部、建设部、经贸委、全国总工会、妇联〈关于企业办幼儿园的若干意见〉》，继续强调坚持依靠社会力量发展幼儿教育，有条件的企业继续办好幼儿园，也提出了要积极稳妥地推进幼儿教育逐步走向社会化。对部分的确不具备独立办园条件和具备了分离幼儿园条件的企业，在政府统筹下继续落实通过多种形式办园。但总体上看，政府的统筹作用没有充分发挥，多种形式办园实现得不充分，大部分变成了个人办园。

1997年7月，国家教育委员会印发的《全国幼儿教育事业“九五”发展目标实施意见》再次重申幼儿园办园体制改革的方向是社会化，该意见指出：“幼儿教育既是教育事业，又具有福利性和公益性的特点。随着经济体制改革的深化，应积极稳妥地进行幼儿园办园体制改革，进一步明确各级政府的责任，探索适应社会主义市场经济的办园模式和内部管理机制，逐步推进幼儿教育社会化。”②

这一时期，在国家进行分离企业办社会职能的改革背景下，单位举办的幼儿园数量明显减少。资料显示，辽宁省1992年企事业单位办园共停办323所，占企事业办园的15.9%；上海市1993—1994年撤销企业办园151所，占企业办园总数的26%；北京市、区属企业办园1992年比1991年减少235所，占该类办园总数的10%；广州市694所企业办园中109所停办，占总数的15.7%。③从全国部门办园数量变化来看，1992年全国其他部门办园尚有28 167所，而到了1994年仅剩23 266所，减少了4900余所。④

针对企业办园存在的种种问题，1995年8月，国家教育委员会基础教育司在青岛召开“九城市企业办幼儿园体制改革研讨会”，这次会议着重研究了三个方面的问题：①强调分离企业办社会的职能应该是适度、渐进的。尤其是要贯彻1994年6月17日李岚清同志在全国教育工作会议上的讲话精神，李岚清在此次讲话中提到：“企业在转换经营机制和建立现代企业制度过程中，应继续办好所属中小学、幼儿园，地方教育行政部门应加强对企业办学的业务指导。在建立现代企业制度试点的地方，条件成熟后，在政府统筹下，也可以逐步由企业办学转为社会

① 中国学前教育研究会. 中华人民共和国幼儿教育重要文献汇编. 北京：北京师范大学出版社，1999：355.

② 中国学前教育研究会. 中华人民共和国幼儿教育重要文献汇编. 北京：北京师范大学出版社，1999：470.

③ 比例系研究者计算所得，具体数量可参见梁伟国. 企业“改制”幼儿园路在何方？人民教育，1996（6）：35-36.

④ 1992年的数据可参见《中国教育年鉴》编辑部. 中国教育年鉴（1993）. 北京：人民教育出版社，1994；1994年的数据可参见《中国教育年鉴》编辑部. 中国教育年鉴（1995）. 北京：人民教育出版社，1996.

办学。”[①]②认为青岛所采用的“承办制”是值得推荐的企业办园改革模式。这一模式由企业保障幼儿园的基本办园条件，在保证教职工身份不变、政策性调整工资不变、享受医疗保险的待遇不变的前提下，使幼儿园走上自我补充和自我发展的路子。③强调在企业办园体制改革中政府应出面干预和引导。

1997 年 7 月，国家教育委员会印发的《全国幼儿教育事业“九五”发展目标实施意见》再次重申“在社会保障制度尚未健全，社区服务体系尚不配套的地区，主办单位不能将幼儿园一步推向社会”，尤其是“有条件的企、事业单位还应继续办好所属幼儿园，不得随意关、停、并、转。对于部分不具备独立办园条件和具备了分离幼儿园条件的企、事业单位可本着平稳过渡原则，在政府统筹下，将所办的幼儿园交给当地教育行政部门规划、或由社区办或由具备条件的团体、个人承办，多形式地继续办好”[②]。

虽然一系列教育政策都强调企事业单位不可随意关、停、并、转所属幼儿园，但由于对幼儿园在企事业单位内部的定位不清，没有获得明确的教育属性确认，不同单位采取的改革措施不一，有相当一部分幼儿园仍然被推向社会或者遭遇停办。加上单位办园一直以来缺乏顺畅的投入体制，在国有企业改制过程中，对幼儿园的投入也明显减少，很多幼儿园办园经费则难以为继。1995 年 5 月 2 日出台的《关于若干城市分离企业办社会职能分流富余人员的意见》是最早明确分离企业办社会职能的文件。这一文件没有明确企业办幼儿园属于公益型社会职能还是福利型社会职能，因此在企业办中小学普遍移交地方的同时，企业办幼儿园却纷纷走上了关、停、并、转之路。

单位办园在整个办园格局中占有较大比例，加上依托社区兴办园所并未跟上，因此这一时期的改革对整个办园格局的冲击较大。截止到 2002 年，全国仅剩 9549 所部门办园，相比 1992 年的 28 167 所，10 年中数量锐减了将近 2 万所，部门办园在园所总数中的比例从 16.33%下降到 8.54%，而在园幼儿的比例则从 1992 年的 15.32%下降到 9.29%。[③] 1995—2001 年，全国幼儿园数、在园幼儿数、幼儿入园率呈逐年下降趋势，幼儿园由 18 万余所减少到 11 万余所，在园幼儿数从 2711.2 万人减少到 2021.8 万人，3～6 岁幼儿入园率从 41%降至 34%，学前教育出现明显滑坡。[④]

除了部门办园在这一阶段数量明显减少，部分地区的公办园也在这一时期进

① 何东昌. 中华人民共和国重要教育文献（1991—1997）. 海口：海南出版社，1998：3656.

② 中国学前教育研究会. 中华人民共和国幼儿教育重要文献汇编. 北京：北京师范大学出版社，1999：470.

③ 1992 年的数据根据《中国教育年鉴（1993）》计算所得，2002 年的数据参见教育部网站所公布的统计数据。

④ 董洪亮. 学前教育为何滑坡. 人民日报，2002-04-05（6）.

行转制，例如，2001 年某地区 337 家幼儿园全部改制为民营，引起巨大社会反响。部分公办园在转制过程中由于没有配套措施和政策保障，办园经费缺乏稳定来源，教师收入难以得到保障，从而引发了诸多矛盾和问题，也为下一阶段的办园体制改革带来了诸多思考。

这一阶段幼儿园的转制方式大体有三种类型：①股份制改造。由原属国有企业转让幼儿园资产，以补偿幼儿园老职工的福利和社会保障。在改制过程中，有些国有企业办园、政府办园和事业单位办园为了实现企事业单位社会保障制度从"现收现付"向"基金积累制"的转变，将国有资产中的政府收入转移给幼儿园职工，进入他们"基金积累制"下的个人账户。这种制度的根本出发点是解决职工的社会保障和下岗分流问题，并不是对幼儿教育体制的重构。②个人承包。在不涉及资产转移的前提下，作为办学主体的政府、企事业单位、街道将幼儿园承包给个人或职工集体，以契约方式解决原有教职工的工资和社会保障问题，承包者大多是幼儿园内部人员。契约的内容主要涉及原有福利责任的延续，承包后的幼儿教育机构与主办者之间的资金往来和责任分配，以及原有教职工的社会保障等。这种制度的根本出发点仍然是解决职工的社会保障和下岗分流问题。③租赁经营。在不涉及资产转移的前提下，作为办学主体的政府、企事业单位、街道将幼儿园的有形资产和无形资产交给个人或其他机构经营，双方按照契约履行各自的责任和义务，但是这种契约只是资产及其收益方面的约定，不涉及经营责任和教职工的社会保障问题。[①]

与部门办园大量减少相对应的是民办园在这一时期开始逐渐增多，截止到 2002 年，民办园已经从 1994 年[②]的 18 284 所增加到 48 365 所。究其原因，如下：一方面，是建立社会主义市场经济体系的大环境使然，为民办园的发展提供了宽松的制度环境。2002 年 12 月 28 日，为促进民办教育事业的健康发展，维护民办学校和受教育者的合法权益，《中华人民共和国民办教育促进法》正式颁布，明确了凡是"国家机构以外的社会组织或者个人，利用非国家财政性经费，面向社会举办学校及其他教育机构的活动，适用本法"[③]。这就从法律层面给予民办教育确认和肯定，并明确了民办教育的举办者和资金来源渠道的类型，释放了民办幼儿园的办园活力。另一方面，公办园数量减少与公众日益增长的入园需求之间的

① 曾晓东，周惠. 城市幼儿教育体制改革问题的提出及改革建议. 幼儿教育（教育科学），2009，433（3）：1-5，8.

② 这里之所以与 1994 年的数据对比，是由于 1993 年之前统计数据中的民办园包含了集体园，因而无法与之后的数据进行比较，1994 年的统计口径中则将集体园与民办园进行了分离。

③ 中华人民共和国民办教育促进法.（2002-12-28）[2018-11-19]. http://www.moe.gov.cn/s78/A02/zfs__left/s5911/moe_619/201805/t20180508_335337.html.

矛盾，急需新的办园类型来补充，这为民间资本举办幼儿园提供了发展的空间。这些主体开始采用市场机制提供学前教育，资金来源多元化，根据张燕在1998年对北京市23所民办园的调查，当时主要有外资投入、境外捐助、贷款、个人投资集资、向家长征收赞助费等。[①]

三、2003—2009年：民办园的快速发展期

2002年《中华人民共和国民办教育促进法》的颁布，对民办园的快速发展起到了一定的推动作用，而2003年1月27日出台的《关于幼儿教育改革与发展的指导意见》也为民办园的发展提供了政策环境。该意见指出，“今后5年（2003—2007年）幼儿教育改革的总目标是：形成以公办幼儿园为骨干和示范，以社会力量兴办幼儿园为主体，公办与民办、正规与非正规教育相结合的发展格局”[②]。而在实际的运行过程中，所谓的社会力量实际上就被窄化为了国家机构以外的市场组织，这一文件从事实上为市场供给提供了制度保障。该指导意见同时强调，“积极鼓励和提倡社会各方面力量采取多种形式举办幼儿园。社会力量举办的幼儿园，在审批注册、分类定级、教师培训、职称评定、表彰奖励等方面与公办幼儿园具有同等地位。各级教育部门要加强对社会力量举办幼儿园保育、教育工作的指导和监督，规范办园行为，保证办园的正确方向”[②]。这一文件出台之后，“以社会力量兴办幼儿园为主体”逐渐成为一些地方政府大力发展民办幼儿园、缩减公办幼儿园的政策依据，市场越来越成为重要的办园主体之一。例如，2009年昆明市推行学前教育改革，提出“2010年民办幼儿园达到90%以上”的幼儿教育改革目标。2000年全国共有幼儿园175 836所，其中社会力量办园44 317所，占办园总数的25.20%，2003年全国共有幼儿园116 390所，其中社会力量办园55 536所，占办园总数的47.72%，3年里社会力量办园增长了25.32%。[③]

然而，民办幼儿园在举办过程中存在乱收费、质量难以保障等问题，相关法规进一步明确了民办幼儿园举办过程中所涉及的权利与义务。2004年3月《中华人民共和国民办教育促进法实施条例》颁布，对民办学校的举办者、设立、组织与活动等进行了更为细致的规定。尤其是对于“合理回报”问题的再次确认，为民办幼儿园的生存提供了支持条件。该条例规定：“出资人要求取得合理回报的

① 张燕. 对北京市23所民办园的调查. 学前教育研究，2000（3）：19-22.

② 中华人民共和国教育部，中央机构编制委员会办公室，中华人民共和国国家计划委员会，等. 关于幼儿教育改革与发展的指导意见.（2003-01-27）[2018-11-15]. http://old.moe.gov.cn//publicfiles/business/htmlfiles/moe/moe_35/200303/61.html.

③ 根据教育部网站公布的统计数据整理所得。

民办学校应当从年度净收益中，按不低于年度净资产增加额或者净收益的25%的比例提取发展基金，用于学校的建设、维护和教学设备的添置、更新等。”这一规定一方面意味着允许民办幼儿园办园者获取一定的经济回报，另一方面也从法律角度限制了民办幼儿园过于追求利润的行为。

这一时期也是原有的企事业单位办园改革最为激烈的阶段，教育部等部门出台的《关于幼儿教育改革与发展的指导意见》，再次重申“加强对企事业单位幼儿园的管理。企事业单位转制后，可以继续举办幼儿园，也可将企事业单位办园资产整体无偿划拨，移交当地教育部门统筹管理；要通过实施联办、承办、国有民办等办园体制改革，提高办园效益和活力。实施办园体制改革要保证国有资产不流失，保育、教育质量不下降，广大幼儿教师合法权益受到保障、整体素质得到提高”[①]。然而，事实上，由于对企事业单位办园缺乏必要的扶持，加上国有企业与事业单位改革进一步深化，这一时期企事业单位办园转制尤其是私有化已成风潮。

除了企事业单位办园纷纷进行改革，一些地区的公办幼儿园，尤其是乡镇中心幼儿园转制为民办的现象也屡屡出现。针对这些问题，《关于幼儿教育改革与发展的指导意见》中明令禁止此类行为，要求“地方各级人民政府要加强公办幼儿园建设，保证幼儿教育经费投入，全面提高保育、教育质量。不得借转制之名停止或减少对公办幼儿园的投入，不得出售或变相出售公办幼儿园和乡（镇）中心幼儿园，已出售的要限期收回。公办幼儿园转制必须经省级教育部门审核批准。城乡中小学布局调整后，空余校舍要优先用于举办幼儿园”[①]。2005年教育部基础教育司还转发了《教育部办公厅关于公办幼儿园能否承包的问题的复函》，该复函再次重申了《关于幼儿教育改革与发展的指导意见》中的精神，指出公办幼儿园属于国家举办的事业单位，是服务于社会公众的公益性组织，其资产属于国有资产。任何变更公办幼儿园财产属性和使用用途的转制行为都是与上述指导意见的精神相抵触的。另外，依据《中华人民共和国教育法》的规定，任何擅自分配幼儿园收入的行为都属于违法行为。最后，公办幼儿园的资产属于国有资产，其所有权属于国家，幼儿园的管理者对幼儿园的资产只有占有、使用收益的权利，而没有处分或支配的权利。幼儿园进行承包实质上是变更财产的使用者，对此幼儿园的管理者没有进行此种活动的权利。此外，该复函还强调了承包只涉及财产经营权、管理权的转移，承包行为不能变更幼儿园的举办者。

2006年深圳22家公办幼儿园转企事件再次将公办幼儿园转制问题引爆。2006

---

① 中华人民共和国教育部，中央机构编制委员会办公室，中华人民共和国国家计划委员会，等. 关于幼儿教育改革与发展的指导意见.（2003-01-27）[2018-11-15]. http://old.moe.gov.cn//publicfiles/business/htmlfiles/moe/moe_35/200303/61.html.

年7月7日，深圳市召开事业单位改革动员大会，计划在未来3年，对全市22家公办幼儿园完成企业化改制，将原本只投向22家市属公办幼儿园的5000万元幼教经费转投向744家幼儿园，形成以社会力量办学为主的学前教育体制。[①]这一事件引发了全国各地学前教育工作者的关注和讨论。2006年7月13日，中国学前教育研究会首先做出反应，以全国部分学前教育工作者的名义向国家总理温家宝提交了一封信，表明幼教界对深圳幼儿园改制的态度，寻求政府的关注与协调，8月30日，广东省人民政府教育督导室要求深圳市政府停止转企行为，随后不久，国务院调查组赶赴深圳，调查幼儿园转制情况。[②]

这一时期是民办幼儿园数量增加速度最快的阶段，2002年民办幼儿园有48 365所，截止到2009年，民办幼儿园数量已经突破89 304所，并且在园所总量中所占比例从43.28%上升至64.62%。这一阶段的民办幼儿园园所数量变化趋势如图1-1所示。

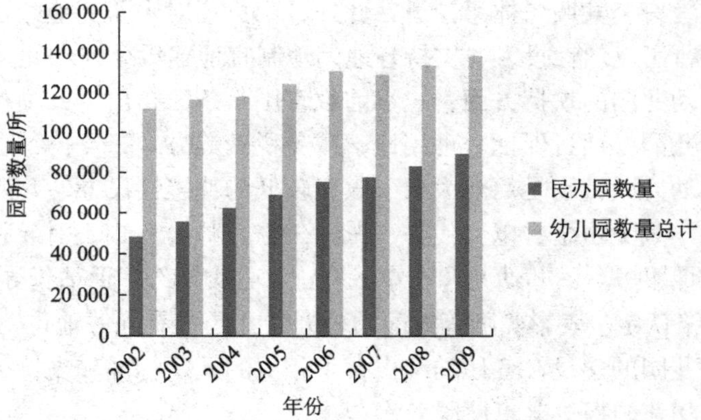

图1-1　2002—2009年民办幼儿园数量变化趋势

数据整理自教育部网站公布的历年教育事业统计数据

四、2010—2018年：政府主导下的公办幼儿园、民办幼儿园并举格局逐步形成

伴随着民办幼儿园比例的上升，公办幼儿园数量下降，我国学前教育的供给开始面临诸多问题，尤其是“入园难”“入园贵”等问题凸显出学前教育资源十分紧张。为了缓解“入园难”“入园贵”等一系列问题，2010年以来学前教育办

① 深圳22家市属公办幼儿园转企引发热议.（2006-09-13）[2018-03-05]. http://news.163.com/06/0913/06/2QSM7O9 C0001124J. html.

② 冯晓霞. 中国教育改革大系·学前教育卷. 武汉：湖北教育出版社，2016：65.

园体制发生了重大变革，政策更加明确地提出了政府主导下的公办幼儿园、民办幼儿园并举的格局，并强调增加普惠性资源的供给。

2010年，“学前教育国十条”明确提出“发展学前教育，必须坚持公益性和普惠性，努力构建覆盖城乡、布局合理的学前教育公共服务体系，保障适龄儿童接受基本的、有质量的学前教育；必须坚持政府主导，社会参与，公办民办并举，落实各级政府责任，充分调动各方面积极性”①。

在发展公办幼儿园方面，“学前教育国十条”强调“大力发展公办幼儿园，提供‘广覆盖、保基本’的学前教育公共服务。加大政府投入，新建、改建、扩建一批安全、适用的幼儿园。不得用政府投入建设超标准、高收费的幼儿园。中小学布局调整后的富余教育资源和其他富余公共资源，优先改建成幼儿园”①。2010年以来，各地对学前教育的投入日益增长，公办幼儿园数量相比过去有明显增加，尤其是在教育部的推动下，各地陆续出台了三期“学前教育三年行动计划”推动各地落实学前教育公共服务体系建设，此外，中央还对中西部地区及东部困难地区学前教育进行了倾斜性投入，支持各地因地制宜地建设公办幼儿园。

在对民办幼儿园的扶持方面，“学前教育国十条”指出“鼓励社会力量以多种形式举办幼儿园。通过保证合理用地、减免税费等方式，支持社会力量办园。积极扶持民办幼儿园特别是面向大众、收费较低的普惠性民办幼儿园发展。采取政府购买服务、减免租金、以奖代补、派驻公办教师等方式，引导和支持民办幼儿园提供普惠性服务。民办幼儿园在审批登记、分类定级、评估指导、教师培训、职称评定、资格认定、表彰奖励等方面与公办幼儿园具有同等地位”①。为了推动普惠性民办幼儿园的建设，各地陆续出台了相应的认定标准和支持措施，积极探索并引导民办幼儿园提供普惠性服务。

目前，各地政策所定义的普惠性民办幼儿园的内涵至少包含以下几个方面：①所服务的对象应当是社会大众，尤其是弱势家庭子女。国家推行普惠性幼儿园的目的在于缓解“入园贵”“入园难”问题，意在保障普通家庭中的幼儿都能享有平等的入园机会。②普惠性民办幼儿园应当收费适中。作为面向普通大众提供学前教育服务的机构，不应“贵族化”，在收费标准上应当符合大多数家庭的经济水平，这就意味着在成本核算的基础上，应该实行合理的成本分担机制，特别需要政府、社会共同分担成本以减轻家庭的经济负担。③普惠性幼儿园应当是有基本质量的。如果仅仅关注收费是否低廉，容易导致低成本运行下的低质量幼儿园，而具有基本质量的幼儿园才能为幼儿提供有保障的保教服务。

---

① 中华人民共和国国务院. 国务院关于当前发展学前教育的若干意见.（2010-11-21）[2018-11-20]. http://www.gov.cn/zwgk/ 2010-11/24/content_1752377.htm.

2016 年，国务院发布重要文件《国务院关于鼓励社会力量兴办教育 促进民办教育健康发展的若干意见》，教育部等五部门印发《民办学校分类登记实施细则》《营利性民办学校监督管理实施细则》，这些法律法规以及政策文件的出台为幼儿园分类管理提供了新的思路，也为引导民办幼儿园提供普惠性服务提供了政策保障。

其中，《国务院关于鼓励社会力量兴办教育 促进民办教育健康发展的若干意见》中指出："对民办学校（含其他民办教育机构）实行非营利性和营利性分类管理。非营利性民办学校举办者不取得办学收益，办学结余全部用于办学。营利性民办学校举办者可以取得办学收益，办学结余依据国家有关规定进行分配。民办学校依法享有法人财产权。举办者自主选择举办非营利性民办学校或者营利性民办学校，依法依规办理登记。对现有民办学校按照举办者自愿的原则，通过政策引导，实现分类管理。"①另外，强调要建立非营利性民办学校和营利性民办学校的差别化政策体系。《民办学校分类登记实施细则》《营利性民办幼儿园监督管理实施细则》中则指出，正式批准设立的非营利性民办学校，符合《民办非企业单位登记管理暂行条例》等民办非企业单位登记管理有关规定的到民政部门登记为民办非企业单位，符合《事业单位登记管理暂行条例》等事业单位登记管理有关规定的到事业单位登记管理机关登记为事业单位。正式批准设立的营利性民办学校，依据法律法规规定的管辖权限到工商行政管理部门办理登记。②

总体而言，2010 年以来中央和地方更加注重提高幼儿园提供普惠性学前教育服务的能力，更加关注普通大众和弱势群体的入园需求。2017 年《教育部等四部门关于实施第三期学前教育行动计划的意见》中提出了普惠性学前教育服务的发展目标，意见指出，到 2020 年，基本建成广覆盖、保基本、有质量的学前教育公共服务体系。全国学前三年毛入园率达到 85%，普惠性幼儿园覆盖率（公办幼儿园和普惠性民办幼儿园在园幼儿数占在园幼儿总数的比例）达到 80%左右。对于城镇而言，中央和地方政策均强调小区配套幼儿园建设要与小区同步规划、同步建设、同步交付使用，由当地政府统筹安排举办公办园或委托举办为普惠性幼儿园，农村每个乡镇至少建好一所公办中心幼儿园，乡镇和大村要独立建园，小村设分园或联合办园，人口分散地区举办流动幼儿园、季节班等，配备专职巡回指导教师，从而建立起学前教育公共服务体系。

---

① 中华人民共和国国务院．国务院关于鼓励社会力量兴办教育 促进民办教育健康发展的若干意见．（2016-12-29）[2018-11-20]. http://www.gov.cn/zhengce/content/2017-01/18/content_5160828.htm.

② 中华人民共和国教育部，中华人民共和国人力资源和社会保障部，中华人民共和国民政部，等．教育部等五部门关于印发《民办学校分类登记实施细则》的通知．（2016-12-30）[2018-11-20]. http://www.gov.cn/xinwen/2017-01/18/content_5160937.htm#1.

第二节　办园体制机制的改革成就

到2017年，全国共有幼儿园25.50万所，在园幼儿人数4600.14万人，学前教育毛入园率达到79.6%[①]，学前教育的普及率大大提高，园所数量增加明显，“入园难”的问题在一定程度上得到了初步缓解。这与办园体制机制改革过程中不断释放各类主体的办园活力，坚持政府主导，有着密切联系。改革开放40年的历程中，整个办园体制机制改革取得了重要成就。

一、强调公益性与普惠性的办园方向

学前教育作为影响个人发展、家庭幸福、国家未来的公共事务，指向的不仅是个人利益，还关涉公共利益，因此公益性是学前教育的重要特征。改革开放初期，我国对学前教育的办园方向始终强调福利性和公共性，延续了计划经济体制下对于学前教育办园方向的基本定位。例如，1988年《国家教委、国家计委、财政部、人事部、劳动部、建设部、卫生部、物价局关于加强幼儿教育工作的意见》中指出，举办幼儿园“是一项具有社会公共福利性质的工作”[②]，1996年《幼儿园工作规程》中强调任何组织和个人举办幼儿园不得以营利为目的，1997年《全国幼儿教育事业“九五”发展目标实施意见》中也再次强调“幼儿教育既是教育事业，又具有福利性和公益性的特点”[③]，并且指出家长所承担的费用应“考虑幼儿教育成本、当地物价水平和群众承受能力”。这些文件都明确了学前教育在我国具有很强的福利性质，需要考虑家庭承受能力，因此，这一时期幼儿园的收费具有象征性，在家庭收入中所占比例较小，具有明显的普惠性特征。

20世纪90年代末至21世纪初，学前教育受到“市场化”的冲击，公益性受到一定损害，“入园难”“入园贵”的问题突出，但从中央到地方出台的一系列

① 中华人民共和国教育部. 2017年全国教育事业发展统计公报.（2018-07-19）[2018-08-28]. http://www.moe.gov.cn/jyb_sjzl/sjzl_fztjgb/201807/t20180719_343508.html .

② 中国学前教育研究会. 中华人民共和国幼儿教育重要文献汇编. 北京：北京师范大学出版社，1999：273.

③ 中国学前教育研究会. 中华人民共和国幼儿教育重要文献汇编. 北京：北京师范大学出版社，1999：470.

政策都在试图重申学前教育的公益性。尤其是2010年以来，“学前教育国十条”明确指出学前教育是重要的公益事业，发展学前教育，必须坚持公益性和普惠性，并通过大力发展公办幼儿园，积极扶持面向大众、收费较低的普惠性民办幼儿园发展，保障幼儿园办园方向不偏离公益性和普惠性。2017年开始启动实施的第三期学前教育行动计划中再次强调了公益普惠的办园方向，提出要“进一步提高公办幼儿园提供普惠性学前教育服务的能力，积极引导和扶持民办幼儿园提供普惠性服务”①。

经过2010年以来各项政策的推动，各地对于学前教育的重视程度增加，更加关注学前教育的公益性和普惠性，公办园数量明显增加，其中教育部门办园从2010年的29 257所增加到2016年的66 119所，占比从19.45%增加到27.57%。②通过对办园方向公益性、普惠性的坚持，“入园难”问题得到一定缓解。2013年第一期学前教育行动计划结束时，在园幼儿增加了918万人。③

二、坚持政府和多种社会力量参与的多元化办园主体

哪些主体可以参与办园，是改革开放以来学前教育办园体制改革的重要内容。计划经济体制下办园主体的选择主要集中于政府以及各类国有企事业单位组织和群众，在国家与社会高度重合的时期，办园主体本质上可看作是政府一元主体。这种单一办园主体与原有的计划经济体制相适应，保障了办园的基本方向，并能在短时期集中资源办好学前教育。然而，改革开放以来，伴随计划经济体制向社会主义市场经济体制转型，人民经济富足，居民收入提高，对于学前教育的需求更加多样化，仅靠政府办园无法满足快速增长的社会需求，也难以满足不同群体不同层次的需要，这些都为市场和社会参与办园提供了现实基础。改革开放以来，我国在办园主体的选择方面始终坚持政府、市场和社会共同参与，极大地激发了各类主体的办园热情，也为满足不同家长的需求提供了支持。

改革开放初期，整个学前教育事业的规模有限，与快速增长的家长需求之间存在矛盾，这一时期在办园体制方面强调的是幼儿教育事业具有地方性和群众性，发展这项事业要调动一切积极因素，鼓励国家、集体、社会、个人都参与到办园

① 中华人民共和国教育部，中华人民共和国国家发展和改革委员会，中华人民共和国财政部，等. 教育部等四部门关于实施第三期学前教育行动计划的意见.（2017-04-13）[2018-11-20]. http://www.moe.edu.cn/srcsite/A06/s3327/201705/t20170502_303514.html.

② 数据整理自教育部网站公布的历年教育事业统计数据。

③ 学前教育三年行动计划成效显著 “入园难”初步缓解.（2014-02-26）[2018-05-15]. http://edu.people.com.cn/n/2014/0226/c1053-24474733.html.

过程中来。这一时期，鼓励市场和社会参与办园更多是基于现实因素，以便快速补充学前教育资源，满足幼儿的入园需求。因此，政府在办园体制改革方面尽可能地为社会和市场参与办园创设了宽松的制度环境，并给予积极的支持性措施。例如，给予适当的补助，允许幼儿园依据成本收取一定的费用。再如，1979年《全国托幼工作会议纪要》中指出，对于城镇民办园所，可以通过家长交保育费、家长所在单位交管理费、地方财政部门在自筹经费中酌情补贴、地方财政部门补助等方式解决其经费来源。1988年《国家教委、国家计委、财政部、人事部、劳动部、建设部、卫生部、物价局关于加强幼儿教育工作的意见》中就指出，对于集体性质幼儿园，“地方人民政府可酌情对其开办、添置大型设备及房屋修缮等开支，从地方财政的自筹经费中给予适当补助”[①]，1993年中共中央、国务院印发的《中国教育改革和发展纲要》中提出“鼓励和提倡厂矿企业、事业单位、社会团体和个人根据自愿、量力原则捐资助学、集资办学，不计征税”[②]。这些措施在改革开放初期确实吸引和支持了集体、社会和个人参与办园，也使得20世纪90年代的学前教育资源扩充迅速，缓解了幼儿入园需求难以满足的矛盾。

2003年《关于幼儿教育改革与发展的指导意见》提出，学前教育以社会力量兴办幼儿园为主体，公办与民办、正规与非正规教育相结合，这使得多元化的办园主体再次得到确认。但这一时期在坚持多元化办园主体的同时，部分地区过度依赖市场主体提供学前教育，引发了诸多矛盾。2010年以来，“学前教育国十条”再次强调政府主导下的公办民办并举，坚持政府、市场、社会共同参与办园。

经过40年的探索，目前强调办园主体的多元化，已经不局限于在财政能力有限的情况下寻求其他主体对办园的支持。从政治哲学角度来看，多元的办园主体可以整合各个主体的优势，减少权力的垄断。从管理的角度来看，多元的办园主体促进了不同主体之间的竞争，有助于打破单一主体办园造成的改革动力不足的局面，增强办园活力。从需求满足的角度来看，多元办园主体可以提供多样的服务，满足不同层次不同家长的需求。

三、确认以普惠性幼儿园为主的办园格局

经过改革开放40年，我国现有的办园类型十分多样。改革开放初期，主要是以公办幼儿园为主体、民办幼儿园作为补充的办园格局。20世纪90年代以后，随着市场经济的深入，民办幼儿园的数量增长明显，对于以公办幼儿园为主体的

① 中国学前教育研究会. 中华人民共和国幼儿教育重要文献汇编. 北京：北京师范大学出版社，1999：274

② 中国学前教育研究会. 中华人民共和国幼儿教育重要文献汇编. 北京：北京师范大学出版社，1999：368.

办园格局形成了一定的冲击。为了解决“入园贵”问题，2010年以后普惠性幼儿园建设成了办园体制改革中的重要内容。普惠性幼儿园淡化了公办、民办之分，“普惠性强调的是普遍惠及、人人享有，其核心属性是高包容性、非竞争性、非排他性”[①]，普惠性幼儿园面向大众，收费合理，有基本质量，是满足广大幼儿入园需要的重要资源，是广覆盖、保基本、有质量的学前教育公共服务体系建成的关键要素。2017年发布的《教育部等四部门关于实施第三期学前教育行动计划的意见》指出，到2020年，普惠性幼儿园覆盖率（公办幼儿园和普惠性民办幼儿园在园幼儿数占在园幼儿总数的比例）要达到80%左右，这意味着普惠性幼儿园作为办园格局中的绝对主体得到了确认。

目前，我国的普惠性幼儿园主要由三类幼儿园构成：第一类是公办幼儿园。公办幼儿园是国家机构利用国家公共财政举办的，产权国有，应当优先保障“普惠”，以服务于广大群众。第二类是各类国有企事业单位以及集体举办的公办性质幼儿园。这类幼儿园在改革开放以前通常作为单位福利为职工提供学前教育服务，政府或企业投入，收费低廉，具有良好的普惠性特征。第三类是接受财政补贴的普惠性民办幼儿园。这类幼儿园通过政府购买服务、综合奖补、减免租金、派驻公办教师等方式，分担民办幼儿园的办园成本，支持其为家长提供普惠性服务。普惠性幼儿园的共同特征是政府作用得到了发挥和落实。以普惠性幼儿园为主的办园格局的确认，明确了现有办园体制结构性调整的重点任务，为各级政府制定学前教育发展规划提供了依据。确认以普惠性幼儿园为主的办园格局，也打破了原有对公办幼儿园和民办幼儿园简单分类的固有思维，从关注举办主体转移到关注服务性质，有助于实现学前教育自身的“公益性”和“普惠性”。

四、明确覆盖城乡、科学规划的办园布局

除了园所数量的快速增长，改革开放以后更加强调覆盖城乡、规划科学的办园布局。改革开放以前，城乡学前教育存在明显的二元分割，农村地区学前教育发展相对滞后，普及率偏低。2010年以来，城乡学前教育的均衡发展被纳入政府学前教育规划之中。“学前教育国十条”对于农村地区要求“各地要把发展学前教育作为社会主义新农村建设的重要内容，将幼儿园作为新农村公共服务设施统一规划，优先建设，加快发展”[②]，可以采用乡镇和大村独立建园、小村设分园或

① 王海英. 试论普惠性民办幼儿园的制度设计. 幼儿教育（教育科学），2011（6）：1-5.

② 中华人民共和国国务院. 国务院关于当前发展学前教育的若干意见.（2010-11-21）[2018-11-20]. http://www.gov.cn/zwgk/2010-11/24/content_1752377.htm.

联合办园的方式完善学前教育资源的覆盖，对于人口分散地区则采用举办流动幼儿园、季节班等，配备专职巡回指导教师，逐步完善县、乡、村学前教育网络。为了弥补农村地区学前教育资源的不足，“十二五”期间中央财政安排500亿元重点支持中西部地区和东部困难地区发展农村学前教育，利用闲置校舍改建幼儿园，扶持其通过多渠道举办普惠性幼儿园。

对于新增学前教育资源，2010年以来更加强调科学规划、布局合理、就近入园。改革开放之前，城市办园主要依托各类单位组织，有一定的单位集聚效应，改革开放以来，随着城市管理逐渐从“单位制”“街居制”走向“社区制”，原有的幼儿园布局方式已经难以适应新的形势。尤其是伴随住房制度改革之后，城市居民面临的“职住分离”特点，要求新增幼儿园更加强调根据居民人口分布来合理布点布局。“学前教育国十条”明确强调“城镇小区没有配套幼儿园的，应根据居住区规划和居住人口规模，按照国家有关规定配套建设幼儿园。新建小区配套幼儿园要与小区同步规划、同步建设、同步交付使用”①，部分地区还明确强调每1万～1.5万常住人口需配套建设至少1所幼儿园。

第三节　办园体制机制改革中存在的问题与突破

在办园体制机制改革不断推进的过程中，虽然已经取得了一些成就，但目前仍然有部分问题尚没有解决。未来一个时期，这些问题将成为办园体制机制改革急需突破的重点。

一、协调与提升：办园活力释放与办园质量提升

改革开放以来，园所数量不足与人民群众日益增长的学前教育需求之间的矛盾，始终是办园体制机制改革需要解决的核心问题之一。按照目前的学龄人口统

① 中华人民共和国国务院. 国务院关于当前发展学前教育的若干意见.（2010-11-21）[2018-11-20]. http://www.gov.cn/zwgk/ 2010-11/24/content_1752377.htm.

计以及对未来几年人口的预测，各地均存在一定的学位缺口。例如，山东省人民政府新闻办公室在2018年召开的新闻发布会上指出，山东自2019年将进入入园高峰，2021年达到峰值，适龄儿童将达到516万人，学位缺口将近170万，这意味着需要新增9个班规模的中等幼儿园6300所左右。[①]中共北京市委书记蔡奇在2018年1月北京市政协十三届一次会议第一次联组会上也透露，到2020年，北京全市适龄儿童约有45万人，外来常住适龄儿童约有20万人，以目前的入园率保守预估，也将出现18万以上的学前学位缺口。[②]如此大的学位缺口，一方面需要政府增加投入，增加办园数量，以满足日益增长的学位需求，另一方面则需要继续坚持多元主体参与办园，进一步释放不同主体的办园活力。

由于用于发展学前教育的财政经费有限，改革开放初期出台的多个文件均强调需要依靠“国家、集体、社会、个人各个方面，采用多种办法，解决好经费来源问题”[③]，因此，通过鼓励和支持市场、社会等主体参与办园，实现学前教育资源的快速增长，是改革开放以来办园体制机制改革的重要举措。经过改革开放40年，可以明显看出各类主体的办园活力得到了极大程度的释放，尤其是民办学前教育从薄弱到壮大，从星星之火到蓬勃发展，在公办幼儿园不足的现实状况下，满足了广大幼儿的入园需求。然而，由于我国民办学前教育发展的起始动力源于政府财政投入不足，各地在市场参与办园的初期主要是通过放宽政策约束来鼓励和支持市场主体，对于民办幼儿园的办园行为和过程缺乏有效的监管，尤其是对于质量监管缺乏系统科学的制度设计，造成部分民办幼儿园质量偏低。在这些质量偏低的幼儿园中，部分是收费昂贵的高端民办幼儿园，它们往往利用特色教育等各种噱头以及优良的硬件设施吸引家长，在教育理念上存在过度包装甚至误导家长的现象，但在课程质量、师资队伍等内涵建设方面却缺乏与收费相称的水平。还有部分幼儿园则是通过低廉的价格吸引家长，但在软硬件方面均难以达到相应的办园标准，这类幼儿园的保教质量较低，甚至会影响幼儿的身心健康，是社会对民办幼儿园保教质量质疑的主要来源之一。

与市场主体积极参与办园形成对比的是各类企事业单位组织以及社会组织举办幼儿园的动力和热情不足。在目前的办园类型中，90%以上是教育部门办园和民办园，其他主体办园数量有限。这部分幼儿园中以集体园、企事业单位办园、其他部门办园为主，在经历体制改革以后，由于投入体制和办园体制尚未厘清，

① 齐鲁网. 山东：3年后幼儿园学位缺口约170万 山东放大招解入园难.（2018-05-25）[2018-06-05]. http://dezhou.dzwww.com/focus/201805/t20180525_16506126.html.

② 任然. 补足学前学位缺口，需充分发掘民办潜力.（2018-01-25）[2018-06-08]. http://opinion.china.com.cn/opinion_67_177967.html.

③ 中国学前教育研究会. 中华人民共和国幼儿教育重要文献汇编. 北京：北京师范大学出版社，1999：118.

原有的办园主体缺乏持续的投入热情，导致这部分幼儿园维持困难。

如何在激发市场、社会等主体积极参与办园热情的同时做好对不同主体办园行为的约束，如何在快速增加园所数量的同时保障办园质量，是未来一个时期进行办园体制改革时仍然需要政府关注的问题。要协调二者之间的关系，一方面需要继续鼓励不同办园主体参与办园，并相应地增加公共财政对其他主体举办幼儿园的扶持。尤其是对于社区、公益组织、企事业单位等举办的非营利性幼儿园，应当给予税收、土地、房租等方面的优惠，并根据其质量等级给予不同水平的财政奖励或资助，鼓励并支持这些幼儿园提供有基本质量的普惠性服务。对于民办幼儿园，在其办园质量提升的关键要素上，政府应给予大力扶持，例如，派驻公办教师，在评估指导、教师培训等方面享有与公办幼儿园同等的地位。另一方面，需要加强对幼儿园教育质量的监督和管理。“学前教育国十条”中提出要“严格执行幼儿园准入制度”，“分类治理、妥善解决无证办园问题”，“对幼儿园实行动态监管”，这些举措是幼儿园质量监管制度的重要组成部分，未来应当重点落实。此外，新修订的《中华人民共和国民办教育促进法》也加强了对民办幼儿园的监管，未来应当在建立分类分层准入制度的同时，设定最低准入标准，这一标准应当围绕园舍条件、人员资格、课程教学、卫生保健、经费保障、安全管理等方面设定符合基本质量的标准。同时应加强对质量的过程监测，并施行严格的退出机制。

二、约束与支持：普惠性民办幼儿园的办园机制建设

2010年以来，为解决普惠性资源不足的难题，普惠性幼儿园建设成为办园体制机制改革的重点内容，各地根据中央文件的精神出台了认定和扶持普惠性幼儿园的实施办法，但由于普惠性幼儿园是新生事物，在认定标准和扶持政策上还存在一些不足。目前，主要的问题集中在以下几个方面。

1）对普惠性民办幼儿园的认定标准没有达成共识。目前，各地对于普惠性民办幼儿园的认定条件集中于对收费标准的约束，而对于布局规划、园所质量、服务对象要素的关注不足，而现有的认定标准中对于收费也没有达成共识。有的地区强调收费要参考当地公办幼儿园收费标准，不得高于公办幼儿园，如《江苏省普惠性民办幼儿园认定管理办法（试行）》中要求幼儿园收费比照同类型公办幼儿园收费标准执行，《湖南省教育厅关于开展普惠性民办幼儿园建设和认定工作的通知》中强调政府购买服务的普惠性民办幼儿园收费应不高于当地同类公办幼儿园收费标准。但有些地区则允许普惠性民办幼儿园收费可以高于公办幼儿园，

并且给出了相应的上浮范围，如《昆明市普惠性民办幼儿园认定和管理办法（试行）》中提出普惠性民办幼儿园每月实际收取保教费不高于同级公办幼儿园收费标准的 1.5 倍。《宁夏回族自治区普惠性民办幼儿园评定标准（试行）》则要求城市普惠性民办幼儿园收费不高于同类公办幼儿园收费标准的2.5倍，其他县(区)不高于同类公办幼儿园收费标准的 2 倍。

2）对普惠性民办幼儿园的财政扶持力度有限。目前，对普惠性民办幼儿园的认定普遍要求参照公办幼儿园收费标准，即使上浮也要符合一般家庭的承受能力。限定普惠性民办幼儿园的收费标准是政府为普惠性民办幼儿园提供财政奖补而提出的交换条件，实质上是将本由市场主导的定价体制纳入政府调控范围之内，通过控制普惠性民办幼儿园的收费标准，满足大众对优质低价学前教育的需求，这是政府扶持目的的直接体现。[①]同时，限定收费也意味着民办幼儿园的办园成本需要政府分担一定比例。中央出台的相关政策明确提出，可以通过购买服务、派驻公办教师、税费减免等方式扶持普惠性民办幼儿园，各地也出台了对普惠性民办幼儿园的扶持政策，但不同地区对于普惠性民办幼儿园扶持政策的制定以及落实情况却存在差异。一些地区由于制定的补贴标准较低，没有根据民办幼儿园实际运行成本给予财政扶持，因而民办幼儿园申请成为普惠性幼儿园的积极性较低，部分普惠性幼儿园因成本增加而主动退出，还有一些财政能力有限的地区，发展公办幼儿园尚且资金紧缺，对于普惠性民办幼儿园的补贴有限，造成普惠性民办幼儿园陷入低收费、低质量的低水平运行中。此外，现阶段对于普惠性民办幼儿园的财政扶持集中在奖补措施上，缺乏长效性的投入机制，用于教师待遇提升的财政扶持力度有限。

3）对普惠性民办幼儿园的经费使用缺乏有效的财务监管。各地区出台的普惠性民办幼儿园认定和管理办法中对于财政补助资金的使用均有相应规定，例如，陕西省要求普惠性民办幼儿园各级财政补助资金只能用于改善办园条件、减免租金、补充玩教具及保教和生活设施设备、培训教职工，不得挪作他用。普惠性民办幼儿园应主动接受审计部门的审计和教育、财政、物价等部门的监督检查。[②]江西省要求普惠性民办幼儿园应实行财务公开，定期公开经费收支情况，建立规范的财务管理制度，每年向县（市、区）教育行政部门提交年度财务报表，接受政府部门的财务审计。普惠性民办幼儿园奖补资金须用于园所维修改造，补充玩教

① 杜新荣，吴琼，李贵仁. 普惠性民办幼儿园的认定、奖补与收费办法及质量监管研究. 幼儿教育（教育科学），2016（7、8）：45-49.

② 陕西省教育厅，陕西省财政厅，陕西省物价局. 关于印发《陕西省普惠性民办幼儿园认定及管理办法》的通知.（2017-12-04）[2018-06-15]. http://www.snedu.gov.cn/news/jiaoyutingwenjian/201712/04/13148.html.

具、保教和生活设施设备等方面。[①]但在实际运行中，现有的管理办法中多要求普惠性民办幼儿园主动接受审计部门的审计，教育部门难以了解其财务运行的真实状况，从而导致即使财务管理混乱教育部门也难以追求相应的责任。

4）普惠性民办幼儿园的质量容易被忽视。现阶段各地对普惠性民办幼儿园的认定集中在收费低廉上，从表面上看，“低收费”能够使中低收入家庭受益，但是由于民办幼儿园的创办出资主要属于投资性质的，产业性导向的低收费民办幼儿园依然追求投资回报，其结果是低收费、保营利、低质量，最终难以使中低收入家庭受益。[②]因而，对于普惠性民办幼儿园的质量需要给予监督和保障，但各地出台的认定和管理办法对于普惠性民办幼儿园质量多为一些模糊宽泛的要求，例如，有的要求质量基本达到同类公办园水平，有的仅要求教育内容符合《幼儿园教育指导纲要（试行）》《3—6岁儿童学习与发展指南》的要求。而对于普惠性民办幼儿园的扶持也多集中于现金补贴，对于师资队伍、课程质量等关涉质量的核心要素缺乏实质性提升和保障策略。部分地区民办幼儿园整体质量本就偏低，在推进普惠性幼儿园建设过程中，民办幼儿园获得普惠性资格后，缺乏提升质量的能力。

第三期学前教育行动计划提出普惠性幼儿园覆盖率要达到80%左右，普惠性民办幼儿园作为其中的重要组成部分，要真正促使其提供普惠且有质量的服务，未来在办园机制建设过程中还需要着力在以下方面进行提升。

1）要明晰普惠性民办幼儿园的内涵，制定合理的认定标准。政府对普惠性民办幼儿园内涵与意义的认识，会直接影响其制定扶持与管理措施的针对性和有效性。[③]制定普惠性民办幼儿园政策的初衷应当是为儿童提供惠及人人、普遍享有的、有质量保证的学前教育服务。因此，普惠性民办幼儿园的核心属性应当是不以营利为目的，面向大众、办园规范、收费合理且有质量。针对这些核心属性，对于普惠性民办幼儿园的认定不能窄化为“低收费”，应当兼顾收费和质量，给出明确的质量准入标准，并要对其招生对象、布局规划、财务运行做出相应的规定。

2）要制定合理的扶持政策，并强化普惠性民办幼儿园的质量提升意识。普惠性民办幼儿园运行保障的核心是政府合理分担成本，并运用多种类型的政策工具支持其发展。其中，加大财政投入力度是扶持普惠性民办幼儿园的关键，未来应当在核算生均成本的基础上，尝试通过生均公用经费的形式建立制度化补助手段。

① 江西省教育厅，江西省发展和改革委员会，江西省财政厅. 关于印发《江西省普惠性民办幼儿园认定及扶持办法》（试行）的通知.（2016-12-26） [2018-06-15]. http://www.jxedu.gov.cn/info/1011/104290.htm.

② 柳倩. 部分地区普惠性民办幼儿园政策与实施情况分析（一）——普惠性民办幼儿园的政策定位、受益人群和界定标准. 学前教育（幼教版），2014（10）：6-8.

③ 庄小满，程立生. 发展普惠性民办幼儿园的意义、困境与对策. 学前教育研究， 2012，215（11）：45-49.

在园舍条件达到基本质量要求后，将扶持的重点从硬件建设向教师队伍建设转移，应着力保障并提升普惠性民办幼儿园教师的待遇，或通过财政奖补措施，或通过制定政策，引导办园者将办园经费的相应比例用于教师待遇。例如，深圳福田区在普惠性民办幼儿园审批条件中对教师最低工资标准做出了明确规定，在园工作一年以内的教师最低工资不得低于政府公布的当年全市教职工工资标准的 1.5 倍，在园一年以上的不得低于 1.7 倍，并且强调自普惠性民办园评定的当月起，全园教职工年工资总额占当年保教费收入的比例达到 35%～50%。①

3）要加强财务监管和质量监控，建立合理的退出机制，提升财政资金使用效率。为谨防财政资金的浪费和侵吞，应当对普惠性民办幼儿园的财政投入全过程进行监管，可引入第三方专业机构对经费预算、拨付和使用进行监控与评估，教育部门应当重点进行业务指导和质量监控。例如，上海浦东新区建立了较为完备的普惠性民办幼儿园预算制度，并将结对管理费、视导费、飞行检查费等管理成本纳入，委托会计师事务所每 2 年进行一次民办幼儿园财务检查，并委托教育评估事务所对其进行专项评估和质量认定。②

三、失衡与均衡：城乡二元分割的办园资源分配

受城乡二元分割体制的影响，学前教育办园资源的城乡失衡由来已久。由于资源有限，改革开放初期，学前教育办园体制延续了中华人民共和国成立以来优先发展城市学前教育的路径。1979 年《全国托幼工作会议纪要》颁布以后，虽然农村学前教育也受到关注，但与城市办园主要依靠各类单位组织不同，农村主要强调发动群众力量。1983 年《教育部关于发展农村幼儿教育的几点意见》中明确指出，“农村应以群众集体办园为主，充分调动社（乡）、队（村）的积极性”③，并提出发展农村幼儿教育“可采取社（乡）统筹，生产队（村）自筹，群众集资，家长交纳少量保育费等多种办法”④。这样一种城乡分割的办园资源分配导致城乡学前教育发展呈现出明显的不均衡。

1）优质的学前教育资源集中于城市和县镇，农村幼儿园办园条件较差，师资力量薄弱，质量偏低。由于农村幼儿园长期依靠群众力量发展，有限的投入造成农村公办幼儿园数量较少，农村家长对价格的敏感又导致农村地区的民办幼儿园

① 姜晓玥. 普惠性民办幼儿园政策研究. 南京：南京师范大学硕士学位论文，2014：61.

② 姜晓玥. 普惠性民办幼儿园政策研究. 南京：南京师范大学硕士学位论文，2014：43.

③ 中国学前教育研究会. 中华人民共和国幼儿教育重要文献汇编. 北京：北京师范大学出版社，1999：196.

④ 中国学前教育研究会. 中华人民共和国幼儿教育重要文献汇编. 北京：北京师范大学出版社，1999：200.

大多收费低、质量低。整体来看，城乡幼儿园之间的差距不仅体现在房舍等硬件上，还体现在师资队伍等软件上。根据教育部公布的统计数据，截止到2016年，城区园舍总面积为125 482 551.67平方米，其中城区危房面积288 687.78平方米，占比0.23%；而乡村园舍面积为54 577 307.17平方米，乡村危房面积为163 872.55平方米，占比0.3%。全国幼儿园图书总量为324 906 807册，其中城区拥有图书143 608 540册，占比44.2%，乡村仅拥有59 041 335册，占比仅为18.2%。全国专任教师2 232 067人，其中城区1 048 592人，乡村仅370 517人；专任教师中，高中阶段及以下的专任教师有16 604人，占乡村专任教师总数的4.48%，而城区高中阶段及以下的专任教师仅有9712人，仅占城区专任教师总数的0.93%。[①]由此可见，城乡在办园条件上存在的差距明显。

2）幼儿园布局规划不合理，园所集中于县镇，乡村就近入园难。在“撤点并校”期间，乡村学校大量撤并，原有依附于村小学设置的村办幼儿园（学前班）也随之消失。加上城市化进程加快，乡村人口外流，呈现出“空心化”，村办幼儿园规模偏小，难以为继，许多地区采取的措施是通过建设1～2所大规模的乡镇中心园集中满足农村幼儿入园需求。资源过度集中势必带来服务半径过大的问题，幼儿年龄小，必须由成人接送，而农村目前留守儿童数量庞大，接送幼儿给年迈的家长造成巨大的负担。同时，一些幼儿园通过校车解决接送问题，又因为节约成本而带来校车安全隐患。布局规划的不合理在事实上造成了乡村“就近入园难”，也制约了乡村学前教育的普及。

要弥合城乡学前教育之间的差距，根本上需要将办园体制改革纳入统筹城乡背景。①统筹资源分配。农村地区学前教育发展的劣势源于历史性投入不足，资源配置长期不均衡。在统筹城乡背景下，农村地区理应获得财政的倾斜性投入。由于贫困地区的县乡两级财政能力不足，还需要由中央、省级财政承担更多的财政投入责任，加强统筹分配，不仅要落实财政投入，在农村地区，由于家庭购买力有限，市场供给学前教育的意愿不足，更加需要政府成为主要的办园主体，并引导社会组织积极参与办园，为农村地区提供公益、普惠的学前教育服务。②统筹城乡师资建设。由于资源分配的城乡差异，农村地区可支付的教师工资水平有限，难以吸引优秀教师，因此缩小城乡幼儿教师待遇差距是统筹城乡师资建设的重点，应适度上移农村幼儿教师待遇保障的责任，并逐步实现工资待遇、培训经费等向农村倾斜。此外，在教师补充机制上，可通过定向委培、城乡教师交流等机制补齐农村幼儿教师的缺口。

---

① 此处未列出镇区的数据。

第二章

学前教育管理的改革与发展

改革开放 40 年来，我国学前教育管理走过了一条曲折和奋进交织的道路，学前教育管理涉及面广，关系错综复杂，其核心影响因素是管理体制的建立和完善。学前教育管理体制的改革一直是我国学前教育改革中十分重要和关键的内容。改革开放 40 年来，我国在学前教育管理体制改革方面进行了深入探索，经历了从“政府牵头，各部门共同管理”到长期实行的地方负责、分级管理和有关部门分工负责再到国务院领导、省市统筹、以县为主管理体制的转变。在这段改革发展的历程中，积累了宝贵的历史经验，也面临很多挫折和走了很多弯路。改革开放 40 年来，对学前教育管理发展的研究，是以管理体制演变为主线，以政策分析为视角，回溯和思考我国学前教育管理发展的重大事件、重要转折以及重大经验和教训。

第一节　学前教育管理的发展历史

一、1978—1986 年：学前教育管理的明确与规范

1978 年 12 月，党的十一届三中全会召开，国家进入了社会主义建设的新时期，党和政府确立了“恢复、发展、整顿、提高”的教育指导思想，教育工作走上了健康发展的轨道，对学前教育也进行了及时有效的调整和规范。

（一）学前教育管理体系的重建

1978 年，教育部在普通教育司设立幼教特教处，失去国家机关专职领导已达 16 年之久的幼教事业又有了行政领导机构。一些省（自治区、直辖市）教育厅（局）也陆续恢复或新建了幼儿教育行政领导机构和教研机构，配备了专职或兼职的幼儿教育行政干部和教研人员，形成了自上而下的统一领导、分级管理的领导管理体制。[①]1979 年 6 月 18 日，第五届全国人民代表大会第二次会议通过的《1979 年政府工作报告》指出：“要十分重视发展托儿所、幼儿园，加强幼儿教育。”[②]学前教育逐渐得到重视。同年 7 月 24 日—8 月 7 日，国务院召开了“全国托幼工作会议”，会议议定，在国务院设立托幼工作领导小组及其办事机构，负责研究和实施有关托幼工作的规定。托幼工作领导小组由教育部、卫生部等 13 个部门的负责同志组成，由国务院副总理任组长，办事机构设在中华全国妇女联合会，并划分了有关部门的工作职责。会议明确了托幼工作领导小组的任务：贯彻执行党中央、国务院有关托幼工作的方针、政策和指示；研究制定托儿所、幼儿园的发展规划，推动托幼事业发展和提高；研究解决托幼工作中的重大问题，督促有关部门贯彻执行；推动有关部门加强托幼工作的宣传，表彰先进；进行调查研究，定期检查托幼工作，组织交流经验；调查了解未入园所的婴幼儿的情况，宣传科

---

① 唐淑，钟昭华. 中国学前教育史. 北京：人民教育出版社，2000：324.

② 1979 年政府工作报告. （1979-06-18）[2018-11-15]. http://www.gov.cn/test/2006-02/16/content_ 200759.htm.

学育儿知识，加强卫生保健和教育工作。

这次会议是我国学前教育史上非常重要的一次会议，意义非凡。一方面，会议对学前教育是关系到国家和民族前途的根本大计、发展学前教育是为未来投资的认识已达到了当时国际社会所能达到的较高水平。[①]另一方面，会议确立了政府牵头、各部门共同管理的学前教育管理体制。全国学前教育管理机构得以恢复，管理力量得到加强，特别是以国务院托幼工作领导小组全面负责，有关部门分工协作的管理工作机制开始运行。

（二）加强政策制定，促进学前教育规范发展

建章立制，完善政策体系，运用政策工具加强管理，既是学前教育管理的重要内容也是有效方式。各有关部门密集出台了关于学前教育的规范性文件，较好地实行了政府牵头、各部门共同管理的体制和机制。1979 年 11 月，教育部颁布了《城市幼儿园工作条例（试行草案）》，对幼儿教育的发展方针、教育目标、内容和管理制度进行了详尽规定,迅速地恢复了城市幼儿园的正常工作秩序。1980 年 10 月，卫生部、教育部颁发《托儿所、幼儿园卫生保健制度（草案）》。[②]同年 11 月，卫生部颁发《城市托儿所工作条例（试行草案）》。1981 年 6 月，卫生部颁布《三岁前小儿教养大纲（草案）》，10 月，教育部颁发《幼儿园教育纲要（试行草案）》，作为各类幼儿园进行教育工作的依据，要求各地幼儿园结合实际试行。1985 年 12 月，卫生部印发《托儿所、幼儿园卫生保健制度》。1987 年 3 月，国家教育委员会、劳动人事部颁发了《全日制、寄宿制幼儿园编制标准（试行）》，9 月《城乡建设环境保护部、国家教育委员会托儿所、幼儿园建筑设计规范》发布。这些政策文件的出台对于在改革开放初期较快地推进标准办园、规范管理、保证保教质量起到了重要的作用。

（三）重视学前教育师资的培养

合格的、充足的师资是学前教育规范发展、质量提升的重要保障。这个时期，学前教育师资培养得到高度重视。1979 年《全国托幼工作会议纪要》提出“建设一支又红又专的保教队伍”[③]。1981 年 11 月，第五届全国人民代表大会第四次会议召开，政府工作报告指出，要培训大批合格的幼儿教师，使更多的学龄前儿童

① 冯晓霞. 中国教育改革大系・学前教育卷. 武汉：湖北教育出版社，2016：4.

② 中国学前教育研究会. 中华人民共和国幼儿教育 60 年大事记(上).（2009-11-15）[2018-12-15]. http://www.cnsece.com/KindTemplate/MsgDetail/28106.

③ 冯晓霞. 中国教育改革大系・学前教育卷. 武汉：湖北教育出版社，2016：315.

能够进入幼儿园，并且能够得到适应他们身心特点的教育。1982年，《关于第六个五年计划的报告》中明确提出，要注意发展学龄前教育，加强师范教育。1983年6月，第六届全国人民代表大会的政府工作报告中强调，幼儿教育十分重要，要有计划地发展，并且从办好幼儿师范教育抓起，逐步加以整顿和提高。

（四）规范管理与发展学前班

当时，我国大部分地区幼儿教育发展尚处于不够发达的阶段，举办、发展学前班是进行农村幼儿教育的一条重要途径，也是满足城镇地区群众子女接受学前教育的一种教育形式。1983年5月，《关于加强和改革农村学校教育若干问题的通知》明确提出了有条件的地区还应积极发展幼儿教育的要求。同年，颁发《教育部关于发展农村幼儿教育的几点意见》，对发展农村学前教育提出了具体的要求：幼儿教育是社会主义教育事业的重要组成部分，要积极创造条件，有计划地发展农村幼儿教育；坚持“两条腿走路”的方针，要积极恢复和发展教育部门在农村办的幼儿园，从实际出发，因地制宜，采取多种形式、多种渠道办园；为了发展农村幼儿教育事业，提高保教质量，必须高度重视和采取有效措施，建设一支稳定、合格的幼儿教师队伍；发展农村幼儿教育，应通过多种渠道筹集资金；加强对农村幼儿教育工作的领导和管理。

学前班这种教育形式发展较快，而领导管理工作不够及时和具体，导致出现了一些急需解决的问题，如有的办班条件较差，师资缺乏专业训练，教育活动不符合幼儿年龄特点，存在小学化的缺陷等。1986年6月，国家教育委员会颁布《关于进一步办好幼儿学前班的意见》，从“端正办班指导思想”“教育活动的要求”“加强学前班教师的培训”“努力改善办班条件”“加强领导和管理”等五个方面提出了具体指导意见。上述政策对积极推动学前班的规范发展，特别是促进农村幼儿教育事业的发展，起到了积极的指导作用。

1985年5月，《中共中央关于教育体制改革的决定》提出了“把发展基础教育的责任交给地方”，确定了“实行九年制义务教育，实行基础教育由地方负责、分级管理”的原则。1986年4月，第六届全国人民代表大会第四次会议通过《中华人民共和国义务教育法》规定：“义务教育事业，在国务院领导下，实行地方负责，分级管理。”这一立法明确标志着基础教育领域中央和地方之间权力转移的改革方向已经得到了法律的确认。[①]基础教育“地方负责，分级管理”原则的确立，对学前教育管理体制的调整与建立产生了重大的影响。事实上，《关于进一步办好幼儿学前班的意见》已经在幼儿教育经费方面体现出“地方负责”的

① 劳凯声. 中国教育改革30年·政策与法律卷. 北京：北京师范大学出版社，2009：46.

政策导向，比如，“农村幼儿教育经费由乡（镇）人民政府通过各种渠道进行筹措”[①]。

二、1987—1995 年：学前教育管理体制的转型与调适

（一）地方负责、分级管理和有关部门分工负责管理体制的确立

政府牵头、各部门共同管理的学前教育管理体制的关键在于“政府牵头”，代表政府实际履行职能的是全国托幼工作领导小组。1982 年，由于国务院机构改革，全国托幼工作领导小组及其办事机构撤销，但该机构的工作任务一直未明确由哪个部门承担，因此造成各部门对幼儿教育工作的管理分工不清、职责不明，影响了幼儿教育事业的进一步发展。没有“政府牵头”，各部门共同管理就必然会出现多主体管理所引发的责任主体不明、职责不清的问题。为此，1987 年 10 月 13 日，国家教育委员会、国家计划委员会、卫生部等部门联合呈交国务院《关于明确幼儿教育事业领导管理职责分工的请示》，再次明确了学前教育管理体制，“必须在政府统一领导下，除地方政府举办幼儿园外，主要依靠部门、单位和集体、个人等方面力量发展幼儿教育事业，实行‘地方负责，分级管理’和有关部门分工负责的原则”[②]，明确了分工负责、协同合作的机制。其对教育、卫生等有关部门的职责进行了分工，列出了职责清单。同时，提出了国家有关部门协调学前教育工作的具体办法，“有关幼儿教育工作中的重大政策问题。由国家教委牵头，有关部门参加，共同研究……属于各主管部门分工负责的工作又需同其它部门共同研究的重要问题，由主管部门牵头，有关部门参加”[②]。1987 年 10 月 15 日，国务院同意了《关于明确幼儿教育事业领导管理职责分工的请示》，并发布了《国务院办公厅转发国家教委等部门关于明确幼儿教育事业领导管理职责分工的请示的通知》，特别强调了学前教育的地位和价值，以及幼儿教育是社会主义教育事业的重要组成部分，是我国学校教育的预备阶段，同时又是一项社会公共福利事业，各级政府都应重视幼儿教育事业的改革和发展。托幼工作对提高我国人口素质有重要意义，对此也要重视和加强。

同年 10 月，国家教育委员会召开了中华人民共和国成立后第一次全国性幼儿教育工作会议，各省（自治区、直辖市）主管教育的省级领导、教育行政部门领导以及有关单位的负责人参加了会议。会议讨论了幼儿教育事业的发展方针、指

① 中国学前教育研究会. 中华人民共和国幼儿教育重要文献汇编. 北京：北京师范大学出版社，1999：238.
② 中国学前教育研究会. 中华人民共和国幼儿教育重要文献汇编. 北京：北京师范大学出版社，1999：260.

导思想、师资队伍建设以及加强领导和管理等问题。会议的主要内容是：强调动员和依靠社会各方面力量，通过多种渠道、多种形式发展幼儿教育事业；建立一支合格、稳定的幼儿园师资队伍；端正办园指导思想，深化教育改革，全面提高保育、教育质量；明确职责，加强领导等指导意见。这次会议对进一步理顺关系、明确分工、加强领导、积极发展学前教育具有极为重要的意义。

1988 年 8 月 15 日，发布《国务院办公厅转发国家教委等部门关于加强幼儿教育工作意见的通知》，在管理体制上进一步强调“坚持实行‘地方负责，分级管理’和各有关部门分工负责的原则”[①]。同时，重点对教育部门履行职责提出了要求，“各级教育部门在履行有关管理职责中，要注意从本地的实际出发，对各类幼儿园实行分类指导。要同妇联、工会等有关部门密切配合，协调一致，并要加强同各幼儿园主办单位的联系，共同努力，积极推动幼儿教育事业的健康发展”。值得注意的是，该文件对政府和社会的责任也进行了界定：“幼儿教育事业具有地方性和群众性。发展这项事业不可能也不应该由国家包起来，要依靠国家、集体和公民个人一起来办。在地方人民政府举办幼儿园的同时，主要依靠各部门、各单位和社会各方面力量来办。”[②]

（二）学前教育依法管理的初步探索

为加强对幼儿园的科学管理，提高保育和教育质量，我国开始探索通过制定法律法规来进行学前教育管理。在地方，1986 年 6 月 20 日，江苏省人民代表大会常务委员会通过了《江苏省幼儿教育暂行条例》，这是我国第一个地方性幼儿教育法规。从全国看，1989 年 6 月 5 日，国家教育委员会发布了《幼儿园工作规程（试行）》。该文件是改革开放以来第一个学前教育部门规章，预示着学前教育依法管理进入新的阶段。《幼儿园工作规程（试行）》对以下方面进行了规定：幼儿园的招生、编班；幼儿园的卫生保健；幼儿园的教育；幼儿园的园舍、设备；幼儿园的工作人员；幼儿园的经费；幼儿园与幼儿家庭；幼儿园的管理工作等。同年 9 月 11 日，国家教育委员会发布经国务院批准的中华人民共和国成立以来的第一个幼儿教育行政法规——《幼儿园管理条例》。该条例总则部分指出：“幼儿园的管理实行地方负责、分级管理和各有关部门分工负责的原则。国家教育委员会主管全国的幼儿园管理工作；地方各级人民政府的教育行政部门，主管本行政辖区内的幼儿园管理工作。”[③]由此，学前教育地方负责、分级管理和有关部门

---

① 中国学前教育研究会. 中华人民共和国幼儿教育重要文献汇编. 北京：北京师范大学出版社，1999：278.

② 中国学前教育研究会. 中华人民共和国幼儿教育重要文献汇编. 北京：北京师范大学出版社，1999：274.

③ 中国学前教育研究会. 中华人民共和国幼儿教育重要文献汇编. 北京：北京师范大学出版社，1999：299.

分工负责的管理体制在法律层面得以确立。该条例的颁布为学前教育的依法规范管理奠定了基础。①它明确了教育部门对幼儿教育的管理职责和权限，为理顺幼儿教育管理体制、实行依法治教，提供了依据；②对幼儿园的准入条件做出了明确的规定；③对幼儿教育的质量进行了规定，明确了幼儿园保育和教育活动的基本要求；④对幼儿园的管理、师资和收费做出了具体的规定。

《幼儿园工作规程（试行）》《幼儿园管理条例》的颁布表明我国开启了依法管理学前教育的进程。前者侧重幼儿园内部管理，后者注重幼儿园外部管理，兼顾内部规范，二者有力地促进了幼儿教育管理工作的科学化，推动了幼儿教育事业的规范发展和依法发展。

教育督导作为教育行政过程的主要部分，也是教育行政的重要功能，关系到整个教育行政体制的效能。[①]除了运用法律法规依法管理学前教育外，教育督导评估也逐渐得到重视。比如，1989 年国家教育委员会颁布的《国家教育委员会关于实施〈幼儿园管理条例〉和〈幼儿园工作规程（试行）〉的意见》对学前教育督导评估提出要求："建立督导、评估制度，研究和探索一套科学的幼儿教育评估体系，保证改革的顺利进行。"[②]1991 年 4 月 26 日，国家教育委员会发布的《教育督导暂行规定》明确提出："教育督导的范围，现阶段主要是中小学教育、幼儿教育及其有关工作。"[③]此外，还指明教育督导包括综合督导、专项督导以及经常性检查。这为我国建立教育督导制度，加强对教育工作的行政监督，保证国家有关教育的方针、政策、法规的贯彻执行和教育目标的实现，提供了管理体制上的保障。

值得一提的是，加强对学前班的管理成为这一时期学前教育管理的重要内容。国家教育委员会 1991 年 6 月 17 日发布的《关于改进和加强学前班管理的意见》的数据显示，据 1989 年统计，全国学前班幼儿人数占全国在园（班）幼儿总数的 47.3%。其中，农村学前班幼儿占农村在园（班）幼儿总数的 60%，县镇学前班幼儿占县镇在园（班）幼儿总数的 36.2%，城市学前班幼儿占城市在园（班）幼儿总数的 23.7%。但学前班发展过程中在教育和管理方面出现了一些问题，比如，有的地方学前班管理的归属不明确，办班条件差，教师专业素质低，教育的内容、形式和方法不符合幼儿身心发展的特点和规律，比较普遍地存在"小学化"的倾向。继 1983 年教育部颁布《教育部关于发展农村幼儿教育的几点意见》、1986 年国家教育委员会颁布《关于进一步办好幼儿学前班的意见》后，1991 年 6 月 17 日

---

① 孙绵涛. 教育行政学. 北京：高等教育出版社，2001：309.

② 中国学前教育研究会. 中华人民共和国幼儿教育重要文献汇编. 北京：北京师范大学出版社，1999：306.

③ 中国学前教育研究会. 中华人民共和国幼儿教育重要文献汇编. 北京：北京师范大学出版社，1999：315.

国家教育委员会发布的《关于改进和加强学前班管理的意见》，重点对学前班的举办原则、领导与管理、保育和教育、办班条件的改善、教师的管理和培训等提出了要求。为了更有效地规范和加强学前班的管理，该文件还以附件形式一并颁布了《学前班保育与教育的基本要求（试行稿）》。

（三）经济体制改革背景下学前教育管理的无力应对

1992 年 2 月 16 日，国务院发布的《九十年代中国儿童发展规划纲要》提出“积极发展学前教育，坚持‘动员社会力量，多渠道、多形式地发展幼儿教育’的方针”，“进一步完善‘分级办学，分级管理’的新体制，建立起以政府财政拨款为主、充分调动社会参与办学的有效机制，进一步缓解经费不足的紧张状况”[①]。需要说明的是，“动员社会力量，多渠道、多形式地发展幼儿教育”的实质是推进非政府力量与政府携手举办学前教育，共同提供学前教育资源和民主管理学前教育的过程，是学前教育从过分依赖政府到以社会为依托、扎根于广大社会的过程。“幼儿教育社会化”并没有为政府开脱责任，政府也没有理由撤资和减少投资，而是要求政府发动广大的非政府力量，让广大的非政府力量与政府携手共办幼儿教育，共同支持和管理幼儿教育。[②]然而，自 20 世纪 90 年代中期开始，不少地方对学前教育社会化本质的认识产生了偏差，片面地将社会化理解为把政府举办学前教育的责任转移给社会，导致 20 世纪 90 年代末至 21 世纪初出现了大范围的幼儿园改制现象。

1992 年 10 月召开的中国共产党第十四次全国代表大会确定了我国经济体制改革的目标是建立社会主义市场经济体制。为了在教育领域全面落实党的十四大精神，规划教育改革发展，1993 年 2 月 13 日，中共中央、国务院印发《中国教育改革和发展纲要》，提出了我国教育改革的方向和途径，这对 20 世纪 90 年代至 21 世纪初的教育体制机制改革产生了重大影响。这一时期教育工作的主要任务是：①建立适应社会主义市场经济体制和政治、科技体制改革需要的教育体制，更好地为社会主义现代化建设服务；②教育体制改革采取综合配套、分步推进的方针，加快步伐，改革包得过多、统得过死的体制，初步建立起与社会主义市场经济体制、政治体制和科技体制改革相适应的教育新体制。政府管理教育的职能发生了转变，由对学校（幼儿园）的直接行政管理，转变为运用立法、拨款、规划、信息服务、政策指导和必要的行政手段进行宏观管理。

随着我国经济体制改革的日益深入，企业转换经营机制的进程不断被推进，

① 中国学前教育研究会. 中华人民共和国幼儿教育重要文献汇编. 北京：北京师范大学出版社，1999：330.
② 蔡迎旗. “幼儿教育社会化”政策的解析. 学前教育研究，2005（1）：42-44.

企事业单位原有的社会职能特别是教育职能逐渐被剥离。首当其冲的就是大量企业办园，纷纷面临改制。1995 年 9 月，《国家教委、计委、民政部、建设部、经贸委、全国总工会、妇联〈关于企业办幼儿园的若干意见〉》发布，要求坚持依靠社会力量发展幼儿教育的方针，有条件的企业应继续办好幼儿园；深化改革，积极稳妥地推进幼儿教育逐步走向社会化；各级政府和教育行政部门要加强对企业办园的业务指导。该意见颁布的目的是稳定企事业单位办园和集体办园，但在政策执行过程中多数地方关注的是让“幼儿教育逐步走向社会化”，而忽略了“有条件的企业应继续办好幼儿园”的要求。同时，“该文件一方面缺乏约束力，另一方面又缺乏支持这些单位继续办园的优惠政策措施，导致国有企事业单位缺乏继续办园的积极性，使得新中国成立以来积累了大量优质学前教育资源的企事业幼儿园被迫停办、变卖”①。

在社会经济体制改革、企业经营体制转换的背景下，企业剥离社会职能，企业办的幼儿园成了企业可有可无的附属物，幼儿园由企业职工的福利蜕变为经济体制改革和企业发展的包袱，从企业办园转制开始，全国不少地方开始出现改制现象，学前教育在改革中风雨飘摇，给学前教育管理带来了巨大的挑战。

三、1996—2009 年：学前教育管理的曲折与求变

（一）颁布《幼儿园工作规程》《幼儿园教育指导纲要（试行）》，加强质量管理

1996 年 3 月颁布的《幼儿园工作规程》是国家为加强幼儿园的科学管理，提高保育和教育质量颁布的法规性文件。它规定了国家对幼儿园的基本要求和管理的基本原则，突出体现了国家对学前教育质量管理的要求。《幼儿园工作规程》进一步明确了幼儿园的性质，充分肯定了幼儿园的教育属性；明确了幼儿园在我国教育事业中的特殊地位；明确将幼儿园纳入我国的学制体系。这“三个明确”有利于各级政府更加重视将学前教育纳入当地教育发展规划之中。2001 年教育部颁布的《幼儿园教育指导纲要（试行）》是在贯彻实施《幼儿园工作规程》的基础上，又一个规范幼儿园教育改革的指导性文件，规定了我国幼儿园教育的基本实践规范和要求，在教育管理层面上，体现出政府对学前教育质量提升的关注。《幼儿园教育指导纲要（试行）》对我国学前课程建设、教育教学质量的保障和提升都起到了十分重要的指导作用。

---

① 庞丽娟. 中国教育改革 30 年・学前教育卷. 北京：北京师范大学出版社，2009：12.

（二）学前教育管理尝试从“适应”向“调适”转变

学前教育改革是在一定的系统中进行的，它受到系统内诸多因素的影响。回溯和分析我国学前教育管理的演变，需要将其放置在整个教育领域改革的宏观系统之中来审视。1996年4月，国家教育委员会印发《全国教育事业“九五”计划和2010年发展规划》，提出了各级各类教育发展的具体目标，以及“为了确保‘两基’任务的按期完成，必须正确处理十四届五中全会提出的‘重点是义务教育、积极发展职业教育和成人教育、适度发展高等教育’三者之间的关系，保证‘两基’的投入，把‘两基’的重中之重地位落到实处”①。由此可见，这一时期国家教育改革发展的重点是义务教育，关键是实现“两基”“普九”目标。在这一系统中，国家发展教育的整体规划体现出了不同学段改革发展的优先顺序，学前教育所处的发展顺序在很大程度上决定了其之后较长一段时间内的改革发展所获得的政府支持的水平。

为了更好地贯彻落实《全国教育事业“九五”计划和2010年发展规划》制定的关于学前教育事业发展的目标，促使学前教育事业发展与当地经济和社会发展以及普及九年义务教育工作相协调，1997年7月17日，国家教育委员会印发《全国幼儿教育事业“九五”发展目标实施意见》，提出“九五”时期是我国实施“科教兴国”伟大战略的重要时期，也是幼儿教育事业逐步适应社会主义市场经济体制，深化改革与健康发展的关键时期。

该意见对后期学前教育的发展产生了重大影响，充分体现了这一时期学前教育管理的三个基本特点：“坚持”“适应”“改革”。①坚持幼儿教育事业具有很强的地方性和群众性，一方面，坚持“地方性”，贯彻地方负责，分级管理和有关部门分工负责的原则，另一方面，坚持“群众性”，表现为采取多种形式办园，“继续贯彻国家、集体和公民个人一起办园（班）的方针，多种形式地发展幼儿教育事业，为更多幼儿提供学前教育的机会……在地方政府举办幼儿园同时，仍应积极鼓励和大力支持企、事业单位、社会团体、街道居委会，农村乡、镇和村委会，公民个人举办幼儿园或捐资助园”②。②适应经济体制改革和义务教育阶段的发展目标和任务。“适应”是这一阶段学前教育管理最为突出的特点。适应社会主义市场经济体制，适应义务教育阶段发展的目标任务。③改革的核心是深化幼儿园办园体制的改革。《全国幼儿教育事业“九

---

① 中华人民共和国国家教育委员会. 全国教育事业“九五”计划和 2010 年发展规划.（1996-04-10）[2018-11-15]. http://old.moe.gov.cn/publicfiles/business/htmlfiles/moe/moe_177/200407/2485.html.

② 中华人民共和国国家教育委员会. 全国幼儿教育事业“九五”发展目标实施意见.（1997-07-17）[2018-12-10]. http://www.moe.gov.cn/srcsite/A06/s3327/199707/t19970717_81983.html.

五”发展目标实施意见》明确指出，随着经济体制改革的深化，应积极稳妥地进行幼儿园办园体制改革，进一步明确各级政府的责任，探索适应社会主义市场经济的办园模式和内部管理机制，逐步推进幼儿教育社会化。幼儿教育发展方向应该是建立以社区为依托的、适应当地经济和社会发展的、正规与非正规相结合的组织形式。实现幼儿教育社会化还需要一个长期的过程。需要强调的是，地方政府仍有责任办好教育部门举办的幼儿园，使其逐步成为当地的骨干和示范。此外，《全国幼儿教育事业“九五”发展目标实施意见》还要求各省（自治区、直辖市）应逐步建立和健全幼儿园（学前班）评估体系，并根据国家教育委员会《学前班工作评估指导要点》的要求制订实施方案，分期分批地进行评估，争取到 2000 年使绝大多数学前班符合该要点的要求。值得注意的是，《全国幼儿教育事业“九五”发展目标实施意见》再次对学前教育管理机构、管理人员配备以及教育行政部门与其他有关部门的协作提出了要求，各级政府应重视教育行政部门中幼儿教育机构的设置，教育行政部门内应设有幼儿教育机构或配备专职干部。各级教育行政部门要增强主管意识，充分发挥主管作用，对于重大问题及时协调有关部门研究解决，各有关部门应各司其职，互相配合，密切合作。同时，还要积极争取各级妇联、工会组织及其他群众组织的大力支持。

2003 年 3 月，国务院办公厅转发了教育部等多部门联合发布的《关于幼儿教育改革与发展的指导意见》，对进一步完善幼儿教育管理体制和机制，加强政府履行职责提出了具体要求；坚持实行地方负责，分级管理和有关部门分工负责的幼儿教育管理体制。建立和完善政府领导统筹，教育部门主管，有关部门协调配合，社区内各类幼儿园和家长共同参与的幼儿教育管理机制。该意见特别对中央及地方各级政府的职责进行了明确的划分。此外，为保证幼儿教育管理层层落实到位，《关于幼儿教育改革与发展的指导意见》明确要求建立由教育部门牵头、有关部门参加的幼儿教育联席会议制度，通报、协调、解决幼儿教育事业发展中出现的问题，促进幼儿教育事业稳定健康发展。在部门协同机制方面，首次提出建立“幼儿教育联席会议制度”，为建立相关职能部门之间的有效协作机制提供了新的改革思路。同时，加强了对学前教育督导评估的重视，明确提出“建立幼儿教育督导制度，坚持督政与督学相结合。国务院教育部门要制定幼儿教育工作督导评估暂行办法，省级人民政府要制定地方幼儿教育工作督导评估标准，把幼儿教育事业发展、幼儿教育质量、幼儿教育经费投入与筹措、幼儿教师待遇等列入各级政府教育督导内容，积极开展对幼儿教育热点难点问题的专项督导检查。各级政府教育督导部门和教育行政部门要定期对各类幼儿园的保育、教育质量和管理水平进行督导和评估，并将评估结果向社会公示，接受社会和家长的监督”[①]。

同年4月21日，教育部对北京市顺义区等100个幼儿教育先进县（市、区）予以表彰，并授予全国幼儿教育先进县（市、区）光荣称号。《教育部关于表彰全国幼儿教育先进县（市、区）的决定》认为，“这100个先进县（市、区）……认真贯彻实施国家法律法规，积极推动幼儿教育事业发展，深化改革，加强管理，努力办好公办幼儿园，充分发挥公办园的骨干和示范作用，支持、鼓励社会各方面力量发展幼儿教育，全面实施素质教育，努力提高保育和教育质量”[②]。

改革开放至21世纪初这段时间，我国学前教育事业取得了长足发展，但问题也非常突出，总体来看，学前教育总体水平还不高，地区之间、城乡之间、园际发展不平衡，与经济、社会、教育的发展和人民群众日益增长的需求还不相适应。比如，一些地方对幼儿教育的重要性认识尚不到位，简单套用企业改制的做法，将幼儿园推向市场，减少或停止投入，甚至出售；学前教育事业投入不足，1998—2004年7年中学前教育总投入占全国教育总支出的比例一直徘徊在1.27%～1.44%；学前教育管理力量薄弱，“九五”“十五”期间，只有北京、天津等极少数地区专门设有学前教育管理机构，有一半以上的教育部门没有专门设立的学前教育管理机构，有1/4的教育部门不仅没有专设机构，甚至没有专职的学前教育管理人员。[③]

四、2010—2018年：学前教育管理体制的突破与创新

（一）政府责任日渐加强

2010年7月13日，党中央、国务院在北京召开21世纪第一次全国教育工作会议，胡锦涛明确提出，“要基本普及学前教育，重点发展农村学前教育，遵循幼儿身心发展规律，坚持科学保教方法，加强学前教育管理，保障幼儿快乐健康成长”[④]。温家宝在全国教育工作会议上的讲话中指出，“学前教育在各级各类教育中是一个十分薄弱的环节，人民群众意见较多。要推动全国城乡学前教育普遍

① 中华人民共和国教育部，中央机构编制委员会办公室，中华人民共和国国家计划委员会，等. 关于幼儿教育改革与发展的指导意见.（2003-01-27）[2018-11-15]. http://old.moe.gov.cn//publicfiles/business/htmlfiles/moe/moe_35/200303/61.html.

② 中华人民共和国教育部. 教育部关于表彰全国幼儿教育先进县（市、区）的决定.（2003-04-21）[2018-11-15]. http://www.moe.gov.cn/srcsite/A06/s3327/200304/t20030421_81981.html.

③ 中国学前教育发展战略研究课题组. 中国学前教育发展战略研究. 北京：教育科学出版社，2010：21.

④ 胡锦涛. 在全国教育工作会议上的讲话.（2010-07-13）[2018-11-15]. http://www.gov.cn/ldhd/2010-09/08/content_1698579.htm.

发展。抓紧解决群众反映强烈的‘入园难’问题”[①]。同年7月29日，《国家中长期教育改革和发展规划纲要（2010—2020年）》颁布，第一次把学前教育专章单列部署。“基本普及学前教育”成为主要任务，“明确政府职责”为重要保障，并提出“建立政府主导、社会参与、公办民办并举的办园体制。大力发展公办幼儿园，积极扶持民办幼儿园”[②]。该纲要首次提出“政府主导”，主导重在统领全局，推动全局发展起主导作用。这是对政府责任的明确要求，即政府在学前教育发展中应发挥统领全局的主导作用。政府主导实质上强化了政府责任，政府主导也应体现为政府承担发展学前教育的主要责任，这无疑是学前教育管理理念的重大转变。

幼儿园改制风潮渐落，各地大力举办公办性质幼儿园，但由于遗留问题较多，学前教育资源总量明显不足，“入园难”“入园贵”的问题突出。2010年国务院颁布“学前教育国十条”，涵盖了学前教育发展的战略地位、办园体制、师资建设、经费投入、机构管理、安全监管、科学保教以及统筹规划等内容。“学前教育国十条”的颁布表明，学前教育中的政府责任得到了重视，对学前教育事业健康发展起到了极其重要的作用。同年12月1日，国务院召开全国学前教育工作电视电话会议，更明确地提出“地方各级政府是发展学前教育的责任主体……确保政府责任不缺位、社会参与有动力，大力发展‘广覆盖、保基本’的公办园，积极扶持民办园提供普惠性服务”[③]。

各级政府把解决“入园难”“入园贵”等一系列问题视为改善民生和推动教育改革发展的重要任务，表明学前教育在政府心目中的地位发生了变化，学前教育开始进入政府高层的决策视野。自“学前教育国十条”颁布起，中央及地方政府密集出台了多项学前教育政策，在较短的时间内初步建立起学前教育政策保障体系，积极探索运用政策工具优化管理、科学管理。

（二）学前教育管理体制的突破

2017年9月24日，中共中央办公厅、国务院办公厅印发的《关于深化教育体制机制改革的意见》中提出，“理顺学前教育管理体制和办园体制，建立健全

---

① 温家宝. 强国必强教 强国先强教. （2010-07-13）[2018-12-15]. http://www.gov.cn/ldhd/2010-08/31/content_1692288.htm.

② 中华人民共和国教育部. 国家中长期教育改革和发展规划纲要（2010—2020年）.（2010-07-29）[2018-11-15]. http://old.moe.gov.cn/publicfiles/business/htmlfiles/moe/info_list/201407/xxgk_171904.html.

③ 全国学前教育工作电视电话会议（文字实录）.（2010-12-01）[2018-11-15]. http://old.moe.gov.cn//publicfiles/business/htmlfiles/moe/s4917/201012/112142.html.

国务院领导、省市统筹、以县为主的学前教育管理体制”①。《教育部等四部门关于实施第三期学前教育行动计划的意见》中强调，“省级、地市级政府加强统筹，加大对贫困地区支持力度。落实县级政府主体责任，充分发挥乡镇政府的作用。积极推动各地理顺机关、企事业单位、城镇街道办幼儿园办园体制，实行属地化管理，通过地方政府接收、与当地优质公办园合并、政府购买服务等多种形式，确保其面向社会提供普惠性服务”②。在学前教育管理体制纵向结构上，由地方负责、分级管理调整为国务院领导、省地（市）统筹、以县为主，政府责任重心上移，省级、地市级政府统筹责任加强。在横向结构上，以学前教育联席会议制度为主的教育部门与其他相关职能部门综合改革协调机制初步建立。

总体而言，改革开放以来，我国学前教育管理体制经历了从改革开放初期的相对高度统一的管理体制，到1987年后权力逐级下放以及2010年以来权力又适当调整上移的历程。

（三）学前教育管理规范化的推进

这个时期学前教育管理的一个突出特点在于出台一系列标准，以系列化的各项标准，深入推进管理规范化、科学化。这些标准涉及儿童发展、课程实施、师资建设等学前教育管理的多个方面，有效地推动了学前教育质量的提升。

2012年2月，《幼儿园教师专业标准（试行）》颁布，同年9月出台《教育部 中央编办 财政部 人力资源社会保障部关于加强幼儿园教师队伍建设的意见》，10月颁布《3—6岁儿童学习与发展指南》；2013年1月，《幼儿园教职工配备标准（暂行）》出台；2015年1月，教育部、国家发展改革委、财政部出台《幼儿园园长专业标准（试行）》。2011年12月，《教育部关于规范幼儿园保育教育工作 防止和纠正“小学化”现象的通知》印发，治理“小学化”现象；2018年7月，教育部办公厅印发《教育部办公厅关于开展幼儿园“小学化”专项治理工作的通知》，中央全面深化改革委员会第三次会议审议通过了《中共中央 国务院关于学前教育深化改革规范发展的若干意见》，明确提出了推动学前教育深化改革规范发展，遵循学前教育规律等重要指导意见，为学前教育深化改革发展指明了方向。

---

① 中共中央办公厅 国务院办公厅印发《关于深化教育体制机制改革的意见》.（2017-09-24）[2018-11-15]. http://www.gov.cn/xinwen/2017-09/24/content_5227267.htm.

② 中华人民共和国教育部，中华人民共和国国家发展和改革委员会，中华人民共和国财政部，等. 教育部等四部门关于实施第三期学前教育行动计划的意见.（2017-04-13）[2018-12-15]. http://www.moe.gov.cn/srcsite/A06/s3327/201705/t20170502_303514.html.

（四）学前教育督导评估体系初步建立

教育督导是政府管理教育事业的重要职能，是政府管理教育事业的行为，它具有“督政”与“督学”两个方面的任务。其作用在于通过教育督导主体对教育督导课题施加影响，确保教育目标实现。[①]我国学前教育督导评估实践长期以来处于零散状态，没有形成一定的制度体系。虽经长期探索，但多年来督导评估依然是政府发展学前教育职能的薄弱环节，“以督促导、以评促建”的核心功能价值尚未得到充分发挥。[②]2012 年 2 月，教育部印发《学前教育督导评估暂行办法》，2017 年 4 月，教育部印发《幼儿园办园行为督导评估办法》，这两个文件的出台以及针对学前教育的专项督导要求的提出，标志着我国学前教育督导评估体系的初步形成。

（五）实施学前教育专项行动和改革试点

自 2011 年起有序实施第一、二、三期“学前教育三年行动计划”。2010 年 10 月 24 日，《国务院办公厅关于开展国家教育体制改革试点的通知》下发，在 15 个省（自治区、直辖市）开展 18 项学前教育体制改革项目试点。2015 年 8 月 23 日，《教育部办公厅关于申报国家学前教育改革发展实验区的通知》印发，2016 年 2 月 2 日，《教育部办公厅关于公布国家学前教育改革发展实验区名单的通知》印发，北京市顺义区等 36 个地区为国家学前教育改革发展实验区，开展学前教育体制机制改革与探索。

（六）学前教育法制化进程不断推进

“教育立法是促进教育功能实现的一种手段，它把根据教育规律确定的教育工作规律上升为一般的强制性规则，以此调节教育法律关系，避免教育工作的随意性以及其他人为因素对教育的干扰，从而为教育功能的实现创造一个相对稳定的环境。”[③]

改革开放以来，中央和地方政府对学前教育立法进行了持续的努力和探索。从中央政府层面看，早在 2003 年，全国人民代表大会教育科学文化卫生委员会就把学前教育立法列入了立法调研计划。2006 年，全国人民代表大会教育科学文化卫生委员会正式委托教育部开展学前教育法案的研究与起草工作。2007 年，

---

① 虞永平. 学前教育管理. 上海：华东师范大学出版社，2001：95.

② 李琳. 学前教育督导评估体系建设探索——以上海市为例. 中国教育学刊，2014（3）：8-17.

③ 劳凯声. 中国教育法制评论（第 7 辑）. 北京：教育科学出版社，2009：104.

在对全国人民代表大会常务委员会法制工作委员会《关于研究拟订下一届五年立法规划有关事项的通知》的复函中，教育部提出将学前教育法列入全国人民代表大会常务委员会五年立法规划。从地方政府层面看，山东省青岛市于1998年通过《青岛市托幼管理条例》、山西省太原市于2004年通过《太原市学前教育管理条例》、江苏省南京市于2005年通过《南京市学前教育管理办法》、安徽省合肥市于2009年通过《合肥市学前教育管理条例》。北京市、云南省、山东省、天津市也分别于2001年、2012年、2014年、2016年通过了《北京市学前教育条例》《云南省学前教育条例》《山东省学前教育规定》《天津市学前教育条例》。

同时，公众对学前教育立法也极为期待，2010年、2011年、2012年连续三年的两会提案中，关于学前教育的提案占到教育类提案的80%，从中可看出学前教育立法的社会关注程度和努力程度。[①]与此同时，学前教育立法进程不断加快。2011年，教育部启动“学前教育、家庭教育”等立法项目。2012年，“开展学前教育法研究起草工作”被列入当年工作要点;《国家教育事业发展第十二个五年规划》再次明确要“推进学前教育起草工作”。2016年1月5日，颁布新修订的《幼儿园工作规程》[简称《幼儿园工作规程（2016）》]。教育部2018年工作要点已明确要推进学前教育立法，通过立法进一步明确各级政府和有关部门发展学前教育的责任，加大对办园违法违规行为的惩治力度，依法保障学前教育健康可持续发展。

学前教育管理40年的演变历程有如下突出特点：①从管理改革的主动性来看，经历了从“主动重建”到“被动调适”直至“创新突破”的演变过程；②从管理体制纵向层面来看，经历了由“政府牵头”向“地方负责”直至“国务院领导、省级统筹、以县为主”的演变过程，政府责任重心呈现出由高到低进而渐趋上移的过程，责任主体呈现出不断明确的趋势；③从管理体制横向层面来看，经历了由“各部门共同管理”向“国家教委牵头，有关部门参加，共同研究”和“建立由教育部门牵头、有关部门参加的幼儿教育联席会议制度”，再向“健全教育部门主管、有关部门分工负责的工作机制”直至“建立学前教育综合改革协调机制”的变化，实现了从“共同管理”向“主管、分工、合作”到“综合改革协调”的转变，学前教育主管部门及相关职能部门的职责不断明确，分工合作机制综合化的要求和程度都在不断提高。

① 秦惠民，谷昆鹏. 对完善我国教育法律体系的思考. 北京师范大学学报（社会科学版），2016（2）：5-12.

第二节　学前教育管理体制改革的经验与创新

学前教育管理改革不是仅停留在纸面上，而是在主动探索构建改革发展经验的实践中实现管理体制机制的创新。改革开放 40 年来，特别是自 2010 年以来，经过不断的探索和尝试，积累了不少管理体制机制改革的经验。

一、实现学前教育管理责任重心上移

幼儿教育的发展受到多种因素的影响，其中的核心因素是政府的支持和投入。①1987 年，《国务院办公厅转发国家教委等部门关于明确幼儿教育事业领导管理职责分工的请示的通知》提出，幼儿教育实行地方负责、分级管理和有关部门分工负责的原则。1989 年，《国家教育委员会关于实施〈幼儿园管理条例〉和〈幼儿园工作规程（试行）〉的意见》以法律形式确定“建立起地方负责、分级管理和各有关部门分工负责的管理体制”②。2017 年 4 月 13 日《教育部等四部门关于实施第三期学前教育行动计划的意见》首次提出“建立健全‘国务院领导，省地（市）统筹，以县为主’的学前教育管理体制”③。同年 9 月 24 日，中共中央办公厅、国务院办公厅印发《关于深化教育体制机制改革的意见》，提出“理顺学前教育管理体制和办园体制”，再次明确建立健全国务院领导、省市统筹、以县为主的学前教育管理体制。④

从 1987 年明确学前教育实行地方负责、分级管理和有关部门分工负责的原则直至 2017 年确定“建立健全‘国务院领导，省地（市）统筹，以县为主’的学前

---

① 虞永平. 试论政府在幼儿教育发展中的作用. 学前教育研究，2007（1）：3-6.

② 中国学前教育研究会. 中华人民共和国幼儿教育重要文献汇编. 北京：北京师范大学出版社，1999：304.

③ 值得一提的是，2001 年颁发的《国务院关于基础教育改革与发展的决定》提出，进一步完善农村义务教育管理体制。“实行在国务院领导下，由地方政府负责、分级管理、以县为主的体制”，这是基础教育首次提出“在国务院领导下”，在这份文件中没有提及学前教育管理体制。16 年后，国家对于学前教育管理体制提出“国务院领导”，即 2017 年 4 月 13 日，《教育部等四部门关于实施第三期学前教育行动计划的意见》首次提出“建立健全‘国务院领导，省地（市）统筹，以县为主’的学前教育管理体制”。

④ 中共中央办公厅 国务院办公厅印发《关于深化教育体制机制改革的意见》.（2017-09-24）[2018-11-15]. http://www.gov.cn/xinwen/2017-09/24/content_5227267.htm.

教育管理体制”，整整经历了30年，其间出台了多项学前教育政策文件，但对于学前教育管理体制一直强调实行地方负责、分级管理和有关部门分工负责的原则，虽然学前教育发展面临的环境发生了变化，但该管理体制却始终没有实现突破。

地方负责、分级管理的学前教育管理体制，在实际执行过程中存在着不同层级政府间职责不明确、权责配置不合理，特别是责任主体重心过低、统筹协调和财政保障能力严重不足等突出问题。[①]同时，由于没有明确各级政府管理发展学前教育的权责，不明确具体应该由哪级政府承担主要责任及各级政府应承担什么主要责任，致使多年来“地方负责、分级管理”更多地被误读为发展学前教育是区（县）级以下即乡镇（街道）政府的职责，严重地影响和制约了学前教育事业的健康、有序和可持续发展。而国务院领导、省市统筹、以县为主的学前教育管理体制在体制层面打破了困扰学前教育改革发展多年的政府责任重心过低的体制壁垒，上移了政府管理和发展学前教育的责任重心，特别是加强了省市两级政府统筹的责任，明确了县级政府发展学前教育的主体责任，提出要充分发挥乡镇政府的作用。这一新管理体制的确立，为新时期各级政府有效履行责任以及学前教育事业的发展提供了坚强的体制保障。

二、探索建立学前教育综合改革协调机制

现代政府组织因其功能分化和管辖差异，必然会对相关的职能进行专业分工。但是政府的行政管理和公共政策往往需要保持整体性和一致性，因此，组织的横向协调非常重要。协调是与组织分工相伴随而生的，是组织管理要面对的重要问题。横向协调是克服因组织过度分化而导致的管理和服务碎片化困境的重要机制，也是现代政府充分发挥其管理效能的关键。[②]

学前教育事业的复杂性决定了其必须采用政府多部门协同配合、分工协作的管理模式。长期以来，正是由于管理体制横向架构的不健全，导致各级政府相关职能部门职责履行机制不顺畅，这是我国学前教育管理体制机制存在的又一突出问题。学前教育联席会议制度则是探索建立健全学前教育综合改革协调机制的一种有效尝试。

联席会议不诉诸建立组织实体，而是通过相应的工作制度和协调程序进行部

① 庞丽娟，范明丽．“省级统筹 以县为主”完善我国学前教育管理体制．教育研究，2013（10）：24-28.

② 朱春奎，毛万磊．议事协调机构、部际联席会议和部门协议：中国政府部门横向协调机制研究．行政论坛，2015（6）：39-44.

门协调。联席会议是部门之间共同商定的工作制度，具有资源密集度低、权限约束性小、灵活性高的特点。其致力于充分协调各部门之间的工作，更好地发挥各职能部门的作用。它不是一个组织实体，但对议事协调机制有重要的补充作用。

《关于幼儿教育改革与发展的指导意见》首次明确要求建立由教育部门牵头、有关部门参加的幼儿教育联席会议制度，通报、协调、解决幼儿教育事业发展中出现的问题，促进幼儿教育事业稳定健康发展。2010 年颁布的“学前教育国十条”提出，要完善工作机制，加强组织领导，要求各级政府要加强对学前教育的统筹协调，健全教育部门主管、有关部门分工负责的工作机制，形成推动学前教育发展的合力。学前教育三期行动计划也明确要求各地要建立学前教育综合改革协调机制，明确教育、编制、发展改革、财政、人力资源社会保障、住建、卫生计生、残联等部门的任务，着力破解长期制约学前教育发展的体制机制问题。学前教育联席会议制度是相关职能部门的协同机制，也是有效的工作推进机制，该制度实施以来充分发挥了互通信息、相互配合、相互支持、形成合力的作用。

在各地实施过程中，省级层面联席会议一般由分管副省级领导担任召集人，教育厅、发展改革委、财政厅、编办等相关职能部门负责人为成员。联席会议的主要职责是统筹协调全省（自治区、直辖市）的学前教育事业发展工作，研究全省（自治区、直辖市）学前教育发展的有关政策和总体发展规划，提出加快学前教育事业发展的建议，组织推动和督促有关学前教育法律、法规和方针政策的制定和落实，通报学前教育工作情况，研究解决学前教育事业发展中的重点、热点、难点问题。联席会议在教育厅设置办公室，并明确各成员单位的主要职责。联席会议有明确的工作规则，比如，联席会议原则上每年召开一次例会，听取联席会议成员单位的工作汇报，研究确定下一步工作计划和工作重点。根据工作需要，可临时召开全体会议或部分成员单位会议。在研究重大问题时，可以邀请其他有关部门负责人参加；联席会议按照分工负责的原则，确定各项具体工作的负责单位，由负责单位牵头组织推动、具体落实，相关成员单位积极参与配合；联席会议达成的决议形成会议纪要，经联席会议召集人同意后印发至有关单位贯彻落实。辽宁省创新性地把“教育体制改革领导小组”与学前教育联席会议制度相结合，有力地促进了该省学前教育普及事业的快起步、大发展。[①]除省（自治区、直辖市）政府外，各市、县也相应地建立了市、县的学前教育联席会议制度。例如，江苏省在《江苏省学前教育条例》第五章“保障监督”部分以法规的形式明确规定：“县级以上地方人民政府应当组织有关部门和单位建立学前教育联席会议制度，研

---

① 庞丽娟. 政府主导 创新体制——我国地方学前教育改革探索与政策启示. 北京：北京师范大学出版社，2012：180.

究解决学前教育工作中的重大事项。”[①]

三、开展学前教育改革发展专项行动

2010年召开的国务院常务会议要求要以县为单位编制“学前教育三年行动计划”，在科学测算入园需求和供需缺口的基础上，确定发展目标，分解年度任务，落实经费，有效缓解“入园难”的问题。“学前教育国十条”再次明确提出统筹规划，实施“学前教育三年行动计划”的总体要求。

政府责任的回应包括内部回应和外部回应两种，外部回应主要包含三个方面，即职能性回应、责任性回应和前瞻性回应。[②]其中，前瞻性回应主要是政府在制定社会规划、制定长远政策、指导社会发展时产生的回应，从这个角度来说，行动计划即为一种前瞻性回应，是政府责任履行的具体体现。纵观我国学前教育发展历史，专门针对学前教育的行动计划尚属首次，不仅具有时效性和针对性，而且更具有长远性和战略性，是我国学前教育管理改革的一种非常有效的实践创新。

（一）行动计划以问题为导向

国务院要求各地以县为单位制订学前教育行动计划，意味着发展学前教育已经不是一般号召，不是观念上的动员，而是希望见诸实效的工程，希望能切实解决一些亟待解决的问题，改善学前教育的现实状况。[③]

行动计划突出了问题导向、分期推进。第一期（2011—2013年）行动计划，以扩大教育资源为主，首先缓解“入园难”的问题。第二期（2014—2016年）行动计划，继续扩大教育资源总量，提高入园率，在解决“有园上”问题的同时，坚持公益普惠、注重可持续发展、强化政府职责、落实地方政府发展学前教育的主体责任，发挥中央财政的引导和激励作用，实现“上得起”。第三期（2017—2020年）行动计划，完善体制机制，实现科学保教制度化，在全国基本普及“有质量”的学前教育。

（二）行动计划有组织制度保障

2011年3月8日，印发《教育部办公厅关于成立教育部学前教育三年行动计

---

① 江苏省教育厅. 江苏省学前教育条例. (2015-07-20) [2018-11-13]. http://www.ec.js.edu.cn/art/2015/7/20/art_4280_91455.html.

② 陈国权，陈杰. 论责任政府的回应性. 浙江社会科学，2008（11）：36-41.

③ 虞永平. 学前教育三年行动计划“重在行动”. 人民教育，2011（6）：27-29.

划推进工作领导小组的通知》，成立了教育部学前教育三年行动计划推进工作领导小组。其主要职责是指导和督查各地“学前教育三年行动计划”实施情况；协调有关学前教育的重大项目、工程；研究、指导学前教育体制改革试点工作；讨论、审议“学前教育国十条”的配套政策措施；统筹协调部内各有关司局之间涉及学前教育改革发展的重大问题。组织机构保障是管理体制机制的重要组成部分，教育部学前教育三年行动计划推进工作领导小组的建立和运行，保障了各地“学前教育三年行动计划”的有序性和有效性。同年 9 月 5 日，在陕西西安召开全国“学前教育三年行动计划”现场推进会，强调“把好事办好”。

第一期、第二期“学前教育三年行动计划”业已结束，第三期“学前教育三年行动计划”正在实施之中。学前教育改革发展取得了前所未有的历史性成就，“入园难”问题得到明显缓解，回应了广大人民群众的热切期盼。“学前教育三年行动计划”的实施，有力地推动了学前教育的快速发展。该行动计划增强了政府的履职意识，在很多地方，发展学前教育真正被纳入了政府责任范畴，发展学前教育真正成了政府的行动；政府的投入力度明显加大；公共学前教育资源出现了较大的增量；各地发展学前教育的质量意识有所提高，不少省（自治区、直辖市）幼儿教师编制数量有了明显的恢复，全国各级政府幼儿教师培训经费的投入之多前所未有。①

同时，也有相关研究采用目的性取样，调查园长、教师、学前教育行政管理者三类内部利益相关者对第一期“学前教育三年行动计划”执行情况的看法与评价，包括实施成效、存在的不足和知情程度。结果显示，政府管理职能和弱势群体扶助的落实是其最显著的成效。②

四、初步构建学前教育督导评估体系

国家管理教育，在很大程度上是通过制定和实施教育政策来实现的。而教育政策的体现和落实则由教育督导协调监控。从国际上来看，加强对学前教育的评估与督导也是各国保障学前教育质量的一种普遍做法。我国自 1983 年恢复教育督导工作以来，教育督导制度建设取得了显著成效。但学前教育督导评估由于起步较晚，发展较慢，经验较为缺乏，经过长期探索，尚处于初步建立阶段。我国教育督导的基本任务是督政与督学。督政旨在通过建立地方政府履行教育职责督导评价机制，严格落实问责制度，引导地方政府优先发展教育事业，提高基本公共

① 虞永平. 完善体制机制——深入推进学前教育三年行动计划. 人民教育，2011（11）：17-18.

② 洪秀敏，马群. 学前教育三年行动计划实施效果调查——基于内部利益相关者评价的视角. 教育学报，2015（1）：115-126.

教育服务能力和水平；督学在于完善督学队伍管理，实行督学责任制，监督指导各级各类学校规范办学行为，全面提高教育质量。学前教育督导评估体系主要包括建立督政和督学制度。

（一）颁布《学前教育督导评估暂行办法》，加强“督政”

2012年2月12日，教育部印发《学前教育督导评估暂行办法》，要求各地根据本办法要求，结合本地实际情况，制订本省（自治区、直辖市）学前教育督导评估实施方案，做好督导评估工作。督导评估的主要内容如下（另附有具体督导评估指标体系及分值）：①落实政府责任和部门职责，完善管理体制，健全工作机制，建立督促检查、考核奖惩和问责机制等方面的情况；②加大学前教育经费投入，落实各项财政支持政策，构建学前教育公共服务体系等方面的情况；③多种形式扩大学前教育资源，大力发展公办幼儿园，积极扶持民办幼儿园，扩大普惠性学前教育资源等方面的情况；④加强幼儿教师队伍建设，核定并保证公办幼儿园教职工编制，落实并提高幼儿教师待遇，加强幼儿教师培养培训等方面的情况；⑤规范学前教育管理，有效解决“小学化”倾向和问题等方面的情况；⑥提高学前教育发展水平，缓解“入园难”问题及社会公众对当地学前教育满意程度等方面的问题。

我国学前教育的发展历史、学前教育发展规律以及其基本属性均昭示，政府对于发展学前教育应起主导作用。该评估办法突出了督导的“行政监督”职能，强化了对政府教育工作的监督，能有效地监督地方政府、教育主管部门对国家教育政策与法律的执行情况，同时监督这些部门自身决策的合法性、合理性、有效性，还监督这些部门对决策、规划等的执行情况，进而有助于推动政府切实履行学前教育发展责任。

（二）颁布《幼儿园办园行为督导评估办法》，加强“督学”

2017年4月18日，教育部颁布《幼儿园办园行为督导评估办法》，对督导评估的基本原则、督导评估内容与方式（并围绕包括办园条件、安全卫生、保育教育、教职工队伍、内部管理等五个方面在内的重点内容制定了评估指标与要点）、督导评估组织实施、督导评估结果运用等方面进行了系统规定。值得一提的是，与以往的幼儿园评估相比，此次督导评估在评估范围、评估周期、评估内容和评估结果的运用等方面都有较大的变化，主要体现在以下几个方面：①在评估范围上，办园行为督导评估实现了幼儿园、附设幼儿班、幼教点的全覆盖，未取得办园许可的幼儿园也被纳入评估范围；②在评估周期上，办园行为督导评估是周期性的，3～5 年为一个周期，在一个周期内，所有幼儿园（班、点）至少要接受一次督导评估；③在评估内容上，根据我国学前教育的发展水平和当前幼儿园办园中存在的突出问题，督导评估的内容聚焦在幼儿园的办园行为等方面；④在评估结果的运用上，评估强调既要发现问题，又要督促整改，通过评估，既要为政府决策提供依据，又要为幼儿园办园提供指导和帮助，不再单纯地把评估工作作为判断幼儿园优劣、对幼儿园进行分类定级的手段，充分发挥督导评估工作应有的监督、指导、激励和导向作用。[①]

（三）注重常规化督导评估与专项督导评估相结合

除了常规化的督导评估外，针对学前教育特定项目的专项督导评估也成为督导评估体系的重要组成部分。

《学前教育督导评估暂行办法》指出，省级要建立学前教育发展督导评估与年度监测制度。要求省级人民政府教育督导机构负责每年对所辖市（地）、县学前教育发展状况进行监测统计，并组织对所辖市（地）、县人民政府落实“学前教育三年行动计划”的情况进行督导检查。同时，国家教育督导团定期对省（自治区、直辖市）“学前教育三年行动计划”的实施情况进行督导检查，并结合年度监测结果，对各省（自治区、直辖市）学前教育发展状况进行综合分析，发布全国学前教育督导报告。

2017 年开始实施的第三期“学前教育三年行动计划”特别注重建立工作推进机制，在教育督导方面也提出，省一级建立专项督查机制，对三期行动计划实施过程中小区配套幼儿园建设与管理、学前教育成本分担机制、加强教师队伍建设等工作情况进行专项督查。国家建立普及学前教育督导评估制度，国务院教育督导部门制定普及学前教育督导评估办法，以县为单位对普及学前教育的情况进行评估，以省级为主实施，国家审核认定，并将结果向社会公布。2018 年 7 月 4 日，《教育部办公厅关于开展幼儿园“小学化”专项治理工作的通知》提出国务院教育督导委员会办公室、教育部及各省级教育督导机构和教育行政部门将针对幼儿园“小学化”专项治理工作开展专项督查。

《学前教育督导评估暂行办法》《幼儿园办园行为督导评估办法》的颁布以及常规化督导评估与专项督导评估相结合的制度设计，初步建构起了我国学前教育督导评估体系。

---

① 教育部有关负责人就《幼儿园办园行为督导评估办法》答记者问.（2017-05-16）[2018-07-12]. http://www.moe.gov.cn/jyb_xwfb/xw_fbh/moe_2069/xwfbh_2017n/xwfb_070516/170516_sfcl/201705/t20170516_304694.html.

五、探索建立有效的学前教育管理机制

学前教育改革在明确总体方向的前提下，不能坐等经验出现，而是需要通过政策研究、试点试验，有目的地主动探索改革发展经验，指导有典型性的区域总结并形成经验，为其他地区提供借鉴，从而更好地推动全国层面学前教育管理体制机制的改革。

（一）开展学前教育体制改革项目试点

2010年10月24日，下发《国务院办公厅关于开展国家教育体制改革试点的通知》，启动在15个省（自治区、直辖市）开展18项学前教育体制改革项目试点。学前教育专项改革试点的重点任务是建立健全体制机制，加快学前教育发展。具体专项改革试点任务分配如下：明确政府职责，完善学前教育体制机制，构建学前教育公共服务体系（辽宁省大连市、上海市闵行区、江苏省部分市县、浙江省部分市、安徽省合肥市、甘肃省部分自治州、宁夏回族自治区部分市县）；探索政府举办和鼓励社会力量办园的措施和制度，通过多种形式扩大学前教育资源（河北省、内蒙古自治区、浙江省、云南省）；改革农村学前教育投入和管理体制，探索贫困地区发展学前教育的途径，改进民族地区学前双语教育模式（黑龙江省、广西壮族自治区部分县、贵州省毕节地区、西藏自治区山南地区、新疆维吾尔自治区）；加强幼儿教师培养培训（江苏省、浙江省）。此外，在重点领域综合改革试点项目中，学前教育的试点任务是明确政府责任，通过多种形式扩大学前教育资源，加强学前教育规范管理，切实解决"入园难""入园贵"的问题。

（二）设立国家学前教育改革发展实验区

为深入推进学前教育改革发展，教育部决定在全国范围内选择部分地区开展学前教育改革发展实验，为全国其他地区提供经验，发挥示范带头作用。2015年8月23日，印发《教育部办公厅关于申报国家学前教育改革发展实验区的通知》。改革发展实验区的目标是按照构建学前教育公共服务体系的总体要求，落实地方政府发展学前教育的主体责任，健全学前教育管理体制，结合本地实际，重点围绕提高学前教育改革发展的条件保障和推进体制机制建设开展先行试点，建立促进学前教育持续健康发展的长效机制。具体而言，有九项试点任务：扩大普惠性资源、以财政投入为主的农村学前教育成本分担机制、公益普惠的学前教育财政投入保障机制、幼儿教师队伍培养和补充机制、幼儿教师工资待遇保障机制、幼

儿教师师德建设长效机制、规范普惠性民办幼儿园监管、健全学前教育教研制度、贯彻落实《3—6 岁儿童学习与发展指南》。上述九项试点任务是当前学前教育改革发展面临的重大问题和瓶颈，其中多项任务也是管理体制改革中亟待破解的难题。在国家层面选择改革实验区，重点围绕相关试点任务进行改革实验，总结经验进而供其他区域借鉴或推广，这是对我国学前教育管理体制机制的一种探索和创新。

2016 年，《教育部办公厅关于公布国家学前教育改革发展实验区名单的通知》确定了北京市顺义区等 36 个地区为国家学前教育改革发展实验区，并要求各地可结合本地实际，选择 2 个以上的试点任务进行实验，实验周期为三年（2016—2018 年）。2018 年是实验区实验收官之年，到目前为止，很多试点成果已在当地和全国发挥了很好的示范和辐射作用。

第三节　学前教育管理体制机制存在的问题与应对

学前教育管理体制的核心作用是保障有效运转、提升质量。[①]当前，运转低效、质量低下的问题仍然非常突出。为此，需要加大管理体制机制改革与落实的力度，在纵向结构上需进一步明确不同层级政府发展学前教育的职责，在横向结构上则应促使政府相关职能部门建立有效的综合协调机制。在改革发展保障方面，需要加快推进学前教育立法进程，切实增加改革发展的法治保障。

一、各级政府发展学前教育的职责亟待进一步明确落实

我国学前教育发展历史表明，学前教育管理体制改革明显滞后。在我国社会转型和教育体制改革过程中未能充分考虑到学前教育管理体制改革，几乎将之边缘化或置之遗忘的境地，致使今日我国学前教育管理体制改革远远滞后于义务教育阶段的管理体制改革，并由此导致政府各职能部门间职责不清、职权交叉、多

① 虞永平，刘颖. 学前教育体制机制的主要问题与改革思路. 学前教育研究，2017（12）：3-11.

头管理，以及管理层级过低等问题突出。[①]

从管理体制纵向结构来看，主要存在以下三个方面的问题。

1）“政府主导”不明确。政府主导发展学前教育的责任不明确，导致各级政府“政府主导”的责任没有充分落实。

2）各级政府的责任分担不清晰。长期实行的“分级管理”并没有对各层级政府发展学前教育事业的具体责任做进一步明确、科学的划分，比如，对各级政府应承担什么主要责任以及各级政府间的责任关系及运行机制等的规定模糊、不明确。

3）各级政府责任分担不合理，权责配置不合理，事权和财权不一致，统筹协调和财政保障能力严重不足。其中，最突出的问题就是学前教育管理的责任主体重心过低，部分地方甚至落到了乡镇。同时，拥有大量财政资源的县级以上政府的责任没有得到明确。

事实表明，学前教育管理体制改革未能及时地适应学前教育事业发展的实际，更未能有效地支持学前教育事业的发展。因此，亟须加快学前管理体制改革的进程，建立健全国务院领导、省市统筹、以县为主的学前教育管理体制，并相应地做好相关配套支持制度的供给，使这一新的管理体制能切实有效地推动我国学前教育的发展。

（一）准确定位学前教育，确认学前教育价值

学前教育改革不是“价值中立”的活动，体制机制改革“必须清晰地分析人类的价值——更准确地说，是分析被人们视为有价值的事物”[②]。国家对学前教育已有明确定位——“学前教育是终身学习的开端，是国民教育体系的重要组成部分，是重要的社会公益事业”，“办好学前教育，关系亿万儿童的健康成长，关系千家万户的切身利益，关系国家和民族的未来”[③]。我们必须从战略的高度看待学前教育事业，真正看到学前教育对儿童一生发展的价值，对广大人民群众的根本民生的价值，对国家和民族未来发展的价值，真正把学前教育看作是建设人力资源强国战略的起始工程。[④]只有在准确定位、认识并坚守学前教育价值立场的基础上，才能真正在实践层面体现“政府主导”，切实履行政府责任。

---

① 庞丽娟，范明丽. 当前我国学前教育管理体制面临的主要问题与挑战. 教育发展研究，2012（4）：39-43.

② 柯武刚，史漫飞. 制度经济学社会秩序与公共政策. 韩朝华，译. 北京：商务印书馆，2000：38.

③ 中华人民共和国国务院. 国务院关于当前发展学前教育的若干意见.（2010-11-21）[2018-07-17]. http://www.g ov.cn/zwgk/2010-11/24/ content_1752377. htm.

④ 虞永平，刘颖. 学前教育体制机制的主要问题与改革思路. 学前教育研究，2017（12）：3-11.

（二）明确各级政府的具体责任，权责合理配置

对于“国务院领导”如何体现、省市如何合理有效统筹、“以县为主”的具体运行机制如何建立、乡镇（街道）的职能怎样准确定位等问题，都需要有精细化的制度设计并付诸实施。因此，需要明确中央和地方的权责划分，做到统筹有力、权责明确，全面理顺中央与地方，以及省、地市、县和乡镇政府间的权责及其关系，根据政府层级从宏观到微观逐级深化、细化政府学前教育的管理职责，合理划分各级政府的财权、事权与决策权，推动各级政府事权和财权的统一。特别是要进一步加大省级政府对区域内学前教育的统筹权和县级政府对区域内学前教育的管理权。进一步改革的重点在于实现管理主体重心和财政保障重心的“双上移”；改革的关键在于抓住中央、省、县三级政府之间的权责利关系及其调整，并注意发挥地市和乡镇的职能。①

值得关注的是，当前对于乡镇政府职责的定位相对比较模糊，加之随着我国城镇化进程不断加快，未来城乡结构、行政区划结构都将发生重大变化。因此，应未雨绸缪，加强对乡镇政府职能定位的研究。例如，根据江苏省社会科学院《2035 江苏省经济社会发展趋势预测分析》显示，从行政区划来看，2020—2035年，江苏乡镇数量将继续保持以 2%的速度递减，许多乡镇随着城镇化进程消失，改为“街道—社区”发展模式。②因此，学前教育的管理必需适应社会经济发展的现实和趋势。

（三）建立有效的政府问责制度

学前教育政府责任的首要问题是“政府主导”的落实问题。政府主导意味着政府要确定学前教育发展的方向，要满足人民群众获得公益、有质量的学前教育的需要，要调动一切积极因素推动学前教育的发展。政府主导意味着政府要发挥公共财政的力量，举办更多公办幼儿园，鼓励社会力量举办更多普惠性民办幼儿园，让公共财政惠及千家万户，要发挥公办幼儿园的引领和辐射作用，不断提高教育质量，满足广大学前儿童健康发展的需要。

1）需要有效解决“谁负责”“负哪些责任”的问题，即明确责任主体及其相应责任清单，建立责任制，落实责任目标、责任部门和责任人。

2）需要破解“是否履行责任”“履行责任效果如何”等难题，即建立健全问责机制。实践表明，对于发展学前教育的责任，单单有认识是不够的，必须有法

① 庞丽娟，范明丽.“省级统筹 以县为主”完善我国学前教育管理体制. 教育研究，2013（10）：24-28.

② 江苏省社会科学院. 2035 江苏省经济社会发展趋势预测分析（内部资料）.

律的约束和监督。谁拥有发展学前教育的责任？学前教育的责任主体有哪些？学前教育责任的具体行为有哪些？这些问题不是没有答案，在国家的相关文件中都有具体的要求，责任主体和责任行为是很明确的。但是，无视责任和推卸责任的现象大量存在，责任不落实的现象大量存在。①这意味着，一方面，政策的制约性已经明显不足，必须从法律层面上加强对落实学前教育责任的约束；另一方面，则需要对责任履行情况进行有效问责。

因此，在学前教育立法的基础上，需要建立健全学前教育问责机制，依法保障问责，要以法律法规的形式对问责受理主体、问责对象、问责事由、责任承担方式以及责任追究程序等予以规范，依法对责任主体违法或不当的行政行为进行责任追究，减少在问责过程中有错不纠、纠错不力等现象，如此才能真正实现“一级抓一级，层层抓落实”。

二、政府相关职能部门综合协调机制亟须完善

完善教育综合改革的相关制度，建立健全统筹协调机制，加强相关管理部门之间和各级各类学校之间的沟通协调与协同规划，稳步推进教育综合改革，是平稳涉过教育改革“深水区”的重要保障。②改革开放以来，国家对具体落实有关部门分工负责以及在管理体制机制横向结构维度完善政府相关职能部门有效的综合协调机制方面进行了长期探索，相关政策文件对各有关部门分工负责协调的要求不断细化，呈现出由有关部门分工负责协调机制向相关职能部门有效的综合协调机制改革的趋向。

在学前教育发展历史中，相关职能部门横向合作协调机制不顺畅，分工协作的主动性、制度化严重不足，这种分工协作往往演变为教育行政部门“单枪匹马”，学前教育政策落实常常依赖教育行政部门不断请求、不断提醒、不断催促、不断解释，导致难以真正落实整体的政府责任，难以实现学前教育管理的高效运转，难以实现教育部门为主、相关部门合作，更难以形成合力。

（一）要以“综合协同”的思维完善部门分工协作机制

教育领域综合改革仅凭教育领域自身的努力不可能真正获得成功，必须得到其他社会领域的合力支持。在教育领域综合改革中，教育领域与社会领域的协同和会商是一项十分重要而艰巨的工作，也是教育行政部门与政府其他部门之间的

---

① 虞永平. 聚焦学前教育立法核心问题. 中国教育报，2018-02-25（3）.

② 钟秉林. 加强综合改革 平稳涉过教育改革“深水区”. 教育研究，2013（7）：4-9，17.

协同和会商。这显然不是教育行政部门的专门职责，而是教育行政部门与政府其他部门的共同职责。[①]对此，学前教育领域同样面临这一问题。倘若分工协作机制不是建立在教育领域与其他社会领域综合的基础上，分工仍然会大于协作，政策层面的机制创新难以在政策实施中得到切实体现。

（二）要以“系统高效”的思维构建有效的综合协调机制

学前教育协同管理机制给学前教育的发展带来了机遇，也带来了挑战。机遇显而易见，相关政府部门各有管理优势，管理资源丰富。相关职能部门可以分为三类：第一类是直接提供资源并实施管理的部门；第二类是提供政策支持并进行管理的部门；第三类是主要提供相关管理服务的部门。同时，挑战也不言而喻，协同管理机制涉及各个不同部门之间的利益，涉及相互的配合与协作。

《中共中央 国务院关于学前教育深化改革规范发展的若干意见》指出：“办好学前教育、实现幼有所育，是党的十九大作出的重大决策部署，是党和政府为老百姓办实事的重大民生工程……全面贯彻党的十九大精神和党的教育方针，认真落实立德树人根本任务，遵循学前教育规律，牢牢把握学前教育正确发展方向，完善学前教育体制机制，健全学前教育政策保障体系，推进学前教育普及普惠安全优质发展，满足人民群众对幼有所育的美好期盼。”[②]实现“幼有所育”是政府的责任，是政府相关职能部门共同的职责所在。教育行政部门是学前教育最直接的管理部门，其他政府部门往往是通过教育部门与幼儿园和家庭产生联系的。[③]因此，不同政府部门与教育部门之间存在一种独特的关系，所有政府部门之间又是相互联系的，共同作用，形成一个对政府负责、与教育部门联合指向幼儿园和家庭的、协力实现“幼有所育”的独特管理系统。

（三）要探索灵活多样的方式创新协调机制

不同部门之间的协调配合是一项复杂的工作，需要精心地组织和协调，更需要各级政府以及相关部门结合当地实际创造性地形成一些有效的机制。比如，一些地方的市（县）长办公会议或联席会议制度、部门协商制度及现场协调制度等都是一些在实践中形成的有效机制。今后，既要完善联席会议等制度，发挥“制度化”的应有效果，又要完善创新综合多种方式的协调机制。

---

① 吴康宁. 改革 · 综合 · 教育领域——简析教育领域综合改革之要义. 教育研究，2014（1）：40-46.

② 中华人民共和国中央人民政府. 中共中央 国务院关于学前教育深化改革规范发展的若干意见.（2018-11-07）[2018-11-17]. http://www.gov.cn/xinwen/2018-11/15/content_5340776.htm.

③ 虞永平，刘颖. 学前教育体制机制的主要问题与改革思路. 学前教育研究，2017（12）：3-11.

三、管理体制改革亟须加强法律保障

衡量一国的教育体系是否发达，其重要的标准之一就是看这个国家有无完整的、连贯的教育立法体系。[①]改革开放40年来，我国教育法律法规体系的基本框架已经基本形成。然而，作为《中华人民共和国教育法》第二章第十七条明文规定的国家教育体制四环中的首要环节的学前教育，至今没有专门的法律，这是我国学前教育管理上的一个重大缺憾，更为重要的是，由于缺乏国家层面的法律规范，同时面临社会结构转型与经济体制改革的新形势，学前教育事业的发展面临的挑战依然巨大，发展仍然滞后，长期缺乏专门法律的支撑和保障，还没有真正建立起长期稳定、有效的体制和机制，全社会尤其是一些政府部门还没有从法律上认识到学前教育的地位和作用，学前教育的管理和投入还不能得到法律的保证，权利维护、投入不足、资源缺乏、师资流失、质量不高等问题随时可能加剧，学前教育的健康持续发展还难以真正实现。[②]

（一）充分认识学前教育立法的紧迫性、必要性

40年来，我国陆续出台了多项学前教育政策性文件，但其权威性和稳定性比法律和法规要弱。学前教育的发展需要一些短期的政策，但从根本上说，更需要影响范围广泛的、长效的法律和法规。[③]

从世界范围看，发展学前教育的突出经验就是，通过立法途径明确并不断强化各级政府特别是中央政府的职责，明确各相关部门的职责，保障并促进跨部门协作。从我国依法治国的角度看，依法治教是依法治国的重要组成部分，是实现教育治理体系与治理能力现代化的必然途径。依法治教要求教育管理与改革实践依循法治思维、采取法治方式，因而必须要有科学、全面、成体系的教育法律法规予以支撑。[④]从有效破解学前教育发展体制机制的难题来看，当前学前教育改革发展过程中存留的老问题、出现的新挑战，仅仅依靠政策文件，只能治标，难以治本。比如，各级政府责任划分和履行的问题，相关职能部门协调合作的问题，政府责任监督与问责的问题，教师身份地位和待遇保障机制的问题，普惠性民办园的认定、管理、评估等问题，必须要纳入法律的层面，用法律予以规定。从我国学前教育发展来看，当前学前教育改革进入关键时期，深化改革规范发展，完

① 吴遵民，黄欣，屈璐. 我国学前教育立法的若干思考. 复旦教育论坛，2018（1）：35-41.

② 庹永平. 聚焦学前教育立法核心问题. 中国教育报，2018-02-25（3）.

③ 庹永平. 学前教育发展应处理好几对基本关系. 人民教育，2008（11）：18-21.

④ 秦惠民，谷昆鹏. 对完善我国教育法律体系的思考. 北京师范大学学报（社会科学版），2016（2）：5-12.

善学前教育体制机制，健全政策保障体系，推进学前教育普及、普惠、安全、优质发展，满足人民群众对幼有所育的期盼，亟待法律保障，要有法可依，依法落实。

（二）在核心导向上，紧扣核心学前教育法律关系

教育关系类型分为教育宏观调控关系、教育机构自主管理关系以及合作型教育关系三种。经法律调整的教育关系形成教育法律关系。据此，可将教育法律关系大致划分为以下三种[①]：①宏观调控型教育法律关系，主要指政府利用法律、经济和行政的手段对教育数量、规模、结构、布局、层次等进行宏观调控时与各地、各校间发生的法律关系；②教育组织自主管理型教育法律关系，主要指学校、教育机构等组织依照法律、章程对内部人、财、物，以及教务、学术、职称（务）等要素进行组织、管理时发生的法律关系；③教育组织内外发生的平权型教育法律关系，即平等主体之间在教育活动过程中发生的法律关系，包括学校与企事业组织之间、学校与学校之间、学校与社会团体之间、学校与公民之间、教师与学生之间在人才培养、质量测评、发展环境等方面发生的法律关系。

学前教育立法如果在关键问题上不能建立清晰的目标框架和工作框架，那么，立法也只能使我们有了一个更加有力的“打人板子”，并不能自动带来学前教育体制的实质性改革。[②]学前教育立法在整体架构上也应体现宏观调控型教育法律关系、教育组织自主管理型教育法律关系以及教育组织内外发生的平权型教育法律关系三种基本关系。在此基础上，还应关注学前教育立法中三种核心的法律关系：①关注政府与公民的关系，重点是明确成本分担的主体及比例，建立学前教育成本分担机制；②关注各级政府的关系，关键是明确中央与地方、地方各级政府的权责分担与配置；③关注不同政府部门之间的关系，要点是明确各部门的权责分担与分配，建立部门之间行之有效的协调、协同机制。

（三）在整体结构上，强化学前教育的法律责任和法律保障

总体而言，我国教育法规内容不完整、不全面，尤其是法律责任和法律程序方面的规定过于薄弱，如《中华人民共和国义务教育法》有关法律责任的条款只有两条。因此，特别是学前教育立法要注重对政府责任以及违法责任行为、责任主体进行明确界定，规定违法应承担的法律责任，否则将无法进行有效的督导和问责，法律也难以发挥其应有的效用。

---

① 李晓燕，巫志刚. 教育法规地位再探. 教育研究，2014（5）：80-88.

② 庞丽娟. 中国教育改革30年·学前教育卷. 北京：北京师范大学出版社，2009：74.

第三章 学前教育经费投入的改革与发展

在学前教育公共服务体系中，财政投入系统是一项“牵一发而动全身”的支持子系统。[①]设计良好的财政投入体制机制是学前教育体系健康发展的关键[②]，是保证学前教育服务广覆盖、有质量、可负担（affordable）的重要环节，是教育公平的决定性因素之一[③]，是儿童享有生存权和受教育权的保障制度。[④]改革开放40年来，我国的学前教育经费投入体制和格局在社会经济体制变革的背景下，处在曲折前进的发展历程中。最初依附于计划经济体制的学前教育财政投入制度为学前教育发展提供了支持，但也为经济体制转轨后投入格局的根本性转变埋下了隐患。政府与市场在投入上如何配合的问题也在改革历程中凸显。经过改革开放40年的变革，当前，我国正努力建立和完善学前教育经费投入体制，以支持广覆盖、保基本、有质量的学前教育公共服务体系的建设，推进学前教育普及、普惠、优质发展。

① Kagan S L, Cohen N E. Reinventing Early Care and Education: A Vision for A Quality System. San Francisco: Jossey-Bass, 1996: 5.

② Grafwallner R. Governance and financing// Kagan S L, Gomez R E. Early Childhood Governance: Choices and Consequences. New York: Teachers College Press, 2015: 121.

③ OECD. Starting Strong 2017: Key OECD Indicators on Early Childhood Education and Care. Paris: OECD Publishing, 2017: 20; Stoney L, Mitchell A. A Framework for Public Finance of New York's Early Childhood System. (2009-09-01) [2015-10-19]. http://www.nysecac.org/files/6214/1018/2337/A_Framework_for_Public_Finance_of_New_Yorks_Early_Childhood_System. pdf.

④ 余海军. 印度发展学前补偿教育项目的经验及启示. 比较教育研究，2012（7）：33-37.

第一节 学前教育经费投入的历史发展

尽管中国改革开放的历史从1978年开始，但要完整、准确地把握其发展的进程，就不能将改革开放后学前教育经费投入的变迁与此前的历史割裂开来。自20世纪50年代以来，我国学前教育经费投入就逐渐呈现出分散化的格局。我国学前教育投入体制于1952年奠定基础，当年颁布的《幼儿园暂行规程（草案）》规定，“私立幼儿园得酌收学费”[①]。自此，我国学前教育经费投入体制就与学前教育办园体制密切联系起来。[②]

一、1978—1992年：恢复和巩固分散化的财政投入体制

改革开放以后，我国学前教育事业逐步步入正轨。经费投入遵循1979年《全国托幼工作会议纪要》所提出的“继续发扬自力更生、艰苦奋斗、勤俭办一切事业的精神，依靠国家、集体、社会、个人各个方面，采用多种办法，解决好经费来源问题”[③]的精神进行重建，恢复和巩固了此前业已形成的分散化的投入体制。简言之，对政府、部队和事业单位办园的财政支出，列支在政府和事业单位的经费当中；而国有企业则以“合理留利”的方式支持企业附属托幼机构发展，突出体现了计划经济的色彩。城镇街道和农村大队则采用集体兴办的方式举办园所，由集体经济负担其运营。

（一）列支于教育经费、直接面向教育部门办园的财政经费投入

首先是列支在地方教育费中，面向教育部门办园的投入渠道和制度得以确立和巩固。1979年《全国托幼工作会议纪要》指出，“各级教育、卫生部门举办的

① 中国学前教育研究会. 中华人民共和国幼儿教育重要文献汇编. 北京：北京师范大学出版社，1999：54.

② 田志磊，张雪. 中国学前教育财政投入的问题与改革. 北京师范大学学报（社会科学版），2011（5）：17-22.

③ 中国学前教育研究会. 中华人民共和国幼儿教育重要文献汇编. 北京：北京师范大学出版社，1999：118.

幼儿园、托儿所经费和培训各类园、所保教人员、医务人员以及开展托幼工作其他活动所需费用，分别由教育事业费和卫生事业费列支。各级财政部门在确定教育、卫生事业费年度指标时，对这些费用，要予以安排”[①]。1983 年《教育部关于发展农村幼儿教育的几点意见》进一步明确，“各级教育行政部门应根据财政部 1980 年制定的《国家预算收支科目》的规定，在地方教育事业经费中列幼儿教育专项。教育基建投资也应包括幼儿教育项目……在有条件的地方，地方财政还应对农村幼教事业给予适当补助”[②]。1988 年《国家教委、国家计委、财政部、人事部、劳动部、建设部、卫生部、物价局关于加强幼儿教育工作的意见》指出，“地方各级人民政府应根据《中共中央关于教育体制改革的决定》中，教育经费要‘两个增长’的精神，妥善安排幼儿教育所需经费”[③]。由此，列支在教育经费中，由地方政府负责，直接投向教育部门办园的财政投入制度得以重建和巩固。

此阶段列支于地方教育费中的经费并不是学前教育公共经费的主要部分。尽管缺少对学前教育总经费及其来源状况的统计数据，我们无法获知当时学前教育经费的具体情况，但由于学前教育经费投入与办园体制高度相关，我们可以从办园格局管窥经费投入的状况。此阶段，由教育部门主办的幼儿园在办园格局中并未占主体地位，而是作为示范性园所建立起来，数量有限。1979 年，教育部门办园数量为 5041 所，仅占园所总数的 3.04%；教育部门办园在园幼儿为 84.2 万人，仅占在园幼儿总数的 9.58%。此后，教育部门办园占比有所提升，到 1992 年，全国共有 12 761 所教育部门办园，占办园总数的 9.12%；教育部门在园幼儿数为 2 230 641 人，占在园幼儿总人数的 19.46%。[④]但总体来看，由地方教育费支持的教育部门办园的结构比和规模比仍然较小，地方教育费投入规模也比较有限。以山东省为例，在“六五”期间（1981—1986 年），用于幼儿园的教育事业费实际支出仅为 50.72 万元，占到总教育事业费支出的 0.014%，而同期高等教育的支出则相当于总经费的 10.85%。[⑤]

（二）列支于政府和事业单位的经费和国有企业的“合理留利”的财政性经费投入

这一时期，学前教育公共经费另外一条重要投入渠道就是列支于政府和事

① 中国学前教育研究会. 中华人民共和国幼儿教育重要文献汇编. 北京：北京师范大学出版社，1999：118-119.
② 中国学前教育研究会. 中华人民共和国幼儿教育重要文献汇编. 北京：北京师范大学出版社，1999：200.
③ 中国学前教育研究会. 中华人民共和国幼儿教育重要文献汇编. 北京：北京师范大学出版社，1999：275.
④ 1979 年和 1992 年的数据分别来自《中国教育统计年鉴（1979）》《中国教育统计年鉴（1992）》。
⑤ 数据来自《中国教育年鉴（1988）》。

业单位的财政经费和列支于国有企业成本。该渠道在 20 世纪 50 年代就初步建成，1978 年以后，职工福利资金提取办法发生改变，将企业福利经费的提取与企业经营好坏挂钩，1979 年《关于改进国营企业提取企业基金办法的通知》规定，根据完成一定计划指标的情况，按职工工资总额一定比例提取企业基金，企业基金可用于集体福利设施，弥补职工福利基金不足等。由此，企业从本单位的基本建设费、福利费、工会经费等经费项目中支出幼儿教育经费的渠道得以巩固。到 1992 年，面向企业职工子女免费或低收费的企业办幼儿园达 17 万多所。①

改革开放以后，单位办园得以恢复，并作为供给学前教育的主要力量大力发展。《全国托幼工作会议纪要》强调，“继续提倡机关、部队、学校、工矿、企事业等单位积极恢复和建立哺乳室、托儿所、幼儿园”。此后的文件也贯彻该会议精神，采取“两条腿走路”的方式，大力鼓励和支持企事业单位等举办幼儿园。单位办园的经费按照《全国托幼工作会议纪要》中“谁主办、谁负责”的原则承担，即“各企业、事业、机关、部队举办的园所的经费，由各主办单位自行解决”②。政府和事业单位按照中央规定的人员编制和供给标准开支，学前教育经费列支在政府和事业单位的经费中。

由此，相当一部分学前教育公共经费通过列支于政府和事业单位的经费、企业的“合理留利”的方式支出。同样，尽管缺少可获得的数据了解通过此渠道投入的学前教育公共经费，但由于我国办园体制和经费投入体制联系高度紧密，从园所结构占比可以推断经费投入状况。1979 年，其他部门办园数量为 19 807 所，占园所总数的 11.96%；在园幼儿为 146.11 万人，占在园幼儿总人数的 16.61%。此后，部门办园规模稳步增长。到 1992 年，全国共有 27 069 所其他部门办园，占办园总数的 19.35%；在园幼儿数为 3 226 115 人，占在园幼儿总人数的 28.14%。③这一渠道成为公共资金投入学前教育的重要方式。

（三）依赖集体经济的城市和农村集体园的经费投入

在“两条腿走路”指导思想的引领下，无论在城市还是农村都存在着大量的集体办园。在城市，集体办园主要是城镇街道办的幼儿园，在农村则主要是农村社队办的幼儿园。集体园的资金来源主要是举办者和家长的缴费。街道园在举办初期主要是依靠群众自发兴办并在街道的扶持下维持基本运转的，街道作为基层

① 郑功成. 从企业保障到社会保障：中国社会保障制度变迁与发展. 北京：中国劳动社会保障出版社，2009：232.
② 中国学前教育研究会. 中华人民共和国幼儿教育重要文献汇编. 北京：北京师范大学出版社，1999：119.
③ 1979 年和 1992 年的数据分别来自《中国教育统计年鉴（1979）》《中国教育统计年鉴（1992）》。

行政组织，有一定的财政投入支持。由于意识到集体办园存在经费筹措的困难，《全国托幼工作会议纪要》对城市集体园的经费筹措进行了一定的调整，规定了区别于各企业、事业机关、部队举办的园所，“城镇民办园”（即城市集体园）可以通过向家长收取保育费或由家长所在单位缴纳管理费解决经费问题，同时“孩子家长所在单位，向送托园所交管理费”，“园所的开办费、添置大型设备及房屋修缮等开支，由地方财政部门在自筹经费（如城市附加收入，区、街企业收入和机动财力等）中酌情补贴”[①]。农村集体园的经费则依赖于社队和农民自筹。1983年《教育部关于发展农村幼儿教育的几点意见》继续明确，“（农村幼儿教育）可采取社（乡）统筹，生产队（村）自筹，群众集资，家长交纳少量保育费等多种办法”[②]。尽管城市和农村集体园的主要经费依赖于城乡集体经济，财政直接提供的资金非常有限，但集体经济作为公有制经济的重要组成部分，维持着城乡集体园的发展，为城市和农村中低收入群体提供了价格低廉的学前教育服务。而集体办园在这一时期作为学前教育服务供给的主要力量存在（在相当长一段时间，集体办园在园幼儿占比超过50%，园所占比在70%以上），集体经济也就成为学前教育经费的重要来源。

此阶段学前教育投入的主要构成是政府投入为主，集体投入次之，个人投入最少，政府承担了主要的投入责任，学前教育服务对于绝大多数家庭而言，是廉价的、可以负担的。但是这种分散化、多元化的投入体制也存在着明显的弊端：①在城市职工内部建立了虽然受惠程度不高，但人人有份、人人平均享有的学前教育福利待遇。然而，这种“朴素”的公平背后蕴含着深刻的财政不公平——儿童平等享有学前教育机会的权利异化为捆绑于父母身份上的福利。与城镇机关、部队、企事业单位职工子女能够享有收费低廉的学前教育服务相比，其他社会成员所能获得的学前教育公共财政资源相当有限。这种以城镇职工为核心的相互分割而又独立运行的福利制度，在城乡已经存在巨大的经济发展差异的情况下，又人为地造成了权利、义务和福利的断裂，造成了福利的排斥。②由于学前教育财政投入采用的是分散性的财政投入机制，学前教育资源被条块分割，托幼机构之间的人、力、物等横向联系和交流困难，资源的浪费、聚集和缺乏并存。[③]与此同时，以单位福利形式供给的学前教育主要提供的标准完全由单位组织在政府配给链中的地位确定，家长的选择和偏好很难进入决策中，单位办园普遍质量不佳。此外，整体的投入水平还远不足以支持学前教育达到有质量和普及，1993年，我

---

① 张燕，吴英. 北京市街道幼儿园发展历程的回顾与反思. 学前教育研究，2006（6）：38-41.

② 中国学前教育研究会. 中华人民共和国幼儿教育重要文献汇编. 北京：北京师范大学出版社，1999：200.

③ 蔡迎旗. 幼儿教育财政投入与政策. 北京：教育科学出版社，2007：45.

国学前三年毛入园率仅为36.1%，农村地区和欠发达地区入园率更低。[①]此外，最为关键的问题是，学前教育财政投入体制高度依附于计划经济体制下整个社会的会计核算体系，即各个组织除了自己的成本外，全部剩余财富由国家统一支配。[②]幼儿教育对其他部门福利和社会资金依赖明显，缺乏独立性，这对幼儿教育事业的稳定和持续发展产生了阻碍。

二、1993—2002年：办园社会化加速，公共投入的主体及分担比例减少

进入20世纪80年代以后，整个教育体制发展的外部环境发生了巨大的变化。经济体制由计划经济向市场经济的转轨，对一系列社会关系和社会制度产生了巨大冲击。政策范式转轨首先出现在经济领域，为提高经济效益、加速经济增长、增强市场竞争，我国采取了一系列市场导向的政策。经济发展成为这一时期国家的最高政策目标和政府认受性的源泉[③]，其他社会事业都成为经济发展政策的附属品。计划经济体制下彼此联系、层层嵌套的诸多体制由于经济体制变革发生了剧变。在经济体制转轨的背后，是对社会、政府认识的转变。在市场经济的思维框架中，政府不再是全知全能的形象，而市场经济才是最有效率的资源配置体制。"政府有形之手的力量是有限的，市场无形之手的力量是无限的……"[④]对政府、市场力量及二者关系的新认识重塑了学前教育经费投入体系。

在经济体制转轨的过程当中，国有企业改革推动企业剥离社会职能，打破了"企业留利"的体制基础，事业单位和机关单位的"后勤社会化"改革逐步推进，传统的"单位制"失去了生存的土壤，单位福利制度逐渐丧失了稳固的组织依托和存在的现实基础[⑤]，从而使得原有的单位办园逐步消解。与此同时，由于街道和社会集体经济的瓦解，集体办幼儿园缺乏明确的投资来源，绝大多数变为依靠收费维持的机构。因此，曾发挥重要作用的国有企业"合理留利"、事业单位列支于福利等形式的投入方式遭到了极大的冲击。

---

① 中国教育新闻网. 1994年全国教育事业发展统计公报.（2006-02-17）[2018-06-16]. http://www.jyb.cn/info/jytjk/ 200602/t20060217_10530. html.

② 曾晓东，范昕. 建国60年来我国学前教育财政制度改革研究. 幼儿教育（教育科学），2009（10）：1-5.

③ 岳经纶. 科学发展观：新世纪中国发展政策的新范式. 学术研究，2007（3）：33-39.

④ 江苏商务之窗. 逼出来的改革：宿迁市教育卫生事业改革见成效.（2005-12-09）[2018-07-12]. http://jiangsu.mofcom.gov.cn/aarticle/sjdixiansw/200512/20051201020696.html .

⑤ 索德钢. 单位福利的延续、断裂与对策. 东岳论丛，2006，27（6）：21-28.

1993 年 11 月，党的十四届三中全会明确将建立现代企业制度作为社会主要经济建设的重心环节，国有企业办社会职能分离成为国有企业体制改革的重要内容。1995 年颁布的《关于若干城市分离企业办社会职能分流富余人员的意见》明确指出，托儿所等福利型社会职能机构要通过多种方式与经营主体分离，分离后成为自负盈亏的经济实体；而普通中小学等公益性社会职能机构则可移交当地政府办学。文件对幼儿园应如何处理未作明确说明，但前述诸多文件中是将幼儿园与托儿所共同作为福利性社会职能机构来处理的，因此在实践中存在着将企业办园与企业办托儿所等同视之的倾向，企业办幼儿园在短时间内大量被推向市场。同年，《国家教委、计委、民政部、建设部、经贸委、全国总工会、妇联〈关于企业办幼儿园的若干意见〉》则指出，企业办园在全国幼教事业当中占有重要地位，"有条件的企业应继续办好幼儿园……对于部分不具备独立办园条件和具备了分离幼儿园条件的企业，本着平稳过渡的原则，可在政府统筹下，将所办的幼儿园交给当地教育行政部门规划，以多种形式继续办好，或由社区办，或由具备条件的团体、个人承办"①。但是后者缺乏有效的约束机制，仍然有部分企业或以转换机制为名，占用或出租园舍场地营利，园所被迫停办或缩小规模；或因企业负担过重而被关闭、撤并或出售，改由个人承办。同时推进的机关、企事业单位内部体制改革也使得机关、事业单位办园遭受了类似的命运。

在企业转制和后勤服务社会化的进程中，企事业单位办园数量大幅下降。1992 年辽宁省企事业单位办园停办 15.9%，上海市 1993—1994 年撤销企业办园的 26%，相比 1991 年，1992 年北京市市属、区属企业办园减少 10%②，广州市停办的企事业单位办园在 1993 年和 1994 年分别占当年企事业单位办园总数的 5.81%和 8.15%。③而《国家教委、计委、民政部、建设部、经贸委、全国总工会、妇联〈关于企业办幼儿园的若干意见〉》的颁布，仍无力扭转企事业单位办园数量锐减的局面。从图 3-1 可知，1993 年以后，我国其他部门办园数量一直处于下降的趋势。到 2003 年，我国其他部门办园的数量已经下降到 9080 所，仅相当于 1993 年水平的 32.55%，10 年减少了将近 18 000 多所其他部门办园。

---

① 中国学前教育研究会. 中华人民共和国幼儿教育重要文献汇编. 北京：北京师范大学出版社，1999：409-410.

② 梁伟国. 企业"改制"幼儿园路在何方？人民教育，1996（6）：35-39.

③ 梁可怡. 当前企事业办园所面临的问题与对策. 教育导刊（上半月），1995（Z2）：93-96.

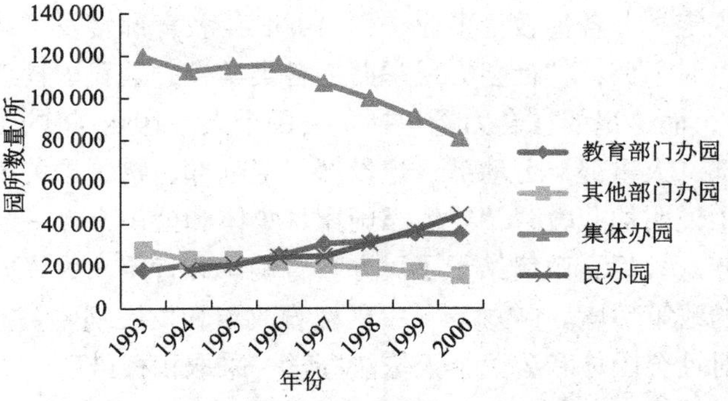

图 3-1 我国不同类型幼儿园数量（1993—2000 年）

2000 年，企业剥离社会职能由城市试点专项全面推进。随着 2002 年颁布《关于进一步推进国有企业分离办社会职能工作的意见》，国有企业办园这种办园形式以及与其相关联的国有企业成本中列支的投入渠道逐渐撤出学前教育领域。随着事业单位体制改革的逐步推进，列支于机关、事业单位事业费的财政投入经费也逐渐减少。

同一时期，办园数量明显下滑的还有集体办园。如前所述，城乡集体园依托于城乡集体经济。在经济体制改革推进、社会结构变革的进程中，城乡集体经济受到影响，与之相应，来自城乡集体经济的支持明显减少，集体园大量关闭。改革开放后，我国广大农村实行家庭联产承包责任制，以家庭为单位的经营组织代替了“人民公社”体制下的农村集体经济组织。原来集体所有的以土地为核心的生产资料平均分给了农户，使改革开放初期农村中的集体经济出现了“空壳”现象。[①]由此，农村集体园的经费来源受到影响。此后，农村集体办园除向家长收取保育费以外，主要由乡（镇）财政投入一部分。到 1994 年分税制改革以后，乡（镇）尤其是经济欠发达地区的乡（镇）财政捉襟见肘，能用于农村集体园投入的财力严重不足，进一步加剧了农村集体园的运营困难。据统计，农村园所从 1993 年的 104 901 所下降到 2012 年的 49 133 所。[②]同样，在城市，由于街道办事处不愿意背负退休职工的费用，街道园收支难以平衡，大量的街道办园被迫关闭。城乡集体园逐步减少，依托于集体经济的经费投入渠道也逐渐萎缩。

在企事业单位办园和集体办园大量关、停、并、转的同时，我国学前教育市场供给逐渐兴起。从 20 世纪 80 年代起，私人供给就重新出现，1982 年《中华人民共和国宪法》规定，“国家鼓励集体经济组织、国家企业事业组织和其他社会

① 董亚珍. 我国农村集体经济发展的历程回顾与展望. 经济纵横，2008（8）：68-70.

② 数据来自历年《中国教育统计年鉴》。

力量依照法律规定举办各种教育事业”[①]。1984 年教育部转发《北京市社会力量办学试行办法》时强调，“社会力量举办的各类学校，是我国社会主要教育事业的组成部分”[②]，而这里的社会力量包括了公民个人。1988 年的《国家教委、国家计委、财政部、人事部、劳动部、建设部、卫生部、物价局关于加强幼儿教育工作的意见》中说明幼儿教育“要依靠国家、集体和公民个人一起来办”。而到了 20 世纪 90 年代以后，政府给予了民办教育确认和肯定，为民办学前教育的兴起提供了宽松的政策环境。1993 年《中国教育改革和发展纲要》提出“改革办学体制……国家对社会团体和公民个人依法办学，采取积极鼓励、大力支持、正确引导、加强管理的方针”[③]，进一步鼓励市场力量进入教育领域。2002 年正式颁布的《中华人民共和国民办教育促进法》规定，凡是“国家机构以外的社会组织或者个人，利用非国家财政性经费，面向社会举办学校及其他教育机构的活动，适用本法”[④]，进一步确立了民办教育的地位。在企事业单位办园和集体园大量减少的情况下，旺盛的需求使得民办园数量快速增加，从 1994 年的 18 284 所增加到 2002 年的 48 365 所。与此同时，民办园的经费基本来自家长收费，公共投入分担比例几乎可以忽略不计。因此，企事业单位数量的大幅度减少直接削弱了学前教育财政投入的重要渠道，而民办园数量的快速增加又意味着学前教育经费中来自私人的经费逐渐占据了重要地位。

三、2003—2009 年：民办园快速发展，家长分担较高的办园成本

面临幼儿教育事业投入不足，出现了大量的企事业单位办园关、停、并、转，甚至是教育部门办园也被大量推向市场的局面，2003 年的《关于幼儿教育改革与发展的指导意见》明确了我国地方负责，分级管理和有关部门分工负责的幼儿教育管理体制，指出地方政府、街道办事处、乡镇人民政府在投入和筹措经费方面的职责。针对企事业单位办园大量关、停、并、转的状况，文件强调要“加强对企事业单位幼儿园的管理。企事业单位转制后，可以继续举办幼儿园，也可将企事业单位办园资产整体无偿划拨，移交当地教育部门统筹管理；要通过实施联办、

① 中国学前教育研究会. 中华人民共和国幼儿教育重要文献汇编. 北京：北京师范大学出版社，1999：2.

② 中国学前教育研究会. 中华人民共和国幼儿教育重要文献汇编. 北京：北京师范大学出版社，1999：205.

③ 中国共产党中央委员会，中华人民共和国国务院. 中国教育改革和发展纲要.（1993-02-13）[2018-11-25]. http://www.moe.edu.cn/jyb_sjzl/ moe_177/tnull_2484.html.

④ 中华人民共和国民办教育促进法.（2002-12-28）[2018-11-19]. http://www.gov.cn/banshi/2005-05/25/content_933.htm.

承办、国有民办等办园体制改革，提高办园效益和活力。实施办园体制改革要保证国有资产不流失，保育、教育质量不下降，广大幼儿教师合法权益受到保障、整体素质得到提高”[①]。同时针对部分公办园被大量出售的情况，该文件同时规定，“地方各级人民政府要加强公办幼儿园建设，保证幼儿教育经费投入，全面提高保育、教育质量。不得借转制之名停止或减少对公办幼儿园的投入，不得出售或变相出售公办幼儿园和乡（镇）中心幼儿园，已出售的要限期收回”[①]。但是，由于该政策并无有效的约束和惩罚机制，也未出台有效的政策工具进行引导和激励，关闭、转卖幼儿园的风气没有得到根本的抑制，公办园（包括教育部门办园和其他部门办园）数量持续下滑的趋势也并未得到有效的扭转。如图 3-2 所示，集体办园和其他部门办园减少趋势仍然明显，教育部门办园在 2000—2005 年减少明显，只在 2005 年以后数量有所回升。

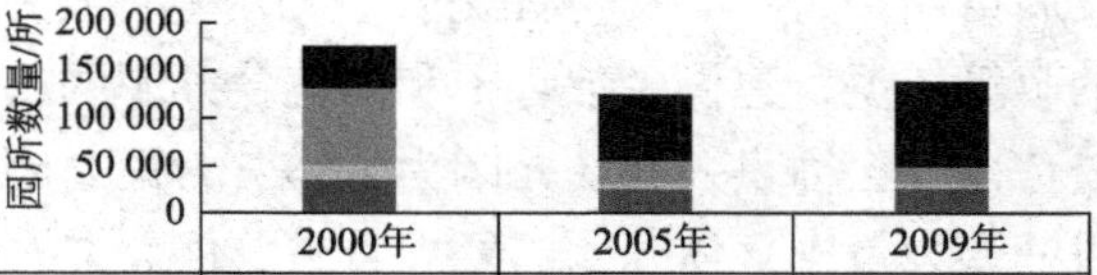

	2000年	2005年	2009年
■ 民办园	44 317	68 835	89 304
■ 集体办园	80 722	24 054	17 542
■ 其他部门办园	15 578	5 825	4 405
■ 教育部门办园	35 219	25 688	26 958

图 3-2　我国各类型幼儿园数量（2000—2009 年）

在其他部门办园和集体办园继续滑坡之时，民办园逐渐成为我国学前教育服务供给的主体力量，学前教育供给格局发生了根本性变化。而民办园主导格局的形成，则与市场经济体制下中央与地方政府的博弈不无关联。在地方负责的学前教育管理体制下，我国地方政府在学前教育决策（包括财政投入）上有高度的自由裁量权。受到经济体制转轨中自由主义思潮的影响，对市场力量的崇拜弥散到包括学前教育在内的公共事业领域，具体体现为希望引入市场机制、放开政府规制、减少政府投入、鼓励私人投入，而被定义为“非义务教育”又远离高考升学考试的学前教育成为最容易被推向市场的对象之一。同时，在经济发展成为支配一切领域的主要认受性目标背景下，受官员评价指标和政治晋升前景的激励，一些地方政府官员可能会因追求短期政绩陷入“GDP”迷思之中，选择优先发展经济而牺牲包括学前教育在内的社会公共事业。此外，在“中国式财政分权”模式

① 中华人民共和国教育部，中央机构编制委员会办公室，中华人民共和国国家计划委员会，等. 关于幼儿教育改革与发展的指导意见.（2003-01-27）[2018-11-15]. http://old.moe.gov.cn//publicfiles/business/htmlfiles/moe/moe_35/200303/61.html.

下，地方政府以极高的热情去维护地方市场、推动地方经济增长。当地方政府公司化[①]，将重点放在与地方经济发展相关的地方企业、基础设施建设、房地产产业发展等生产性支出上以后，能够用于包括学前教育在内的非生产性支出的财力就非常有限。中央和地方一方面共享经济发展的成果，另一方面也存在着公共服务上的利益冲突。因此，中央政府任何有利于减少财政投入、促进民办园发展的政策，都有可能被地方政府选择性地执行。

在此阶段，学前教育领域内最具有指导性和纲领性作用的就是《关于幼儿教育改革与发展的指导意见》。该文件颁布的初衷在于应对幼儿教育事业投入不足、一些地方将幼儿园推向市场，减少或停止投入甚至出售等问题，但客观上却助推了民办园主导、公共投入规模缩减局面的形成。该文件指出，"形成以公办幼儿园为骨干和示范，以社会力量兴办幼儿园为主体，公办与民办、正规与非正规教育相结合的发展格局"[②]。"以公办园为骨干和示范"成为一些地方政府集中力量建设豪华园的政策依据，建设少数骨干和示范公办园的目标也成为减少对公办园投入的根据。"以社会力量兴办幼儿园为主体"为民办园大力发展提供了政策空间。由于此时社会力量中集体办园已经大量关、停、并、转，实际上在这一时期迅速发展的社会力量更多是营利性的个人办园，而财政对这些幼儿园几乎没有投入。由此，甩包袱、减投入、将幼儿教育推向市场的做法没有得到有效遏制。另外，2004年颁布的《中华人民共和国民办教育促进法实施条例》对"合理回报"的界定和实际执行状况，为民办幼儿园获取经济回报提供了宽松的政策环境，助推我国形成"以民办幼儿园为主，公办幼儿园为辅"的幼教新格局。[③]例如，在宿迁的学前教育改革中，政府旗帜鲜明地提出了"放开学前教育、高中教育和职业教育，要多渠道吸纳社会资本，大力兴办各级各类民办学校"[④]。2008年颁布的《中共昆明市委 昆明市人民政府关于加快民办教育发展的实施意见》明确到2010年昆明市民办学前教育在园（班）人数所占比例达到90%以上……广泛吸纳社会资金新建、扩建民办学校，并对引进市外资金投资办学的人给予奖励。[⑤]尽管并不是全国各地都出现了这种市场化的认识和做法，但市场化确实出现在我国很多地

① 在此主要指地方政府将追求利润最大化作为行政目标，与民争利。参见赵树凯. 地方政府公司化：体制优势还是劣势?文化纵横，2012（2）：73-80.

② 中华人民共和国教育部. 国务院办公厅转发教育部等部门（单位）关于幼儿教育改革与发展指导意见的通知. (2013-01-27)[2018-11-14]. http://old.moe.gov.cn/publicfiles/business/htmlfiles/moe/moe_35/200303/61.html.

③ 李辉. 调整政府与市场的关系，创意落实《国家中长期教育改革和发展规划纲要（2010—2020年）》. 幼儿教育（教育科学），2010（10）：15-18.

④ 逼出来的改革——宿迁市教育卫生事业改革见成效.（2005-12-09）[2018-01-18]. http://jiangsu.mofcom.gov.cn/aarticle/sjdixiansw/200512/20051200996337.html.

⑤ 中共昆明市委 昆明市人民政府关于加快民办教育发展的实施意见.（2008-02-26）[2018-01-18]. http://www.wodefanwen.com/lhd_87dsm197j48njyy27jfd_1.html.

方，使得全国的办园格局发生了根本转变。

办园格局的转变导致我国学前教育经费投入格局发生了重大变化。一方面是有公共经费投入的企事业单位办园大幅度减少，另一方面则是几乎少有财政支持的民办园成了办园力量的主体，这直接导致学前教育总经费投入中私人投入占比过高，从而出现了“入园贵”的突出问题。

四、2010—2018 年：努力建设与学前教育公共服务体系相适应的财政投入体制

我国学前教育事业发展在 2010 年迎来里程碑性的事件，即《国家中长期教育改革和发展规划纲要（2010—2020 年）》和“学前教育国十条”这两个标志性的文件相继出台。前者预示着对学前教育事业的发展已经成为教育决策关注的关键议题，而后者则奠定了未来数年内学前教育快速普及、“入园贵”和“入园难”问题初步缓解的基础。“学前教育国十条”中明确指出，要“发展学前教育，必须坚持公益性和普惠性，努力构建覆盖城乡、布局合理的学前教育公共服务体系”①，对学前教育财政投入体系也做出了相应调整。

（一）学前教育财政投入体制变革的背景

我国学前教育财政投入体系之所以在 2010 年出现这种里程碑式的变化，主要原因如下。

中央政府治理模式的转变、公共舆论和社会大众对学前教育的关注是诱发学前教育财政投入政策变迁的政治源流。迈入 21 世纪以后，中国迎来经济增长的黄金期，经济结构和社会结构产生深刻变化，社会转型中涌现出了诸多问题。党和国家领导人决心推动政策变革，以便在经济增长与社会发展之间保持平衡。②2003 年，党的十六届三中全会提出了以人为本的发展政策。党的十七大报告中明确指出：“实现社会公平正义是中国共产党人的一贯主张，是发展中国特色社会主义的重大任务。”③与此同时，该报告还将教育公平作为治国理政的基本方略，指出：“教育是民族振兴的基石，教育是社会公平的重要基础。”因此，我国宏观政策已经开始

---

① 中华人民共和国国务院. 国务院关于当前发展学前教育的若干意见.（2010-11-21）[2018-01-18]. http://www.moe.gov.cn/jyb_xxgk/moe_1777/moe_1778/201011/t20101124_111850.html.

② 岳经纶. 科学发展观：新世纪中国发展政策的新范式. 学术研究，2007（3）：33-39.

③ 胡锦涛在中国共产党第十七次全国代表大会上的报告（3）.（2007-10-25）[2018-11-14]. http://cpc.people.com.cn/GB/64093/67507/6429844.html.

关注社会全面协调可持续发展和社会公平问题。这一宏观政策背景的变化有利于决策者在政策理念中重视包括学前教育在内的社会事业发展，教育公平理念的树立也有利于变革学前教育政策。

（二）学前教育财政投入体制变革的路径

1. 加大财政投入力度，支持广覆盖、有质量的学前教育公共服务体系

学前教育服务具有准公共服务的特点，完全放任市场发展会带来效率损耗、公平缺失等诸多问题。由于存在着明显的正外部效应，只由家长或私人部门投入，（有质量的）学前教育的需求不足。因此，明确财政支持学前教育的责任，加大对学前教育的财政投入，增加社会对有质量的教育需求和供给，才能为学前教育公共服务体系的建构和完善提供物质基础。“学前教育国十条”和《关于加大财政投入支持学前教育发展的通知》都指出了要加大财政投入，该通知首次明确，支持学前教育发展是公共财政的重要职责。另外，中央政府的投入职责也得以明确——以“四两拨千斤”的方式带动地方政府加大投入，地方各级财政部门也要加大投入力度，研究制定支持学前教育发展的政策措施。

2010年以后，中央财政投入力度明显增加。2011—2016年，中央财政投入约900亿元，带动地方投入超过3400亿元。财政性学前教育经费从2010年的244亿元增长到2016年的1133亿元，学前教育总经费投入也从728亿元增长到2416亿元。[①]无论是经费总量还是财政性教育经费投入，都实现了跨越式增长。财政性经费的迅速增长为我国学前教育公共服务体系的构建提供了必要的物质基础。在大量财政投入的支持下，各地推进了幼儿园改扩建工程，为幼儿提供的学位数量也明显增长。幼儿园园所数量从2010年的15万所增加到2016年的24万所，幼儿园班级数量则从97万个增加到153万个，在园幼儿人数从2977万人增加到4414万人。其中，公办园数量增长明显，2010—2016年教育部门办园增加了36 862所，结构比则从19.45%增长到27.57%。[②]财政性学前教育经费投入支持普惠性学前教育资源快速增长的趋势在经济欠发达地区尤其明显。例如，贵州省为支持县级政府加强农村公办园建设，除了中央财政下拨的学前教育“校舍改建类”项目补助，省级财政给予大力扶持，在没有公办幼儿园的乡镇，省级财政按照每所50万元的标准进行补助。通过这项政策，在“十二五”期间（2011—2015年）贵州省改扩建了1650所乡镇和城市社区公办幼儿园、3290所山村幼儿园，实现了每

① 数据来自历年的《中国教育经费统计年鉴》。

② 数据来自历年的《中国教育统计年鉴》。

个乡镇都建有 1 所以上公办幼儿园的目标，填补了全省 1000 余个乡镇没有公办幼儿园的空白，农村幼儿可以就近享受公益、便利、普惠的学前教育公共资源。[①]

2. 加大对普惠性民办幼儿园的财政扶持，支持惠及人人的学前教育公共服务体系

学前教育公共服务应该是惠及人人的，因此，财政投入体系要支持学前教育公共服务普遍享有，政府出资要对所有儿童一视同仁，不因学前教育生产方式不同而截然不同。财政对满足一定条件及提供普惠性、有质量的学前教育公共服务的民办园应给予补贴。2010 年之前，我国学前教育财政资源高度集中于少数优质教育部门办园或机关办园，大量在民办园就读的幼儿学前教育成本完全由家庭负担。

为解决这一问题，一些地区在 2010 年之前就开始探索财政扶持民办园的政策。在“学前教育国十条”及《教育部 国家发展改革委 财政部关于实施第二期学前教育三年行动计划的意见》明确要扩大普惠性学前教育资源，引导和扶持民办幼儿园面向社会提供公益性、普惠性的学前教育以后，各地加快政策的出台，探索如何结合本地区的发展实际，为普惠性民办园提供财政支持。其中，提供生均公用经费补贴是一种直接的财政投入，减免租金、派驻公办教师、培训教师等则是一种间接的财政投入。一些地区规定了对普惠性民办园的生均财政拨款标准或生均公用经费标准，且投入标准逐渐提高。例如，济南市历下区自 2012 年开始，对所有普惠性民办园给予每生每年 2400 元的发展资金。青岛市给普惠性民办园提供了随物价水平、办园成本提高而上涨的生均定额补贴。[②]作为增量资源，对民办园直接投入并逐年提高的生均财政拨款政策，改善了民办园和公办园之间财政性经费分配不公平的状况。除了直接投入以外，还有一些间接的财政投入方式，例如，上海市浦东新区自 2005 年就开始向民办园购买服务，其中一类措施是优惠园舍租金，在实行低租金的同时，还根据在园地段生占在园幼儿总数的比例减免园舍租金。[③]同时，东部和中部一些地区也开始采用派驻公办教师的做法，宁波市北仑区、鄞州区和山东省威海市等地区将新聘用的事业单位编制教师派驻到普惠性民办幼儿园任教，江苏等地将优势公办园园长或骨干教师派往普惠性民办园进行

---

① 贵州省人民政府. 贵州省加快普及农村学前教育.（2016-09-12）[2017-04-20]. http://www.gzgov.gov.cn/xwzx/sytpxw/ 201609/t20160912_540953. html.

② 青岛市教育局. 青岛市人民政府印发第三期学前教育行动计划（2017—2020）.（2017-04-12）[2018-04-20]. http://www.qingdao.gov.cn/n172/n24624151/n24625415/n24625429/n24625457/170412170232332464.html.

③ 搜狐网. 浦东：经费投入、政策优惠、专业支持扶持民办园.（2016-12-21）[2018-04-20]. http://www. sohu.com/a/122164404_100974.

业务指导。[①]从全国的情况来看，公共财政安排的预算经费分配给民办园的资金无论总额还是生均经费都有明显的增长。总经费从2010年的2.89亿元增长到2016年的90.10亿元；民办园生均预算内经费提高了17.9倍左右。民办园生均预算内经费与教育部门和其他部门办园的比值也在提高。[②]

3. 调整财政支出重点，支持保基本、重扶弱的学前教育公共服务体系

当前，我国要着手建立的是保基本的学前教育公共服务体系，因此学前教育财政资源不能集中于少数经济发达地区、少数幼儿园，要避免财政投入用于幼儿园的超豪华建设，同时还要重视对弱势地区的倾斜和扶持。2010年以后，我国的学前教育财政政策明显体现出了支持公益普惠性学前教育资源扩大的思路，有别于前一时期重在集中资源发展具有骨干和示范作用的公办园的思路；体现出强调大力发展农村学前教育的思路，有别于此前向城市倾斜的思路。为扩大公益普惠性学前教育资源，《关于加大财政投入支持学前教育发展的通知》指出，在财政投入上要防止不顾条件、大干快上、搞豪华建设，采用多种方式积极扶持普惠性民办园，还明确了中央财政重点支持农村学前教育发展的"校舍改建""幼儿教师培训"等项目。为大力发展农村和经济欠发达地区的学前教育，《教育部 国家发展改革委 财政部关于实施第二期学前教育三年行动计划的意见》要求"财政性学前教育投入要最大限度地向农村、边远、贫困和民族地区倾斜"，"逐步建立起以公共财政投入为主的农村学前教育成本分担机制"[③]。《教育部等四部门关于实施第三期学前教育三年行动计划的意见》进一步指出，"增加普惠性资源供给。重点加强脱贫攻坚地区、两孩政策新增人口集中地区和城乡结合部幼儿园建设"，"中央财政继续安排专项资金，支持和引导地方积极发展学前教育，重点向农村地区、贫困地区倾斜"[④]。如图3-3所示，2010年以后，各级政府向农村学前教育提供的学前教育财政经费逐渐增长，到2015年已经超过了全国财政性学前教育经费的一半。[⑤]

---

① 王海英. 谨防向民办园派公办教师成走秀. 中国教育报，2012-12-09（2）.

② 数据来自2011—2017年《中国教育经费统计年鉴》。

③ 中华人民共和国教育部，中华人民共和国国家发展和改革委员会，中华人民共和国财政部. 教育部 国家发展改革委 财政部关于实施第二期学前教育三年行动计划的意见.（2014-11-03）[2018-11-15]. http://www.moe.edu.cn/srcsite/A06/s3327/201411/t20141105_178318.html.

④ 中华人民共和国教育部，中华人民共和国国家发展和改革委员会，中华人民共和国财政部，等. 教育部等四部门关于实施第三期学前教育行动计划的意见.（2017-04-13）[2018-11-28]. http://www.moe.gov.cn/srcsite/A06/s3327/201705/t20170502_303514.html.

⑤ 需要注意的是，2013年和2014年之间的增长，不仅是由实际经费投入差异造成的，还受到统计口径改变的影响。《中国教育经费统计年鉴（2014）》中将县城所在地划入农村，而在2013年之前是将其划入城市。因此，2014年农村经费占比较2013年有明显的提高。

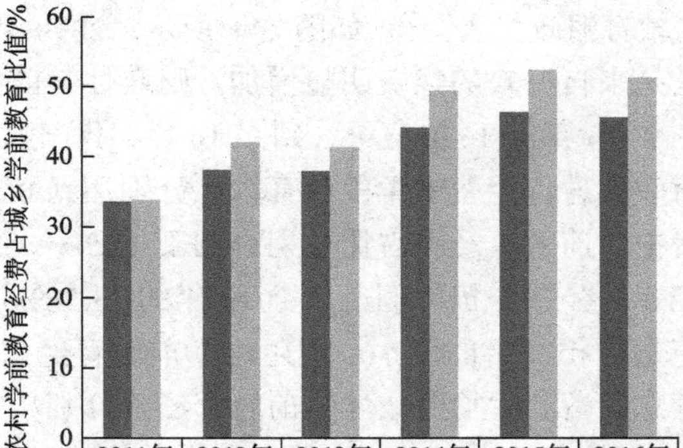

	2011年	2012年	2013年	2014年	2015年	2016年
■学前教育经费/%	33.62	38.15	37.94	44.07	46.3	45.55
■学前教育财政性经费/%	33.88	42.04	41.27	49.39	52.46	51.27

图 3-3　农村学前教育经费及财政性经费占总经费之比（2011—2016 年）

第二节　学前教育经费投入与成本分担机制的改革成就

一、明确财政支持学前教育发展的职责，加大投入力度

通过中央和地方各级政府的不断努力，尤其是《国家中长期教育改革和发展规划纲要（2010—2020 年）》颁布以来相关部门积极的作为，我国学前教育经费投入取得的主要成就之一，就在于明确和不断落实财政投入支持学前教育发展的责任，使得我国学前教育经费和财政性学前教育经费打破了长期在低水平徘徊的局面，努力为学前教育公共服务体系的构建提供财力保障。

我国学前教育经费和财政性经费曾长期在低水平徘徊。2011 年《关于加大财政投入支持学前教育发展的通知》明确各级政府要充分认识财政支持学前教育发展的重要性和紧迫性，从社会公益事业、国家和民族未来的高度认识学前教育事业的发展，明确“支持学前教育发展是公共财政的重要职责。各级财政部门要切实加大学前教育财政投入”[①]。如图 3-4 所示，2010 年以后，我国学前教育投入总经费尤其是来自财政的经费明显增加。财政性学前教育经费从 2003 年的 46 亿元增长到 2016 年的 1326 亿元。到 2016 年，我国财政性学前教育经费占 GDP 的比例和财政性教育经费中学前教育占比分别达到 0.18%和 4.22%，打破了财政性教育经费中学前教育经费占比长期徘徊于 1.2%～1.3%的局面。如图 3-5 所示，学前教育经费的公共分担比例也从 2010 年的 33.56%提高到 2016 年的 47.30%，财政投入将近分担一半的成本。就生均学前教育经费而言，也有明显改善。生均学前教育总经费和生均财政性学前教育经费分别从 2003 年的 371 元、231 元增长到 2016 年的 6352 元和 3004 元；生均学前教育经费指数和生均财政性学前教育经费指数（生均经费占人均 GDP 的百分比）也分别从 2003 年的 3.47%和 2.16%上涨到 2016 年的 11.78%和 5.57%（图 3-6）。尽管与一些国家相比，我国现有的学前教育财政投入水平仍有不小差距，但已经实现了跨越式增长，为学前教育的普及、普惠和质量提升提供了一定的物质保障。

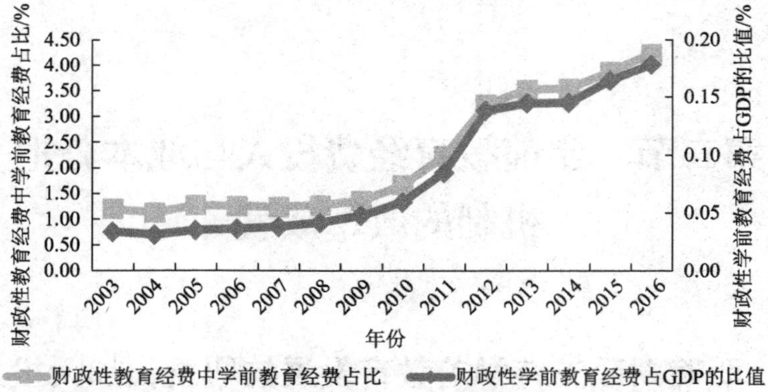

图 3-4　学前教育经费占财政性教育经费及 GDP 的比值（2003—2016 年）

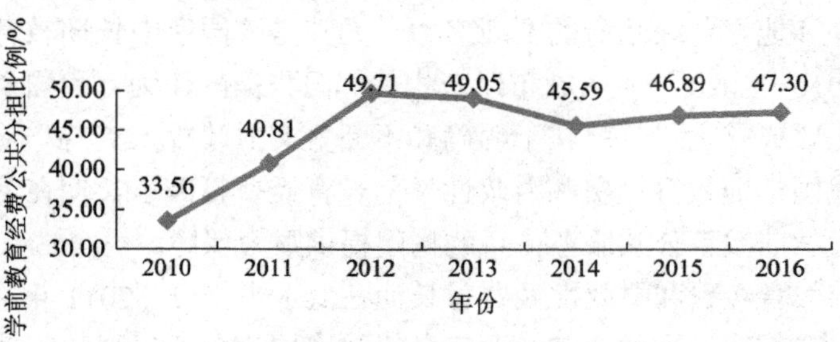

图 3-5　学前教育经费中公共分担比例（2010—2016 年）

① 中华人民共和国财政部，中华人民共和国教育部. 关于加大财政投入支持学前教育发展的通知.（2011-09-05）[2018-11-14]. http://www.mof.gov.cn/mofhome/jiaokewensi/zhengwuxinxi/zhengcefabu/201109/t20110928_597060.html.

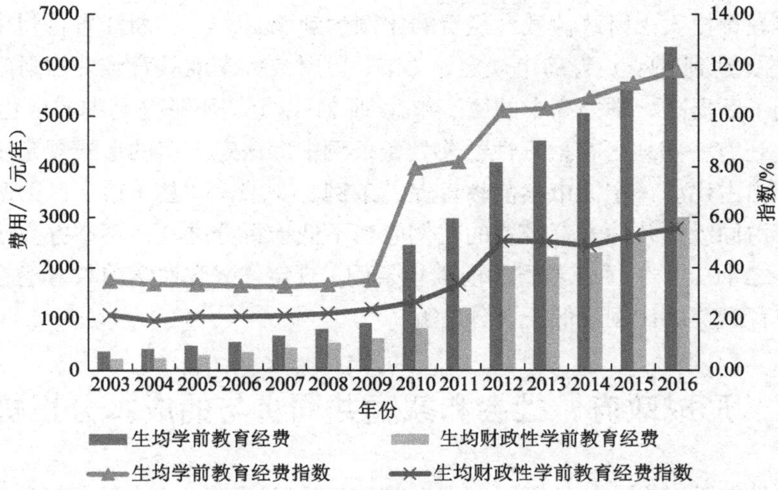

图 3-6 我国生均学前教育经费、财政性学前教育经费及二者的指数（2003—2016 年）

二、努力构建学前教育财政经费保障机制

要实现学前教育事业的可持续发展，由公共财政提供可持续的、稳定的、充足的学前教育经费至关重要。①我国学前教育财政投入水平之所以能够在 2010 年以来实现跨越式增长，与过去几年中国的中央和地方政府致力于建立长效的、可持续的学前教育经费保障机制不无关联。具体的做法包括以下几个方面。

1）预算有科目，即将学前教育投入单列入预算当中。只有列入预算内的财政支出项目才是经由立法机关批准的、具有法律效力的财政支出。在当前已经实施的地方学前教育条例当中，如江苏、浙江、天津、辽宁、安徽、云南等都明确了要将学前教育投入列入各级财政预算当中。学前教育投入单列入财政预算当中，能够保证学前教育经费不被其他学段教育挤占。一些地区在近年来不仅将学前教育投入单列入财政预算当中，并且在教育部门预算公开中还公开到了“项”这一级别，使得地方人大和公众能够了解地方政府在财政预算中对学前教育的投入情况。

2）投入有比例，即财政性学前教育经费在同级财政性教育经费中占据合理的比例。财政性教育经费中学前教育经费占比能够较好地反映地方政府对学前教育的重视程度和努力程度，一般而言，投入比例较高的地区，学前教育总体投入水平能够得到保障。绝大多数地区的“学前教育三年行动计划”中都提出了此项要求，部分地区明确划定了合理比例的量化指标。例如，深圳市、厦门市都提出财

① OECD. Starting Strong I: Early Childhood Education and Care. Paris: OECD Publishing, 2001: 133.

政对学前教育投入占财政性教育经费的比例达到5%以上[①]；浙江省台州市要求到2017年占比达到6%[②]；青岛市规定，“市、区财政性学前教育经费占财政性教育经费比例不断提高，举办高中的区、市达到8%以上，不举办高中的区达到15%以上”[③]。还有一些地区在地方性学前教育条例中以法定支出的形式规定了学前教育财政支出占比。《宁波市学前教育促进条例》要求，“县（市）区财政性学前教育经费占同级财政性教育经费的比例应当不低于百分之八，不举办高中的区不低于百分之十二”[④]。《江苏省学前教育条例》规定“财政性学前教育经费占同级财政性教育经费的比例不低于百分之五”[⑤]。

三、形成政府、社会和家庭共同参与的成本分担机制

本着谁受益、谁分担的原则，在学前教育阶段，政府、社会、家庭应该共同合理分担学前教育成本。《关于加大财政投入支持学前教育发展的通知》中就明确指出，要“建立政府投入、社会举办者投入、家庭合理负担的投入机制，积极动员社会力量投资办园、捐资助园，多渠道筹措学前教育资金”[⑥]。

政府首先要承担起财政投入的职责。要实现政府对学前教育的主导，政府分担的学前教育成本不能低。政府分担的要达到一定比例，才能真正实现公办幼儿园和普惠性民办幼儿园的“真公办”“真普惠”，确保公办幼儿园主要由财政性经费保工资、保运转，确保将普惠性民办幼儿园的家长收费控制在可负担的范围内，同时实现公办幼儿园和普惠性民办幼儿园资源覆盖率达到80%。我国政府分担比例超过50%的地区，学前教育事业发展状况较好。根据《中国教育经费统计年鉴（2016）》的数据，到2015年，我国已有11个省级行政区公共分担比例超过55%，15个省行政区公共分担比例超过50%。[⑦]

---

① 夏婧，庞丽娟，张霞．推进我国学前教育投入体制机制改革的政策思考．教育发展研究，2014（4）：19-23.

② 关于印发台州市发展学前教育第二轮三年行动计划的通知．（2015-07-17）[2018-06-24]. http://www.tzedu.net.cn/art/2015/7/17/ art_547_45738. html.

③ 孙军．2020年学前三年入园率将超99%.（2017-04-12）[2018-06-24]. http://www.jyb.cn/zgjyb/201704/t20170412_602618.html.

④ 宁波市人民政府．宁波市学前教育促进条例．（2017-06-28）[2018-06-24]. http://rsc.nbedu.net.cn/news/3185.

⑤ 江苏省学前教育条例．（2017-10-30）[2018-06-24]. http://www.nanjing.gov.cn/xxgk/qzf/glq/glqjyj/201710/t20171030_5109062.html.

⑥ 中华人民共和国财政部，中华人民共和国教育部．关于加大财政投入支持学前教育发展的通知．（2011-09-05）[2018-11-14]. http://www.mof.gov.cn/mofhome/jiaokewensi/zhengwuxinxi/zhengcefabu/201109/t20110928_597060.html.

⑦ 教育部财务司，国家统计局社会科技和文化产业统计司．中国教育经费统计年鉴（2016）．北京：中国统计出版社，2017：210-211.

家长收费是我国学前教育经费的重要来源。但合理的成本分担机制应该将家长所负担的成本控制在可负担的范围内，从而才能让幼儿不因家庭经济原因而失去接受学前教育的机会。笔者认为，我国的家庭学前教育分担比例应该控制在 35%～45%比较适宜。据《中国教育经费统计年鉴（2016）》的数据，2015 年，我国已有 8 个省级行政区家庭负担比例低于 35%，15 个省行政区公共分担比例低于 45%。[①]同时，合理的分担机制应该将成本分担比例与家庭状况挂钩，对于老少边穷地区、欠发达地区和农村地区，家庭分担比例应该进一步降低。这也是《教育部 国家发展改革委 财政部关于实施第二期学前教育三年行动计划的意见》等文件指出要逐步建立以公共财政投入为主的农村学前教育成本分担机制的原因所在。

社会可以通过基金会、企业等主体分担学前教育成本，这不仅仅是 OECD 国家学前教育成本分担的重要形式，也是我国其他学段如高等教育成本分担的重要途径。目前，我国社会组织发展尚不成熟，学前教育阶段“捐赠意识”和“慈善传统”还比较薄弱，但各级政府已开始尝试通过财税政策的鼓励引导社会来合理分担学前教育成本。近年来，一些有实力的企业也积极投入，在自办幼儿园、委托第三方办园等方面进行了积极的探索。[②]

四、由单级政府分担转为各级政府共同分担

2010 年以前，中国学前教育财政投入以地方投入为主，支出责任主要落在县及以下层级政府。在 1994 年分税制改革以后，中央和地方的财政收支状况发生了根本性转变。分税制改革造成了中国地方财力与支出责任的不对等。层级越低的地方政府，收支不平衡的情况越突出。即使是在考虑了一般性转移支付收入以后，一些地方政府的收支缺口仍然非常明显。而学前教育财政支出由最基层的地方政府来负担，事权层级过低。欠发达地区难以依靠基层财力来保障学前教育财政投入。2010 年以后，中央财政、省（自治区、直辖市）级财政、市级财政逐渐重视安排专项资金支持学前教育，学前教育财政支出责任从基本由区（县）及以下层级政府负担发展为由多级政府共担。同时，不同经济发展水平的地区，政府间分担模式存在差异。在经济发达的东部地区，中央财政分担比例较低，而在经济欠发达的中西部地区，中央财政承担了更多的支出责任。中央财政通过设立校舍建设项目和农村幼儿教师国家培训项目，重点将财政资源导向中西部地区。例如，

① 教育部财务司，国家统计局社会科技和文化产业统计司. 中国教育经费统计年鉴（2016）. 北京：中国统计出版社，2017：210-211.

② 企业办园，多方力量探索建园模式，缓解儿童入园难问题.（2017-09-12）[2018-06-30]. http://www.bnu1.org/child/3810.html.

2014—2016 年，贵州省的中央、省和市县分别承担的学前教育财政支出比例为32.9%、10.8%和 56.26%。[①]在省域内部，分担比例同样存在差异，省级财政在经济欠发达的区（县）分担比例更高，江苏省盐城市下辖区（县）形成了以区（县）为主、省为辅、中央和市为补充的模式；南京市下辖区（县）形成了以县乡为主、市为辅、中央和省为补充的模式。

五、着手建立普惠与扶弱兼顾的财政投入机制

分散性的投入格局、以编制投入为主的投入机制，使得我国学前教育财政资源高度向城市公办幼儿园集中，从而引发了对学前教育公平性的强烈争议。事实上，财政资源集中投入公办幼儿园之所以造成强烈的公平争议，关键在于公办幼儿园并未很好地实现普惠和扶弱的功能。例如，大多数研究都发现，我国公办幼儿园的受益对象则多为父母收入水平较高、受教育程度较高、在机关事业单位工作的城市本地户籍子女。[②]考虑到这一事实，打破原有的投入机制或采用渐进式变革的方式，以更具有普惠和扶弱意味的投入机制分配新增财政资源，就显得尤为重要，且事关公平。

目前来看，我国政府主要考虑采用面向机构的生均财政拨款机制或生均公用经费拨款机制，建立更具有普惠性意味的财政投入机制；以面向弱势地区的专项经费投入和面向弱势家庭的保教费补助，建立更具有扶弱意味的财政投入机制。

（一）以生均财政拨款机制为代表的普惠性投入机制

在中央政策文件的推动下，各地兼顾财政供给可能，逐渐建立起了动态的、逐步提高的学前教育生均经费标准和生均财政拨款标准。东部经济发达的市、县生均公用经费标准较高，并能够随经济发展迅速提高，逐步向小学、初中等阶段的生均公用经费水平靠拢。例如，江苏省扬中市建立财政拨付生均公用经费动态调整机制，逐步达到小学生公用经费拨款水平。[③]西部欠发达的贵州省部分市县也

① 贵州日报. 我省教育实现新突破.（2016-12-04）[2018-06-28]. http://www.gzgov.gov.cn/xwzx/gzxw/201612/t20161204_666851.html.

② 徐雨虹，陈淑华. 从公有学前教育资源占有者的构成看学前教育的公平性. 幼儿教育（教育科学），2007（4）：24-26；刘国艳，陈圆圆，陈玮玮. 教育公平视角下不同家庭背景幼儿教育机会获得研究——基于深圳市的实证调查数据. 教育与经济，2016（5）：23-29；孙东. 学前教育机会公平的实证研究——基于南京市学前教育审计调查. 上海教育科研，2013（2）：10-13；许丽英. 新生代农民工随迁子女学前教育面临的问题与对策选择. 黑龙江省社会主义学院学报，2013（4）：17.

③ 扬中建立学前教育成本分担机制.（2017-01-22）[2018-06-20]. http://www.jyb.cn/china/gnxw/201701/t20170122_694340.html.

建立了每生每年 800 元的生均公用经费拨款标准。除了建立公办幼儿园生均公用经费拨款标准以外，不少地区也以生均经费投入的方式向民办幼儿园提供财政支持。有的地区将生均公用经费财政拨款标准的受益对象范围扩大到普惠性民办幼儿园，例如，重庆市对不同等级的普惠性民办幼儿园给予每年生均 800 元、700 元、600 元的公用经费财政拨款，而公办幼儿园拨款标准为 700 元、600 元和 500 元。①一些地区则为普惠性民办幼儿园提供了生均定额补助，经费除可用于公用支出以外，还可用于提高教职工待遇。例如，青岛市教育局规定，政府对普惠性民办幼儿园给予每年不低于 2400 元的生均定额补助。②尽管目前由此种方式分配的学前教育财政资源仍然非常有限，尤其是部分地区对民办幼儿园的生均经费拨款仅具有象征意义，但经由此种机制分配的资源，不再向少数优质公办幼儿园集中，而是相对公平地将资源分配给每位儿童。因而，这种变化仍然体现出政府着力建设普惠性学前教育财政投入机制的努力。

（二）以农村地区专项投入和弱势学前儿童资助制度为代表的扶弱性投入机制

我国在顶层设计中逐步开始建立扶弱性的财政投入机制，将学前教育财政资源优先导向弱势儿童。扶弱性的财政投入机制主要体现在面向处境不利儿童提供的学前学生资助制度和面向农村地区设立的国家性专项投入项目，前者在学前教育财政投入制度上更具有变革意义，而后者则在投入格局上带来较大的改变。

2010 年“学前教育国十条”指出，要“建立学前教育资助制度，资助家庭经济困难儿童、孤儿和残疾儿童接受普惠性学前教育”③。2011 年颁布的《财政部 教育部关于建立学前教育资助制度的意见》指出，各地按照“地方先行、中央补助”的原则，从当年秋季学期起建立学前教育资助制度。学前教育学生资助规模不断扩大。2016 年，资助学前教育幼儿扩大到 619.36 万人次，占在园幼儿总数的 14.13%；资助金额为 68.18 亿元。各级财政分担比例为：中央占总额的 22.66%，省级占 45.26%，市级占 6.24%，县级占 25.84%，形成以省级投入为主，中央和县为辅，市级投入为补充的模式。同时，资助金额的区域分配也体现了弱势优先的倾向：西部地区资助幼儿 343.86 万人，平均资助比例为 27.62%；中部地区资助幼儿 117.71 万人，平均资助比例为 7.68%；东部地区资助幼儿 123.83 万人，平均资

---

① 重庆市财政局 重庆市教育委员会关于调整我市普惠性幼儿园生均公用经费财政补助标准的通知.（2016-11-01）[2018-11-14]. http://www.cq.gov.cn/zwgk/wlzcwj/czjb/szfbmwj2/content_213030 .

② 孙军. 青岛：普惠性民办幼儿园生均补助不低于 2400 元. 中国教育报，2015-12-06（1）.

③ 中华人民共和国国务院. 国务院关于当前发展学前教育的若干意见.（2010-11-21）[2018-06-25]. http://www.gov.cn/zwgk/2010-11/24/content_1752377.htm.

助比例为9.07%。[①]各省（自治区、直辖市）制定和落实学前教育学生资助制度彰显了财政投入的扶弱意味。

在相当长的一段时间，有限的学前教育建设经费专项财政投入也主要面向城市幼儿园。2010年以后，中央财政采取“以奖代补”的方式，设立专项资金，实施四大类七个国家学前教育重大项目，其中包括重点面向中西部农村地区的校舍建设、培训农村幼儿教师的队伍建设的专门项目。2011—2013年，中央学前教育专项资金投向中西部和东部困难地区的校舍建设经费为304.2亿元，综合奖补经费为91亿元，幼儿资助项目为16.2亿元，农村幼儿教师培训投入为11亿元。[②]中央财政发挥统筹全国学前教育发展的职能，专项资金重点支持的是经济欠发达的中西部农村地区和城市薄弱地区，削弱了地方经济发展水平与学前教育财政投入水平之间的相关性。例如，2011—2015年，中央财政支持江西省33.3亿元，省财政投入6.7亿元，各市、县（区）投入30多亿元[③]，重点建设了各类园所。在经济欠发达的省域内，中央和省级投入也集中于更为贫困的地区。以甘肃省为例，中央与省级财政为58个集中连片贫困县下达的学前教育项目资金分别为10.83亿元和1.86亿元，共计12.69亿元，占该省中央与省级财政投入总和的68.5%。[④]

第三节　学前教育经费投入存在的问题与机制完善

一、推动立法、明确规划：实现经费投入法制化

尽管在《国家中长期教育改革和发展规划纲要（2010—2020年）》颁布以后，我国学前教育财政投入在短期内迅速增长，但新增的投入中包括了大量的幼儿园

① 2016年中国学生资助发展报告.（2017-02-18）[2018-06-25]. http://www.moe.gov.cn/jyb_xwfb/xw_fbh/moe_2069/xwfbh_2017n/xwfb_170228/170228_sfcl/201702/t20170228_297543. html.

② 中央财政三年投400余亿元支持学前教育发展.（2014-06-06）[2018-07-01]. http://learning.sohu.com/20140606/n400496979.shtml.

③ 江西教育网. 我省实施第二期学前教育三年行动计划. (2015-04-27)[2018-11-14]. http://www.jxedu.gov.cn/info/1918/36074.htm.

④ 郑名. “学前教育三年行动计划”成效分析与政策建议. 学前教育研究，2014（8）：34-43.

建设经费。可以预见的是，若投入缺乏长效机制的保障，在地区经济发展状况向下、财力紧张时，投入水平就会下滑，从而影响学前教育的可持续发展。学前教育财政投入责任主要在地方政府，部分地方政府仍有推卸学前教育投入职责的倾向，一些地区还存在着挤占学前教育经费的现象。此外，尽管在过去一段时间学前教育经费实现了跨越式增长，但财政投入水平仍明显低于 OECD 国家和部分金砖国家。以财政性学前教育经费占财政性教育经费的比值为例，我国 2014 年的投入水平低于世界平均水平、其他亚洲国家平均水平以及绝大部分 OECD 国家和部分其他金砖国家水平。在 UNESCO 数据库有数据可查的世界 78 个国家中，有 70.51%的国家将比我国更高比例的教育财政性经费用于学前教育。[①]要避免学前教育财政投入不足带来的问题，有必要实现经费投入的法制化，解决投入的合法性问题。

关于学前教育财政投入的合法性，需要考虑是否投入和投入规模两个层面的合法性问题。基于对基本学前教育服务准公共产品属性的认识，财政投入学前教育具有正当性，这种正当性应该在法律层面获得确认。在法律层面确认财政投入的正当性，包括以下几个方面。

1）要在学前教育专门法中全面确认学前教育的性质和价值[②]——肯定学前教育的公益性，强调学前教育的社会福利性、教育性、准公共产品属性，从国计民生的高度认识学前教育，界定政府发展学前教育（包括财政投入）的职责。中央政府的部门规章如“学前教育国十条”等已经明确学前教育的公益性，指明学前教育是国民教育体系的重要组成部分，明确了国家发展学前教育的底线和责任。[③]一些地区已经完成或正在进行学前教育地方立法，中央的部门规章和地方学前教育立法为上位的“学前教育法”提供了立法基础和经验。[④]特别是从国际经验[⑤]和《儿童权利公约》等国际宪章发展趋势来看，长期而言，我国需要在学前教育法中确定儿童的学前教育权利，加强学前教育执法，从儿童权利的角度来理解学前教育的重要性和价值，从权利实现的条件角度来理解财政投入的正当性。

2）财政投入的合法性还需要通过预算来确认。预算支出是经过立法机关批准的财政支出。目前，随着新预算法修订完成，我国已经取消了预算外资金，所有

① 数据于 2018 年 5 月 27 日获取于 UIS. Stat（http://data.uis.unesco.org）。

② 宋永忠. 以法律保障学前教育“成长”.（2017-02-16）[2018-07-01]. http://www.rmzxb.com.cn/c/2017-02-16/1345310.shtml.

③ 王海英. 中国学前教育政策的转型及未来走向. 幼儿教育（教育科学），2015（6）：3-11.

④ 常晶，纪秀君. 为中国学前教育发展而立法. 中国教育报，2017-03-08（1）.

⑤ 国际研究指出，将学前教育视作儿童法定权利并充分执行的国家也是投入水平更高的国家。参见 Watson J. Starting Well: Benchmarking Early Education across the World. Economist Intelligence Unit. Singapore: Lien Foundation, 2012: 26.

财政收支全部纳入政府预算当中，接受全国人民代表大会的审查和监督。而未纳入预算管理的地方政府债务只能用于公益性资本支出，且资金的稳定性存在一定的风险。此外，新预算法还强调硬化预算约束，不得随意开财政收支的口子。因此，只有将学前教育财政支出列入财政预算，在预算编制之时充分考虑本年度学前教育发展的需要，才能为学前教育财政投入提供法制保障和稳定来源。同时，学前教育财政支出需要单独列入财政预算中，避免其他学段对学前教育合理支出的挤占。

3）中央和地方政府要通过中央立法和地方立法确定区域内教育财政支出中学前教育经费占比的底线比例，形成比例预警机制①，解决学前教育投入规模的合法性问题。《中华人民共和国教育法》等法律法规规定了教育经费“两个比例”“两个高于”“三个增长”②，为实现教育经费增长提供了制度保障。学前教育发展的历史问题较多，在教育系统内部的预算竞争中处于弱势地位，在教育系统内部规定学前教育财政支出比例具有一定的合理性。从实践层面来看，规定财政性教育经费中学前教育经费合理占比也是我国多个地区行之有效的政策经验。我国一些地方政府（如杭州、青岛等）对财政性学前教育经费占财政性教育经费比例的要求已经达到5%～8%的水平，不举办高中阶段的区（县）达到10%～15%的水平。同时，刘焱等进行的国际比较研究同样揭示出这一指标的重要意义。学前教育发展水平较高的OECD国家平均将约为13%的公共教育经费用于学前教育阶段，在UNESCO数据库中有数据可得的78个国家中，在2014年平均将7.64%的公共教育经费用于学前教育。综上所述，在一定时期内，从全国和省级而言，财政性学前教育经费占比的底线要求应不低于7%，而对未举办高中的区（县）一级地方政府而言，占比还应当提高到10%以上才更为合适。

二、明确责任、提升层级：完善政府间分担机制

分税制改革以后，中央和地方财政收支状况扭转，但即使是在转移支付以后，部分地方仍然存在着收支不平衡、收支缺口较大等问题。尽管在2010年以后我国学前教育财政支出责任适度上移，中央、省等级财政开始分担起部分投入职责，但在经济欠发达地区，支出责任主要落在县及以下层级财政的状况未发生根本变

---

① 虞永平. 有好机制才有长久之计. 中国教育报，2015-09-06（1）.

② 所谓“两个比例”是指国家财政性教育经费占国民生产总值的比例逐步提高，各级财政支出总额中教育经费所占比例逐步提高；“两个高于”是指预算内教育事业费的增幅高于财政经常性收入的增幅，预算内教育经费占财政支出的比例高于上一年度；“三个增长”是指在校学生平均的教育费用逐步增长，教师工资逐步增长，学生人均公用经费逐步增长。

化。在一些经济欠发达地区，主要依靠基层财政，难以支持有质量、普惠性学前教育服务的可持续发展。因此，确保承担学前教育事责的政府有充足的可支配财力来履行相应职责，至关重要。

要实现这一目标，不能通过简单地下移财权来实现。①财权的上移和下移关系着整个国家的政治和经济体系，难以以学前教育发展的名义来撬动其改革；②财权下移的效应可能存在“门限效应”，即在经济欠发达地区，即使财力下沉也不足以矫正事权与财权的不对等。因此，关键还在于要适当提高学前教育支出责任的层级，建立和完善多级政府共同承担学前教育支出责任的模式。在国家事权划分的财税改革中，应明确划分中央、省（自治区、直辖市）、市、县及以下政府发展学前教育的事责，将学前教育支出责任适度上移，加强省级财政的统筹责任。除整体提升学前教育财政投入主体的层级，还应该建立具有地区差异的政府间分担机制。对中央来说，按照经济和财力状况，分地区确定中央、省（自治区、直辖市）之间的支出责任；对省（自治区、直辖市）一级来说，要按照经济和财力状况、地方需求，分县确定省（自治区、直辖市）以下的支出责任。对西部等经济欠发达地区，学前教育财政支出分权程度要适度降低，支出责任应进一步上移，建立以区（县）为主，中央和省（自治区、直辖市）级为辅，市级为补充的模式。参照OECD国家的支出责任分担结构，对经济发展水平滞后的地区，中央和省（自治区、直辖市）级统筹分担的比例应逐渐达到总体支出责任的一半以上。而对东部经济发达地区，学前教育财政支出分权程度可适当下移，实施区（县）为主（乃至县镇为主）、省（自治区、直辖市）级统筹的支出模式。

适度提高支出主体层级，是通过减少低层级政府的责任，实现支出能力和责任的匹配。除此之外，还可以建立纵横向转移支付制度，增强地方政府尤其是落后地区的可支配财力，同时弥补人口流出地因效益外溢而造成的投入不足。

三、完善生均拨款机制：促进经费分配的公平与稳定

不公平是学前教育财政投入体系长期被诟病的问题。财政经费在区域之间、城乡之间、不同类别的园所之间分配的状况存在着极大的差异。尽管这些差异在近年来已有所缩小，但由于分散投入的格局、以编制投入为主的投入机制没有发生根本变化，经费分配公平问题并未得到根本解决。同时，尽管伴随着“学前教育三年行动计划”的推行，我国学前教育财政投入保持稳定的增长势头，但若不建立长效的投入机制，难以实现投入水平持续稳定增长。尤其是在党的十八届三中全会规定清理规范重点支出同财政收支增幅或生产总值挂钩事项，一般不采取

挂钩方式以后，建立适宜的学前教育经费增长机制就显得尤为重要。

科学核算成本、规定生均拨款标准并将其纳入预算将是保障学前教育财政投入公平与长效的关键机制。其原因在于：①生均拨款制度是一种制度化的投入方式，如果将生均拨款纳入财政预算内经常性支出范畴，而非列支于项目投入中，那么生均拨款就将长期稳定存在。同时，生均拨款机制使得投入与学生人数挂钩，保证财政随需求的增长而增加，采用以公式为基础的生均拨款还会充分考虑地区和学生的性质，真正实现按需投入。[①]②与儿童需要挂钩的生均拨款，是一种“以儿童为本”的拨款方式，其关注点在于满足儿童发展需要与实现儿童权利，而非外在于儿童发展的其他要素，如机构类型、教师编制等。也正因为如此，与儿童需要挂钩的生均拨款能够解决既有体制下幼儿教师同工不同酬、园所之间财政资源分配不公平等问题。同时，以公式为基础的生均拨款能同时兼顾横向公平和纵向公平，即根据学生和学区的特征，给予相似的学生同样数量的拨款，而给予不同需要的学生不同数量的拨款；以公式为基础的生均拨款可以通过给弱势群体赋予更高的权重来实现向弱势群体倾斜，而相比针对弱势群体直接投入有针对性的补偿资金而言，其能够减少因实施针对性项目带来的重复、协调的困难、过度官僚、效率低下、较高的监督成本和行政负担等问题。[②]设计良好的、以生均拨款为基础的公式拨款在某种条件下是最有效、最公平、最稳定、最透明的拨款方式。

建立生均拨款机制的核心问题在于确定适宜的生均拨款标准。在核算学前教育成本时，需要对成本类型进行区分，区别学前教育的必要成本（维持一定质量学前教育服务所必需的成本）、可选择成本（普惠性幼儿园和非普惠性幼儿园的合理盈利）和不必要成本（高档的装修、可选择的服务等）。公共财政为所有家庭分担的只是基础水平的必要成本，为低收入家庭分担的是大部分必要成本和合理成本，不必要成本应该排除在公共财政扶持范围以外。同时，成本核算时要考虑不同类型儿童、不同地区托幼机构的需要，如地处偏远地区、人口稀少带来的交通成本和维持运营成本的增长，以及由于儿童发展迟缓、特殊需要、双语学习需要带来的成本增加等。

在成本核算的基础上，要确立财政对不同类型儿童的分担比例，以保障学前教育服务可负担，从而确保每个儿童真正享有学前教育权利。结合学前教育财政公平原则的要求，对有特殊需要、偏远地区和贫困地区的儿童，公共财政分担比例应该更高，至少应在一半以上。

---

① Ellen B, Shad W. Formula for Success: Adding High-Quality Pre-K to State School Funding Formulas. Education Reform Series. Pew Center on the States, 2010.

② OECD. The Funding of School Education: Connecting Resources and Learning. Paris: OECD Publishing, 2017: 146.

四、调整结构、强化问责：提高经费使用效率

在“学前教育三年行动计划”推行以后，我国学前教育财政支出规模大幅度提升的同时，学前教育经费支出中却出现了效率损耗严重的问题，有限的学前教育经费并未充分用于学前教育事业发展。其中问题之一在于用于硬件设施新建和改造的支出明显增加，而人员经费占比却在不断下降，且已经明显低于国际研究所揭示的人员经费占比的理想水平。[①]笔者对各省（自治区、直辖市）学前教育经费的支出结构进行分析发现，我国大多数省（自治区、直辖市）人员经费占比都低于适宜水平。而人员经费显著低于合理水平，要么是教师数量缺口较大，要么是教师薪资水平过低。事实上，二者兼而有之的可能性较大。“在成人工作环境变量当中，对学前教育质量最具预测作用的就是教师的工资，高质量的学前教育需要营造一种既重视儿童也重视教师的环境。”[②]而如果提升教师工资的成本由家长负担，则会给家长带来沉重的经济压力，影响学前教育的可负担性。[③]有效率的学前教育财政支出要求在一定的投入规模下，实现学前教育普及、质量和可负担性的改善，最大化地促进儿童的发展。而调整学前教育财政支出结构，提高学前教育人员支出占比，正是保证合格幼儿教师人数增加、教育质量提升和家长可负担性问题改善的关键。

结合其他国家和地区的研究和政策实践[④]，我国部分地方政府的政策经验[⑤]，以及国内研究调研数据[⑥]来看，学前教育人员经费支出占比在 65%～70%较为适宜，人员经费占比较低的地区要调整支出结构，从重视物的投入转向重视人的投入。增加人员经费投入可以综合采用下列策略：①增加幼儿教师编制，保证对学前教育人员经费的长期稳定投入。中央应该尽快出台和落实幼儿园教职工编制标准，规定各地按照编制标准，动态核定幼儿教师编制。努力配齐配足编制，规范

---

① Van Ravens J, Aggio C. Expanding Early Childhood Care and Education: How Much Does it Cost? A Proposal for a Methodology to Estimate the Costs of Early Childhood Care and Education at Macro-Level, Applied to the Arab States. Working Paper in Early Childhood Development, No. 46. Bernard Van Leer Foundation, 2008.

② Whitebook M, Phillips D, Howes C. Worthy Work, STILL Unlivable Wages: The Early Childhood Workforce 25 Years after the National Child Care Staffing Study. Berkeley: Center for the Study of Child Care Employment, 2014: 3.

③ 蒙·科克伦. 儿童早期教育体系的政策研究. 王海英，译. 南京：江苏教育出版社，2011：305.

④ 儿童保育中心大约 70%的支出用于人员开支，这些开支决定了项目的质量。参见蒙·科克伦. 儿童早期教育体系的政策研究. 王海英，译. 南京：江苏教育出版社，2011：287. OECD 国家公共学前教育机构人员经费占比在 2009—2013 年的平均值为 68%～73%。

⑤ 我国经费结构较为稳定的上海和北京，人员经费支出在 65%左右。

⑥ 分析“学前教育体制机制改革”课题组 2012 年在东部、中部、西部 14 个省（自治区、直辖市）1516 所幼儿园的运行成本的调研问卷发现，这些幼儿园将平均 64.96%的运营成本用于人工工资。

编制的使用行为；将幼儿教师编制单列核定，逐步与中小学教师编制剥离。[①]②着力解决公办幼儿园中非在编教师同工同酬的问题。短期来看，可以采用专项投入的方式，财政投入直接补助非在编教师的薪资待遇；长期来看，在人事制度改革的背景下，公办幼儿园投入要打破现有的投入体制，在核定学前教育成本和人员经费占比的情况下，以生均财政拨款的方式向公办幼儿园投入，并规定生均拨款中用于人员经费的比例。③对民办幼儿园教师，应综合采用制度激励、财政补助、法律约束、法律援助等政策。制度激励，即将普惠性民办幼儿园的资格、质量等级评定的结果等“符号性”资本与民办幼儿园中教师的薪资待遇挂钩，只有为在园教师提供了有尊严的薪资待遇的园所才能够获得相应的质量等级，才能进入普惠性民办幼儿园行列。财政补助，即在生均财政补助中划定用于教师待遇提升的比例或采用专项补助提供幼儿教师长期从教津贴。法律约束，则是在学前教育法律政策中，规定幼儿教师薪资待遇的最低水平，并设置合理工资水平的指导线。幼儿园工资水平的底线要以社会平均工资水平为参照，而非以城市最低收入水平或农民工为参照。法律援助，是指为幼儿教师获得劳动报酬等合法权益的实现无偿提供法律服务。

提高学前教育经费支出效率，还要加强对经费使用的问责，尤其是要加强绩效评估。建立绩效评估体系，要做到：①树立正确的“成本—收益”意识；②要建立相应的绩效评估指标体系，并辅之以运行良好的信息系统，以满足绩效评估对实证数据和信息的需要；③明确建立有效的绩效评估制度，对评估目的、评估主体、评估流程等做出制度化的规定。

① 林美娟. 关于确定幼儿园教职工编制标准的建议.（2016-03-16）[2017-04-25]. http://www.hainanpc.net/hainanrenda/1104/71454.html.

第四章
学前教育师资队伍建设的改革与发展

学前教育师资队伍建设是发展学前教育事业、提高学前教育质量的关键，也是学前教育事业发展的根本保证。改革开放 40 年来，在党和政府的关怀和支持下，我国学前教育师资队伍快速发展，取得了不菲的改革成就，师资队伍规模整体壮大，师资培养从“封闭单一”走向“多元开放”，师资培训从关注数量走向关注质量，学前教育师资队伍素质得到了全面提高。但是，伴随着我国学前教育事业的新局势，学前教育师资队伍建设也面临着新的问题，呈现出了新的发展趋势。

第一节　学前教育师资队伍的变化发展

自 1978 年改革开放以来，迄今为止已有 40 年。伴随着改革开放进程的深化与推进，教育领域也发生了巨大变化。学前教育师资队伍建设走过了 40 多年的风雨历程，一路走来，先后经历了恢复调整、提高改善、改革创新、系统完善四个时期的发展与演变。不同时期的学前教育师资队伍建设工作及相关教师教育政策呈现出了不同的特点。

一、1978—1989 年：学前教育师资队伍建设的恢复调整阶段

在这一阶段，地方负责、分级管理、各级教育部门主管的学前教育行政管理体制基本形成，国家也先后颁布了诸多关于学前教育师资职前教育、职后培训工作的文件政策，学前教育教师的数量和规模都迅速扩大。学前教育师资队伍建设工作在不断探索中推进。

（一）学前师范教育的职前培养功能逐步恢复和加强

师范教育在“文化大革命”中一度被中断，立即恢复并加强师范教育的职前培养功能是这个时期的重要工作。1977 年的全国教育工作会议就明确提出，要大力发展高师、中师、幼师等各级师范学校，扩大招生，提高教育质量，以便为教育战线不断补充合格的教师。[①]该会议的召开为学前师范教育职前培养功能的恢复和加强做好了一定的铺垫。党的十一届三中全会召开之后，国家立即采取了有效措施对师范教育进行恢复和加强。1978 年教育部发布的《关于加强和发展师范教育的意见》提出：“统筹规划，有计划有步骤地建立师范教育网。十一届三中全会确立改革开放的基本政策后，对内改革表现在职前教师教育方面，则集中于为基础教育

① 何东昌. 中华人民共和国重要教育文献（1976—1990）. 海口：海南出版社，1998：1615.

培养数量足够、质量合格的师资。仅1978年就恢复增设师范院校77所。”[①]

为适应社会发展与教育发展的要求，我国第四次全国师范教育工作会议于1980年6月组织召开。会议讨论并明确了师范教育的地位、作用与任务，指出师范教育是教育事业中的“工作母机”，师范教育的基本任务就是师资培养：高等师范本科院校，主要培养中等学校师资；师范专科学校，主要培养初级中等学校师资；中等师范学校和幼儿师范学校，主要培养小学和幼儿园师资。[②]随后教育部下发《幼儿师范学校教学计划试行草案》《中等师范学校教学计划试行草案》等文件，对幼儿师范学校及其他师范学校的人才培养目标、课程设置、时间安排、修业年限等都做了详细规定。至此，学前师范教育的职前培养功能得以逐步恢复和加强。

为了进一步满足学前教育发展的要求，国家教育委员会于1986年3月下发了《关于加强和发展师范教育的意见》，明确了各级师范学校的培养任务，规定：“要认真办好现有的幼儿师范，布点太少的应适当发展。职业中学办幼儿师资班的做法要进一步总结、完善和推广，还可组织社会力量办各种类型的培训班，以适应学前教育发展的需要。”[③]同时还规定了幼儿教师在职前培养中的素质结构，包括“思想政治教育和专业思想教育”“专业素质”“教育课程和教育实践的改革”等，为高质量的幼教师资队伍建设提供了保障。[④]学前教育师资培养中的师范教育功能、培养任务被明确确立。

（二）学前教育师资在职培训体系初步形成

该阶段，学前师范教育的职前培养功能在恢复和强化的同时，幼儿教师在职培训体系也在逐步构建中。提升幼儿教师的教育教学能力是在职培训体系建立和完善的目标。为此，国家颁布了一系列政策法规，以保障幼儿教师在职培训的有效、顺利进行与开展。

教育部重新恢复以后，1978年在普通教育司恢复了学前教育处，主要工作是指导全国城乡各类型幼儿园的政策执行和专业发展，负责幼儿教师与干部的培训工作，办一批优质的示范幼儿园，加强对学前教育领域科学研究的指导。各省（自治区、直辖市）、市、县、街道和乡镇的教育部门也陆续设立了相关的管理和科研部门，专门组织学前教育领导和教育研究人士负责学前教育工作，使得各级管

---

① 曲铁华，郝秀秀. 我国职前教师教育改革的演进历程、影响因素及特征（1978—2014）. 当代教育与文化，2016，8（4）：74-80.

② 苏林，张贵新. 中国师范教育十五年. 长春：东北师范大学出版社，1996：15-17.

③ 佚名. 国家教委要求大力发展和加强师范教育. 人民教育，1986（6）：9.

④ 魏军. 我国幼儿教师政策变迁的文本分析. 学前教育研究，2009，174（6）：20-23.

理部门都在集中的指挥下进行各项工作。①1979 年 7 月，全国托幼工作会议顺利召开，会议决定设立全国托幼工作领导小组及其办事机构，负责研究和实施有关托幼工作和学前教师培训的规定。该领导小组的成立和随后开展的各项工作，都有力地推动了我国学前师资在职培训体系的恢复和发展。

1981 年 10 月，教育部颁布了《幼儿园教育纲要（试行草案）》，这是我国改革开放后的第一个幼儿园课程标准，它起到了“拨乱反正”、促进学前教育规范化的作用②，也为后续的学前教师培训政策的制定提供了参考标准和依据。

此阶段，农村学前教育教师发展也被纳入师资培训规划之中。1983 年，发布《教育部关于发展农村幼儿教育的几点意见》，首次对我国农村学前教育进行了专项规划和部署；对没有接受过专业学习和系统训练的农村学前教师按计划分批培训，同时，此项计划要纳入各级各地的培训规划并划拨专项经费。各地的幼儿师范学校、教师进修院校和有条件的中等师范学校，要量力承担培训农村学前教师的任务。力争在 1990 年前，使大部分学前教育教师都能接受一些专业的培训，并使多数示范性幼儿园园长和一定数目的骨干教师达到幼儿师范毕业的水平。③该文件调动了学前教育教师参与培训的积极性，对于学前教育师资队伍建设起到了正确的引导作用。至此，学前教育师资在职培训体系初步形成。

1986—1988 年，我国幼儿教师进修培训开始关注学历补偿教育。1986 年 10 月，国家教育委员会在《中小学教师考核合格证书试行办法》的基础上，针对幼儿教师单独提出了补充意见，即《关于幼儿园教师考核的补充意见》。该补充意见指出各级教育部门一方面要对学前教师合格证考试给予关注，另一方面更要“真正把学前教师岗中培训作为一项重点工作去做”④。1988 年，国务院办公厅转发了国家教育委员会等八个部门联合颁布的《国家教委、国家计委、财政部、人事部、劳动部、建设部、卫生部、物价局关于加强幼儿教育工作的意见》。其强调发展学前教育事业要从培养和提高师资入手，必须重视幼儿教师培训工作，使得现有学前教育教师的专业水平与学前教育发展相匹配。为达到这一要求，各地有关部门要科学规划幼儿教师培训工作。⑤学历补偿教育成为该阶段幼儿教师在职培训的重要内容。

---

① 王凌玉. 我国学前教师培训政策演进研究——基于 1978—2016 年政策文本的分析. 长春：东北师范大学硕士学位论文，2017：18.

② 庞丽娟. 中国教育改革 30 年·学前教育卷. 北京：北京师范大学出版社，2009：3.

③ 何东昌. 中华人民共和国重要教育文献（1976—1990）. 海口：海南出版社，1998：1755.

④ 何东昌. 中华人民共和国重要教育文献（1976—1990）. 海口：海南出版社，1998：2509.

⑤ 王凌玉. 我国学前教师培训政策演进研究——基于 1978—2016 年政策文本的分析. 长春：东北师范大学硕士学位论文，2017：21.

二、1990—1998 年：学前教育师资队伍建设的提高改善阶段

依法治教是建立具有中国特色的现代化学前教育的重要内容之一。这一时期我国颁布的有关学前教育、教师教育和学前教师培训的政策法规，使得学前师资队伍建设工作更趋规范化。对幼儿教师职前教育和在职培训一体化的认识，是终身教育思想在学前师资队伍建设方面的具体体现。

（一）学前师范教育工作逐渐规范化

这一时期，“规范化”是学前师资职前培养工作发展的主旋律，相关政府部门出台了大量的文件、纲要、条例，无论是强调要明确培养学校的培养目标、规格、课程设置，还是重视建立教师保障制度、资格制度，其目的都是使我国的学前师范教育工作走上规范化的轨道。

为了指导 20 世纪 90 年代至 21 世纪初教育的改革和发展，在《中国教育改革和发展纲要》出台之后，国家教育委员会于 1995 年颁发《三年制中等幼儿师范学校教学方案（试行）》。该方案对中等幼儿师范学校的培养目标与规格、课程设置与时间安排等进一步做了明确规定，指出中等幼儿师范学校是培养德、智、体等诸方面全面发展、能适应当代幼儿教育发展和改革需要的幼儿教师的机构。①

《中华人民共和国教师法》《中华人民共和国教育法》《幼儿园工作规程》的颁布逐步建立了学前教师保障制度、资格制度。1993 年颁布的《中华人民共和国教师法》第十一条规定：“取得幼儿园教师资格，应当具备幼儿师范学校毕业及其以上学历”；1995 年颁布的《中华人民共和国教育法》以法律的形式重申了国家对“教师资格”和教师“聘任制”的规定。《中华人民共和国教师法》以法律的形式确定了幼儿教师的从业标准；《中华人民共和国教育法》对教师的专门规定，则为幼儿教师的专业化发展奠定了坚实的法律基础。1995 年，国务院颁布《教师资格条例》，对幼儿教师资格的认定做出了具体的限定：“幼儿园、小学和初级中学教师资格，由申请人户籍所在地或者申请人任教学校所在地的县级人民政府教育行政部门认定。”②1996 年《幼儿园工作规程》发布，第三十七条指出：“幼儿园教师必须具有《教师资格条例》规定的幼儿园教师资格，并符合本规程第

① 国家教育委员会. 关于颁发《三年制中等幼儿师范学校教学方案（试行）》的通知. 课程·教材·教法，1995（4）：1-4.

② 教师资格条例（1995 年 12 月 12 日国务院令第 188 号）.（1995-12-12）[2018-05-24]. http://www.moe.gov.cn/s78/A02/zfs__left/s5911/moe_620/tnull_3178.html.

三十五条规定。幼儿园教师实行聘任制。”[①]经过了一系列相关政策与法律的明确限定后，我国逐步建立起了一套关于幼儿教师职业的相对完整的法律保障体系，幼儿教师职业准入门槛得以提高，幼儿教师素质进一步得到了法律保障。[②]由此，学前师范教育工作的规范化得以保证。

（二）学前教育师资在职培训工作逐步法制化

在这一时期，我国学前教育师资培训工作开始逐步迈入法制化与规范化阶段。《幼儿园工作规程（试行）》《幼儿园管理条例》《中华人民共和国教师法》《中华人民共和国教育法》《面向21世纪教育振兴行动计划》等一系列政策法规的出台，在法律层面上为幼儿教师在职培训提供了切实有效的保障。由此，培训工作执行力度更大，开展工作的程序更为规范，学前教育教师队伍的整体素质得到了快速提升。

1989年6月，国家教育委员会颁布《幼儿园工作规程（试行）》，要求教师要“参加业务学习和幼儿教育研究活动”[③]。1989年8月，国务院批准了《幼儿园管理条例》，这是中华人民共和国成立以来第一个学前教育行政法规。其首次从行政法规入手，规范了学前教育教师的岗位需求，强化了这一群体的专业化要求，从而激励他们不断提升自我专业水平，跨入更高的教育层次。这对于学前教育教师在职培训合法化而言也是一个良好的开端。上述两个法规性文件标志着我国学前教育迈向法制化，推动了学前教育教师在职培训的规范化。[④]

《中华人民共和国教师法》在培训方面对包括学前教育教师在内的教师队伍提出了完备的要求；《中华人民共和国教育法》将通过培训提高教师素质、加强教师队伍建设，以法律的形式确定下来。两部法规从法律层面明确规定学前教育教师享有参加进修或者以其他方式进行培训的权利，标志着我国改革开放以来逐渐成熟的学前教育教师在职培训工作，正向着制度化、法规化的层面迈进。[⑤]

1998年教育部制定、1999年国务院批转的政策文件《面向21世纪教育振兴行动计划》出台，该计划推行“跨世纪园丁工程”，要求大力提高我国教师队伍（包括学前教育师资）的总体素质，特别要加强师德建设，合理优化教师队伍内部

---

① 中华人民共和国国家教育委员会. 幼儿园工作规程（1996年3月9日国家教委令第25号发布）.（1996-03-09）[2018-05-24]. http://www.moe.gov.cn/ srcsite/A02/s5911/moe_621/199603/t19960309_81893.html.

② 魏军. 我国幼儿教师政策变迁的文本分析. 学前教育研究，2009，174（6）：20-23.

③ 李铁映. 幼儿园工作规程（试行）. 幼儿教育，1989（10）：2-5.

④ 王凌玉. 我国学前教师培训政策演进研究——基于1978—2016年政策文本的分析. 长春：东北师范大学硕士学位论文，2017：23.

⑤ 王凌玉. 我国学前教师培训政策演进研究——基于1978—2016年政策文本的分析. 长春：东北师范大学硕士学位论文，2017：24.

结构，加强各学段的骨干教师培养。该文件表明，我国学前师资队伍建设工作开始关注质的要求，这为下一阶段师资队伍建设的创新发展奠定了坚实的基础。

在该阶段，我国学前教育师资队伍发展更趋规范化，在对学前教育师资在职培养的形式、方式逐步明确、细化的同时，对于职前培养与职后培训之间的联系开始加以关注。特别是在终身教育理念的影响下，我国学前教育教师培训开始关注提高教师素质，实现教师的持续性发展、终身发展，教师教育呈现出“职前培养”与“职后培训”一体化发展趋势。

三、1999—2009 年：学前教育师资队伍建设的改革创新阶段

19 世纪末至 21 世纪初，随着我国学前教育改革的持续深入推进和学前教育事业的快速发展，学前教育师资队伍建设进入新的发展阶段，学前教育教师学历水平快速提高，职后培训开始寻求突破，逐步构建了灵活的、有特色的新体系。

（一）学前教育师资实现优质化发展

这一时期，“优质化”发展是学前教育师资职前教育工作的主要目标，相关政府部门出台的文件、纲要、条例，提出了学前教育师资培养要多样化发展，师范教育要逐步向教师教育转型，要重视学前教师教育的均衡发展。我国的学前教育师资职前教育走上优质化发展的方向。

1999 年 3 月，教育部印发《关于师范院校布局结构调整的几点意见》，提出了重组师范教育资源、调整学校布局、逐步提高层次结构重心、提高教师培养培训质量和效益的目标。为实现该目标，一方面，要鼓励一批高水平综合大学参与幼儿教师培养工作，拓宽幼儿教师来源渠道，实现其来源多样化，从而优化师资队伍结构；另一方面，从城市向农村、从沿海向内地逐步推进，由三级师范向二级师范过渡。最后，职前、职后教育贯通，逐步形成体现终身教育思想的教育新体系。这也表明我国开始关注教师培养职前、职后一体化的融合。①

2001 年，首次正式以“教师教育”替代“师范教育”的《国务院关于基础教育改革与发展的决定》颁布，这标志着我国师范教育开始向教师教育转型。实践中也开始了各种从“师范教育”向“教师教育”转型的改革。2004 年 10 月，为

① 曲铁华，郝秀秀. 我国职前教师教育改革的演进历程、影响因素及特征（1978—2014）. 当代教育与文化，2016，8（4）：74-80.

适应教师专业化和教师教育发展的新形势，我国启动了教师教育课程标准的研制工作。无论是鼓励教师来源多样化、非师范高校参与师资培养，还是合并改组中等师范院校，该阶段师资队伍建设的工作目标都是提高教师培养质量、优化师资队伍结构。这些尝试都为21世纪的职前教师教育的发展开辟了良好的开端。

另外，还重视推动教师教育均衡发展。长期以来，我国东、中、西部地区之间，城乡之间存在着教育不均衡现象，反映在学前教育师资队伍建设领域，则表现为教师队伍结构不均衡，师资质量、结构存在着区域不均、城乡不均的情况。针对东、中、西部地区之间学前教师教育发展区域不均衡的问题，我国对中西部地区教师教育采取重点倾斜政策。2002年，教育部颁布《教育部关于"十五"期间教师教育改革与发展的意见》，明确指出要"加强对西部地区教师教育的规划和指导"。同时，该意见也提出，要"继续推进教师教育结构的战略性调整，高效益重组教师教育资源"①。

（二）创新机制，职后培训构建灵活的、有特色的新体系

在这一阶段，我国学前教育师资职后培训工作及其政策不断创新发展，逐步形成了开放灵活、规范有序的具有特色的学前教育教师培训体系，培训的顶层设计愈发趋于合理，培训工作形式拓展、规模扩大、质量显著提升，为新时期的学前教育事业奠定了良好基础。

学前教育师资培训工作被纳入继续教育这个大框架范围中。1999年9月，教育部出台《中小学教师继续教育规定》，在附则中明确将学前师资培训纳入国家继续教育的体系，指出该规定中所提及的中小学教师包含学前教育师资。该规定提出：在组织管理方面，各级人民政府教育行政部门分别对学前教育教师的继续教育工作进行指导、管理和具体实施；在条件保障上，学前教育师资的继续教育的运行资金以政府财政拨款为主，多渠道筹措，在地方教育事业费中专项列支。

借助《幼儿园教育指导纲要（试行）》的颁布，学前教育师资培训开辟了新思路。2001年，教育部颁布的《幼儿园教育指导纲要（试行）》，指出了教育评价环节在学前教育工作中的重要作用。在这一背景下，园本培训应运而生，"以园为本"、以学前教师"自评"为主的专业发展思路成为教师继续学习的重要组成部分。

2003年3月，国务院办公厅转发《关于幼儿教育改革与发展的指导意见》，提出要制定学前教育师资培训规划，加强学前教育教师培训机构的建设。2006年，随着《关于大力推进城镇教师支援农村教育工作的意见》的发布，城镇教师支援

---

① 中华人民共和国教育部. 教育部关于"十五"期间教师教育改革与发展的意见.（2002-03-01）[2018-11-25]. http://www.moe.gov.cn/srcsite/A10/s7058/200203/t20020301_162696.html.

农村教育、支教教师需要参加各类支教岗前培训，成为相关教师继续教育的重要形式，为改善农村师资力量总体薄弱的状况提供了有力支持。2006年修订版的《中华人民共和国义务教育法》第四章第三十二条规定："县级人民政府教育行政部门应当均衡配置本行政区域内学校师资力量，组织校长、教师的培训和流动，加强对薄弱学校的建设。"①2007年5月，国务院批转的《国家教育事业发展"十一五"规划纲要》指出：一方面，要加强教师培训，"鼓励和支持具备条件的综合大学培养和培训中小学教师……提高教师教育的层次和水平"②；另一方面，也要加强学校（幼儿园）领导干部队伍建设，"选拔一批忠诚于党的教育事业、能力突出、潜心办学的优秀人才担任各级各类学校（幼儿园）的主要领导，改进对学校（幼儿园）主要领导干部的管理与考核制度，加强对各级各类学校（幼儿园）领导干部的培训，不断提高领导学校（幼儿园）发展与改革的能力"③。上述法规文件的颁布与实施，创新了学前师资培养的模式。

四、2010—2018年：学前教育师资队伍建设的系统完善阶段

（一）学前教育师资实现专业化发展

这一时期，学前教育师资职前发展的主要目标是"专业化"，具体表现为学前教育教师培养体系实现优化改革、持续推进学前教育教师课程改革、构建教师队伍建设标准体系框架、完善教师资格制度和实施师范专业认证工作。

1）学前教育教师培养体系实现优化改革。2010年《国家中长期教育改革和发展规划纲要（2010—2020年）》将学前教育作为未来十年教育改革发展的八大任务之一，要求教育行政部门及其相关部门加强配合，各司其职，严格执行学前教育教师准入标准，充分调动多方力量发展学前教育。

2）持续推进学前教育教师课程改革。2011年，教育部颁布的《教师教育课程标准（试行）》提出，科学设置师范教育类专业公共基础课程、学科专业课程和教师教育课程，学科理论与教育实践紧密结合，教育实践课程不少于一学期。2012年2月，教育部颁布的《幼儿园教师专业标准（试行）》由基本理念、基本

① 中华人民共和国义务教育法（1986年4月12日第六届全国人民代表大会第四次会议通过，2006年6月29日第十届全国人民代表大会常务委员会第二十二次会议修订）.（2006-09-01）[2018-11-15]. http://www.moe.gov.cn/s78/A02/zfs__left/s5911/moe_619/201001/t20100129_15687.html.

② 何东昌. 中华人民共和国重要教育文献（2003—2008）. 北京：新世界出版社，2010：1383.

③ 何东昌. 中华人民共和国重要教育文献（2003—2008）. 北京：新世界出版社，2010：1384.

内容、实施建议三部分构成，对幼儿教师在专业理念与师德、专业知识、专业能力三个方面提出具体的专业素质要求。这是教师队伍建设标准体系的重要组成部分，填补了中国缺乏幼儿教师专业规范要求的空白，是国家对合格幼儿教师的基本要求，是幼儿教师实施教育教学行为的基本规范，是引领幼儿教师专业发展的基本准则，是幼儿教师培养、准入、培训、考核等工作的重要依据。[①]

3）构建教师队伍建设标准体系框架。教育部委托课题组开展了教师队伍建设标准体系研究，按照“课题引领、广集众智、立足实际、系统设计、创新管理、服务基层”的工作原则，从教师专业素质、培养培训、管理服务和保障监督四个方面，规划设计了教师队伍建设标准体系框架。[①]

4）完善教师资格制度。2013 年 8 月，教育部颁布《中小学教师资格考试暂行办法》，对报考条件、考试内容与形式、考试实施、组织管理等做了明确规定。该文件的颁布与实施加速了我国职前教师教育（包括幼儿教师教育）的专业化进程。

5）实施师范专业认证工作，有效推进学前教师教育的专业化进程。在学前教育师资培养体系改革推进过程中，不少高等院校进行了合并重组、三级师范向二级师范过渡，培养机构呈现出多元化特征。伴随着这种变化，学前教育师资培养工作也出现了一连串新的问题，例如，“综合院校中幼儿园师资培养专业不受重视”，“大量不合格培养机构增加”，“培养机构的经费和专业师资投入不足”[②]等。为了提高师范类专业人才培养质量，培养高素质的教师队伍，2017 年 10 月，教育部印发《普通高等学校师范类专业认证实施办法（暂行）》，提出认证工作要以“学生中心、产出导向、持续改进”为基本理念；强调遵循师范生成长成才规律，以师范生为中心配置教育资源、组织课程和实施教学；强调以师范生的学习效果为导向，对照师范毕业生核心能力素质要求，评价师范类专业人才培养质量；强调对师范类专业教学进行全方位、全过程评价，并将评价结果应用于教学改进，推动师范类专业人才培养质量的持续提升。师范类专业认证对内强调分层、分级、分类，全面提升教师教育质量，对外关注三项衔接性工作，即认证标准对接教师专业标准、认证工作对接教师资格制度、职前培养衔接职后发展。学前教育专业的师范认证工作的实施将全面、有效地推进学前教师教育的专业化进程。

党的十九大报告提出，要培养高素质教师队伍。习近平总书记强调指出：“要加强教师教育体系建设，加大对师范院校的支持力度，找准教师教育中存在的主要问题，寻求深化教师教育改革的突破口和着力点，不断提高教师培养培训的质

①《中国教育年鉴》编辑部. 中国教育年鉴（2013）. 北京：人民教育出版社，2014：282.

② 庞丽娟，洪秀敏. 中国学前教育发展报告. 北京：北京师范大学出版社，2012：174.

量。”[①]2018 年 2 月，教育部等五部门印发《教师教育振兴行动计划（2018—2022 年）》，提出五年发展目标：“经过 5 年左右努力，办好一批高水平、有特色的教师教育院校和师范类专业，教师培养培训体系基本健全，为我国教师教育的长期可持续发展奠定坚实基础。师德教育显著加强，教师培养培训的内容方式不断优化，教师综合素质、专业化水平和创新能力显著提升，为发展更高质量更加公平的教育提供强有力的师资保障和人才支撑。”[②]为了实现这一目标，该计划针对当前教师教育发展不平衡、不充分的问题，从师德教育、培养规格层次、教师资源供给、教师教育模式、师范院校作用五个维度，提出五项重点任务、十大行动。该文件对破解当前教师教育（包括学前教师教育）亟待解决的突出问题，培养高素质、专业化、创新型的教师队伍，具有重要意义。未来五年，全面落实教师教育振兴行动计划，对深化我国学前教师教育改革，推进学前教师教育体系建设，具有极大的意义。

（二）学前教育师资在职培训不断优化改革、日趋完善

这一时期，学前教育师资在职培训工作的主要目标是“不断优化改革”。2010 年，颁行《国家中长期教育改革和发展规划纲要（2010—2020 年）》，提出要充分调动多方力量发展学前教育，不断发展学前教师培训，实现其质量的进步与飞跃。“具体来看，首先要完善培训体系，做好培训规划，创新培训模式，增强学前教师培训的有效性。其次，要建立健全学前师资培训体系，把学前教师的培训经费划入政府财政预算。第三，通过研讨进修、学术沙龙等方式，培养学前领域的教育核心人才、学术领军人物，造就一批讲求师德的教学名师。最后，对农村幼儿园园长和骨干教师进行培训，政策向农村地区、民族地区和薄弱学校倾斜，追求均衡与公平。”[③]

2010 年，“学前教育国十条”的颁布和“学前教育三年行动计划”的启动、实施，对于培养一支讲求师德、精于业务、技能过硬的学前教育师资队伍有了新的要求：①要依法落实幼儿教师地位和待遇，切实维护幼儿教师权益；②要完善学前教育师资培训体系；③建立幼儿园园长和教师培训体系，满足幼儿教师多样化的学习和发展需求；④创新培训模式，为有志于从事学前教育的非师范专业毕

---

① 习近平. 做党和人民满意的好教师——同北京师范大学师生代表座谈会时的发言. 新华网.（2014-09-09）[2018-11-23]. http://politics.people.com.cn/n/2014/0910/c70731-25629122.html.

② 中华人民共和国教育部，中华人民共和国国家发展和改革委员会，中华人民共和国财政部，等. 教师教育振兴行动计划（2018—2022 年）.（2018-02-11）[2018-11-15]. http://www.gov.cn/xinwen/2018-03/28/content_5278034.htm.

③ 王凌玉. 我国学前教师培训政策演进研究——基于 1978—2016 年政策文本的分析. 长春：东北师范大学硕士学位论文，2017：28.

业生提供培训；⑤三年内对1万名幼儿园园长和骨干教师进行国家级培训；⑥各地五年内对幼儿园园长和教师进行一轮全员专业培训。

幼师国培项目的实施则进一步推进了学前教育教师培训体系的优化改革。2011年、2012年、2013年先后发布《教育部 财政部关于实施幼儿教师国家级培训计划的通知》《教育部办公厅 财政部办公厅关于做好2012年"国培计划"实施工作的通知》《"国培计划"示范性集中培训项目管理办法》，上述文件的颁布及幼师国培项目的实施，对于师资培训工作提出要求："一要认真做好项目规划，优化项目设置，下放培训重心，确保来自农村地区学员固定比例的同时，均衡布局农村的不同类型幼儿园的学前教师人数。二要对授课内容和形式进行改善，严格按照有关标准，在调研基础上尽力满足当地教师专业发展的诉求，保证培训规划设计的针对性和操作性，有详有略，理论与操作相结合。三要实现培训管理的优化，使培训真正起到应有的作用和效果，这就需要各地依据国家出台的有关管理办法，建立健全项目管理制度，进行有序管理。以便加强优质培训资源开发和整合，加强培训后的跟踪指导，为以后培训的改进与培训效果稳步提高奠定了基础。"①

2016年，颁布《教育部关于大力推行中小学教师培训学分管理的指导意见》，提出要改进教师全员培训的相关制度，通过多种方式提升学前教育教师的学习和培训热情，帮助教师树立终身学习的理念，不断提高学前教育教师的专业技能和教学质量。由此，学前教育师资培训体系实现系统完善发展。

经过恢复调整、提高改善、改革创新、系统完善四个时期的发展、过度与演变，学前教育师资队伍建设逐步实现了培养目标从关注规模扩张到重视质量提高的转变、培养模式从单一封闭到多元开放的转变。

第二节 学前教育师资培养与培训的改革成就

改革开放40年来，在党和政府的关怀和支持下，我国学前教育事业发展速度极其迅猛，国家出台了幼儿教师配备标准，建立了幼儿教师长效补充机制；建立

① 王凌玉. 我国学前教师培训政策演进研究——基于1978—2016年政策文本的分析. 长春：东北师范大学硕士学位论文，2017：30.

了幼儿教师待遇保障机制，依法落实幼儿教师地位和待遇；全面落实幼儿教师专业标准，不断加强幼儿教师培养培训，提高教师的专业化水平。

一、学前教育师资队伍规模整体壮大

（一）学前教育师资队伍数量逐年增加

幼儿教师队伍数量是否充足是影响幼儿园教育质量的重要因素。40 年来，幼儿教师队伍建设成绩显著，幼儿园专任教师队伍数量稳步增长。

笔者对我国 1980—2016 年的幼儿教师（含园长）数量进行统计，结果显示，我国幼儿师资队伍规模基本上呈递增的趋势，个别年份有所减少（表 4-1）。1980—1990 年，幼儿教师增加了 39.48 万人，增幅近一倍；1990—1999 年，幼儿教师规模增长持续进行，增幅为 15.21 万人；与 2000 年相比，2001 年我国幼儿教师人数大幅度减少，减幅为 31.64 万人；2002—2009 年，幼儿教师规模逐步增加；自 2010 年开始，幼儿师资队伍增幅迅速，每年增幅持续保持在 17 万人以上，增幅最大的是 2015 年，与 2014 年相比，增幅为 22.29 万人。

表 4-1 1980—2016 年幼儿教师（含园长）的数量变化 单位：万人

年份	教师数	距离上一年增幅数
1980	41.10	
1985	58.96	
1990	80.58	
1996	117.38	
1997	96.18	−21.20
1998	95.57	−0.61
1999	95.79	0.22
2000	94.65	−1.14
2001	63.01	−31.64
2002	65.93	2.92
2003	70.91	4.98
2004	75.96	5.05
2005	83.61	7.65
2006	89.82	6.21
2007	95.19	5.37
2008	103.20	8.01
2009	112.78	9.58

续表

年份	教师数	距离上一年增幅数
2010	130.53	17.75
2011	149.60	19.07
2012	167.75	18.15
2013	188.51	20.76
2014	208.03	19.52
2015	230.32	22.29
2016	249.88	19.56

资料来源：历年《中国教育年鉴》《中国教育公报》

近年来，我国幼儿园专任教师增长的数量主要集中在乡村和镇区。以 2011 年与 2014 年的数据为例，2014 年专任教师 184.4 万人，比 2011 年增加 52.84 万人，增长 40.16%；与 2011 年的专任教师数量相比，2014 年乡村和镇区幼儿教师数量的增幅分别达到 49.09%和 45.41%，城区为 33.86%。[①]

1980—2016 年，在幼儿园师资队伍数量逐年递增过程中，唯有 1997—1998 年和 2000—2001 年出现了规模缩减现象，2001 年降到最低点，为 63.01 万人，为 1996 年的 53.68%。其间，出现了两次大规模的缩减，1997 年比上年度减少 21.2 万人，减幅为 18.1%；2001 年幼儿教师人数比上年度减少 31.64 万人，减幅达 33.4%。2001 年之后，幼儿教师总体数量逐年扩大，但直到 2006 年，也没有恢复到 20 世纪 90 年代中期的规模。[②]幼儿教师队伍规模的变化与国家相关政策及儿童出生率密切相关[③]，与幼教机构数量的变化更是密不可分。

幼儿园师资队伍数量逐年增长，是否符合我国学前教育事业发展的需求呢？国际上，往往将师幼比作为评价国家和地区学前教育质量的重要指标之一。师幼比是指一名教师与其所负责照顾的幼儿人数之比，是国际学前教育发展的质量监测指标。我们可以通过师幼比的计算审视幼儿园师资队伍数量的变化与学前教育事业发展需求的关系。2013 年 1 月，我国教育部印发《幼儿园教职工配备标准（暂行）》，规定："全日制幼儿园每班配备 2 名专任教师和 1 名保育员，或配备 3 名专任教师；半日制幼儿园每班配备 2 名专任教师，有条件的可配备 1 名保育员。""单班学前教育机构，如村学前教育教学点、幼儿班等，一般应配备 2 名专任教师，

① 《国家中长期教育改革和发展规划纲要》中期评估——学前教育专题评估报告（摘要）.（2015-11-24）[2018-11-15]. http://www.moe.gov.cn/jyb_xwfb/xw_fbh/moe_2069/xwfbh_2015n/xwfb_151124/151124_sfcl/201511/t20151124_220650.html.

② 庞丽娟. 中国教育改革 30 年 · 学前教育卷. 北京：北京师范大学出版社，2009：197.

③ 庞丽娟. 洪秀敏. 中国学前教育发展报告. 北京：北京师范大学出版社，2012：153.

有条件的可配备 1 名保育员。”[①]《幼儿园工作规程（2016）》规定：“幼儿园每班幼儿人数一般为：小班（3 周岁至 4 周岁）25 人，中班（4 周岁至 5 周岁）30 人，大班（5 周岁至 6 周岁）35 人，混合班 30 人。”按照上述两个文件规定，并参照表 4-2，我国幼儿教师与在园幼儿的比例应该不低于 1∶16，即使按照学前班班额和每班教师配备的低额（2 人）计算，师幼比也不应低于 1∶20。[②]

表 4-2　幼儿园班级规模及专任教师和保育员配备标准　　单位：人

年龄班	班级规模	全日制		半日制	
		专任教师	保育员	专任教师	保育员
小班（3～4 岁）	20～25	2	1	2	有条件的应配备 1 名保育员
中班（4～5 岁）	25～30	2	1	2	
大班（5～6 岁）	30～35	2	1	2	
混合班	< 30	2	1	2～3	

资料来源：幼儿园教职工配备标准（暂行）.（2013-01-08）[2018-3-24]. http://www.gov.cn/zwgk/2013-01/23/content_2318295.htm

表 4-3 显示，我国师幼比基本呈现逐年增长的趋势。其中，出现教师规模缩减现象的 1997 年、2001 年，师幼比低至 1∶26、1∶32。2002—2009 年，即使幼儿教师规模逐渐攀升，但在园幼儿人数也持续增长，师幼比仅维持在 1∶24 以下较低水平，由 1∶35 增至 1∶24。直至 2010 年始，幼儿教师人数每年增幅扩大至 17 万人以上，师幼比才逐渐增长，2016 年达到历史最高，为 1∶18。所以，从师幼比的变化来看，学前教育师资队伍数量逐年扩大，有力地促进了我国学前教育事业的整体发展。

表 4-3　1996—2016 年师幼比的变化统计表

年份	教师数/万人	幼儿数/万人	师幼比
1996	117.38	2666.33	1∶23
1997	96.18	2518.96	1∶26
1998	95.57	2403.03	1∶25
1999	95.79	2326.26	1∶24
2000	94.65	2244.18	1∶24

① 中华人民共和国教育部. 幼儿园教职工配备标准（暂行）.（2013-01-08）[2018-3-24]. http://www.gov.cn/zwgk/2013-01/23/content_ 2318295.htm.

② 庞丽娟. 中国教育改革 30 年 · 学前教育卷. 北京：北京师范大学出版社，2009：196.

续表

年份	教师数/万人	幼儿数/万人	师幼比
2001	63.01	2021.84	1∶32
2002	65.93	2306.02	1∶35
2003	70.91	2004.00	1∶28
2004	75.96	2089.40	1∶28
2005	83.61	2179.03	1∶26
2006	89.82	2263.85	1∶25
2007	95.19	2348.83	1∶25
2008	103.20	2474.96	1∶24
2009	112.78	2657.81	1∶24
2010	130.53	2976.67	1∶23
2011	149.60	3424.45	1∶23
2012	167.75	3685.76	1∶22
2013	188.51	3894.69	1∶21
2014	208.03	4050.71	1∶19
2015	230.32	4264.83	1∶19
2016	249.88	4413.86	1∶18

（二）学前教育师资队伍质量逐年提升

幼儿教师的学历是其所达到的受教育的程度，是教师专业素养的重要指标。改革开放初期，师范教育的职前教育功能逐步恢复和加强、幼儿教师在职培训体系初步形成，但幼儿教师的整体文化层次偏低。1981年，我国幼儿教师群体中，中师、高中肄业及初中毕业学历最多，占41.4%，有64%的教师需补学高中文化[①]；教育部门办的幼儿园中教师尚可达到以幼儿师范学校毕业生为主，但其他部门办幼儿园、农村幼儿园中教师初中毕业生甚至小学毕业生往往成为主要力量。[②]随着学前教育事业的整体推进与发展，幼儿教师队伍的学历结构逐渐改善。20世纪90年代中期开始，我国幼儿教师的学历结构发生了一个重要的变化，即初中毕业生的比例迅速降低，幼儿师范专业毕业生比例迅速提升，初中及以下学历的人数比例从1991年的18.67%降低到2000年的8.7%，中等和大专以上幼教专业毕业的人数比例则从1991年的27.29%增长到2000年的67.15%。

① 陈懿，王春燕. 60年来我国幼儿园教师教育的发展历程及展望. 幼儿教育（教育科学），2010（6）：6-11.
② 庞丽娟. 中国教育改革30年·学前教育卷. 北京：北京师范大学出版社，2009：193.

进入 21 世纪以来，伴随着我国学前教育师资培养机构的多元化发展，我国幼儿园在岗教师的学历结构开始发生巨大变化。表 4-4 显示，2001—2016 年，本科及本科以上学历的教师已从占教师总数的 1.81%跃至 21.18%，专科学历的教师从占教师总数的 28.66%跃至 56.37%，高中学历的教师从占教师总数的 61.64%降至 20.56%，高中以下学历的教师从占教师总数的 7.89%降至 1.89%。

表 4-4　2001—2016 年幼儿教师学历结构表

年份	合计/万人	按学历分									
		研究生/万人	本科/万人	合计/万人	占比/%	专科/万人	占比/%	高中/万人	占比/%	高中以下/万人	占比/%
2001	546 203	136	9 740	9 876	1.81	156 551	28.66	336 668	61.64	43 108	7.89
2002	658 998	552	19 305	19 857	3.01	224 776	34.11	373 893	56.74	40 742	6.18
2003	709 075	857	25 446	26 303	3.71	264 567	37.31	379 839	53.57	38 366	5.41
2004	759 569	996	36 150	37 146	4.76	308 435	40.61	377 079	49.64	36 909	4.86
2005	836 120	1 175	50 044	51 219	6.13	359 773	43.03	389 308	46.56	35 820	4.28
2006	898 239	1 333	64 839	66 172	7.37	403 397	44.91	393 411	43.80	35 259	3.93
2009	1 127 798	2 053	132 539	134 592	11.93	538 528	47.75	418 418	37.10	36 260	3.22
2010	1 305 311	2 472	167 371	169 843	13.02	632 554	48.46	459 356	35.19	43 558	3.34
2011	1 495 991	2 962	207 454	210 416	14.07	742 087	49.61	496 757	33.21	46 731	3.12
2012	1 677 475	3 393	256 028	259 421	15.46	854 014	50.91	515 125	30.71	48 915	2.92
2013	1 885 093	4 291	313 650	317 941	16.87	989 945	52.51	526 263	27.92	50 944	2.70
2014	2 080 317	5 225	377 392	382 617	18.39	1 117 219	53.70	529 036	25.43	51 445	2.47
2015	2 303 134	5 875	448 990	454 865	19.75	1 270 226	55.15	529 441	22.99	48 602	2.11
2016	2 498 783	6 654	522 639	529 293	21.18	1 408 570	56.37	513 707	20.56	47 213	1.89

资料来源：表中 2001—2006 年的数据来自庞丽娟主编的《中国教育改革 30 年 · 学前教育卷》，2009—2016 年的数据为本书编委整理所得

根据《中国教育统计年鉴》中的数据，对我国 2009—2014 年的幼儿园师资队伍学历进行统计，结果显示我国幼儿园师资队伍学历提升基本呈递增的趋势。2009 年，我国幼儿园专任教师具有专科以上学历的比例为 58.59%，2014 年幼儿园专任教师具有专科以上学历的比例增至 70.89%。同时，幼儿教师持证人数逐年增加，无证教师人数总体上呈逐年下降趋势，2009 年我国幼儿园专任教师学历合格率为 96.68%，2014 年增至 97.41%（表 4-5）。从部分样本的情况来看，2014 年有幼教资格证的教师占比为 61%，持非幼教教师资格证的教师占比为 17%，无证教师占比为 22%。[①]

① 《国家中长期教育改革和发展规划纲要》中期评估——学前教育专题评估报告（摘要）.（2015-11-24）[2018-03-24]. http://www.moe.gov.cn/jyb_xwfb/xw_fbh/moe_2069/xwfbh_2015n/xwfb_151124/151124_sfcl/201511/t20151124_220650.html.

表 4-5 2009—2014 年幼儿园专任教师学历合格率及具有专科以上学历的比例统计表

单位：%

年份	专任教师学历合格率	专任教师具有专科以上学历的比例
2009	96.68	58.59
2010	96.53	60.30
2011	96.74	62.48
2012	96.96	65.13
2013	97.17	68.15
2014	97.41	70.89

资料来源：历年《中国教育统计年鉴》

二、学前教育师资培养从“封闭单一”走向“多元开放”

（一）学前教育师资培养机构从单一走向多元

1978 年 10 月，教育部发布的《关于加强和发展师范教育的意见》对当时幼儿师范教育的恢复和发展起到了促进作用。该意见指出，要积极办好幼儿师范学校，为幼儿园培养骨干师资；在 1980 年前，要做到每一个地区有一所幼儿师范学校，或在有条件的中等师范学校举办幼师班；原设有幼儿教育专业的师范院校应积极办好这个专业，扩大招生，为各地培养幼儿师范学校师资。

截至 1979 年，全国独立的幼儿师范学校有 22 所，此后逐年递增。1988—1997 年，全国幼儿师范学校维持在 65 所左右。1996 年，国家教育委员会印发《关于师范教育改革和发展的若干意见》，提出“九五”期间师范教育基本稳定为中等师范教育、高等师范专科教育、高等师范本科教育 3 个层次，适当发展本科，按需发展专科，调整、加强中等师范教育。中华人民共和国成立后第一所幼儿师范高等专科学校是 1985 年建立的上海幼儿师范高等专科学校。20 世纪 90 年代，部分学校的幼儿教育专业开始采用五年一贯制大专培养模式，招收初中毕业生，学制 5 年，毕业时发大专文凭。

1978—1979 年，原来设有学前教育专业的北京师范大学、南京师范大学、西北师范大学、吉林师范大学等高等师范院校先后恢复招生。20 世纪 80 年代初，陕西师范大学等也增设了学前教育专业，招收高中毕业生。90 年代，随着全社会对幼儿教师学历要求的提高以及 90 年代后期中等幼儿师范学校的结构调整，高等师范院校学前教育专业的数量呈上升趋势。[①]

① 陈懿，王春燕. 60 年来我国幼儿园教师教育的发展历程及展望. 幼儿教育（教育科学），2010（6）：6-11.

20 世纪 90 年代中期以前，我国学前教育师资培养以幼儿师范学校为培养主体，整体规划由政府调节，培养相对单一。这种培养方式在当时的教育需求状况下，保证了学前教育事业的有序发展。不过，由于其“调节方式灵活性差、适应性不强、缺乏竞争意识、培养模式僵化”等弊端日益突出[①]，改革随之而来。

1999 年的《关于师范院校布局结构调整的几点意见》、2003 年的《教育部 2003 年工作要点》等文件，逐步强调推进师范院校改革，鼓励综合性大学开展教师教育。在教师教育改革的大背景下，越来越多的综合性高等学校、非师范学校及各类教育机构纷纷参与到学前教育师资培养中来，形成了多渠道、多层次、多规格、多形式的学前教育师资培养体系。由此，学前教育师资培养从单一走向多元。

同时，学前教育师资培养机构呈现出多元化的趋势。该特征在 2007—2008 年已表现得非常明显。“2008 年，全国举办学前教育专业的本科、专科和中专层次的教师教育院校分别为 128 所、389 所和 1871 所，其中，高师院校 106 所，中等师范学校 106 所。从中我们不难看出，就总体而言，目前师范院校垄断幼儿教师培养的局面已经打破，各类非师范院校相继开设学前教育专业，这也是和中国目前教师教育大的趋势相契合的。”[②]

经过长时间的探索，在高等教育大众化的背景下，我国已经形成了综合性大学、师范大学、地方学院、职业技术学院、幼儿师范学校、职业高中共同参与教师教育办学的格局，由幼儿师范学校、职业高中幼师班培养幼儿教师的单一格局逐步被开放的多元化培养格局所取代，幼儿教师培养模式逐步多元化。

（二）学前教育师资培养课程从封闭走向开放

多元化的学前教育师资培养体系使“定向型”教师培养模式与“开放型”教师培养模式并存，更大范围内的优质教育资源用来培养幼儿教师，在开放的环境和多学科综合的背景下、在更高水平的学术平台上培养高素质幼儿教师。打破学前教育师资培养的“专营”格局，面向社会认定幼儿教师资格，就要保障教师培养要达到一定水准，这就必然要求各类教师教育机构要有章可循，有据可依。[③]为此，教育部先后颁布一系列相关文件，为学前教育师资培养的课程改革提供了依据。

1995 年颁发的《三年制中等幼儿师范学校教学方案（试行）》，第一次允许各校自主设置课程，进而提高了课程设置的灵活性。[④]进入 21 世纪以来，学前教

① 庞丽娟，洪秀敏. 中国学前教育发展报告. 北京：北京师范大学出版社，2012：166.

② 庞丽娟，洪秀敏. 中国学前教育发展报告. 北京：北京师范大学出版社，2012：170-171.

③ 教育部教师工作司. 教师教育课程标准（试行）解读. 北京：北京师范大学出版社，2013：4.

④ 陈懿，王春燕. 60 年来我国幼儿园教师教育的发展历程及展望. 幼儿教育（教育科学），2010（6）：6-11.

育师资培养课程改革的最大推力来自2011年《教师教育课程标准（试行）》的颁布。该标准以“育人为本”“实践取向”“终身学习”为基本理念，提出幼儿园职前教师教育课程要帮助未来教师充分认识幼儿阶段教育的特性和价值，理解“保教结合”的重要性，学会按幼儿的成长特点进行科学的保育和教育；理解幼儿的认知特点和学习方式，学会把教育寓于幼儿的生活和游戏中，创设适宜的教育环境，保护与发展幼儿探究、创造的兴趣，让幼儿在愉快的幼儿园生活中健康地成长。该标准规定，学前教育师资培养课程目标领域由教育信念与责任、教育知识与能力、教育实践与体验三部分组成，课程结构的学习领域设有儿童发展与学习、教育基础、职业道德与专业发展和教育实践四部分。该标准规定了每个培养层次的最低学分，既保证了学前教育师资培养过程中课程的规范性、灵活性、平衡性，同时也保证了课程的实践性，各培养层次都需完成18周的教育实践，方可允许学生毕业。《教师教育课程标准（试行）》中设置的课程结构和学分结构，考虑了地区和培养单位的差异，在保障基本课程结构和学分底线的基础上，也预留了足够的弹性空间，为各培养单位建构自己的特色课程留有空间。由此，学前教育师资培养课程从封闭走向开放。

2014年以来，伴随着卓越教师培养改革项目的实施，卓越幼儿教师的培养理念开始融入学前教育师资培养体系中。在卓越幼儿教师培养改革项目的实施中，学前教育师资培养课程的开放性特征尤为突出，各单位培养课程的改革尝试更是各具特色。2014年8月，教育部印发的《关于实施卓越教师培养计划的意见》提出，要通过实施卓越教师培养计划，推动举办教师教育院校深化教师培养机制、课程、教学、师资、质量评价等方面的综合改革，努力培养一大批有理想信念、有道德情操、有扎实学识、有仁爱之心的好教师。在卓越教师培养计划中，卓越幼儿教师培养的重点是探索构建厚基础、强能力、重融合的培养体系。基于对卓越幼儿教师培养体系的解读，围绕着厚基础、强能力、重融合的人才培养定位，众多学前教育师资培养院校开展了各具特色的培养模式探索工作。例如，南京师范大学开展了“鹤琴之旅——研究型幼儿园教师培养”探索，北京师范大学开展了“‘优能型’幼儿园教师培养体系的探索与构建研究”，华中师范大学开展了“中澳合作办学——国际性卓越幼儿园教师培养模式探索”，徐州幼儿师范高等专科学校开展了“卓越男幼儿园教师培养模式改革与实践”。上述本专科师范院校开展的各类改革尝试，尽管特色各不相同，但创新协同培养机制、强化招生就业环节、推动教育教学改革创新和整合优化教师教育师资队伍是其共同的改革思路与培养理念。

多层并举、多元补充的师资培养途径，使得各层次培养单位逐步形成了自己的培养目标和课程改革定位。①各省的综合大学、师范大学、师范学院等学校举办的本科层次的师资培养，关注为幼儿教师奠定扎实而厚重的理论基础，使其形成了强烈的科研意识，为培养幼儿园科研型、创新型教育者提供了人才保证。②专科教育主要是培养理论扎实、重实践、具有应用能力的人才。③各省师范类中专层次培养幼儿教师的学校多为原有的幼儿师范学校，多年中等师范教育的传统使其培养方向明确，培养了大批合格幼儿教师及优秀保育员。

三、学前教育师资培训从关注数量走向关注质量

改革开放40年来，学前教育师资在职培训工作取得了显著成绩，各级培训机构覆盖的幼儿教师人数持续增长，培训重心从“学历补偿”转向“按需培训”，培训机构多元化，培训形式多样化。

（一）各级培训覆盖的幼儿教师人数持续增长

2011—2015年，国家实施面向全体幼儿教师的“国培计划”，中央财政投入17亿元，培训中西部农村幼儿教师58.5万人次，带动各级政府加大对幼儿教师培训的投入力度。以江苏、陕西和四川三省为例，2009年参加培训的幼儿教师人数为60 750人，到2014年，已经增长到119 896人。[①]另外，实施中小学、幼儿教师信息技术应用能力提升工程，从2013年启动至今完成500多万名中小学教师、幼儿教师的专项培训。同时，持续推进校长培训，2014年实施中小学校长、幼儿园园长国家级培训计划，推出边远贫困地区农村校长助力工程、特殊教育学校校长能力提升工程、卓越校长领航工程等，2011—2015年培训中小学校长、幼儿园园长近11.7万人。[②]

（二）学前教育师资培训政策从“学历补偿”走向“按需培训”

改革开放初期，我国幼儿教师培训政策重点关注“学历补偿”。1979年，《城市幼儿园工作条例（试行草案）》提出：“对未经专业训练的青年保教人员，力争在几年内，通过进修逐步达到相当于幼儿师范学校毕业的文化、业务水平。”[③]当时的各类培训工作关注对各类园所在职人员的培训，目标定位于使其逐步达到相当于幼儿师范学校和中等卫校毕业的水平。强调增加学前教师的数量并规范任

---

①《国家中长期教育改革和发展规划纲要》中期评估——学前教育专题评估报告（摘要）.(2015-11-24)[2018-03-24]. http://www.moe.gov.cn/jyb_xwfb/xw_fbh/moe_2069/xwfbh_2015n/xwfb_151124/151124_sfcl/201511/t20151124_220650.html.

②《国家中长期教育改革和发展规划纲要（2010—2020年）》中期评估——教师队伍建设专题评估报告（摘要）.（2015-12-07）[2018-03-24]. http://www.moe.gov.cn/jyb_xwfb/xw_fbh/moe_2069/xwfbh_2015n/xwfb_151207/151207_sfcl/201512/t20151207_223264.html.

③ 庞丽娟，洪秀敏. 中国学前教育发展报告. 北京：北京师范大学出版社，2012：167.

职教师的学历资格，以凸显建设学前教育教师队伍的重要战略地位，是该阶段学前教育事业发展的需要。1986年国家教育委员会发布的《中小学教师考核合格证书试行办法》指出，必须对现有的教师进行认真的培训和考核。为此，各级培训机构开始采取一系列措施展开培训工作，各地学前教育教师学历合格率便开始大幅提升，我国幼儿园和学前教育教师的数量和规模都迅速扩大。

20世纪80年代末，提高改善阶段中的国家教师教育政策开始关注职前培养与职后培训之间的联系。特别是在终身教育理念的影响下，我国学前教育教师培训的发展开始从学历补偿教育逐渐向以提高教师素质为中心的全员继续教育转变。于是，国家先后出台各类规定以保障幼儿教师的在职培训需要、满足各类教师的专业发展需求。

我国的幼儿教师培训工作在进入21世纪后有了突飞猛进的发展。随着学前教育教师培训被正式纳入中小学继续教育体系中，国家层面对于学前教育事业的改革发展进入到整体推动时期。国务院和教育部先后出台了一系列的政策措施，对学前教育师资队伍建设给予支持：①"学前教育国十条"对各项改革进行了全面规划与部署，要求通过多种途径，全方位地加强学前教育教师队伍建设，在学前教育体制建设方面取得了重大突破；②"学前教育三年行动计划"的编制与实施，围绕加强学前教育教师培训安排了一批重点项目；③"农村学前教育推进工程"为农村学前教育提供了保质保量的服务，中西部地区乡村幼儿园数量达到3000余所；④中央财政专项经费对幼师培训类项目的支持，极大地调动了地方政府发展学前教育、建设学前教育教师队伍的积极性。这些政策措施无不彰显了学前教育师资培养工作对教师专业发展需要、学前教育师资质量的关注。

可见，我国学前教育教师培训政策演进的确经历了由追求学历合格和规模，逐步过渡到质量并重，最后转变为更加关注"质量"和实际需求等方面的过程。①

（三）学前教育师资培训机构多元化

学前教育教师培训机构日趋多元化。根据培训承办单位性质的差异，我们可以将学前教育教师培训分成四类：①教育行政部门组织的教师职后培训模式，这种自上而下的培训的实施有着强大的管理保障，但缺乏对于教师差异性的考量；②非政府机构组织的教师职后培训模式，实施主体通常是大学和高等教育机构或者民间团体，这种形式的培训教学资源庞大、选择性强，学程一般较短；③以幼儿园为本的教师职后培训，这类培训模式是极富学校和教师个人色彩的，且融入

① 王凌玉. 我国学前教师培训政策演进研究——基于1978—2016年政策文本的分析. 长春：东北师范大学硕士学位论文，2017：45.

教师日常工作中；④网络与教师合作的职后培训，这是由非政府机构组织的教师培训衍生而来，大学或教育培训机构与幼儿园建立联系，构建校内和校际合作产生大量的、非正式的信息网，供教师自主选择并参与培训项目。①

（四）学前教育师资培训形式多样化

近年来，我国对幼儿教师培训方式进行了较多的改革，已经在不同程度上突破了传统的以学历培训为目的的课堂授课方式，充分调动广大教师自我成长的积极性，以教师的自主学习为出发点，注重教育教学观念的变革和能力的培养；根据成年人学习的特点，开发案例教学、现场教学、合作教学、远距离电视教育和临床诊断、探究、研修、参与、叙述、复合、个别化指导等形式；而随着教育信息高速公路的开通，网上学习以其灵活多样的形式满足了不同的需要。②

幼儿教师在职培训要注意方式的多样化，以参加培训的教师与教师的需求为中心，可以采用自主研习、主动探究、集体研讨等多种形式，促进参加培训的幼儿教师与专家、培训教师之间的互动，参加培训的教师之间的互动以及教师与教育实践的互动，在不断交流互动的过程中体验、感悟、提升。同时，注重多种形式的有机组合、合理搭配。总之，培训方式的安排不可统一规定，而是应根据教师的需求、所在地区的实际及每年学前教育热点话题的性质来确定。③

第三节　学前教育师资建设存在的问题与趋势

一、发挥政府的调控功能，加强学前教育师资队伍建设的立法工作

与近年来学前教育教师培养、培训发展迅速的现状不符的是，我国长期缺乏

① 罗明煜. 增值视角下的教师培训政策实施现状与效果研究. 上海：华东师范大学硕士学位论文，2015：16.
② 庞丽娟，洪秀敏. 中国学前教育发展报告. 北京：北京师范大学出版社，2012：176.
③ 田燕，刘明远. 江苏省幼儿园园长培训评价及改善建议. 学前教育研究，2014，234（4）：49-54.

专门的学前教师教育立法。《幼儿园工作规程》《幼儿园管理条例》《幼儿园教师专业标准（试行）》再健全，也没有法律作为强制性保障的力度大。各项政策即便再完善、再灵活，也需要法律稳定性的保障作为补充。改革开放以来，我国的学前教育教师培养、培训政策一直起着关键性作用，但是对于实际的师资教育工作而言，特别是职后培训工作，往往会感到对培训效果评估的监督不到位。缺乏及时有效的政策反馈，往往会造成政策改进的延时性和滞后性，不利于在当前飞速发展的学前教育国际形势下占据领先的战略地位。

在我国，学前教育教师培训政策发展已有30余年，相应的政策评估体系却迟迟没有建立和完善起来。评估的意义是对政策目标是否达成、政策是否应该继续执行、修改或终结，做出正确的判断。政策评估体系的长期缺失，往往会造成学前教育教师培训政策的重复和失效。对于蓬勃发展、迅速壮大的学前教师建设工作而言，做好评估意义重大，评估可以使后期师资培养、培训工作突出重点，评估中得出的经验又能为之后的幼儿教师队伍建设提供动力与能量。因此，发挥政府的宏观调控功能，尽快制定出完善的学前教师教育政策评估体系，是一个亟待解决的问题。

（一）强化政府调控职能，为学前教师教育履行公共服务职责

强化政府职能，发挥政府的主导作用：①要加大对学前教育师资队伍建设方面的财政投入，提高投入比例，保证幼儿教师的工资和福利待遇，以及参加培训的经费保障，切实稳定教师队伍长效发展；充分发挥政府在教师教育方面的宏观调控功能，以省（自治区、直辖市）为单位制定学前教师教育发展规划；重点支持中西部地区和东部困难地区农村的学前教师教育工作，以实际行动示范和引领地方政府加大投入，逐步将相关经费纳入基本公共服务体系之中。②要强化对学前教师教育工作的规范化、科学化管理，加强对幼儿教师培养机构、培训机构的质量监管、检查，建立学前教育教师培训制度，完善培训体系。③要转变思路，不断探索新的职能方式，研究如何整合社会资源力量支持学前教师教育工作，强化督导工作，开展学前教师教育的培训发展性评估，扫除阻碍学前教育事业发展和学前教师教育工作进一步发展的体制障碍，不断提高学前教育教师队伍的整体质量。

（二）加强立法保障，为学前教师教育工作保驾护航[①]

加强立法保障，要做到以下几个方面。

---

① 王凌玉. 我国学前教师培训政策演进研究——基于1978—2016年政策文本的分析. 长春：东北师范大学硕士学位论文，2017：53.

1）应当加强党的领导，完善教育法制，形成学前教师教育的相关法律体系。坚持党的领导，关乎学前教育立法的方向和学前教育教师的稳定，在党的教育方针政策的指引下，一方面，能够提高学前教师教育相关立法的质量，使其充分反映我国当前对于学前教育教师队伍高水平的追求，以及对于规范管理培训过程的需要；另一方面，便于在执法过程中明确教育立法的位置与职能，在多种法律责任并存的前提下，突出教育法律的行政性特点。

2）要加强教育法治，淡化教育人治。学前教育教师作为履行教育教学职责的专业人员，其专业发展的权利理应受到法律保护，参加培训活动的经费、福利待遇、评估奖励等都需要立法做出强制性规范。国家层面上对于学前教育没有颁布专门的法律法规，除了《幼儿园工作规程》《幼儿园管理条例》《幼儿园教师专业标准（试行）》，缺少法律层面的强制性规范作为保障。没有强制性措施和评估效果的反馈，就无法进行有力的监督和检查。一味地进行人治并不能带来秩序，因此还是需要法治来强化规范。

3）要通过教育法律协调教育政策。在我国，学前教育法律和学前教育政策都是人民意志的体现，都是为学前教育事业服务的。不同的是，学前教育法律以国家强制力保证实施，学前教育政策以纪律约束保证施行。两者各有优势，前者更具稳定性，后者更具灵活性。因此，我们强调加强法律保障，并不意味着轻视政策，学前教育政策可以指导相关法律的制定和实施。若要真正做到重视学前教师教育政策，发挥学前教育法律对学前教育政策的协调作用，最重要的就是要把那些已证明是正确的做法制定成为教育法律的政策，使其具有全体公民必须严格遵守的效力。

二、深化幼儿教师教育课程改革

改革开放 40 年来，我国学前教育师资培养从“封闭单一”走向了“多元开放”，学前教育师资培养机构呈现出了多元化的发展趋势，幼儿教师教育课程也从封闭走向开放。幼儿教师教育课程改革尽管取得了一些显著成绩，但其课程与教材体系建设还存在一些问题，尚需进一步完善，教学方式、方法也有待进一步改进。其存在的具体问题如下：①课程设置随意性大。对各门课程在学前教育学科体系中的地位认识不清，导致同一课程在不同课程方案中的归属不同，所占课时和学分不同。②在课程实施过程中忽略了课程之间的逻辑递进关系。在课程体系中，不同课程之间具有直接或间接的关系，如一些课程是另一些课程的基础。因此，我们应在课程开设时间上充分考虑各门课程在课程体系中的地位，科学确定课程开设的先后顺序。③理论与实践脱节。其主要表现为学生所学的理论知识无法有效地解释和指导实践。④教材使用混乱。三年制、四年制和五年制学前教育专业所使用的教材往往没有区分。要解决上述问题，就需要调整课程结构、建构教材编写和更新平台、推进优质教育资源共享。

（一）调整课程结构，构建凸显专业、面向实践、尊重个性的课程体系

课程安排要突出各层次教师教育的中心目标和任务，应充分考虑各门课程之间的逻辑关系，理顺课程结构；要突出对实践能力和应用能力的培养，要合理处理理论学习和实践练习的关系，努力做到理论和实践相互融合、相互促进、共同发展；应尊重学前教育师范生的个体差异，满足不同师范生的专业发展需求，通过实施学分制、增加选修课比例、鼓励跨校选课、制订个人化的培养方案、加大教学改革等手段，增加师范生自主学习的时间和空间，增强师范生的学习兴趣和职业情感。

（二）建设幼儿教师教育教材编写和更新的平台和机制

政府等相关部门应加强对教材使用情况的收集、分析和汇总，加强对教材修改的决策和领导，加强对教材的修改和完善；应划拨专项经费、组织专门队伍，对教材进行专门的研究和建设。同时，要组织学科专家针对专业核心课程编写精品教材，定期修订或更新发展迅速和应用性强的课程教材，积极开发新教材，幼儿教师培养学校要选用高质量的新版教材。

（三）推进幼儿教师教育优质教学资源共享

政府相关部门要鼓励建设教育资源共享系统和数字化图书馆等课程建设信息交流系统，鼓励不同背景、不同层次的学前教育师资培养、培训机构开展课程资源交流与共享，及时传递相关课程与教学改革信息，以提高教师教育机构的工作效率。

（四）着力加强对师范院校教师的培训

师范院校肩负着培养未来幼儿教师的光荣任务，要履行这一任务，必须加强对师范院校师资的培训。因此，国家在重视幼儿园、中小学师资培训的同时，也必须重视对师范院校学前教育专业师资的培训，并将这一培训项目纳入政府的预算之中。就我国目前的情况而言，师范院校学前教育专业师资的培训应该做

到学历培训与非学历培训相结合，从原有师资的实际需要出发，进行科学规划，合理安排各类培训方案，真正促进教师素质的不断提升。师范院校学前教育专业师资的培训应坚持理论和实践相结合的方式，从解决实际问题出发，让受训者感悟理论、运用理论和反思实践，只有这样才能获得最大的培训成效。

三、加强一体化的幼儿教师教育体系建设

一体化教师教育，即为了适应学习型社会的需要，以终身教育思想为指导，根据教师专业发展的理论，对教师职前、入职和在职教育进行全程规划设计，建立起教师教育各个阶段相互衔接，既各有侧重又有内在联系的教师教育体系。

2011 年教育部颁布了《教师教育课程标准（试行）》，提出教师教育要“以人为本”，坚持“实践取向”“终身学习”“教师教育课程应实现职前教育与在职教育的一体化”，并具体提出了幼儿教师职前教育的课程目标与课程设置，还对在职教师教育提出了课程设置框架建议。由此可见，幼儿教师教育一体化势在必行。随着教师专业化发展的推进，我们在理论上已经就幼儿教师教育的一体化达成共识，在实践中也出现了幼儿教师教育一体化的机构。但就实施的情况来看，我国幼儿教师教育的职前培养与职后培训还没有形成有机的整体，主要是没有形成一体化的课程体系。①

有研究者在对幼儿教师教育课程进行调查的基础上，提出当前我国幼儿教师教育课程一体化过程主要存在如下四个问题：①课程目标的制订缺乏对幼儿教师专业成长的全程考虑；②课程内容滞后于现实需要，针对性不足；③课程实施主体单一，与实践严重脱节；④课程评价流于形式，反馈与改进功能不完善。研究者继而提出，构建幼儿教师教育一体化课程就要清楚地认识和把握幼儿教师专业发展的阶段性特征，每一阶段都要有明确的教育目标并体现整体连贯性，课程内容的设置要体现协调性和时效性。②

针对上述问题，我们需要加强职前培养和职后培训的联系，构建一体化的幼儿教师教育体系。

（一）建构层次分明、有机配合的职前培养、职后培训课程

职前培养课程的主要任务就是要夯实幼儿教师的专业基础，拓宽并加强基础

① 张根健. 幼儿教师教育一体化课程的问题及对策研究——以山东省三所幼师学校为例. 济南：山东师范大学硕士学位论文，2013：6.

② 张根健. 幼儿教师教育一体化课程的特征与构建策略. 学前教育研究，2013，228（12）：58-60.

理论课，设置综合课程，完善专业课程，及时增加能反映学前教育领域新进展和教育改革实践新内容的课程。同时，加强实践课程，开展丰富多彩、种类多样的教育实践训练，提升学生的实践能力。职后培训课程要在职前培养课程的基础上体现出发展性、上升性和连续性，应将重点放在更新幼儿教师教育观念、提高其教研和教学水平上。①

（二）建构完善的学前教育师资培养体系

目前，我国学前教育师资培养体系多关注对3～6岁幼儿教师的培养，相对忽略了0～3岁早期教育师资的培养、培训，难以满足办园多样化的社会需求。同时，师范类学前教育专业培养层次与各自的特色也不明显，因而学前教育师资培养体系亟须重构和完善。政府相关部门可以建议有条件的高校可改变师资培养的传统模式，增设0～3岁早期教育专业或者在原有的3～6岁学前教育专业中增设0～3岁早期教育方向，并细化不同方向的培养目标与特殊要求。为提高师资培养质量，应建构具有实践性和探究性取向的课程体系。②

（三）加大重组幼儿师范教育资源的力度

在省级层面上，应加快高师本科院校与省级教育学院的联合与合并，以实现教师职前培养与职后培训的一体化。随着学前教育改革的深入，师范教育的重心逐步后移，职后教育将会承担越来越艰巨的任务，仅仅依靠教育学院或主要依靠教育学院来进行幼儿职后教育将存在很大困难。另外，应该整合两类教育资源，以实现职前培养与职后培训的有机连接。在地市级层面上，应尽快促成幼儿师范学校与教育学院的实质性合并，统筹利用幼儿师范教育资源，避免因学校规模扩大而产生低效与浪费等问题。

① 庞丽娟. 中国教育改革30年·学前教育卷. 北京：北京师范大学出版社，2009：239.

② 范安平，吴慧娴. 发达国家学前教育师资培养的经验及启示. 上饶师范学院学报，2015，35（5）：87-90.

中编　作为育人活动的学前教育

第五章

学前教育基本观念的变革与演进

学前教育的历史变革往往在本质上可以被看作相关思想观念的变化与革新，教育改革就是培育和实践一系列新的教育观念的过程[①]，那些最基本、最核心、最具影响力的观念被称作基本观念，儿童观、教育观、教师观便被认为是学前教育的基本观念。基本观念的发展既是每一次学前教育理论变革的滥觞，又是推进学前教育实践活动变化的动力，但那些真正富有影响力的观念本身并不直接昭示于人，而是蕴含在理论言说与实践行动之中。因此，本章将主要通过对改革开放 40 年来相关理论研究、政策实施和实践行动史料的梳理，挖掘其背后的理念流变，厘清儿童观、教育观及教师观演进的过程。

① 刘焱. 改革开放四十年——中国学前教育的发展变迁. （2018-06-28）[2018-07-02]. https://baijiahao.baidu.com/s?id=1604479212437759218&wfr=spider&for=pc.

第一节　儿童观的流变

儿童观是指如何看待和对待儿童的观点的总和，它包括对儿童的特点、权利与地位、童年意义、教育同儿童发展间的关系等问题的看法。[①]在一定程度上，儿童观影响着教育观、教师观等，因而可以被看作是所有学前教育基本观念的逻辑起点。姚伟曾提出按观念所持主体可将儿童观划分为四种形态：思想理论形态、社会法规形态、行为动机形态和大众观念形态。[②]纵观改革开放40年的历史，以上四种形态的儿童观历经了冲突、发展错位、逐渐一致的曲折过程，其中思想理论形态的儿童观始终保持了科学性、先进性和前沿性，处于一个专业引领的位置。自改革开放以来，我国的教育决策注重科学化、民主化[③]，尊重科研成果和专家意见，因此社会法规形态的儿童观与思想理论形态的儿童观保持了一致，但由于落实过程受多重因素的影响，行为动机形态的儿童观往往不尽如人意，相对前两种儿童观的发展时有滞后；而大众观念形态的儿童观内部的差异性强，整体发展相对比较缓慢，时常与前三种儿童观发生矛盾。随着近年来全社会对科学教育理念的大力宣传，大众观念形态的儿童观日益向前者靠拢，呈现出积极、向上、有希望的学前教育氛围。

一、1978—1988年：科学儿童观的萌芽

（一）学术讨论聚焦儿童主体性

改革开放伊始，众多国外心理学、教育学理论开始传播到国内；美国、澳大利亚、日本、苏联等国家的学前教育经验陆续被介绍到国内；研究者还对陈鹤琴等老一辈进步教育家的学说与实践进行了再认识和再评价。在这一背景下，“儿童是什么”“应当如何对待儿童”的问题开始为学前教育研究者所关注并思考。

---

① 祝士媛，唐淑. 幼儿教育百科辞典. 上海：上海教育出版社，1989：6.

② 姚伟. 儿童观及其时代性转换. 长春：东北师范大学出版社，2015：47.

③ 虞永平. 学前教育学. 南京：江苏教育出版社，1996：29.

赵寄石呼吁幼儿教师要尊重孩子，尊重他们发展的客观规律，认为儿童作为“人”与成人是平等的，儿童所处的发展阶段与成人不同，儿童具有个别性的特点。[①]胡克英批判了中国自古以来“小祖宗”“小奴才”等畸形儿童观，并认为社会主义教育的前提是必须有崭新的儿童观，即“承认并相信儿童独立自主及其发展可能性”[②]。韦禾分析了当时家长、教师的儿童观，认为其均带有浓厚的封建宗法色彩，正确的儿童观应尊重、发展儿童的独立自主性，承认儿童发展的可能性，使其成为可以能动地认识和变革自然与社会的主体，获得自我认识和自我教育的能力。[③]陈蘅指出，当时幼儿教育的种种问题的实质是“教育者同受教育者的地位与关系”问题，“其根源在于不同的教育观与儿童观”，因此，改革幼儿教育必须从改革儿童观、教育观入手。[④]

可以看出，这一时期学术界首先明确了了解儿童在教育中的决定作用，既确立了学前教育理论研究的逻辑起点，也孕育了后来专门的儿童研究。另外，研究者对儿童观的讨论主要集中在儿童“主体性”这一话题上，也就是对儿童与成人关系的反思，研究者批判了我国长期以来在教育实践中将儿童看作成人附属品的错误观念，并开始触及对儿童的独特性的思考。虽然这十余年间学前教育理论界没有建构更多的对儿童本体的知识，但相关论断击中了长期隐匿在我国学前教育中的要害——成人主宰儿童。由此，科学的儿童观逐渐出现萌芽，并在社会法规和教育实践上有所体现。

（二）国家法规倡导了解儿童、尊重儿童

1979年，全国托幼工作会议提出：“婴幼儿正处在身心发展极为重要的时期，必须十分重视从各方面创造条件，保证他们在德、智、体等方面得到良好的发展，使他们健康活泼地成长……在各种活动中，充分发挥儿童的主动性和创造性……严禁体罚和变相体罚儿童。”[⑤]这次会议的召开为当时的学前教育发展指明了方向，自此学前教育的价值立场从“阶级斗争”向儿童的成长发展转移，促使人们对儿童的态度回到“以儿童的方式对待儿童”上来，提倡研究儿童心理，尊重其成长规律。[⑥]

---

① 赵寄石．赵寄石文集．南京：江苏教育出版社，2006：149-150.

② 胡克英．儿童观与教育问题//黄人颂．学前教育学参考资料（上册）．北京：人民教育出版社，1991：322-332.

③ 韦禾．幼儿教育研究的几个问题//黄人颂．学前教育学参考资料（上册）．北京：人民教育出版社，1991：262-264.

④ 陈蘅．转变教育观、儿童观，深化幼儿教育改革．学前教育研究，1988（4）：27，31-34.

⑤ 冯晓霞．中国教育改革大系·学前教育卷．武汉：湖北教育出版社，2016：309-316.

⑥ 王海英．20世纪中国儿童观研究的反思．华东师范大学学报（教育科学版），2008，26（2）：16-24.

1981年10月，教育部颁发的《幼儿园教育纲要（试行草案）》用了近2000字描述3～6岁幼儿的生长特点。尽管没有直接表达帮助教师形成专业、科学的儿童观的意思，但可以看出，此举对引导教师对幼儿建立较为全面、科学的印象具有一定意义，更表明了国家将了解儿童、熟悉儿童作为开展学前教育工作的前提要求。

另外，《幼儿园教育纲要（试行草案）》提出，“幼儿园的教育任务应是向幼儿进行体、智、德、美全面发展的教育”①。儿童发展整体观已初见端倪，但其对童年价值的认识却仍带有强烈的“准备说”的特点。

（三）实践尝试初步关注儿童的特点与需求

这一时期儿童观的变化也体现在学前教育实践上。一方面，众多教育机构积极改革教育方法，贯彻《幼儿园教育纲要（试行草案）》《城市幼儿园工作条例（试行草案）》《托儿所、幼儿园卫生保健制度》等法规的精神，在学习法规、实践法规的过程中深化了对儿童观的理解；另一方面，部分研究者针对《幼儿园教育纲要（试行草案）》存在的问题，与幼儿园合作开展了具有突破性的研究，丰富了儿童观的内涵。

从反映当时幼儿园教育实践的文献来看，教师普遍认识到了幼儿身心水平与中小学生的差异，意识到了幼儿成长需求和学习方式的特殊性。如不少幼儿园首先着手的改革就是科学化营养膳食②，调整一日作息③，加强体育锻炼④；有的农村幼儿教师带领幼儿观察田野、饲养动物、种植采集⑤；有的幼儿园从游戏、学习、体育和文娱等活动的复合角度看待创造性游戏，促进幼儿全面发展⑥。

尽管《幼儿园教育纲要（试行草案）》提出全面发展教育的任务，重视各种教育内容和教育形式，但由于它在教育内容的规定思路上具有“分科”⑦特点，在

---

① 中国学前教育研究会. 中华人民共和国幼儿教育重要文献汇编. 北京：北京师范大学出版社，1999：168.

② 北京市宣武区虎坊路幼儿园. 加强膳食管理 提高营养水平//教育部初等教育司. 幼儿园教育纲要实施经验选集. 北京：人民教育出版社，1984：12-23.

③ 许维贞. 合理安排幼儿的生活//中央教育科学研究所幼儿教育研究室. 幼儿教育——经验·研究（第一辑）. 北京：教育科学出版社，1980：26-31.

④ 上海市虹口区教育局. 全面抓好幼儿园体育工作//教育部初等教育司. 幼儿园教育纲要实施经验选集. 北京：人民教育出版社，1984：1-11.

⑤ 徐慧琳. 利用农村自然环境向幼儿进行常识教育//教育部初等教育司. 幼儿园教育纲要实施经验选集. 北京：人民教育出版社，1984：25-34.

⑥ 长春市直属机关第一幼儿园. 积极开展创造性游戏//中央教育科学研究所幼儿教育研究室. 幼儿教育——经验·研究（第一辑）. 北京：教育科学出版社，1980：283-289.

⑦《幼儿园教育纲要（试行草案）》将幼儿园的教育内容分为生活卫生习惯、体育活动、思想品德、语言、常识、计算、音乐、美术等八个方面。

执行中缺乏整体观念[①]，有的教师任意拔高某一学科而忽视其他内容。[②]在这样的背景下，南京师范大学与南京市实验幼儿园开展了“幼儿园综合教育结构的探讨”，提出并践行了“幼儿是主体，教师是引导者”的指导思想，认为幼儿的身体发育及智慧和道德的发展是依靠其自身与客观环境交互作用自主建构起来的，而不是由他人强迫灌输达到的。[③]教育实践改革既为先进的儿童观所推动，也让学前教育的从业者更加生动、深刻地理解着儿童。

二、1989—2000 年：从理念到法规

（一）对儿童与儿童观的多视角研究

这一时期，理论界对儿童与儿童观的研究日益增多，视野更加开阔，研究讨论的焦点从批判反思逐渐转向建构，从研究话题到研究视角再到方法都繁荣丰富起来。

这段时间，对儿童观元问题的研究出现并增多，反映出学术界对儿童观这一命题本身的科学性和规范性的诉求。王志明厘清了人类儿童观的历史发展，认为儿童观是人类文化的产物，儿童期的确立对人类社会具有巨大的意义[④]；虞永平对儿童观的内涵、形态、结构进行了分析，为明晰现实社会中各种儿童观的错综与矛盾提供了框架[⑤]。

一些研究者开始借生物学、哲学、法学等的相关理论来探究儿童的本质与特质。刘晓东梳理了胚胎学发展历史对人类儿童观的影响，呼吁教育学研究要汲取生物学等其他学科的营养[⑥]；李旭东、张效珍从法的角度阐述了儿童的权利，指出儿童与成人是平等的，成人社会与儿童具有法律义务的关系[⑦]；刘焱认为儿童权利问题就是儿童观的问题，《儿童权利公约》肯定了儿童对于人类社会的价值，肯定了儿童作为权利主体的地位，教育具有保障儿童价值与权利实现的职能[⑧]；高岚、申荷永分别阐述了儿童生态学、儿童心理学、儿童人类学、儿童社会学、儿童哲

① 赵寄石. 赵寄石文集. 南京：江苏教育出版社，2006：51.
② 魏振高. 幼儿园教育工作的指南. 课程·教材·教法，1984（3）：59-61.
③ 赵寄石. 赵寄石文集. 南京：江苏教育出版社，2006：54-61.
④ 王志明. 关于儿童观的研究. 学前教育研究，1994（1）：7-11.
⑤ 虞永平. 论儿童观. 学前教育研究，1995（3）：5-6.
⑥ 刘晓东. 论胚胎学思想对儿童观演进所产生的影响. 现代教育论丛，1994（5）：6-9.
⑦ 李旭东，张效珍. 法学视野中的儿童观. 学前教育研究，1996（1）：16-17.
⑧ 刘焱. 增强儿童权利保护意识，全面认识教育职能. 教育研究，1996（6）：33-36.

学与幼儿教育的关系，拓展了“看待”儿童的理论视角[①]；刘晓东的《儿童精神哲学》一书从哲学维度对儿童精神成长的各个层面进行了解释，并提出了儿童是“历史之子”“成人之师”的论断，进一步彰显了童年的价值。[②]

为了解当时我国对儿童观的认识状况，实证研究也有所开展。李文馥、高桥晃对幼儿教师进行了关于儿童观的调查，结果表明，约有80%的幼教人员不主张儿童的发展是其固有品格的自然表现，有70%的幼教人员认为与成人相比儿童具有许多优良品格，幼教人员对培养儿童自主地解决问题的观念薄弱[③]；卢乐珍、刘晓东对6个地区964名幼儿教师的调查发现，有23.7%的教师认为“孩子都是欺软怕硬的，教师态度严厉一些能更好地管住他们”，有20%的教师认为“教师与孩子之间不能太亲近，要保持一定的距离，说话才有威信”[④]。上述研究反映出我国当时行为动机形态的儿童观还需要进一步改善。

不难发现，这段时间，思想理论形态的儿童观进一步朝向了肯定儿童、尊重儿童、保护儿童的方向，并逐步建构起了现代化的儿童观，其主要观点包括：①儿童是人，生来具有一切基本人权；②儿童是一个处在特殊发展时期的人，具有潜能和个体差异；③童年不只是为成人期做准备，其自身拥有价值；④儿童是一个具有主体性、完整性、有能力的个体；⑤儿童应当享有欢乐、自由的童年。[⑤]

（二）世界法律与本土规章

20世纪90年代，一场用法律倡导儿童权益保护的风潮席卷全球，早已打开国门的中国积极投身到了这场儿童观变革大潮之中。

1990年8月29日中国常驻联合国大使代表中国政府签署了《儿童权利公约》；1991年3月中国政府总理李鹏代表中国政府签署了《儿童生存、保护和发展世界宣言》《执行90年代儿童生存、保护和发展世界宣言行动计划》；1991年12月29日第七届全国人民代表大会常务委员会第二十三次会议决定批准中国加入《儿童权利公约》。同时，我国政府也颁布了一系列保护儿童的法律、法规。1991年9月全国人民代表大会通过《中华人民共和国未成年人保护法》。1992年2月国务院颁布《九十年代中国儿童发展规划纲要》，提出：“今天的儿童是二十一世纪的主人，儿童的生存、保护和发展是提高人口素质的基础，是人类未来发展的先

---

① 高岚，申荷永. 学前教育学——原理与应用. 北京：中国和平出版社，1991：21-41.

② 刘晓东. 儿童精神哲学. 南京：南京师范大学出版社，1999：321，398.

③ 李文馥，高桥晃. 幼儿园教师与幼儿师范学校学生的儿童观和教育观的异同. 心理发展与教育，1996（4）：1-7.

④ 卢乐珍，刘晓东. 当前幼儿教师儿童观、德育观的调查分析. 学前教育研究，1995（5）：37-39.

⑤ 可参见当时具有代表性的研究，如：鲁洁，赵志毅. 幼儿教育现代化的关键——观念现代化. 学前教育研究，1995（6）：2-4；刘晓东. 中国传统文化中的儿童观及其现代化. 学前教育研究，1994（4）：8-11；王志明. 关于儿童观的研究. 学前教育研究，1994（1）：7-11；虞永平. 论儿童观. 学前教育研究，1995（3）：5-6.

决条件……在全社会倡导树立‘爱护儿童，教育儿童，为儿童做表率，为儿童办实事’的公民意识。”[①]1994 年 10 月全国人大通过《中华人民共和国母婴保健法》。

这些法律的签署与出台，标志着我国主流的儿童观逐渐转型。中国传统文化历来以社会本位、国家本位为主，而上述法律均显示了儿童本位的理念。始于思想理论界的“回归儿童”俨然已影响到了国家决策层面，社会主义国家所持的儿童观与学术观点很快趋于一致。

现代的儿童观在教育法规中也被运用，并得到体现。1989 年，国家教育委员会在《幼儿园工作规程（试行）》《幼儿园管理条例》的实施意见中明确指出：当前幼儿园保育、教育和管理工作较普遍存在忽视幼儿身心发展特点和教育规律的现象，因此必须从端正教育思想入手，使广大幼教工作者、幼儿家长以及社会人士明确幼儿园保育和教育的指导思想、培养目标和应该遵循的基本原则，建立正确的儿童观和教育观。[②]经过试行与修改，1996 年《幼儿园工作规程》在教育目标、内容、方法、保教环境等方面都体现出了以幼儿健康成长为首要诉求，尊重幼儿年龄特点，遵循幼儿成长规律的思想。

自此，我国的教育规章开始将核心理念的变革作为思想引导，以此来达成对教育的宏观引导。

（三）实践中的喜与忧

在《幼儿园工作规程》《中共中央国务院关于深化教育改革，全面推进素质教育的决定》等法规政策的指导下，这一时期的幼儿园整体教育延续了之前对儿童整体观、主体观、活动观的思想，同时受人类发展生态学的影响，更加关注幼儿学习与发展的环境，特别是带有自然色彩的活动环境和温和的亲切氛围的创设。[③]

1988—1998 年，上海启动一期课程改革，“最大的功劳首先是改变了儿童观”，“幼儿园普遍不再开展诸如‘评选小红花’的活动”[④]；有的幼儿园将活动室划分为美工区、玩沙玩水区、自然科学区、建筑区、语言区、木工区、角色区、发泄区等，供幼儿自由选择游戏内容、玩具材料和同伴，并且尝试让幼儿参与环境创

① 中国学前教育研究会. 中华人民共和国幼儿教育重要文献汇编. 北京：北京师范大学出版社，1999：325-326.

② 中国学前教育研究会. 中华人民共和国幼儿教育重要文献汇编. 北京：北京师范大学出版社，1999：304.

③ 王春燕. 中国学前课程百年发展与变革的历史研究. 北京：教育科学出版社，2004：157.

④ 上海托幼. 上海市学前教育界纪念改革开放 30 年专题：与时俱进的学前教育装备.（2009-04-28）[2018-06-26]. http://www.cnsece.com/KindTemplate/MsgDetail/27490.

设与管理[①]；有的幼儿园将备课从“备如何教”变为“备幼儿如何学”，将评价幼儿的标准设定为“是否在原有的基础上努力、进步、提高”[②]；有教师认为教育要坚持“幼儿在前，教师在后”的原则，当幼儿积极主动地投入学习时，教师要进行观察、分析、判断和施加影响[③]。这些做法无疑显示出尊重幼儿发展与学习特点、相信幼儿的学习能力、呵护儿童感受的态度。

与上述较为喜人的变化相对，实证调查反映出当时实践动机形态的儿童观仍存在“教师本位”的特点。有研究者针对幼儿园园长的调查发现，大多数园长认识到了幼儿是稚嫩的、发展的个体，但尚未真正认识到幼儿是一个与其平等的独立的人（表5-1）。可见，科学的儿童观从法规落地到实现还需要经历一个漫长的过程。

表5-1　园长儿童观调查结果人数百分比

变量	所占人数百分比/%
认为教师应该关心幼儿	64
认为教师应该正面评价幼儿	67
认为教师不该让幼儿远离集体和成人	30
认为教师主动与幼儿交往时，教师应有主动的举止	6
认为教师不该用自己的审美标准限制幼儿	9
认为教师不该当面议论幼儿	18

资料来源：史慧中. 为幼儿奠定良好的素质基础——《适应我国国情，提高幼儿素质教育的实验研究》丛书（二）. 北京：科学普及出版社，1997：349-351

三、2001—2009年：现代儿童观的植根

（一）更加细化、深入的儿童观研究

进入21世纪，终身学习、学习化社会等概念袭来，儿童作为具有学习潜力的主体地位得以凸显，对儿童与儿童观的研究虽然较上一阶段缺少了引人注目的革命性突破，但关注该话题的研究者越来越多，研究逐渐走向细化与深入。

对儿童及童年本质与应然状态的诠释仍然是学界钟爱的话题之一。这一时期

---

① 柳春如. 幼儿园活动室的环境创设//史慧中. 谈幼儿园的素质教育——《适应我国国情，提高幼儿素质教育的实验研究》丛书（一）. 北京：科学普及出版社，1994：239-245.

② 温滢. 更新教育观是“培养素质”的关键//史慧中. 为幼儿奠定良好的素质基础——《适应我国国情，提高幼儿素质教育的实验研究》丛书（二）. 北京：科学普及出版社，1997：58-59.

③ 陈丽萍，李秀瑜. 我们对“幼儿在前，教师在后”教学原则的体会//史慧中. 为幼儿奠定良好的素质基础——《适应我国国情，提高幼儿素质教育的实验研究》丛书（二）. 北京：科学普及出版社，1997：101-103.

的相关研究切入角度更加丰富，都带有自然主义思想的立场。杨宁从进化心理学的角度考察了童年的本质与价值，认为人类的幼态持续对人类个体某些高级的心理品质的发展极为重要，它构成了人类儿童文化的生物学基础[①]；刘晓东进一步提出儿童不是“小大人”，是探索者、思想家、艺术家、梦想家、游戏者、自然之子、历史之子、成人之父、成人之师及文化的创造者[②]，充满了对儿童作为文化主体的热情与崇拜；姚伟从哲学上认识“人”的视角出发，阐释了儿童是自然的存在、文化的存在、权利的主体的内涵[③]；程福财、董小苹发现，20 世纪下半叶以后，欧洲儿童社会研究者明确提出了“儿童社会研究新范式”，认定儿童并不是脆弱的服务接受者和“文化傀儡”，而是积极能动的社会行动者，建构并创造社会关系[④]。

这一时期，一些研究者开始思考儿童观的研究方法与思考范式问题。姚伟提出“人化”的反思方法，要求我们以理解人的方式理解儿童，且我们永远找不到“儿童是什么”这个问题的答案，只能讨论儿童的“为什么”和“什么样”[⑤]；王海英概括了儿童观研究中的三种方法——短时段、中时段和长时段的研究方法，并凝练了儿童观研究的政治学视角、经济学视角、文化学视角及哲学视角[⑥]；贾云认为，儿童观是认知主体以儿童为对象建构出的一种社会知识，儿童观的社会建构属性使得儿童观随着社会的发展变迁、认识论的演变而不断更替，儿童观建构取向正转变到优势视角[⑦]。

（二）现代儿童观引领的改革方案

从法规政策来看，这一时期的儿童观承袭上一个阶段的特点，更加向真正的儿童、本真的儿童回归。值得注意的是，法规文本对“儿童优先”原则、“儿童中心”理念、儿童权益保障准则的宣传不仅体现在指导思想的表述上，更体现在对策略措施的观照上。

此时，科学的现代儿童观开始渗透到法规的各个方面，使其带有了行动方案

---

① 杨宁. 儿童是人类之父——从进化心理学看人类个体童年期的本质. 华南师范大学学报（社会科学版），2003（5）：14，107-113.

② 刘晓东. 儿童文化与儿童教育. 北京：教育科学出版社，2006：1-33.

③ 姚伟. 儿童观及其时代性转换. 长春：东北师范大学出版社，2007：149-233.

④ 程福财，董小苹. 童年的本质：现代儿童观的嬗变与超越. 当代青年研究，2010（12）：47-53.

⑤ 姚伟. 以人的方式理解儿童——儿童观的方法论思考. 学前教育研究，2003（5）：5-7.

⑥ 王海英. 20 世纪中国儿童观研究的反思. 华东师范大学学报（教育科学版），2008，26（2）：16-24.

⑦ 贾云. 论儿童观的范式转型——社会建构主义视野中的儿童观. 南京师大学报（社会科学版），2009（2）：96-100.

的意味。这既推动了现代儿童观从理念性观念向功效性观念的转化[①]，又因将抽象的观念具体化、行动化、情境化，从而提升了广大一线学前教育工作者对现代儿童观的可及性，起到了进一步推广现代儿童观的作用。

2001 年，国务院颁发了《中国儿童发展纲要（2001—2010 年）》。该纲要宣布，要坚持“儿童优先”原则，保障儿童生存、发展、受保护和参与的权利，提高儿童整体素质，促进儿童身心健康发展。[②]

在国家开展新一轮基础教育课程改革的背景下，教育部于 2001 年发布了《幼儿园教育指导纲要（试行）》，这“是指导广大幼儿教师将《规程》的教育思想和观念转化为教育行为的指导性文件”[③]，其“倡导先进的教育观念，如尊重每个幼儿，尊重幼儿身心发展规律；力求体现终身教育的思想；将社会、文化、环境与教育密切结合的思想”[④]。该文件提出了幼儿教育的内部原则，即“应尊重幼儿的人格和权利，尊重幼儿身心发展的规律和学习特点，以游戏为基本活动，保教并重，关注个别差异，促进每个幼儿富有个性的发展”[⑤]。这反映出该文件将幼儿看作一个与成人平等的、拥有独立人格和权利、具有特殊身心状况与发展需求的独特个体，幼儿应当享受童年的快乐，这在基本立场上与《幼儿园工作规程》相一致，同时又解决了《幼儿园工作规程》中一些悬而未决的疑惑。《幼儿园教育指导纲要（试行）》中的每一处都蕴含着这种“以人为本”的现代儿童观。

（三）实践动机的蜕变与转变的艰难

教育部在阐述实施《幼儿园教育指导纲要（试行）》的意见时提出了广泛宣传培训、先试点再推开、不断研究问题、总结经验等策略，还要求“设有学前教育专业的高等师范院校和幼儿师范学校要认真、深入地学习《纲要》的精神，改革现行学前教育课程和师资培养方式，并主动配合教育行政部门做好贯彻实施《纲要》的宣传和培训工作”[③]。这种分步骤、全方位、一体化的贯彻思路，以及后续大规模的教师培训，都在客观上对幼儿教师（及准教师）起到了“儿童观革命”的作用，推动了实践动机形态儿童观的进一步蜕变。

除了来自教育行政部门的观念改革压力外，一些引人注目的国外学前教育模

① 虞永平. 幼儿教育观新论. 北京：人民教育出版社，2006：5.

② 中华人民共和国国务院. 中国儿童发展纲要（2001—2010 年）.（2011-08-10）[2018-07-10]. http://www.scio.gov.cn/ztk/xwfb/46/11/Document/978177/978177_1.htm.

③ 中华人民共和国教育部. 教育部关于印发《幼儿园教育指导纲要（试行）》的通知.（2001-08-01）[2018-07-10]. http://www.moe.gov.cn/srcsite/A26/s7054/200108/t20010801_166067.html.

④ 王湛. 在全国幼儿教育工作座谈会上的讲话. 学前教育研究，2002（1）：5-10.

⑤ 中华人民共和国教育部. 幼儿园教育指导纲要（试行）.（2001-07-02）[2018-07-10]. http://old.moe.gov.cn/publicfiles/business/htmlfiles/moe/moe_309/200412/1506.html.

式也越来越为国内幼儿教师所熟悉，如高瞻课程、方案教学、瑞吉欧教育体系等，这些教育模式的共性之一就是秉持科学的现代儿童观，不少幼儿园在学习、模仿上述模式的过程中出现了对既有儿童观的颠覆。

“教师观念的终端表现是行为”[①]，在多重力量作用持续一段时间后，“传统的说教减少了，儿童的自主学习增多了……大班额的集体活动减少了，小班化的分组教学增多了……表面、单一的虚假互动减少了，自然、多样的真实互动增多了；单调固定的环境布置减少了，丰富多变的环境创设增多了……模式化的终结性评价减少了，多元化的形成性评价增多了”[②]。评选获奖的教学案例也呈现出如下特点：“注重在与幼儿的互动过程中生成发展活动”，“采用符合幼儿年龄特点的活动组织方式”，“充分关注了幼儿的兴趣、需要、注意时间等，在活动中能够面向全体、注重个别差异，将教师的角色定位为观察者、支持者、引导者”[③]。

观念的彻底改变需要打破积习，这是一个艰难的过程。有研究者对学前教育比较发达的 N 市 7 所幼儿园进行深入研究发现，在《幼儿园教育指导纲要（试行）》颁布后 5 年，幼儿学习的内容仍以教师选择的基本知识、技能为主，幼儿学习的方式以教师指导下的学习为主，教研多为“研课”，幼儿园作息时间表、教学计划本、职称、评优等规训手段吞噬着“新理念”。[④]虽然现代儿童观已根植于学术思想和国家意志中，并逐渐生长于实践，但如何实现广大幼儿教师基本观念的彻底解放与重构，实现从科学理念到合理行动的转变，仍是摆在中国学前教育改革面前的一道难题。

四、2010—2018 年：从方案到行动

（一）关怀现实的研究转向

自 2010 年起，我国的相关研究在对儿童内涵的立论、阐释上，已鲜有 21 世纪初的锋芒与锐气，但思考更加理性、辩证，不少研究在吸收前人学术营养的基础上，将视线转向儿童的现实生活，思考怎样让现代儿童观走出象牙塔成为大众观念，真正让儿童获益。

对儿童内涵的研究仍是一个较为活跃的话题，逐渐引入了后现代理念，对强

---

① 王坚红，毛曙阳，James Elicker. 中美两国幼儿教师课程观比较. 学前教育研究，2007（1）：46-50.

② 岳亚平. 十年践行路. 幼儿教育（教育教学），2011（9）：1.

③ 宁谊幼儿教育研究中心. 走进整合课程教室——幼儿园活动整合课程优秀案例选辑. 南京：南京师范大学出版社，2007：Ⅳ-Ⅴ.

④ 张永英. 幼儿教师儿童学习观变革之路探寻. 南京：南京师范大学博士学位论文，2007：96-104.

调统一的工业时代的儿童概念提出了批评，强调儿童的具体、真实、丰富与非概括性。例如，蒋雅俊、刘晓东认为，儿童的成长是儿童自身的“内在自然”朝向“自然目标”的展开，社会文化是这种展开的必要条件，儿童是自己的创造者[①]；丁道勇认为无论是从时间维度还是地理维度来看，儿童生活的样态从来都是多样的，应让儿童在成人世界里的某些游荡富有教育意义[②]；胡福贞、钱琦提出，真实儿童的发展有其规律但又超越规律，有其年龄特征但又超越年龄特征，有其底线标准但又超越底线标准[③]。

这一时期，相关研究开始致力于帮助大众树立科学儿童观。张斌、虞永平提出，儿童意识是对儿童作为处在特殊年龄阶段的人的认识与体悟，儿童意识是公众意识的重要组成部分或一种表现，公众意识的增强能够唤醒人们的儿童意识，目前儿童意识仍是公众意识中的盲区，政府、教育机构、大众媒体等有责任促进儿童意识融入公共意识[④]；韩雪军认为，当前教师的儿童观更多是通过汲取民众意识形态和心理学研究成果而形成的，这势必会影响教师儿童观的科学性，教师可以通过审视儿童的本质特性，研究儿童的生活情境，关注儿童的学习方式来树立和践行科学的儿童观[⑤]。

更多的研究或针对教育情境和具体问题中的儿童观加以分析，或尝试建构利用现代儿童观引领美好教育的范例。张娜、陈佑清指出，现代儿童观对当前学前课程设计具有重要意义，课程设计要做出相应调整[⑥]；张斌剖析了常见实例，揭示幼儿教育中儿童意识缺失、儿童观谬误的现象仍普遍存在，但具有隐蔽性、迷惑性[⑦]；臧玲玲提出，幼儿园教育“小学化”现象的本质是儿童观的异化，办有“儿童”和“童年”的幼儿园，是解决幼儿园教育“小学化”的根本出路[⑧]。上述研究虽然切入点相对较小，但针对的基本都是一线教育工作者直面的问题，将现代儿童观的理论话语转换成了操作话语，更便于广大教师理解与借鉴。

（二）现代儿童观的全面确立

与理论研究的转向非常相似，2010年以来，社会法规在坚持科学、先进的儿童观的同时，加大了贯彻和宣传的力度，一方面出台相关指导规范，让现代儿童

① 蒋雅俊，刘晓东. 儿童观简论. 学前教育研究，2014（11）：3-8，16.
② 丁道勇. 儿童观与教育. 教育发展研究，2015（15-16）：26-32.
③ 胡福贞，钱琦. 整合视野下的儿童观. 天津市教科院学报，2017（1）：62-64.
④ 张斌，虞永平. 让“儿童意识”融入公众意识. 幼儿教育（教育科学），2011（9）：16-18.
⑤ 韩雪军. 教师儿童观的革新：基于儿童人类学的思考. 湖南师范大学教育科学学报，2013，12（5）：32-36.
⑥ 张娜，陈佑清. 现代儿童观及其对学前教育课程设计的意义. 全球教育展望，2013（3）：91-98.
⑦ 张斌. 幼儿园教育中“儿童意识”缺失的问题分析. 幼儿教育（教育教学），2015（12）：6-8.
⑧ 臧玲玲. 儿童观的异化与重构——论幼儿园教育“小学化”现象. 教育探索，2016（10）：6-9.

观能“看得见、做得到”；另一方面针对学前教育实践中违背科学理念的问题进行专项治理，并在此过程中持续亮出改善家长育儿观念的措施。国家以一种更为坚定、明确的态度营造着现代儿童观在全社会的主导态势。

2010 年，《国家中长期教育改革和发展规划纲要（2010—2020 年）》正式发布，对我国学前教育的发展专门设立了目标。同年 11 月，“学前教育国十条”发布，学前教育被政府摆在了更加重要的位置，这种对学前教育的高度重视本身就是对“儿童优先”原则的力行。

2011 年，国务院颁布了《中国儿童发展纲要（2011—2020 年）》。这是我国连续第三次颁布儿童发展纲要，从侧面反映出我国政府对儿童发展事业的高度重视。该纲要重申“儿童时期是人生发展的关键时期。为儿童提供必要的生存、发展、受保护和参与的机会和条件，最大限度地满足儿童的发展需要，发挥儿童潜能，将为儿童一生的发展奠定重要基础”等基本立场，确立了“依法保护”“儿童优先”“儿童最大利益”“儿童平等发展”“儿童参与”等原则。①

2012 年 10 月，教育部发布了《3—6 岁儿童学习与发展指南》，用大量可观测的典型表现阐释幼儿的各项发展目标，并将幼儿教育工作者及幼儿家长作为主要读者，标志着教育部在进一步下大力气普及、落实现代儿童观。《3—6 岁儿童学习与发展指南》还提出实施科学的保育和教育，让幼儿度过快乐而有意义的童年，把握幼儿的整体性、个体差异、学习方式与特点，以及重视其学习品质，反映出国家在倡导层面对现代儿童观内涵的全面、准确的把握。

2016 年，已实行 20 年的《幼儿园工作规程》被修订，删除了“幼儿园同时为家长参加工作、学习提供便利条件”②的内容，增加了大量关于保护幼儿身心健康和安全的内容，明确提出“幼儿园……发现幼儿遭受或者疑似遭受家庭暴力的，应当依法及时向公安机关报案”③。可以看出，《幼儿园工作规程（2016）》对幼儿的关怀更加全面而富有温度。

2011 年、2018 年分别发布了《教育部关于规范幼儿园保育教育工作 防止和纠正“小学化”现象的通知》《教育部办公厅关于开展幼儿园“小学化”专项治理工作的通知》，这是我国政府首次针对学前机构教育和社会教育中违背科学儿童观现象的大规模整顿。“快乐童年”成了这两份文件反复提到的概念。

自 2012 年起，每年的 5 月 20 日—6 月 20 日被定为全国学前教育宣传月，面

---

① 中华人民共和国国务院. 中国儿童发展纲要（2011—2020 年）.（2011-08-08）[2018-07-17]. http://www.scio.gov.cn/ztk/xwfb/46/11/Document/976030/976030.htm.

② 中国学前教育研究会. 中华人民共和国幼儿教育重要文献汇编. 北京：北京师范大学出版社，1999：420.

③ 中华人民共和国教育部. 幼儿园工作规程.（2016-01-05）[2018-12-12]. http://www.moe.gov.cn/srcsite/A02/s5911/moe_621/201602/t20160229_231184.html.

向全社会开展营造有利于学前儿童健康成长氛围的宣传活动。几年来，宣传月的主题分别如下。

快乐生活，健康成长

学习《3—6岁儿童学习与发展指南》，了解孩子

《3—6岁儿童学习与发展指南》——让科学育儿知识进入千家万户

给孩子适宜的爱

幼小协同 科学衔接

游戏——点亮快乐童年

我是幼儿园教师

其中绝大多数是对现代儿童观内涵的阐释与解读。

（三）更广阔的实践空间

2010年以来，现代儿童观不断落实到教师的教育行为中，并拓展到大众意识中。从幼儿园教育实践来看，全国涌现出了很多具有改革意义的尝试，如江苏省要求市、县两级教育管理部门不统一规定幼儿园一日作息时间表，全园是否统一幼儿一日活动时间安排表，由幼儿园自行决定，对此很多园所和幼儿商讨制订活动流程，尊重幼儿自身的生命节律，把在园生活的部分自主权还给了幼儿[①]；浙江省安吉县逐步形成了较有影响的“安吉游戏”模式；一些幼儿园尝试混龄教育、走班活动，支持幼儿在更为丰富的人际环境中探索、游戏、交流、解决问题[②]；一些幼儿园尊重幼儿心智、身体和灵性，顺应自然、因性而为，开展自然教育探索，让幼儿在农事劳作、博物研究、自主游戏等活动中积累有意义的经验[③]；一些教师提出从哲学的高度思考幼儿教育工作，应在厘清对儿童本身以及他们当下生活和未来生活的理解的基础上，在尊重儿童哲学的前提下，再开始课程建设[④]，他们将对儿童观的认识摆在了更重要的位置。还有研究发现，大部分农村幼儿家长的儿童观逐渐向科学和正确的方向转变，他们能够初步认识到孩子是独立的、处于发展中的、独特的个体，能够在一定程度上尊重孩子的意愿。[⑤]

---

① 此为江苏省幼儿园课程游戏化项目的六个支架中的支架六。

② 如厦门市第九幼儿园与深圳市教育幼儿园的混龄教育实验。

③ 如成都市蒲江县鹤山镇南街幼儿园、苏州市吴江区金家坝中心幼儿园的课程实践。

④ 如南京市太平巷幼儿园的汪丽、中华女子学院附属实验幼儿园的胡华均提出过此类观点。

⑤ 马雪琴，邵丽. 农村学前儿童家长教育观念调查与分析. 西昌学院学报（社会科学版），2013，25（3）：145-147，156.

第二节 教育观与教师观的演进

一、教育观的演进

教育观，即学前教育观，是指人们对学前教育的根本态度和看法，涵盖以下几个方面：①学前教育的意义与价值；②学前教育的终极目的；③学前教育的内容、实施；④学前教育的环境氛围、评估评价等，涉及学前教育价值观、目的观、课程观、活动观、环境观和评价观。[①]

其中，教育价值观是所有教育观念的灵魂与核心，既是教育思想的灵魂，更是“教育之魂”[②]。教育价值是指作为主体的人这个个体或群体及其所置身的社会与自然的发展需要，与作为客体的教育实践去适应和满足这种需要的特定的关系，一般被划分为育人价值、社会价值和生态价值，或内在价值与外在价值，而教育价值观就是人们对于教育的价值关系的认识、评价，并据以作为教育实践的指导思想，其核心是对教育目的的价值判断。[③]关于教育价值观的研究主要集中在教育目的的定向和教育的应然目的的决定上。[④]所以说，研究教育目的变迁，从一定程度上就是对教育观变迁的窥探。教育目的是一定社会制度下，一定阶级或社会集团对培养人的规格和质量的要求，是教育工作的出发点和归宿。[⑤]在学前教育领域，教育目的会具体表现为教育任务和目标。故本节将主要围绕 40 年来我国学前教育的性质、目的、任务、目标及其所折射的价值取向的演进，也就是对关于“学前教育是干什么的”这个问题的回答展开阐述。

回顾 40 年来的发展脉络，我国学前教育目的观经历了从“社会本位”的价值取向逐渐到凸显儿童发展诉求的“个体本位”，从重智重知到重素质，再到多种目的、价值融合的演变过程。

① 虞永平. 学前教育学. 南京：江苏教育出版社，1996：37-38.
② 顾建军. 教育价值观与教育思想. 上海高教研究，1998（7）：22.
③ 刘一凡. 教育思想、价值与目的. 教育研究，1997（12）：21-22.
④ 冯建军，周兴国，梁燕冰，等. 教育哲学. 武汉：武汉大学出版社，2011：98.
⑤ 黄济. 教育哲学. 北京：北京师范大学出版社，1985：91.

（一）1978—1988年：全面发展的一代新人

“文化大革命”结束初期，我国的学前教育表现出重智轻体、重智轻德、重一技之长轻全面发展的特点[①]，对此，“全面发展”的呼声日益增强。1979年全国托幼工作会议提出：“要加强婴幼儿卫生保健工作，增强他们的体质。要从小培养孩子爱祖国、爱人民、爱劳动、爱科学、爱护公共财物，讲卫生，有礼貌，尊敬老人和师长等美德。要注意充分运用直观数学，丰富儿童的知识，发展他们的智力。”[②]

1979年，《城市幼儿园工作条例（试行草案）》提出幼儿园教育“是培养有社会主义觉悟的有文化的劳动者的基础”，其任务是“根据党的教育方针和毛主席‘好好的保育儿童’的教导，对幼儿进行初步的全面发展的教育，使幼儿健康、活泼地成长，为入小学打好基础，同时也减轻家长在教育孩子方面的负担（使他们能够安心生产、工作和学习）”，教育目标设定涵盖了提供营养，培养生活和卫生习惯，开展体育运动，教给幼儿自然常识和社会常识，培养幼儿智力、学习兴趣和习惯，进行初步的五爱（爱祖国、爱人民、爱劳动、爱科学、爱护公共财物）教育，培养优良品德、文明行为和习惯，教给幼儿初步的艺术常识和技能，培养其对艺术的爱好等方面。[③]

1981年《幼儿园教育纲要（试行草案）》在上述文件的基础上，明确了学前教育的性质与任务：“我国的教育是要培养出一代有共产主义远大理想、有道德、有知识、有体力，立志为人民作贡献，为祖国作贡献，为人类作贡献的新人。三至六岁的幼儿教育是社会主义教育事业的组成部分。根据我国的教育方针和总的培养目标，结合幼儿的年龄特点，幼儿园的教育任务应是向幼儿进行体、智、德、美全面发展的教育，使其身心健康活泼地成长，为入小学打好基础，为造就一代新人打好基础。”[④]同时，其还较为详尽地设定了体、智、德、美等方面的具体任务。

1983年的《教育部关于发展农村幼儿教育的几点意见》强调“幼儿园教育的任务是使幼儿在体、智、德、美等各方面都得到良好的发展，为小学教育打好基础，为造就一代新人打好基础”[⑤]。

1988年，《国家教委、国家计委、财政部、人事部、劳动部、建设部、卫生

---

① 陈衡. 转变教育观、儿童观，深化幼儿教育改革. 学前教育研究，1988（4）：27，31-34.

② 中国学前教育研究会. 中华人民共和国幼儿教育重要文献汇编. 北京：北京师范大学出版社，1999：122.

③ 中国学前教育研究会. 中华人民共和国幼儿教育重要文献汇编. 北京：北京师范大学出版社，1999：123-124.

④ 中国学前教育研究会. 中华人民共和国幼儿教育重要文献汇编. 北京：北京师范大学出版社，1999：168，171-172.

⑤ 中国学前教育研究会. 中华人民共和国幼儿教育重要文献汇编. 北京：北京师范大学出版社，1999：168，199.

部、物价局关于加强幼儿教育工作的意见》指出幼儿教育“作为学校教育的预备阶段……有利于促进幼儿身心健康发展，对提高民族素质具有深远意义；同时……有利于解决劳动者后顾之忧，为他们安心参加社会主义建设提供便利条件，也是一项具有社会公共福利性质的工作”①。

从上述文献可以看出，这一时期的学前教育身兼多重任务，主要包括为国家培养“新人”打基础，为幼儿入学做准备，为家长托儿减负担，学前教育的双重价值已被确立。②

1）学前教育不再被看作是单纯的福利，其教育属性开始被提及。如根据国家教育方针对幼儿实施教育的提法，“体智德美”与中小学教育的“德智体美劳”基本一致，反复提及与小学教育的关系等，都是学前教育开始回归“教育属性”，回归国民教育体系的一种体现，这一点在“幼儿教育就是看小孩”的观点盛行的年代具有重要意义。

2）学前教育的目的仍带有较强的“社会本位”色彩。尽管上述法规文件都用大量篇幅表达了要发挥幼儿的主动性、创造性，促进幼儿全面发展的意图，但学前教育主要是培养为人民、祖国、人类做贡献的新人的基础和准备阶段，加上“解除家长后顾之忧”的福利属性，反映出社会价值仍然是当时学前教育的主要价值，“全面发展”的“好孩子”是实现上述社会价值的个体条件。

3）“新人”的内涵凸显了教育目标对马克思“人的全面发展”思想的回归，是对教育育人价值的一种认可。《幼儿园教育纲要（试行草案）》等文件既在人的身心发展维度上规定了教育目标，如态度习惯、技能、知识等，又在学科分课维度上做了规划，如语言、常识、计算等，将“全面发展”考虑得更加周到、立体。特别是将卫生、体育、品德放在重要的位置，强调“保教结合”原则，使得“全面发展”没有脱离幼儿的发展特点与特殊需求，是一种有重点的“全面”。

（二）1989—2000 年：和谐发展与素质教育

1989 年国家教育委员会颁布的《幼儿园工作规程（试行）》突出了促使幼儿教育现代化的教育原则，以法规的形式确立了幼儿园教育的性质、任务、目的等，经过 7 年试用后正式颁布。从表 5-2 可以看出，这一时期的文件进一步强调了学前教育在整个学校教育体系中的地位与作用，并在“全面发展”的基础上，提出了“身心和谐”的目标，拓展和深化了幼儿成长的内涵。

① 中国学前教育研究会. 中华人民共和国幼儿教育重要文献汇编. 北京：北京师范大学出版社，1999：168，273.
② 石筠弢. 我国学前教育价值取向探微. 学前教育研究，1997（6）：9-11.

表 5-2　三个版本《幼儿园工作规程》部分内容比较

条目	《幼儿园工作规程（试行）》	《幼儿园工作规程》	《幼儿园工作规程（2016）》
幼儿园的性质	是对 3 周岁以上学龄前幼儿实施保育和教育的机构，属学校教育的预备阶段	是对 3 周岁以上学龄前幼儿实施保育和教育的机构，是基础教育的有机组成部分，是学校教育制度的基础阶段	是对 3 周岁以上学龄前幼儿实施保育和教育的机构，幼儿园教育是基础教育的重要组成部分，是学校教育制度的基础阶段
幼儿园的任务	实行保育与教育相结合的原则，对幼儿实施体、智、德、美全面发展的教育，促进其身心和谐发展； 为幼儿家长安心参加社会主义建设提供便利条件	按照保育与教育相结合的原则，对幼儿实施体、智、德、美诸方面全面发展的教育，促进其身心和谐发展； 为家长参加工作、学习提供便利条件	贯彻国家的教育方针，按照保育与教育相结合的原则，遵循幼儿身心发展特点和规律，实施德、智、体、美等方面全面发展的教育，促进幼儿身心和谐发展； 面向幼儿家长提供科学育儿指导
保教目标	促进幼儿身体正常发育和机能的协调发展，增强体质，培养良好的生活习惯、卫生习惯和参加体育活动的兴趣； 发展幼儿正确运用感官和运用语言交往的基本能力，增进其对环境的认识，培养有益的兴趣和动手能力，发展智力； 萌发幼儿爱家乡、爱祖国、爱集体、爱劳动的情感，培养诚实、勇敢、好问、友爱、爱惜公物、不怕困难、讲礼貌、守纪律等良好的品德、行为、习惯，以及活泼、开朗的性格； 萌发幼儿初步的感受美和表现美的情趣	促进幼儿身体正常发育和机能的协调发展，增强体质，培养良好的生活习惯、卫生习惯和参加体育活动的兴趣； 发展幼儿智力，培养正确运用感官和运用语言交往的基本能力，增进对环境的认识，培养有益的兴趣和求知欲望，培养初步的动手能力； 萌发幼儿爱家乡、爱祖国、爱集体、爱劳动、爱科学的情感，培养诚实、自信、好问、友爱、勇敢、爱护公物、克服困难、讲礼貌、守纪律等良好的品德行为和习惯，以及活泼开朗的性格； 培养幼儿初步的感受美和表现美的情趣和能力	促进幼儿身体正常发育和机能的协调发展，增强体质，促进心理健康，培养良好的生活习惯、卫生习惯和参加体育活动的兴趣； 发展幼儿智力，培养正确运用感官和运用语言交往的基本能力，增进对环境的认识，培养有益的兴趣和求知欲望，培养初步的动手探究能力； 萌发幼儿爱祖国、爱家乡、爱集体、爱劳动、爱科学的情感，培养诚实、自信、友爱、勇敢、勤学、好问、爱护公物、克服困难、讲礼貌、守纪律等良好的品德行为和习惯，以及活泼开朗的性格； 培养幼儿初步感受美和表现美的情趣和能力

资料来源：中国学前教育研究会. 中华人民共和国幼儿教育重要文献汇编. 北京：北京师范大学出版社，1999：288，420-421；中华人民共和国教育部. 幼儿园工作规程.（2016-01-05）[2018-07-20]. http://www.moe.gov.cn/srcsite/A02/s5911/moe_621/201602/t20160229_231184.html

1989 年的《幼儿园管理条例》规定“幼儿园的保育和教育工作应当促进幼儿在体、智、德、美诸方面和谐发展”，“幼儿园应当贯彻保育和教育相结合的原则，创设与幼儿的教育和发展相适应的和谐环境，引导幼儿个性的健康发展”①。1995 年 3 月全国人大通过《中华人民共和国教育法》，在“教育基本制度”章节中规定“国家实行学前教育、初等教育……的学校教育制度”②。1999 年，国务

① 中国学前教育研究会. 中华人民共和国幼儿教育重要文献汇编. 北京：北京师范大学出版社，1999：299.

② 中华人民共和国教育法.（1995-09-01）[2018-07-10]. http://old.moe.gov.cn//publicfiles/business/htmlfiles/moe/moe_619/200407/1316.html.

院批转了教育部制定的《面向 21 世纪教育振兴行动计划》，部署实施“跨世纪素质教育工程”，整体推进素质教育，全面提高国民素质和民族创新能力，提出实施素质教育，要从幼儿阶段抓起。[①]

这一时期的学前教育观基本呈现出如下特点。

1）幼儿教育在国家教育体系中的地位日益确立，它是基础教育的有机组成部分，是有中国特色社会主义教育体系中不可或缺的环节。

2）虽然学前教育的社会发展价值仍然被放在比较重要的位置，但教育政策的制定者已经认识到教育社会价值的实现必须依赖于教育的个体价值的实现。[②]因此，在教育任务的表述上，较之上一个时期，淡化了社会诉求，主要以幼儿发展和家庭福利为切入点。

3）育人目标更加全面清晰，《幼儿园工作规程》阐明了幼儿身体与心理发展的理想关系——和谐，对体、智、德、美每个方面的目标状态做了偏宏观但周详的描述。这些目标在本质上与幼儿阶段素质教育所追求的要义是一致的。[③]

至此，学前教育的“育人价值”及其特殊性在国家大力倡导素质教育的背景下开始跨越“社会价值”，被放置在更显眼的位置。

（三）2001—2009 年：基础教育的基础

人类社会进入 21 世纪，科技突飞猛进，信息技术不断更新，知识爆炸，全球化加速，在这种背景下，终身教育的理念在我国兴起，学习成为一个伴随一个人一生的话题甚至使命。2001 年颁布的《幼儿园教育指导纲要（试行）》体现了上述教育观的更新。一方面，将幼儿园教育的性质确认为“学校教育和终身教育的奠基阶段”[④]，在幼儿人生发展的背景下考量学前教育的价值；另一方面，进一步针对当时教育中过度重视知识技能、重视集体教学等问题，强调将社会、文化和环境与教育紧密结合来形成教育合力，各领域的目标从对幼儿更具有长远发展意义的视角出发设计。这些倾向都充分体现了学前教育以儿童发展为本的价值取向，可见这一时期国家所倡导的主流教育价值观是“个体本位”为主，并开始与“社会本位”价值相融合。而在学前教育实践中存在的超前教育、“小学化”倾向等问题，主要原因是受功利主义价值观的影响，致使教育的外在目的遮蔽了内在目

---

① 中国学前教育研究会. 中华人民共和国幼儿教育重要文献汇编. 北京：北京师范大学出版社，1999：478.

② 冯建军，周兴国，梁燕冰，等. 教育哲学. 武汉：武汉大学出版社，2011：91.

③ 史慧中. 再谈“将为幼儿奠定良好素质基础作为幼儿园改革的核心目的”//史慧中. 为幼儿奠定良好的素质基础——《适应我国国情，提高幼儿素质教育的实验研究》丛书（二）. 北京：科学普及出版社，1997：3-4.

④ 中华人民共和国教育部. 幼儿园教育指导纲要（试行）.（2001-07-02）[2018-07-10]. http://old.moe.gov.cn/publicfiles/business/htmlfiles/moe/moe_309/200412/1506.html.

的。[①]至此，工具性价值与内在价值的博弈仍在进行。

（四）2010—2018年：童年幸福与终身学习

2010年，《国家中长期教育改革和发展规划纲要（2010—2020年）》第一次将学前教育专章部署。7月13日，全国教育工作会议在北京召开，国家主席胡锦涛在会议上发表重要讲话，指出“要基本普及学前教育，重点发展农村学前教育，遵循幼儿身心发展规律，坚持科学保教方法，加强学前教育管理，保障幼儿快乐健康成长”[②]。同年11月，“学前教育国十条”提出“把发展学前教育摆在更加重要的位置”，从幼儿个体和国家民族两个层面阐述了学前教育的价值：“学前教育是终身学习的开端，是国民教育体系的重要组成部分，是重要的社会公益事业……办好学前教育，关系亿万儿童的健康成长，关系千家万户的切身利益，关系国家和民族的未来。”[③]12月1日，中共中央政治局委员、国务委员刘延东在全国学前教育工作电视电话会议上讲话，指出“发展学前教育事关亿万儿童的健康成长，是促进人终身发展的奠基工程。学龄前阶段是人生最重要的启蒙时期，是为后继学习和终身发展奠定坚实基础的重要阶段……发展学前教育事关千家万户的切身利益，是保障和改善民生的重要举措……发展学前教育事关国家和民族的未来，是建设人力资源强国的必然要求”[④]。

2011年、2018年教育部两次就防止和纠正幼儿园教育“小学化”倾向问题发文，反复要求幼儿园教育不能伤害幼儿童年的快乐，要遵循幼儿身心发展规律，严禁一切形式的小学入学考试。

《幼儿园工作规程（2016）》改变了幼儿园任务涉及家庭福利的表达，将“为家长参加工作、学习提供便利条件”改为“面向幼儿家长提供科学育儿指导”。

如此密集的官方态度，反映出国家对学前教育的高度重视，其地位从“入学准备”跃升成为“人生的开端”“国家的希望”。更值得注意的是，经过近40年的发展，人们对于学前教育价值的认识开始逐渐脱离了对其他教育阶段和社会事业的依附，学前教育自身的价值日益显现。例如，将学前教育与童年快乐、幼儿需要、民生事项相联系，将“童年幸福”作为学前教育理论和实践追求的目的

① 王春艳. 学前教育价值取向的百年追思与启示. 学前教育研究，2011（9）：33-37.

② 胡锦涛. 在全国教育工作会议上的讲话.（2010-07-13）[2018-07-17]. http://www.gov.cn/ldhd/2010-09/08/content_1698579.htm.

③ 中华人民共和国国务院. 国务院关于当前发展学前教育的若干意见.（2010-11-21）[2018-07-17]. http://www.gov.cn/zwgk/2010-11/24/content_1752377.htm.

④ 刘延东. 在全国学前教育工作电视电话会议上的讲话.（2010-12-01）[2018-07-17]. http://old.moe.gov.cn//publicfiles/business/htmlfiles/moe/moe_176/201012/112095.html.

之一，表明学前教育不再只是为后续学段提供支撑的基础，而是拥有独立价值的教育阶段。这种态度的变化是学前教育价值观的革命式蜕变。

这一时期，学前教育观的另一特点是多元价值趋向共存与融合。不同的主体拥有不同的教育目的诉求，国家、家庭和幼儿客观上各自对学前教育的应然目的抱有不同的期待。经过 40 年的教育改革，绝对二元对立的教育价值冲突已经基本消弭，主流的教育价值观是以儿童健康发展为本位，社会发展与家庭服务目的渗透其中，也就是育人价值与社会价值的共存融合——童年幸福、终身学习与效力祖国之间本质上并不冲突。融合状态体现了我国学前教育观念对教育发展规律的依循，也体现了中国传统“和合”思想对学前教育发展的影响。

二、教师观的演进

对教师的劳动特点、地位作用、权利与义务、职业品质、专业发展等的态度看法构成了教师观。其中，对教师在职业活动中的地位、作用及其应具备的基本执业素质的认识，即教师的角色观和素养观，是教师观若干层含义中最能反映对教育活动中的教师特质的期待与限定的。而教师本人的角色观，也就是教师对自身角色的理解，直接影响着其在教育过程中的行为；教师素养观因决定了教师所具备的职业品质，极大地影响着教育达成的效果。因此，本节将主要围绕改革开放 40 年来教师角色观与素养观的变化，呈现幼儿教师观的演进历程。

总的来看，我国幼儿教师的职业角色历经了从幼儿照料者、知识传递者到多样化身份的“教育人”的转变，是一个从单一角色走向复合角色，从一般劳动者走向专业人员的过程。角色观的变化推动着素养观的变革，对教师素养的要求历经了从“倚重道德”到“倚重技能”到“多面全能”再到“一专多能”的变化。

（一）教师角色观的发展

> 40 年前，当我进入学前教育专业学习时，“学前教育”在很多人眼里是个陌生的字眼。记得当我拿到北师大学前教育专业的录取通知书时，很多人问我“什么是学前教育？”“毕业以后做什么工作？”有位邻居说，“我知道，学前教育专业是专门为中央首长家培养保姆的。”今天，已经很少会有人这样来看学前教育专业了。[①]

刘焱教授的亲身经历折射出了公众幼儿教师角色观的变化。这种观念的变化

---

① 刘焱．改革开放四十年——中国学前教育的发展变迁．（2018-06-28）[2018-11-14]. https://baijiahao.baidu.com/s?id=1604479212437759218&wfr=spider&for=pc.

首先可以从对从业者称呼的改变上看出。清末时，受日本的影响，我国称蒙养院工作人员为“保姆”[①]，20 世纪 50 年代学习苏联时期，以“教养员”[②]来称呼幼儿教师，1979 年的《城市幼儿园工作条例（试行草案）》中在“教养员”一词后用括号标注了“即幼儿教师”，直到 1981 年《幼儿园教育纲要（试行草案）》颁布，改称“教师”，而在民间曾长期使用的一种叫法就是“阿姨”。

笔者查阅文献发现，2001 年之前，我国的学前教育研究界罕用“教师角色”概念，教师角色观体现在对教师工作任务和教育目标的要求之中。1979 年的《城市幼儿园工作条例（试行草案）》要求教师对本班幼儿的教育工作全面负责，要“供给幼儿必需的营养，培养他们良好的生活习惯和卫生习惯，发展他们体育运动方面的基本动作……教给幼儿初浅的自然常识和社会常识，发展幼儿的智力……培养他们对学习的兴趣和良好的学习习惯……向幼儿进行初步的五爱教育……教给幼儿音乐、美术、舞蹈等方面初浅的常识和技能，培养他们对艺术的爱好”，要“热爱幼儿，对幼儿耐心教育……以身作则，在思想、言行方面严格要求自己，做幼儿的表率；努力学习，刻苦钻研，不断提高思想政治觉悟和文化、业务水平”[③]。不难发现，在幼儿面前，此阶段的教师角色带有明确的权威性，其地位是“上位”和主动的。无论是“教给”“培养”这样的词语，还是为幼儿做表率的提法，都是将教师看作知识、技能、品格的持有者与传递者。这一时期的幼儿教师角色可概括为“权威型的幼儿教养者”。

20 世纪最后 10 年，《幼儿园工作规程》的试行和正式颁布促进了教师角色的改变。幼儿教师对本班工作全面负责，要“（一）观察了解幼儿，依据国家规定的幼儿园课程标准，结合本班幼儿的具体情况，制订和执行教育工作计划，完成教育任务；（二）严格执行幼儿园安全、卫生保健制度，指导并配合保育员管理本班幼儿生活和做好卫生保健工作；（三）与家长保持经常联系，了解幼儿家庭的教育环境，商讨符合幼儿特点的教育措施，共同配合完成教育任务；（四）参加业务学习和幼儿教育研究活动；（五）定期向园长汇报，接受其检查和指导”[④]。结合《幼儿园工作规程》对教育目标和原则的规定[⑤]，可以看出，这时的教师角色观带有重构师幼关系的“去权威”的色彩。教师工作的逻辑出发点不是要教的知识，而是幼儿的具体情况；教师不再只是知识技能的传递者，而是一日生活的组

① 祝士媛，唐淑. 幼儿教育百科辞典. 上海：上海教育出版社，1989：23.

② 祝士媛，唐淑. 幼儿教育百科辞典. 上海：上海教育出版社，1989：22.

③ 中国学前教育研究会. 中华人民共和国幼儿教育重要文献汇编. 北京：北京师范大学出版社，1999：124，129.

④ 中国学前教育研究会. 中华人民共和国幼儿教育重要文献汇编. 北京：北京师范大学出版社，1999：426-427.

⑤ 中国学前教育研究会. 中华人民共和国幼儿教育重要文献汇编. 北京：北京师范大学出版社，1999：420-421，432-424.

织者、幼儿的观察者、其品德与情感发展的促进者、游戏环境的创设者；教师还是家园共育的合作者、教育教学的研究者。这一时期的幼儿教师角色可概括为“幼儿全面发展的促进者”。

2001年《幼儿园教育指导纲要（试行）》颁布，首次明确规定了教师在教育活动中的角色，即“教师应成为幼儿学习活动的支持者、合作者、引导者”[①]。2011年教育部发布的《教师教育课程标准（试行）》提出“教师是幼儿、中小学学生发展的促进者，在研究和帮助学生健康成长的过程中实现专业发展……是反思性实践者，在研究自身经验和改进教育教学行为的过程中实现专业发展……是终身学习者，在持续学习和不断完善自身素质的过程中实现专业发展”[②]。调查显示，大多数教师将自己之于幼儿的角色首先认定为“朋友”“组织者”[③]。幼儿教师的角色开始被赋予多元复合的期望，且学界认为教师所扮演的角色越多，越有利于幼儿的社会化和身心健康。[④]在师幼关系中，教师的权威光环完全褪去，与幼儿是平等的知心朋友、游戏伙伴，是其生活起居的保育者；在教育活动中，教师是幼儿的观察者、研究者，课程的设计者、规划者，环境的创设者、提供者，幼儿学习的指导者、评估者；在家园合作中，教师是联络者、沟通者，家庭教育的指导者；在专业成长中，教师是反思者、研究者。[⑤]而这一切的背后，则是教育从“知识授受”向“意义建构”的变革。这一时期的幼儿教师角色可概括为“幼儿教育生活的首席同伴”。

（二）教师素养观的发展

教师是决定教育质量的核心因素，教师的专业素养水平则是这个核心因素的核心。幼儿教师的专业素养内涵丰富，从结构上来看，一般包括专业态度、职业道德、教育观念、知识能力、教育智慧和身心状态等。长期以来，我国的教育政策法规及师资培养的方案、标准等都涉及了幼儿教师应具备的基本素养，从这些文献和对其的解读中可以梳理出教师素养观变化的脉络。

1979年的全国托幼工作会议倡导“在保教人员中要开展提高保教质量和服务

---

① 中华人民共和国教育部. 幼儿园教育指导纲要（试行）.（2001-07-02）[2018-07-02]. http://old.moe.gov.cn/publicfiles/business/htmlfiles/moe/moe_309/200412/1506.html.

② 中华人民共和国教育部. 教师教育课程标准（试行）.（2011-10-08）[2018-07-13]. http://old.moe.gov.cn/publicfiles/business/htmlfiles/moe/s6049/201110/xxgk_125722.html.

③ 梁玉华. 师幼关系中幼儿教师的角色意识探析. 学前教育研究，2006（3）：41-43.

④ 蔡迎旗. 学前教育概论. 武汉：华中师范大学出版社，2006：86.

⑤ 杨琼轩. 新课改中幼儿教师角色的转变. 教育评论，2004（5）：101-102；杨飞龙，张尧.《幼儿园教师专业标准》定位下的幼儿教师角色. 教育探索，2014（8）：101-102；黄人颂. 学前教育学（第三版）. 北京：人民教育出版社，2015：463；蔡迎旗. 学前教育概论. 武汉：华中师范大学出版社，2006：86-89.

质量的社会主义劳动竞赛。对热爱保教事业成绩优秀的保教人员要给予表扬和奖励”[①]；同年发布的《城市幼儿园工作条例（试行草案）》提出“幼教工作者应该热爱幼教事业，努力完成幼儿园的工作任务”[②]；1980 年通过的《幼儿师范教学计划试行草案》将人才规格描述为“具有社会主义觉悟、辩证唯物主义世界观、共产主义道德品质，从事幼儿教育工作必备的文化与专业知识、技能，热爱幼儿，全心全意为社会主义教育事业服务，身体健康的幼儿园教养员”[③]；1988 年颁布的《国家教委、国家计委、财政部、人事部、劳动部、建设部、卫生部、物价局关于加强幼儿教育工作的意见》提出，培养单位“要加强对学生的思想品德教育，培养他们热爱儿童，热爱幼儿教育事业”，“要加强学生的基本功训练，提高他们口头语言和书面语言的表达能力，教育活动的组织能力，玩具教具的制作能力以及其他各种专业技能技巧”[④]；1988 年，国家教育委员会发布的《关于进一步办好职业高中幼师专业的意见》提到，要“使学生逐步树立献身幼教事业的理想和良好师德……文化课要从幼教专业特点和需要出发……专业课要加强，要着重职业技能训练”[⑤]。这一时期幼儿教师素养的结构体系尚未形成，以热爱幼儿、投身教育事业为典型表现的道德素养和政治觉悟更加受到重视，到了 20 世纪 80 年代后期，语言表达、手工制作等技能技巧逐渐被重视。

20 世纪 90 年代，《幼儿园工作规程》所反映的教师角色的变化，以及对教师任职资格的明确要求，引发了教师素养观的变化。由于彼时我国还没有出台关于教师素养的专门文件，可从当时幼师生的培养方案来窥得一二。1995 年，国家教育委员会颁发的《三年制中等幼儿师范学校教学方案（试行）》将培养目标表述为“培养德、智、体等诸方面全面发展，能适应当代幼儿教育发展和改革需要的幼儿教师”，并从思想品德，知识、技能及基本能力，身心素质等三方面十六条设定了人才培养规格：思想品德方面增加了“树立正确的儿童观和教育观”等内容；知识、技能及基本能力方面明确了幼儿保育知识、幼儿教育研究知识、幼儿园班级管理与园务管理知识等幼教专业知识，强调了选择教育内容、制订教育计划、指导幼儿游戏、进行观察评估等教育技能，提到了自我发展能力、表达能力、操作能力、交往能力、创造能力等基础素质；身心素质方面增加了心理健康的内容。[⑥]这些对准教师专业素质的预设都能在《幼儿园工作规程》

① 中国学前教育研究会. 中华人民共和国幼儿教育重要文献汇编. 北京：北京师范大学出版社，1999：122.
② 中国学前教育研究会. 中华人民共和国幼儿教育重要文献汇编. 北京：北京师范大学出版社，1999：129.
③ 中国学前教育研究会. 中华人民共和国幼儿教育重要文献汇编. 北京：北京师范大学出版社，1999：133.
④ 中国学前教育研究会. 中华人民共和国幼儿教育重要文献汇编. 北京：北京师范大学出版社，1999：276.
⑤ 中国学前教育研究会. 中华人民共和国幼儿教育重要文献汇编. 北京：北京师范大学出版社，1999：285.
⑥ 中国学前教育研究会. 中华人民共和国幼儿教育重要文献汇编. 北京：北京师范大学出版社，1999：402-404.

中找到呼应，反映出我国幼儿教师专业素养体系在师资培养的实践层面已然成形，品德正、知识广、能力全是该时期教师素养观的基本特点，特别是那些专门应对学前教育特殊性的能力（如活动设计、游戏指导、艺体技能等）被给予更多重视。

《幼儿园教育指导纲要（试行）》的实施对教师的专业素质提出了新的要求与挑战，有学者据此提出了教师实施素质教育的基本素质，包括“对儿童和儿童发展的承诺”，“全面、正确地了解儿童发展的能力”，“有效地选择、组织教育内容的能力”，“创设发展支持性环境的能力”，“领导和组织能力”，“不断地专业化学习”[①]。这六个方面有的继承了20世纪90年代的教师素养观，并结合幼儿园教育的具体特性，加以拓展、提炼或归纳，如了解儿童、选择教育内容、创设环境等方面的能力；有的则是结合国内外幼儿教师专业发展的趋势新增的内容，如教师的自学、反思等专业发展的能力，这是在终身学习成为教育使命之一的背景下对教师素质观做出的回应式调整。这一时期，随着我国学前教育观整体的发展进步，教师素养观走向成熟、理性，更多的学前教育者将幼儿教师所独有且必需的教育能力视作教师素养的核心，而曾经被高度重视的弹唱、舞蹈、美术等技能不再是衡量幼儿教师的首要标准。当然，关于幼儿教师核心素养的观念碰撞在变革中持续了很长时间，直到2012年《幼儿园教师专业标准（试行）》的发布，才给出了官方意见。

《幼儿园教师专业标准（试行）》从国家层面明确了教师专业素质的基本要求，认定“幼儿园教师是履行幼儿园教育教学工作职责的专业人员，需要经过严格的培养与培训，具有良好的职业道德，掌握系统的专业知识和专业技能”，提出了“幼儿为本、师德为先、能力为重、终身学习”的基本理念，在专业理念与师德、专业知识和专业能力三个维度、十四个领域列出了六十二条要求。[②]进一步分析可以发现，该标准具有以下特点：①体系完整，内容全面，比较周到地考虑了幼儿教师应具备的各种素养；②饱含“儿童意识”，强调教师是幼儿发展的促进者，幼儿发展是教师工作的出发点和归宿；③“实践取向”的意味浓厚，将教育实践能力看作教师素养的核心，引导教师把理论学习与实践反思结合起来；④关注“终身学习”，以终身学习推动教师专业成长。可见，以幼儿教师的专业性为基础、相关知识能力全面发展的“一专多能型”素养观日趋成为主流。

---

① 庞丽娟. 新《纲要》与幼儿教师的专业素质//教育部基础教育司.《幼儿园教育指导纲要（试行）》解读. 南京：江苏教育出版社，2002：171-178.

② 中华人民共和国教育部. 幼儿园教师专业标准（试行）.（2012-02-10）[2018-07-04]. http://old.moe.gov.cn//publicfiles/business/htmlfiles/moe/s6991/201212/xxgk_145603.html.

第三节　基本观念改革的成就与反思

一、基本观念改革的经验与成就

改革开放40年来，我国学前教育基本观念的变化是一个不断接近教育本真的过程，即从教师中心、教材中心、课堂中心逐步转向儿童中心、活动中心、经验中心的过程。这一过程从表面上看是对20世纪中后期我国幼儿园教育片面强调知识、教师主导和分科教学的纠正，是对西方儿童教育理论的学习与借鉴，但稍加考证便会发现，它恰恰是对陶行知、陈鹤琴、张雪门等我国老一辈教育家教育思想的重温、反思与探索践行，是在新的历史阶段对“传统”教育观念的回归。在追求教育本真的过程中，实现了对学前教育哲学的初步重建，这是改革开放40年来我国学前教育在基本观念方面取得的最大成就。具体而言，这些成就体现在以下几方面。

（一）具有“儿童意识”的主流价值立场初步形成

儿童意识是对儿童——这一处在特殊年龄阶段的人——的独特性及其价值的体悟与认识，是对成人中心主义文化的反抗和对作为弱势群体的儿童的关怀与呵护[①]，主要表现为对童年价值的肯定、对儿童生存状况的关注和对其基本权益的维护，“儿童本位”是儿童意识的基本立场。改革开放40年来，以儿童为中心、儿童利益优先、促进儿童健康发展等观点已逐步成为我国学前教育的主流立场，体现出明显的儿童意识。

1）幼儿及其生命阶段的重要性被不断强调。越来越多的学术及官方观点将幼儿发展提到国民素质提升、人力资源强国、民族复兴的战略高度来对待。幼儿不仅是未来的成人，还是未来世界的建设者，肩负着延续与发展人类的使命；而更为重要的是，与成人相比，发展尚未完善的幼儿更具有不确定性，换个角度来看，这种不确定性就是各种各样的可能性，正是这种可能性缔造了世界的丰富与进步，这意味着幼儿不只是已有文明的继承者，更是未来文明的开拓者，蕴藏着无限的

① 张斌. 以“儿童意识”引领幼儿园教育. 幼儿教育（教育教学），2016（10）：30.

潜力与希望。

2）幼儿作为“人”的特殊性被逐渐认识并尊重。改革开放以来，很多关于儿童的前沿研究被介绍到国内，同时我国也开展了大量基于不同学科视野的研究，这些科学的发现、哲学的解释不断引导人们了解幼儿、“读懂孩子”，从而意识到他们的身心发育特点，尊重并理解他们与成人的差别、他们各自的差异、他们的兴趣与需求……例如，前文已提及的我国教育行政部门对“幼儿园教育小学化倾向”问题的长期关注，就反映出了对幼儿学习特点的尊重与理解。①

3）幼儿的发展性被日益重视。幼儿处于发展中并需要发展，发展是其重要的权利，成人有义务创造并提供能够促进幼儿身心健康成长的条件。幼儿的发展是身心协同、交互促进的完整过程，因此，“全面和谐发展”成了我国学前教育坚持的目标。成长是童年期的主题，但长大成“人”并不仅仅是一个自然的生物生长过程，更是一个需要成人借助教育、艺术与文化活动等手段有意识地帮助儿童自我完善的过程，因此在不断扩充学前机构教育的同时，国家已经开始下大力气进行学前教育宣传与整顿，力求为幼儿营造良好的家庭教育与社会教育氛围。

另外，幼儿权益的合法性被逐步确立。改革开放40年来，我国制定或签署了大量法律法规、行动计划以保护儿童的生存权、发展权及受教育权。据粗略统计，我国已出台国家级相关法规约20部，国家标准约40部，签署了十余部相关国际公约或法律，一个观照学前儿童生命健康的制度化保障体系已初具规模。

伴随着学前教育的改革，幼儿的地位得到了持续提升，不可否认，今天还存在着漠视、体罚甚至虐待幼儿的现象，仍存在着忽视幼儿需求、违背发展规律的错误教育，但以幼儿为本、具有“儿童意识”的价值立场已大致形成，它将指引我们的学前教育向更健康、科学的方向发展。

（二）对学前教育意义与价值的共识正在重新达成

学前教育是我国启动改革开放后中央政府最早关心的事业之一。

1982年12月，我国以宪法的形式确定了国家对学前教育的责任。此后，在前进和曲折、经验与教训中，政府及社会对学前教育价值的认识经历着重新认识。2010年，“学前教育国十条”从国计民生的高度阐述了学前教育的重要性。

2017年，习近平总书记在十九大报告中提出：“必须多谋民生之利、多解民

---

① 1979年《城市幼儿园工作条例（试行草案）》提出“要注意研究和改进保教方法，不要把教育小学生、中学生和成年人的材料和方法投到幼儿园中来”，1981年的《幼儿园教育纲要（试行草案）》要求“要防止幼儿园教育小学化、成人化”，1991年国家教育委员会颁布的《关于改进和加强学前班管理的意见》和2010年《国务院关于当前发展学前教育的若干意见》中均批评了这一现象，2011年、2018年教育部专门针对幼儿园教育“小学化”问题发了相关通知。

生之忧，在发展中补齐民生短板、促进社会公平正义，在幼有所育、学有所教、劳有所得、病有所医、老有所养、住有所居、弱有所扶上不断取得新进展。”[①]可见，中央政府正在牵头对学前教育的意义与价值进行再认识，引导全社会对此达成共识。

（三）学前教育的内在和外在目的趋于融合，教育内容、方法等随之变革

今天，我国学前教育已逐步实现了追求个人发展的内在目的与促进社会发展的外在目的的平衡与融合。各教育政策、规范和行动方案均首先将学前教育的目的、任务立足于幼儿的身心健康与和谐发展，以内在目的的实现承托外在目的。正如有学者指出的，“事实上，儿童价值的实现，即儿童全面和谐发展本身就是社会价值的重要方面，实现了儿童的发展价值，也就实现了社会的其他价值，如社会文化传递，社会意识的渗透等。相反，儿童个体发展的价值得不到实现，社会价值也不可能真正实现，所以我们不应该把学前教育价值简单放在相反对立的两极，为了儿童个体发展与为了成人或社会发展应是统一的”[②]。

“教什么”“怎么教”是学前教育理论与实践无法回避的基本问题，随着教育目的观的转向，强调以“经验获得”为核心的观点渐渐成为对上述问题的回答。自21世纪初以来，学前教育出现了回归经验、回归生活的理念变化。回归经验的学前教育注重幼儿通过“直接感知、实际操作和亲身体验”[③]学习，回归经验的学前教育注重幼儿“主动探索、操作实践、合作交流和表达表现”[③]的过程，回归经验的学前教育“关注个别差异，促进每个幼儿富有个性的发展”[④]，回归经验的学前教育讲求学习环境的创设与利用，回归经验的学前教育要求教师观察幼儿、理解幼儿、支持幼儿、引导幼儿。

（四）教师在学前教育中的身份与作用更为积极、多样

教育是一份育人的事业，是一份让人类走向崇高、获得幸福的事业。因此，好的教育必须关怀“人”，关怀“人”当下与未来的幸福，这个“人”的范畴不

① 习近平. 决胜全面建成小康社会 夺取新时代中国特色社会主义伟大胜利——在中国共产党第十九次全国代表大会上的报告.（2017-10-27）[2018-07-04]. http://www.gov.cn/zhuanti/2017-10/27/content_5234876.htm.

② 虞永平. 学前课程价值论. 南京：江苏教育出版社，2002：115.

③ 中华人民共和国教育部. 幼儿园工作规程.（2016-01-05）[2018-07-02]. http://www.moe.gov.cn/srcsite/A02/s5911/moe_621/201602/t20160229_231184.html.

④ 中华人民共和国教育部. 幼儿园教育指导纲要（试行）.（2001-07-02）[2018-07-02]. http://old.moe.gov.cn/publicfiles/business/htmlfiles/moe/moe_309/200412/1506.html.

能忽略教育活动中的另一个重要角色——教师。换句话说，回归本真的教育，同样应该用看待“人”的视角看待教师。改革开放40年来，幼儿教师的身份从“保姆”转变为“教师”，从知识的传授者转变为幼儿教育生活的首席同伴，从技能素养相对单一的劳动者转变为素质综合的复合型专业人才，从教育体系中的一环“工具”转变为对幼儿教育具有积极作用的主体。

同时，幼儿教师的职业幸福、专业自主、合理待遇、成长发展等作为专业化的“人”的一面也日益得到关注。在园所发展中，教师的意见越来越被注意、聆听、尊重、采纳；在课程建设中，教师不再是设计的执行者、评估者，而是集设计者、实施者、评估者、研究者于一身的关键主体。例如，20世纪80年代以前，教师大多是单纯的教育研究成果的实践者或研究信息的提供者，而到20世纪80年代特别是90年代以后，很多教师逐渐从单纯的实践者的角色逐渐向既是实践者又是研究者的角色转换，这一变化表明了教师地位的上升、教师自主性的增强和研究能力的提高。①

二、基本观念面临的困境与突围

学前教育在改革开放40年间取得了跨越式的发展，特别是对整个事业起到杠杆作用的基本观念的改观可以说是全方位、彻底性的。今天，我国的学前教育事业既有继续扩充资源体量的任务尚未完成，又面临提高教育品质、向内涵式发展的转型任务，在双重压力下，我们需要更清醒地意识到还有不少问题没有得到解决，又要注意到改革中产生了一些新的问题。在基本观念层面，最为核心的问题集中在以下两个方面。

（一）儿童意识：言说与践行的矛盾

如前文所述，我国在社会法规、学术思想领域已经较为坚实地树立了儿童本位的基本立场。但考察教育现实则会发现，在幼儿园、家庭和社会教育领域，仍普遍地存在着儿童意识缺失或扭曲的现象，不仅影响学前教育的良性发展，甚至对幼儿的身心健康造成了损害。其中，后两者的问题根源往往在于落后、错误的观念尚未改变，借助反复宣传、教育引导、社会氛围营造，以及必要的规范管理，假以时日，情况一般会得到改观。前者则与一个更为棘手、由来已久的问题相关，即如何将儿童意识恰当地落实到教育行为中？

① 曹能秀. 变革中的当代中国幼儿教育.（2007-09-06）[2018-06-30]. http://www.cnsece.com/KindTemplate/MsgDetail/24918.

在与幼儿园教育实践的接触中，学前教育研究者常常会听到这样的无奈：“道理我们都懂，但就是不知道该怎么办。”一面是教师在教研讨论中、在活动分析中、在论文写作中高扬着“儿童意识”，一面是在教育活动中或介入过度剥夺幼儿学习机会，或指定游戏内容抹杀幼儿的自主选择，或以成人经验规约幼儿经验，或放任幼儿忽视教育功能，或在课程建设上追求新异特色却无视幼儿的需求……为何在思想理论和社会法规形态都能保持科学、正确的儿童观、教育观，一旦转化到行为动机形态就会发生偏差？难道理论言说与实践行动之间必然存在不易跨越的沟壑？

首先需要肯定的是，尽管针对教育观念本身的理论性研究并不直接服务于实践，但其所产出的观点都会成为促进教育实践更加美好的智慧支持。“儿童本位”绝不仅仅是一种停留在论文或法规上的言说，它具有行动的属性。造成科学的教育观念贯彻难的原因是多方面的，具体如下。

1）在多数情况下，对“儿童意识”的误解、误判导致了行动上的失当。例如，有的教师僵化地将“以儿童为中心”理解为就是事事顺着幼儿的兴趣、意图，导致只有“幼儿活动”，而没有“有益经验建构”，只看得见孩子却看不到教育。教育是关乎活生生的人的活动，具有复杂性、灵活性、受多因素交互影响等特点。因此，只有顾及教育的张力，将基本理念中的一贯精神与动态的具体情境相协调，才能精准、正确、透彻地读懂教育观念的内涵。这就需要在相关理论的传播中做好考证，防止因信息衰减或偏差造成的观点误读；需要广大理论研究者以易于教师理解的方式诠释、解读儿童意识；需要将儿童观知识的学习作为幼儿教师培养、培训及开展教研活动的主要内容。

2）学习、理解观念与践行观念所需要的思维方式不同。进行理论思考需要的是一种“说清楚、辨分明”的思维方式，而开展教育实践却在于“想周全、可行动”，两类思维方式大相径庭，传统的教师教育没有细致地考虑两类思维方式的合理划界，常常出现实践思维与理论思维混同的问题。①而在真实的学前教育情境中，教师要根据需要交替运用两种思维方式，实现在两种思维中的按需“穿梭”。所以，能否兼具两种思维方式并能够及时转换，影响了教师能否成功将儿童意识从理念转化为行动。对此，我们可以在进行教师教育、新教师培养时，加强（准）教师的思维方式训练；在组织教研活动时，从具体问题或教育情境切入，避免喊口号式的空谈。

3）理想的教育行动需要足够的实践经验的支持。教育是一项对经验依托要求

① 秦金亮，步社民，朱宗顺，等. 全实践进行时——反思性幼儿教育实践者的专业养成. 北京：新时代出版社，2011：26-29.

较高的活动，只有通过一定量的实践，教师才能积累起对幼儿的理解、对教育情境的辨析、对应对策略的组织等经验。要在教育行动中体现儿童意识，需要教师拥有一定的教育实践经验作为基础。故此，越来越多的师资培养研究呼吁改革学前教育专业的培养模式，增加学生的见习和实习机会与时间，从而丰富其职前的教育实践经验。

（二）观念立场："拿来"还是"本土"？

改革开放40年来，我国学前教育界不断向国外学习，借鉴了不少先进经验，这对起步晚、基础薄，又曾遭受破坏的中国学前教育来说，具有极其重要的意义。这一点在基本观念方面表现得尤为突出，"尊重儿童的主体地位""强调教育的育人价值""教师是幼儿的伙伴"等观点都源自西方，而绝大多数支持现代儿童观、教育观及教师观的理论基础也多是国外的研究成果。尽管自西方的现代学前教育体系传入我国之时，中国学前教育先驱就开始了本土化的探索，也取得了历史性的成就，如陈鹤琴、陶行知、张雪门等的建树，但"我们不能不承认我们现在的幼儿教育理论体系基本上是西方形态的，是西方……幼儿教育理论模式的仿建物"[①]。随着与国外交流机会的增加，近年来"拿来主义"的做法日益明显，蒙台梭利教学法、多元智能理论、感觉统合训练、高瞻课程、瑞吉欧教育体系……都成了教育机构模仿、使用的对象，甚至出现了追求某种海外教育经验的潮流。

教育是具有时空限制的文化活动，只要开展教育就不可能回避国情和文化差异。单纯地复制、照搬，不但会让所学习的教育观念"水土不服"，无法引导本土教育的向好发展，还有可能压抑我们自身的创造力。[②]例如，迄今为止，我们对学前教育育人价值和社会意义的判断依据，主要来自国外的实证研究，国内具有说服力的研究非常匮乏，这就让个别质疑学前教育重要性的观点找到了借口。因此，不少学前教育工作者提出，我国学前教育的实践迫切需要根植于我国社会现实与文化背景土壤之中的能够很好地解释、指导与预测我国幼儿教育实践的理论。[①]建立既符合幼儿发展规律、教育运行规律，又具有中国特色的学前教育观念，是我国学前教育研究者、实践者共同面临的问题。一方面，先进的本土化观念需要在既有教育思想和现代学前教育的一般原理上再构，这是理论研究者的责任；另一方面，将外来理论转化为适宜本土的、指导教育行动的观念时，需要实践者的观念重构。

中国特色的学前教育基本观念的形成是一个漫长的教育文化建设过程，既需

① 刘焱. 关于建设有中国特色的幼儿教育理论体系的思考. 学前教育研究，1996（4）：1-3.
② 姜勇. 近十年来我国幼儿教育的经验与问题. 学前教育研究，2004（3）：11-12.

要坚定的信心，更需要笃定的耐心。这主要是由于长期以来我国的学前教育研究理论体系薄弱，很多基本概念尚未澄清，学理性程度还有待提高；实践中，人们多模仿甚至抄袭他人的操作性经验，关注“怎么做”，而忽视了“为什么做”；而自身的不足，又加强了我们对国外经验的倚重。所以，基本观念上的“中国特色”，并不否认、抛弃学前教育的世界智慧，相反，要更深入地、联系地研究有影响的国外学前教育理论，把握其理念要义，为本土建构提供营养。同时，应扶持国内的基础理论研究，鼓励对那些看似已盖棺定论，实则缺乏本土证据与理性考量，对学前教育发展具有重大决定作用的基础性问题开展系统研究，例如，中国学前儿童学习外语的问题，在支持或反对的表态之前，还有很多关键问题等待着解答——以汉语为母语的幼儿学习外语有何规律？不同种类的外语是否存在差异？普通话母语与方言母语对幼儿的外语习得有什么影响？……

坚持包容兼收的胸怀、科学理性的精神、严谨求实的态度、和合创新的思路，是处理好“拿来”与“本土”关系的上策。

第六章
保教环境的创设与发展

《幼儿园教育指导纲要（试行）》指出："环境是重要的教育资源，应通过环境的创设和利用，有效地促进幼儿的发展。"[①]幼儿园保教环境是指幼儿园内促进幼儿身心发展所必须具备的一切物质条件和精神条件的总和，包括物质环境和精神环境。良好的保教环境应符合幼儿健康成长的需要，让幼儿感受到亲近快乐，愿意主动融入其中，能够安全地生活、活动和接受教育，并拥有合理的成本效益。本章重点关注幼儿园的物理环境，包括幼儿园整体建筑环境（房舍、走廊、户外场地、入口、围墙等）和班级环境（墙面环境、创面环境、区域环境和生活类环境），系统梳理了改革开放以来我国幼儿园保教环境创设的发展阶段、取得的成绩、存在的主要问题以及未来的发展方向。

① 中华人民共和国教育部办公厅. 幼儿园教育指导纲要（试行）.（2001-07-02）[2018-04-12]. http://old.moe.gov.cn/publicfiles/business/htmlfiles/moe/moe_309/200412/1506.html .

第一节　保教机构环境的创设与发展

一、1978—1988 年：保教环境创设的规范化发展阶段

（一）规范化发展阶段保教环境创设发展的原因分析

20 世纪七八十年代，很多家长把学前教育仅仅作为小学学习的过渡，在思想上并没有足够重视它。幼儿园在家长的眼中也只是管理年幼儿童的场所，幼儿教师类似于保姆。幼儿园功能配置没有很好地体现幼儿培养目标，仅仅能满足幼儿基本学习需求，平面功能模式化，思想缺乏创造性，建筑造型创意不足。[①]公办的幼儿园一般是由机关自己筹办，服务本单位职工的，出现了班单元的雏形，一般设置 6～9 个班。

另外，苏联对我国幼儿园建筑的发展产生了巨大影响。我国从 20 世纪 50 年代开始全面引进苏联的学科课程。这种教育模式形成了由卧室、活动室、厕所及储藏室所组成的班级使用活动单元，更完善的还有浴室、衣帽间等。这种模式最大的优点在于每个班都有自己专用的活动室、卧室与卫生间，使用舒适，管理方便，班与班之间互不干扰。但这种教育方式以教师为中心，严格按年龄分班活动，各有各的单元、场地，各司其教，互不往来。

在上述影响下，中国的幼儿园教育在全国范围内也形成了统一化的教学模式，表现为以教师为中心，以分班教学为基础，各个班级彼此分开，其目的是方便管理。户外活动场地缺少或者不足是这一时期幼儿教育的典型特点之一。

此外，这一时期举办的一些研讨会也促进了保教环境创设的规范化发展。例如，1984 年，在内蒙古自治区呼和浩特市召开了华北地区中小学、托幼建筑设计标准化经验交流会。会议的主要内容涉及以下几个方面。第一，确认了中小学建筑和建设质量的意义，即中小学建筑设计和建设的质量好坏关系到我国“四化”和教育事业的发展；关系到教育质量和学生德、智、体全面发展；关系到整个社

---

① 胡松玮. 基于开放式幼教理念的幼儿园建筑环境设计研究. 重庆：重庆大学硕士学位论文，2013：5.

会精神面貌和文明建设，同时对城市面貌和环境规划也有重要的影响。第二，会议指出了目前普遍存在的问题：①学校布局不合理，造成一些学校规模过大，每班多达 60～70 人，而有的学校班次不够，达不到规模。另外，校舍用地偏小，限制了教学楼的平面布局，噪声干扰很大，影响了教学。②没有足够的运动场地与校园绿化面积。③校舍不足，没有必备的实验室、办公室、后勤用房。第三，会上提出了中小学建筑和建设设计的原则：强调要根据青少年和儿童的特点进行设计，适合幼儿的心理，适合幼儿使用，为幼儿所喜爱；重视组织好学校的室外校园绿化及活动场地的环境设计，即幼儿园设计要做到"儿童化""绿化""美化""教育化"[①]。第四，会上交流了设计方法：①采用通用设计的方法，如按不同规模、不同地段及方位做出各类施工图，结合具体情况在建设中稍加改动使用。②有的地区根据不同规模、不同地形朝向做出多种方案、图集，供建筑单位选用，或修改选用，定案后再做施工图。③有的地区采用单元组合方法，把教学楼的各个组成部分按使用功能不同分成几个不同的单元，通常是分成教学部分，办公部分，实验室部分和音乐、阶梯教室部分，把这些单元做成施工图，然后根据具体的建设要求拼装成一个整体的建筑。这样便于做到设计标准化和总体布局的多样化。④有的地区把上述的单元缩小到房间，只对主要房间尺寸做了规定，如教室、实验室、办公室（包括有联系的附属房间）、走廊、楼梯、层高等。[①]

（二）规范化发展阶段出台的有关保教环境创设的重要政策文件

为了使幼儿教育有一个良好的发展，适应社会对幼教工作的要求，国家颁布了一系列法律法规及规章制度。1981 年 10 月，教育部颁布《幼儿园教育纲要（试行草案）》，作为各类幼儿园进行教育工作的依据；1987 年 10 月，国务院办公厅发布了《国务院办公厅转发国家教委等部门关于明确幼儿教育事业领导管理职责分工的请示的通知》，将发展托幼事业提到了与民族素质密切相关的战略高度。根据此精神，教育、卫生、建设等部门根据各自分工制定文件，如 1985 年 12 月卫生部制定的《托儿所、幼儿园卫生保健制度》，1987 年制定的《城乡建设环境保护部、国家教育委员会托儿所、幼儿园建筑设计规范》，国家教育委员会和劳动人事部颁发的《全日制、寄宿制幼儿园编制标准（试行）》等；1988 年颁布了《城市幼儿园建筑面积定额（试行）》等。20 世纪 80 年代后，在有法可依的前提下，幼儿园建筑设计走上了规范化的道路，我国的幼儿园保教环境创设有了良好而正常的发展。

---

① 冯庄. 华北地区召开中小学、托幼建筑设计标准化经验交流会. 建筑学报，1984（5）：33-34.

（三）规范化发展阶段保教环境创设发展的具体表现

1. 有关幼儿园选址和房舍的要求

1981年《幼儿园教育纲要（试行草案）》中提出：要重视幼儿园的环境布置，有计划地绿化园地，使幼儿生活在整洁、美观、富有教育意义的环境里。1987年发布的《城乡建设环境保护部、国家教育委员会托儿所、幼儿园建筑设计规范》中有关基地的选择的第五条提出：4 个班以上的托儿所、幼儿园应有独立的建筑基地，并应根据城镇及工矿区的建设规划合理安排布点。托儿所、幼儿园的规模在3个班以下时，也可设于居住建筑物的底层，但应有独立的出入口和相应的室外游戏场地及安全防护设施。第六条提出托儿所、幼儿园的基地选择应满足下列要求：①应远离各种污染源，并满足有关卫生防护标准的要求；②方便家长接送，避免交通干扰；③日照充足，场地干燥，排水通畅，环境优美或接近城市绿化地带；④能为建筑功能分区、出入口、室外游戏场地的布置提供必要条件。[①]第七条提出托儿所、幼儿园应根据设计任务书的要求对建筑物、室外游戏场地、绿化用地及杂物院等进行总体布置，做到功能分区合理，方便管理，朝向适宜，游戏场地日照充足，创造符合幼儿生理、心理特点的环境空间；第九条对托儿所、幼儿园室外游场地做了细致的要求；第十条指出托儿所、幼儿园宜有集中绿化用地面积，并严禁种植有毒、带刺的植物；第十一条指出托儿所、幼儿园宜在供应区内设置杂物院，并单独设置对外出入口。基地边界、游戏场地、绿化等用的围护、遮拦设施，应安全、美观、通透。[①]

《城乡建设环境保护部、国家教育委员会托儿所、幼儿园建筑设计规范》是一部涵盖内容非常广泛且全面的关于保教环境的政策文件。其中关于托儿所和幼儿园的活动房规定，包括：①活动房的类型，即服务、供应用房可按不同的规模进行设置，生活用房包括活动室、寝室、乳儿室、配乳室、喂奶室、卫生间（包括厕所、盥洗、洗浴）、衣帽储藏室、音体活动室等。全日制托儿所、幼儿园的活动室与寝室宜合并设置；服务用房包括医务保健室、隔离室、晨检室、保育员值宿室、教职工办公室、会议室、值班室（包括收发室）及教职工厕所、浴室等。全日制托儿所、幼儿园不设保育员值宿室；供应用房包括幼儿园厨房、消毒室、烧水间、洗衣房及库房等。第十四条指出平面布置应功能分区明确，避免相互干扰，方便使用管理，有利于交通疏散。第十五条指出严禁将幼儿生活用房设在地下或半地下室。②关于生活用房的室内最低净高（单位：米）规定，即活动室、寝室和乳儿室的净高最低为2.8米，音体活动室的净高最低为3.6米，特殊形状的

① 中国学前教育研究会. 中华人民共和国幼儿教育重要文献汇编. 北京：北京师范大学出版社，1999：246-259.

顶棚、最低处距地面净高不低于 2.2 米。①关于窗地面积比例的规定是：音体活动室和乳儿室的窗地面积比为 1∶5，寝室、喂奶室、医务保健室和隔离室的窗地面积比为 1∶6，其他房间的窗地面积比为 1∶8。③关于生活用房、服务用房和供应用房面积的规定。其中，对关于医务保健室的面积，大型和中型幼儿园为 12 平方米，小型幼儿园为 10 平方米；关于隔离室的面积，大型幼儿园为 16 平方米（2 米×8 米），中型和小型幼儿园为 8 平方米；关于晨检室的面积，大型幼儿园为 15 平方米，中型幼儿园为 12 平方米，小型幼儿园为 10 平方米，供应用房的面积主要规定了厨房、消毒间和洗衣房的面积。此外，该文件还对幼儿园的防水与疏散、建筑构造、建筑设备，包括采暖与通风、电气等进行了详细的规定。[①]

1988 年《国家教育委员会、建设部城市幼儿园建筑面积定额（试行）》中对园舍建筑的房屋类型做了划分，对面积进行了规定，与 1987 的规定略有不同，将幼儿园的园舍建筑划分为活动及辅助用房、办公及辅助用房以及生活用房三部分，并对各类用房的数量和面积等进行了详细的说明。[②]

20 世纪 80 年代的幼儿园，幼儿生活用房比较简单，或者说园舍中“管”的用房占了绝大多数，“育”的用房少，集体用房等非常少甚至没有。随着时代的发展，幼儿生活用房日渐丰富，各种功能也随着幼教改革的发展发生了一定的变化。

2. 有关幼儿园采光和噪声的要求

1979 年颁布的《城市幼儿园工作条例（试行草案）》的第十五条指出：要采取积极措施保护幼儿的视力。要改善活动室的采光，桌椅要适合幼儿的身长，要注意培养幼儿在各种活动中保持正确的姿势。1987 年《城乡建设环境保护部、国家教育委员会托儿所、幼儿园建筑设计规范》的第十八条指出：“托儿所、幼儿园的生活用房应布置在当地最好日照方位，并满足冬至日底层满窗日照不少于 3h（小时）的要求，温暖地区、炎热地区的生活用房应避免朝西，否则应设遮阳设施。”第二十条提出：“音体活动室、活动室、寝室、隔离室等房间的室内允许噪声级不应大于 50dB，间隔墙及楼板的空气声计权隔声量 Rm 不应小于 40dB，楼板的计权标准化撞击压级 L，W 不应大于 75dB。”[③]

3. 有关幼儿园硬件设施的要求

关于硬件设施，主要涉及两个大的方面，即硬件设施的种类及数量和硬件设

① 中国学前教育研究会. 中华人民共和国幼儿教育重要文献汇编. 北京：北京师范大学出版社，1999：246-259.
② 中国学前教育研究会. 中华人民共和国幼儿教育重要文献汇编. 北京：北京师范大学出版社，1999：262-272.
③ 城乡建设环境保护部、国家教育委员会托儿所、幼儿园建筑设计规范.（1987-09-03）[2018-05-06]. http://old.moe.gov.cn//publicfiles/business/htmlfiles/moe/s3326/201001/82008.html.

施的安全。1979年《城市幼儿园工作条例（试行草案）》中第十六条指出，要为幼儿锻炼设置必要的设备，并充分利用空气、阳光和水进行锻炼。第十九条要求：要为各种游戏创设条件；保证足够的游戏时间（特别是户外）；设置必要的运动器械（滑梯、压板、荡船、攀登架等）和玩具；要充分利用自然物资及无毒无害的废旧物资，因地制宜地给幼儿创设游戏的条件。

1980年卫生部、教育部《关于试行托儿所、幼儿园卫生保健制度（草案）的通知》提出幼儿园要建立安全制度，要注意房屋、场地、家具、玩具、用具的安全，避免砸伤、摔伤、烫伤等事故的发生，并突出了安全性的要求，强调了环境中的物品不会对幼儿造成人身伤害，环境中的人也不会对幼儿造成身体和心理的伤害。[①]1983年《教育部关于发展农村幼儿教育的几点意见》中提出：要逐步改善办园（班）条件，做到班有活动室，幼儿有课桌椅，园（班）无危房，周围环境无危险，保证幼儿生命安全和身体健康。同时，还应添置一些玩具和教具。[②]

1985年的《托儿所、幼儿园卫生保健制度》中指出：食堂要严格执行《中华人民共和国食品卫生法》。厨房用具如刀、案板、盆筐、抹布等要做到生熟分开，洗刷干净，食具一餐一消毒，食物要有防蝇设备。具体包括：①要建立健全室内外环境清扫制度；②婴幼儿玩教具要保持清洁，定期消毒、清洗；③要经常保持室内空气流通、阳光充足，冬天也要定时开窗通风换气；④厕所要清洁通风，定时打扫并消毒；⑤小儿桌椅高度应符合要求。[③]

1986年《关于进一步办好幼儿学前班的意见》的通知中有关努力改善办班条件的具体规定指出：学前班的房屋、环境及设施应符合幼儿身心健康发展的要求。要做到有活动室，有课桌椅，有户外活动场地，有必要的卫生设施，有一定数量的体育运动器械、教具、玩具和幼儿读物等。无危险房屋、环境和污染因素。活动室要光线充足、干燥、通风，北方地区和有条件的南方地区应有取暖设施。课桌椅要适合幼儿身高。有条件的还应添置风琴、幻灯机、录音机等教学设备。[④]

1981年颁布的《幼儿园教育纲要（试行草案）》中提出：“要重视幼儿园的环境布置，有计划地绿化园地，使幼儿生活在整洁、美观、富有教育意义的环境里。”[⑤]对于“美观”的指向，容易给人造成幼儿园环境创设应以美为标准的误导。这一阶段的幼儿园建筑比较重视“管”而不重视“育”，没有充分地意识到游戏

---

① 中国学前教育研究会. 中华人民共和国幼儿教育重要文献汇编. 北京：北京师范大学出版社：139.

② 中国学前教育研究会. 中华人民共和国幼儿教育重要文献汇编. 北京：北京师范大学出版社，1999：196-200.

③ 中国学前教育研究会. 中华人民共和国幼儿教育重要文献汇编. 北京：北京师范大学出版社，1999：216-223.

④ 中华人民共和国国家教育委员会. 印发《关于进一步办好幼儿学前班的意见》的通知.（1986-06-10）[2018-05-20]. http://www. moe.gov.cn/srcsite/A06/s3327/198606/t19860610_81991.html.

⑤ 中国学前教育研究会. 中华人民共和国幼儿教育重要文献汇编. 北京：北京师范大学出版社，1999：168-196.

在儿童成长和教育中的作用。这一阶段对于必须设置较完善的室外活动场地缺乏足够的重视，还在讨论“是否设置室外活动场地是积极发展幼儿身心还是消极保护”，具体表现为室外游戏场地“面积不足，环境质量差，毫无乐园之趣”[①]。另外，环境设施的布置上要么是由硬质铺装铺满院子，要么就是见到的“开了路，种了树”，园内的场地布置简单，由于室外场地以水泥地面或是硬质铺装为主，安全性也不够。[②]

20 世纪 80 年代初的幼儿园建筑基本上没什么托幼建筑的特点，在造型和尺度的处理上和一般的办公建筑没有什么区别。幼儿生活用房比较简单，或者说园舍中“管”的用房占了绝大多数，“育”的用房少，集体用房等非常少甚至没有。此外，用房划分不甚细致，室外游戏场地设计简单，对游戏价值的认识不够。班级专用室外游戏场地没有严格要求。较为丰富的室外游戏场地设计只在部分示范型幼儿园出现，普遍而言，或由硬制铺装铺满院子，或简单开路和设置绿化。室外游戏场地设计缺乏趣味性。这一阶段的幼儿园保教环境创设处于探讨阶段，然而游戏的作用并没有凸显，游戏场地缺乏科学的设计。随着对游戏在幼儿教育中价值的认识的增强，20 世纪 90 年代以后的保教环境创设切实地注重了儿童的心理，更为安全，内容更为丰富。

二、1989—2000 年：保教环境创设的快速发展阶段

20 世纪 90 年代，受西方幼儿教育理论的影响，我国幼儿园教育也呈现出新的发展趋势：①教育理念的多元化；②教育机构的多元化。这些都对幼儿园环境创设产生了重要影响。

（一）快速化发展阶段保教环境创设发展的原因分析

自 20 世纪 90 年代以来，区域活动开始在我国大陆地区的幼儿园中得以兴起并推广，区域活动作为幼儿园课程实施的一种方式起源于欧美国家的开放教育，这在很大程度上突破了过去以传统分科教学和注重课堂教学为主要特点的课程体系，并为“做中学”“玩中学”提供了切实的课程路径。同时，以游戏为基本活动的保教原则在实践中越发受到关注和落实。《幼儿园工作规程》中明确规定幼儿园教育的工作原则是“以游戏为基本活动，寓教育于各项活动之中”，“创设与教育相适应的良好环境，为幼儿提供活动和表现能力的机会与条件”，“应因

① 黎志涛. 阳光·运动——幼儿园室外活动场地设计探讨. 建筑学报，1987（8）：47-50.

② 肖君. 1980 年代以来的社区幼儿园设计研究. 南昌：南昌大学硕士学位论文，2006：22.

地制宜地为幼儿创设游戏条件（时间、空间材料）”[①]。《幼儿园工作规程》的贯彻与落实，极大地推动了游戏活动及其区域环境创设在幼儿园教育实践中的开展。另外，从20世纪90年代开始，游戏对于儿童发展的作用日益得到重视和被强调，室外游戏场地经过专门的设计，之后的室外游戏场地布置变得越来越丰富，也更为安全。游戏器具更为丰富，环境设施也更为合理，从固定的设置到可变的器具。地面铺装硬质、软质均有，以草坪及橡胶地砖为主，室外游戏场地开始更加具有儿童性和安全性。

随着幼儿教育改革的深入，我国幼儿教育建立了以“儿童为中心”的思想，重视对幼儿个性和潜力的开发，强调幼儿的智力、体力、技能、情操和社交能力等全面发展。强调以儿童为中心，强调活动环境的创设，强调实施开放式的教育，即以区域活动为主，以小组活动、集体活动为辅的一种教育形式，让幼儿通过活动来学习和发展。教师通过一定的教育环境，让幼儿积极、主动地和环境相互作用，并通过丰富多彩的活动，引导幼儿在良好的物质环境和轻松愉快的心理氛围中，积极主动、有兴趣地去观察、活动、思考、创造、体验，促进幼儿身心和谐发展。

1993年《中国教育改革和发展纲要》中指出，政府鼓励社会各界力量在法律的支持和政策的引导下，通过多种渠道，以多种形式办园。此后，我国的民办幼儿园大量涌现，另外，由于我国的福利分房制度变革，住房的商品化改革推进，城市中原有的“大院”模式开始瓦解，被商品住宅所取代。单位不需要“办社会”，单位附属幼儿园也成为历史，商品住宅小区成为主流，配套幼儿园稳定增长[②]，这在一定程度上促进了幼儿园类型的多样化，以及环境创设的多样化。

同时，这一阶段我国举办了唯一一次全国性幼儿园建筑设计竞赛。这次竞赛对全国南北方建筑及班形大小进行分类和评定，最终编写了《幼儿园建筑设计图集》，对我国的幼儿园建筑影响较大。其中对班单元模式进行规范方面的影响最为深远，虽然这种模式在当时已经兴起了很长时间，但一直没有规范化。随着规范化的一些文件的出台，班单元越来越走向定型化的发展方向，自此强化了以卧室、卫生间、衣帽、储藏室组成的班单元，每个班有了属于自己的室外游戏场地。班单元模式的建立，在很大程度上确实加快了中国幼儿园建筑的发展，但其存在的问题也是显而易见的，这种封闭式的管理对儿童发展以及建筑本身功能的发展都造成了一定的困扰。

---

① 中华人民共和国国家教育委员会. 幼儿园工作规程.（1996-03-09）[2018-05-21]. http://www.moe.gov.cn/srcsite/A02/s5911/moe_621/199603/t19960309_81893.html.

② 中国学前教育研究会. 中华人民共和国幼儿教育重要文献汇编. 北京：北京师范大学出版社，1999：347-369.

（二）快速化发展阶段出台的有关保教环境创设的重要政策文件

保教环境的快速发展阶段以 1989 年的两个重要文件为开端——《幼儿园管理条例》《幼儿园工作规程（试行）》，两个文件在一定程度上推动了学前教育事业的发展和教育质量的提高。1992 年国家教育委员会颁布了《幼儿园玩教具配备目录》。这一时期还颁布了一些其他政策文件，也对保教环境的发展提供了有力支持。这一阶段对保教环境的规范仍以硬件的规定为主，但是提出了一些新的发展方向和要求。总的来看，这一时期的几个文件在很大程度上加速了幼教机构在建筑设备等方面走向科学化、规范化和依法治教的步伐，适应了改革开放政策的形势要求。

（三）快速化发展阶段保教环境创设发展的具体表现

1. 对园舍和设备的进一步规范

1989 年的《幼儿园管理条例》对幼儿园的园舍、设备进行了规定。其中第七条规定举办幼儿园必须将幼儿园设置在安全区域内，严禁在污染区和危险区内设置幼儿园。第八条规定举办幼儿园必须具有与保育、教育的要求相适应的园舍和设施。幼儿园的园舍和设施必须符合国家的卫生标准和安全标准。第二十八条对违例情况进行了规定，具体情况包括：对使用有毒、有害物质制作教具、玩具的；在幼儿园周围设置有危险、有污染或者影响幼儿园采光的建设和设施的。①

1994 年颁发的《托儿所、幼儿园卫生保健管理办法》中第五条规定：托儿所、幼儿园园舍、桌椅、教具，采光、照明、卫生设施、娱乐器具及运动器械等必须安全并适合儿童健康发育的需要，符合国家规定的卫生标准和安全标准要求；第六条规定各类托儿所、幼儿园必须设立保健室，并符合《保健室设备标准》；第七条要求各类托儿所、幼儿园必须设立隔离室（收托儿童在 70 名以下的单位可设立隔离床），隔离室应配备相应的设施。②

《幼儿园工作规程（试行）》第二十九条提出：“幼儿园应设活动室、儿童厕所、盥洗室、办公用房和厨房。有条件的幼儿园可单独设保健室、音乐室、游戏室、体育活动室和家长接待室等。寄宿制幼儿园应设寝室、隔离室、浴室、洗衣间和教职工值班室等。”第三十条规定：“幼儿园应有与其规模相适应的户外活动场地，配备必要的游戏和体育活动设施，并创造条件开辟沙地、动物饲养角和种植园地。应根据幼儿园特点，绿化、美化园地。”第三十一条规定：“幼儿园应配备适合幼儿的桌椅、玩具架、盥洗卫生用具，以及必要的教具、玩具、图书和乐器等。

① 中国学前教育研究会.中华人民共和国幼儿教育重要文献汇编.北京：北京师范大学出版社，1999：299-304.

② 中国学前教育研究会.中华人民共和国幼儿教育重要文献汇编.北京：北京师范大学出版社，1999：391-393.

寄宿制幼儿园应配备儿童单人床。幼儿园的教具、玩具，应符合安全、卫生教育的要求。幼儿园应因地制宜，就地取材、自制教具、玩具。”第三十二条规定：“幼儿园建筑规划面积定额、建筑设计要求和教具、玩具的配备，参照国家有关部门的规定执行。”[①]

2. 提出了环境创设的重要性

1989年的《幼儿园工作规程（试行）》中特别强调“创设与教育相适应的良好环境，为幼儿提供活动的表现能力的机会与条件”，“组织教育活动应根据不同的教育内容，充分利用周围环境的有利条件……为幼儿提供充分活动的机会，注重活动的过程，促进每个幼儿在不同水平上的发展”[①]。《幼儿园工作规程（试行）》中明确了环境为教育活动服务的思想，明确了幼儿应当参与幼儿园环境创设的观点。1996年颁布实施的《幼儿园工作规程》规定：“合理地综合组织各方面的教育内容，并渗透于幼儿一日生活的各项活动中，充分发挥各种教育手段的交互作用。”[②]由此可见，环境创设是作为一种教育手段存在的。

总的来讲，20世纪90年代保教环境创设在80年代的基础上有了一定的改善。具体来讲，幼儿生活用房中的集体活动及艺术类用房增多，生活用房不仅限于一个音体室和活动单元。活动单元设计不再采用定型设计，设计更加成熟化和程式化。在室外游戏场地方面，这一时期对游戏的价值有了充分的认识，有班级专用室外游戏场地，公共游戏场地设计更加丰富，游戏器具种类增多，游戏设置更能体现游戏的价值，也更安全。[③]幼儿园建筑设计逐渐强调建筑体形及建筑构件的尺寸符合幼儿的生理特点；建筑造型及室内布置应符合幼儿的心理特点，幼儿园建筑的儿童化的特征日益明显。人均使用面积有所扩大，房间的功能配置也更加完善，外观造型上更加活泼多变，但也存在一些问题，如幼儿园的公共活动室房间仍然缺失严重，平面形式过于单一，没有突破，大多数采用围合式的庭院来组织房间，房间单调，缺乏变化，不能引起儿童足够的兴趣。

三、2001—2018年：保教环境创设的多元深化发展阶段

2001年的《幼儿园教育指导纲要（试行）》明确了以幼儿发展为本的思想，

---

① 中华人民共和国国家教育委员会.幼儿园工作规程（试行）.（1989-06-05）[2018-12-10]. http://www.moe.gov.cn/s78/A02/zfs__left/s5911/moe_621/201001/t20100129_180477.html.

② 中国学前教育研究会. 中华人民共和国幼儿教育重要文献汇编. 北京：北京师范大学出版社，1999：420-430.

③ 肖君. 1980年代以来的社区幼儿园设计研究. 南昌：南昌大学硕士学位论文，2006：63.

幼儿园环境应当为幼儿多方面的发展提供条件。环境创设是师生共同参与的过程，在这之中最大限度地培养幼儿的自信、参与意识、合作精神和集体观念，最大限度地发挥保教环境的教育功能等观点，开始得到普遍接受。2000年以后，作为组织和开展幼儿自主游戏与学习活动的空间支持和情境依托，游戏区的创设是幼儿园课程建设的一项基本任务。新形势下，随着经济社会的发展，学前教育改革发展的大环境发生了巨大变化，2010年《国家中长期教育改革和发展规划纲要（2010—2020年）》颁布后，学前教育事业规模不断扩大，普及程度大幅度提高。在推进学前教育基本普及的新形势下，对《幼儿园工作规程》进行了修订，一系列促进学前教育事业有序、有质发展的政策文件开始实施。

（一）多元深化发展阶段保教环境创设发展的原因分析

21世纪以来，我国幼儿教育事业大步发展，幼儿教育模式也处于积极的转型中，这些积极的因素都大大促进了幼儿园环境创设在空间、功能等方面的发展与进步。

随着21世纪国家经济社会的发展和对外开放程度的进一步扩大，学前教育领域的国际化视野进一步提升，不少研究者走出国门，参观访问了欧美等国家幼儿园环境的创设。另外，随着《3—6岁儿童学习与发展指南》的颁布，我国对幼儿园环境创设的研究进入了一个新的阶段，研究者开始从多个角度对我国幼儿园的环境创设进行研究，涉及心理学、教育学和生态学等学科视角，同时还从文化学、建筑学、美学等视角开展了探索性研究，研究内容和范围进一步扩大和深入。

这一阶段涌现了大批幼儿园建筑的案例集，为幼儿园硬件的规划提供了指导：基于实际案例的图集主要有2006年黎志涛的《幼儿园建筑设计》，该书全面、重点论述了我国幼儿园建筑设计的原理、步骤与方法；2007年周然等的《幼儿园建筑设计》对幼儿园建筑设计的原理，幼儿园建筑设计相关的规范、规定、基础数据及相关网络信息进行了整理，书中还介绍了一些较为典型的幼儿园建筑实例；此外，还有张宗尧和赵秀兰编写的《托幼中小学校建筑设计手册》，邓庆坦的《托儿所幼儿园建筑设计图说》。基于幼儿心理行为的研究包括王丽娜的《现代幼儿园室内外主要活动空间设计研究》，潘洌的《心理·环境·行为——幼儿园交往空间构成模式分析》，许臣虹的《性别差异与校园空间环境的关系——幼儿园、小学、中学研究》等。基于幼儿教学的研究包括林阳的《情境教学理念下的幼儿园建筑设计》，范磊的《适应现代幼教理念的幼儿园活动空间系统优化设计研究》，马春梅的《基于学龄前儿童教育趋势的幼儿园建筑设计研究》，袁恒华的《素质教育背景下的幼儿园建筑环境研究》，王彦的《空间塑造与素质培养——现代幼儿园建筑设计探索》等。基于住区关系的研究包括门雅婷的《现代商品居住小区幼儿园设计研究》，孙敏的《商品住宅小区配套幼儿园适应性设计研究》，胡慧的《居住区幼儿园建筑设计研究》等。

（二）多元深化发展阶段出台的有关保教环境创设的重要政策文件

这一阶段对保教环境的创设产生重要影响的文件包括：2001年实施的《幼儿园教育指导纲要（试行）》，明确了环境的重要作用，即“环境是重要的教育资源，应通过环境的创设和利用，有效地促进幼儿的发展”，“幼儿园应为幼儿提供健康、丰富的生活和活动环境，满足他们多方面发展的需要，使他们在快乐的童年生活中获得有益于身心发展的经验”①，这就要求幼儿园应该为幼儿创设多方面发展的环境，确立以儿童发展为本的教育思想；2003年开始实施的《学校课桌椅功能尺寸》，对儿童桌椅的尺寸和选取注意事项等进行了明确；2010年《托儿所、幼儿园卫生保健管理办法》、2011年《教育部关于规范幼儿园保育教育工作防止和纠正“小学化”现象的通知》及2011年《幼儿园建设标准》的征求意见稿，对幼儿园建设规模与园舍项目构成，布局、选址、规划与建设用地，建筑面积指标，以及建筑标准进行了规定；2012年，为指导幼儿园和家庭实施科学的保育与教育，我国发布并实施了《3—6岁儿童学习与发展指南》，强调“幼儿的学习是以直接经验为基础的”，“要珍视游戏和生活的独特价值，创设丰富的教育环境”②，此外，还有2012年的《卫生部关于印发〈托儿所幼儿园卫生保健工作规范〉的通知》和2016年的《幼儿园工作规程（2016）》。

（三）多元深化发展阶段保教环境创设发展的具体表现

1. 基于儿童发展特点和促进全面发展对硬件条件进行了规定

2002年，国家质量监督检验检疫总局在2002年5月发布并于2003年1月开始实施的《学校课桌椅功能尺寸》中的第二篇是关于学前儿童桌椅的规定，该篇对儿童桌椅的主要尺寸进行了规定，并规定儿童桌面不要倾斜角度，桌面可为方形、长方形、圆形、梯形、扇形等；桌面下不设放置书物用的搁板、抽屉等，桌下净空内也不设踏板及其他构件；儿童椅的座应是平面，或向后下倾斜2°角以内；儿童椅靠背从垂直面向后倾斜6°角以内，靠背曲率半径在500毫米以上。文件中还规定了产品技术要求及试验方法，比如，儿童座椅面和靠背面不加装软

---

① 中华人民共和国教育部. 幼儿园教育指导纲要（试行）.（2001-07-02）[2018-07-10]. http://old.moe.gov.cn/publicfiles/business/htmlfiles/moe/moe_309/200412/1506.html.

② 中华人民共和国教育部. 3—6岁儿童学习与发展指南.（2012-10-09）[2018-07-01]. http://www.moe.gov.cn/srcsite/A06/s3327/201210/t20121009_143254.html.

垫，幼儿园、托儿所不采用钢木结构桌椅，也不采用折叠式或翻板式桌椅，儿童桌椅的外表和内表以及儿童手指可触及的隐蔽处，均不得有锐利的棱角、毛刺以及小五金部件露出的锐利尖端；儿童桌椅的涂层、漆膜，同对玩具的要求一样，不含有过量的有毒物质，色调浅淡、柔和；一把儿童椅的质量，在幼儿园不超过2.5千克，在托儿所不超过2.0千克。①

2010年《托儿所、幼儿园卫生保健管理办法》中的第七条提出："托幼机构的建筑、设施、设备、环境及提供的食品、饮用水等应当符合国家有关卫生标准、规范的要求。"第十条指出："托幼机构应当根据规模、接收儿童数量等设立相应的卫生室或者保健室，具体负责卫生保健工作。卫生室应当符合医疗机构基本标准，取得卫生行政部门颁发的《医疗机构执业许可证》。保健室不得开展诊疗活动，其配置应当符合保健室设置基本要求。"②

2011 年《教育部关于规范幼儿园保育教育工作 防止和纠正"小学化"现象的通知》中提出：创设适宜幼儿发展的良好条件，整治"小学化"教育环境。幼儿园要创设多种区域活动空间，配备丰富的玩具、游戏材料和幼儿读物，为幼儿自主游戏和学习探索提供机会和条件。③

2012年《卫生部关于印发〈托儿所幼儿园卫生保健工作规范〉的通知》规定了利用日光、空气、水和器械，有计划地进行儿童体格锻炼，具体包括：①保证儿童室内外运动场地和运动器械的清洁、卫生、安全，做好场地布置和运动器械的准备。定期进行室内外安全隐患排查。②室内应当有防蚊、蝇、鼠、虫及防暑和防寒设备，并放置在儿童接触不到的地方。③保持室内空气清新、阳光充足。④卫生洁具各班专用专放并有标记。⑤枕席、凉席每日用温水擦拭，被褥每月曝晒1～2次，床上用品每月清洗1～2次。⑥保持玩具、图书表面的清洁卫生，每周至少进行1次玩具清洗，每2周图书翻晒1次。④

关于保健室或卫生室设置，涉及的内容包括：①根据《托儿所幼儿园卫生保健管理办法》的要求，设立保健室或卫生室。卫生室需有《医疗机构执业许可证》。②保健室面积不少于12平方米，设有儿童观察床、桌椅、药品柜、资料柜、流动水或代用流动水等设施。③保健室应配备儿童杠杆式体重秤、身高计（供2岁以

① 中华人民共和国国家质量监督检验检疫总局.《学校课桌椅功能尺寸》标准.（2002-05-29）[2018-06-24]. http://www.nhfpc.gov.cn/zwgkzt/pqt/201212/34193.shtml.

② 中华人民共和国卫生部，中华人民共和国教育部. 托儿所、幼儿园卫生保健管理办法.（2010-09-06）[2018-06-24]. http://www.gov.cn/flfg/2010-10/26/content_1730544.htm.

③ 中华人民共和国教育部. 教育部关于规范幼儿园保育教育工作 防止和纠正"小学化"现象的通知.（2011-12-28）[2018-06-24]. http://old.moe.gov.cn/publicfiles/business/htmlfiles/moe/s5972/201201/129266.html.

④ 中华人民共和国国家卫生和计划生育委员会. 卫生部关于印发《托儿所幼儿园卫生保健工作规范》的通知.（2012-05-22）[2018-06-26].http://www. nhfpc. gov. cn/zwgkzt/wsbysj/201205/54757.shtml.

上儿童使用）、量床（供2岁及以下儿童使用）、国际标准视力表或标准对数视力表灯箱、体围测量软尺等设备，以及消毒压舌板、体温计、手电筒等晨检用品。④保健室应配备消毒剂、紫外线消毒灯或其他空气消毒装置。[①]

《幼儿园工作规程（2016）》中第六章第三十四条提出："幼儿园应当按照国家的相关规定设活动室、寝室、卫生间、保健室、综合活动室、厨房和办公用房等，并达到相应的建设标准。有条件的幼儿园应当优先扩大幼儿游戏和活动空间。寄宿制幼儿园应当增设隔离室、浴室和教职工值班室等。"第三十六条提出："幼儿园应当配备适合幼儿特点的桌椅、玩具架、盥洗卫生用具，以及必要的玩教具、图书和乐器等。玩教具应当具有教育意义并符合安全、卫生要求。幼儿园应当因地制宜，就地取材，自制玩教具。"第三十七条提出："幼儿园的建筑规划面积、建筑设计和功能要求，以及设施设备、玩教具配备，按照国家和地方的相关规定执行。"[②]

《幼儿园工作规程（2016）》中的第十三条提出："幼儿园的园舍应当符合国家和地方的建设标准，以及相关安全、卫生等方面的规范，定期检查维护，保障安全。幼儿园不得设置在污染区和危险区，不得使用危房。"第二十二条指出："幼儿园应当配备必要的设备设施，及时为幼儿提供安全卫生的饮用水。"第三十条指出："幼儿园应当将环境作为重要的教育资源，合理利用室内外环境，创设开放的、多样的区域活动空间，提供适合幼儿年龄特点的丰富的玩具、操作材料和幼儿读物，支持幼儿自主选择和主动学习，激发幼儿学习的兴趣与探究的愿望。"[②]

2016年《托儿所、幼儿园建筑设计规范》颁布实施，规定乳儿班人数是10～15人，托儿班中小班和中班人数是15～20人，大班是21～25人，幼儿园的小班为20～25人，中班为26～30人，大班为31～35人。相对于旧规范，新规范在基地和总平面、建筑设计、室内环境、建筑设备等方面做出了调整。[③]

2. 强调了环境创设的过程性价值

幼儿需要有看、摸、听等全方位的体验，才能较好地接受客观信息并建构知识，以往只重视园舍建筑"面"的布置显然是不够的，幼儿对"面"的环境会产生一种静态的距离感，抑制其主动参与和改变环境的愿望。[④]2001年颁布了《幼

① 佚名. 托儿所幼儿园卫生保健工作规范. 中国妇幼卫生杂志，2012，3（5）：239-256.

② 中华人民共和国教育部. 幼儿园工作规程.（2016-01-05）[2018-06-26]. http://www.gov.cn/gongbao/content/2016/content_5067918.htm.

③ 中华人民共和国住房和城乡建设部. 托儿所、幼儿园建筑设计规范.（2016-04-20）[2018-06-26]. http://www.mohurd.gov.cn/wjfb/201605/t20160517_227480.html.

④ 孙晓轲. 幼儿园空间设计与参与理念的演变. 学前教育研究，2011（12）：10-12.

儿园教育指导纲要（试行）》，环境的价值以及如何创设一种良好的环境成为一个重要议题。具体来讲，《幼儿园教育指导纲要（试行）》更强调以一种“情景化”“活动化”“过程化”“经验化”的教育内容去影响幼儿，强调幼儿的自主“建构”。这种教育观和活动观的变革，在客观上要求幼儿园的保健环境随着改变和适应。幼儿园应为幼儿提供健康、丰富的生活和活动环境，满足他们多方面发展的需要，使他们在快乐的童年生活中获得有益于身心发展的经验。该文件还提出环境是重要的教育资源，应通过环境的创设和利用，有效地促进幼儿的发展。幼儿园的空间、设施、活动材料和常规要求等应有利于引发、支持幼儿的游戏和各种探索活动，有利于引发、支持幼儿与周围环境之间产生积极的相互作用。具体来讲，该文件在语言领域中提出“创造一个自由、宽松的语言交往环境，支持、鼓励、吸引幼儿与教师、同伴或其他人交谈，体验语言交流的乐趣”；在社会领域中提出“提供自由活动的机会，支持幼儿自主地选择、计划活动，鼓励他们通过多方面的努力解决问题，不轻易放弃克服困难的尝试”；在科学领域中提出“提供丰富的可操作的材料，为每个幼儿都能运用多种感官、多种方式进行探索提供活动的条件”；在艺术领域中提出“鼓励幼儿用不同艺术形式大胆地表达自己的情感、理解和想象，尊重每个幼儿的想法和创造，肯定和接纳他们独特的审美感受和表现方式，分享他们创造的快乐。”[①]该文件的颁布和实施，使以幼儿活动为中心的课程教育理念得到进一步强化和落实，更加推进了我国幼儿园区域环境创设实践的深入。

2012 年《3—6 岁儿童学习与发展指南》中指出，幼儿的学习是以直接经验为基础的，要创设丰富的教育环境，最大限度地支持和满足幼儿通过直接感知、实际操作和亲身体验获取经验的需要。遵循并适应于幼儿的学习特点和方式，加强和推进幼儿园保教环境的科学创设，是幼儿园保教工作和课程建设的基本任务和重要环节。[②]

21 世纪以来的一系列政策文件是针对我国幼儿园教育与时代发展需要不相适应的弊端和努力促进幼儿园教育改革产生质的变化而颁发的。这些文件强调幼儿园教育不在于获得某一知识和技能，而在于在快乐的童年生活中获得有益于身心发展的经验；强调儿童情感、态度和能力等方面的发展，并基于此来决定内容和各领域的要求，强调教育过程应该尊重意愿，满足需要，培养兴趣，凸显自主、自信的主体精神，关注儿童的自主探究和合作学习态度的培养。这些制度的发展和演变

---

① 中华人民共和国教育部. 幼儿园教育指导纲要（试行）.（2001-07-02）[2018-07-01]. http://old.moe.gov.cn/publicfiles/business/htmlfiles/moe/moe_309/200412/1506.html.

② 中华人民共和国教育部. 3—6 岁儿童学习与发展指南.（2012-10-09）[2018-07-01]. http://old.moe.gov.cn/publicfiles/business/ htmlfiles/moe/ s3327/201210/xxgk_143254. html.

对幼儿园保教环境创设的理念提出了新的要求和发展方向。

总之，学前教育理论的深入，对幼儿园保教环境的创设提出了新的要求。当下，游戏的作用和价值被广泛关注，幼儿园日渐提倡创设开放性游戏环境，开放性的物理环境，游戏的空间、时间和材料都是开放共享的，幼儿可以自由选择，场地是按幼儿的需要和愿望布置的，可根据儿童的需要调整变化，游戏时间是由幼儿自由支配的，此外，还有开放的心理环境，即游戏中的人际关系是开放的，同伴关系、师幼关系是平等的、互动的、和谐的。在这样的理念下，要求幼儿园的建筑空间组合要突破分割、封闭的格局，既分又合，灵活多变，并且要重视对公共活动和交往空间的创造。

第二节　保教环境创设的经验与成就

对幼儿来讲，环境是其第三位教师，它能够激发幼儿学习的积极性，指导幼儿的学习，促进幼儿的全面发展；对于教师而言，善于调动和组织第三位教师是减轻教师工作负担、改善幼儿行为、提高幼儿园教育工作质量的重要内容。改革开放以来，从宏观政策层面和微观幼儿园的课程改革方面，我们都看到了对环境创设的重视。

一、保教环境创设越来越凸显儿童的主体地位

《幼儿园教育指导纲要（试行）》中指出，幼儿园的空间、设施、活动材料和常规要求等应有利于引发、支持幼儿与周围环境之间进行积极的互动，这就要求教师要为幼儿创造有利于激发幼儿主动性的环境，幼儿在进行自主探索活动过程中，能够主动进行探索，发现问题并解决问题。幼儿教师所创设的环境是为教育服务的，幼儿在环境中处于主体地位。教师创设的环境是在与幼儿的相互配合中完成的，这样做既增加了幼儿与教师之间的互动，也提高了幼儿对所创设的环境的理解。以往幼儿园环境布置的参与者主要是教师，儿童参与的广度和深度都非常有限，幼儿的主体性常常被忽略。有的教师通过作品展示墙展示幼儿作品的方法，或者让幼儿将教师事先准备好的材料进行机械性的粘贴等方式，来彰显幼儿

在环境创设过程中的参与性，显然，这样儿童的参与度是较低的。

幼儿园教育应坚持以幼儿为本的办园理念，其中在保教环境创设中凸显幼儿的主体地位是一个非常重要的方面。2011 年《幼儿园安全友好环境建设指南》中提出“建设幼儿园环境，要体现以幼儿为本的办园理念”[①]，2016 年《幼儿园建设标准》中提出“幼儿园建设必须坚持‘以幼儿为本’的原则，符合幼儿生理和心理成长规律”[②]，这都明确了幼儿园环境服务的主体是幼儿。保教环境创设与幼儿身心发展的特点相适应、尊重幼儿的独立人格，才能保证幼儿的主体地位得以实现。因此，幼儿园的空间布置应有利于引发、支持幼儿的游戏和各种探索活动，并促进幼儿与周围环境的相互作用。如果创设的环境脱离幼儿发展需要，幼儿不愿意或是没有机会参与环境创设，那么无论教师如何精心设计，这样的空间环境都是无法发挥其教育功能的。[③]幼儿园的环境创设应能方便幼儿主动地进入环境，使幼儿成为环境创设的成员。让幼儿参与环境创设，不仅能增强他们的自信心和动手能力，还能美化孩子们的心灵。[④]

随着教育实践发展的深入，越来越提倡让幼儿参与环境布置，因为幼儿的参与不仅能使环境发生变化，而且能激发幼儿探索与挑战环境的动机。这种体验对幼儿来说是一种天生的乐趣。剥夺儿童支配环境设置的权利，实际就是剥夺他们与环境对话的权利，剥夺他们享受空间美的权利。[⑤]教育是由复杂的互动关系组成的，只有“环境”中各个元素的参与，才是许多互动关系的决定性因素。因此，教师在保教环境的创设中必须考虑到幼儿参与的重要性，利用环境创设，积极引导幼儿参与到各项活动中，以达到教育活动目标的实现。

总之，改革开放 40 年以来，随着《幼儿园工作规程》《3—6 岁儿童学习与发展指南》等的颁布，幼儿园教育要“以幼儿发展为本”，尊重幼儿的权利，尊重幼儿身心发展规律和学习特点，以游戏为基本活动，保教并重，关注个体差异等新的儿童观、教育观逐渐深入人心，成为我国幼儿园教育实践的基本价值取向，在新的儿童观、教育观的影响下，幼儿园教育实践的面貌发生了从“教师中心、学科中心、课堂中心”到“以幼儿为本、以游戏为基本活动、寓教育于幼儿园的环境和一日活动之中”的巨大变化。这对幼儿园保教环境的创设提出了新的挑战的同时，也为其提供了改革的方向。

---

① 学校建设标准国家研究中心. 幼儿园安全友好环境建设指南. 《幼儿园安全友好环境建设指南》第一期培训班，江苏南京，2013.

② 中华人民共和国住房和城乡建设部，中华人民共和国国家发展和改革委员会. 幼儿园建设标准.（2016-11-02）[2018-07-04]. http://www.mohurd.gov.cn/wjfb/201704/t20170413_231464.html.

③ 陶纪秋. 幼儿园科学教育环境创设的原则与策略. 学前教育研究，2010（5）：63-65.

④ 孙晓轲. 幼儿园空间设计与参与理念的演变. 学前教育研究，2011（12）：10-12.

⑤ 叶俊萍. 优化生活化教育环境，提升课程建设质量. 学前教育研究，2010（9）：64-66.

二、保教环境创设越来越符合幼儿园教育教学的需要

《幼儿园教育指导纲要（试行）》指出："环境是重要的教育资源，应通过环境的创设和利用，有效地促进幼儿的发展。"[①]《幼儿园工作规程（2016）》也提出："创设与教育相适应的良好环境，为幼儿提供活动和表现能力的机会与条件。"[②]学前教育政策文件和幼儿园教育实践中已经越来越重视保教环境的教育价值，要求环境创设具有丰富性和多样性、开放性和可操作性、层次性和挑战性以及自然性，以符合幼儿园教育教学的需要。

（一）丰富性和多样性

环境的丰富性和多样性会直接影响幼儿学习经验的获得，因此创设丰富多样的环境是幼儿园教育教学的需要。《幼儿园教育指导纲要（试行）》中提出："幼儿园应为幼儿提供健康、丰富的生活和活动环境，满足他们多方面发展的需要，使他们在快乐的童年生活中获得有益于身心发展的经验。"[①]保教环境的丰富性和多样性要求幼儿园提供功能多样的游戏场地、设施和种类丰富全面的游戏材料。当前幼儿园已越来越意识到沙池、水池、宽阔场地、小土坡等不同场地对幼儿全面发展的重要性；也投放了许多功能各异的器具，如平衡木、小吊桥、滑梯等；在室内活动区更是出现了质地不同、形状各异、颜色丰富的游戏材料。保教环境的丰富性和多样性还要求幼儿园要对地面、空间、墙面三维环境全面利用。值得一提的是，如今墙面环境的教育价值已经开始被越来越多的幼儿园发现和发掘。色彩和谐、富有童趣的装饰性墙面符合幼儿的审美情趣，能够对幼儿进行浸润式的审美教育；与主题相结合的墙面可以提供与主题相关的背景材料，也可以展示主题活动的过程和结果；各活动区的墙面可以贴一些与本区域活动内容相符合的标志或活动规则，以为幼儿正确开展区域活动提供导向和暗示。另外，根据季节、主题等不断变化的动态环境是保教环境丰富性和多样性在时间维度上的体现。环境创设得再适宜、完美，也会有有效期的限制，幼儿在一成不变的环境中可获得的经验是有限的，因此，保教环境根据教育需求而变化已成为当前许多幼儿园进行环境创设的原则之一。

---

① 中华人民共和国教育部. 幼儿园教育指导纲要（试行）.（2001-07-02）[2018-07-04]. http://old.moe.gov.cn/publicfiles/business/htmlfiles/moe/moe_309/200412/1506.html.

② 中华人民共和国教育部. 幼儿园工作规程.（2016-01-05）[2018-07-04]. http://www.moe.edu.cn/srcsite/A02/s5911/moe_621/201602/t20160229_231184. html.

（二）开放性和可操作性

环境的开放性和可操作性是幼儿与环境相互作用以获得经验的前提，很大程度上决定了幼儿活动经验的可获得性。从儿童行为学的角度来讲，较为封闭的空间是不适宜幼儿活动的，反而开放的空间会让幼儿更快地参与其中，这是儿童与生俱来的天性。①保教环境创设得再美观，如果无法让幼儿对其进行操作、与其发生互动的话，也会丧失应有的教育价值，所以说环境必须具备开放性和可操作性，才能够为幼儿提供活动和表现能力的机会，帮助幼儿获得经验。从宏观的幼儿园选址、中观的教室布局到微观的区域材料投放，都需要考虑到开放性和可操作性。1991 年国家教育委员会发布的《关于改进和加强学前班管理的意见》中提出：“要因地制宜地选择和组织教育内容，就地取材为幼儿提供各种游戏和活动材料（尤其是可供动手操作的材料）。”②2001 年的《幼儿园教育指导纲要（试行）》中要求“提供丰富的可操作的材料，为每个幼儿都能运用多种感官、多种方式进行探索提供活动的条件”③。《幼儿园工作规程（2016）》在第三十条也提到：“创设开放的、多样的区域活动空间，提供适合幼儿年龄特点的丰富的玩具、操作材料和幼儿读物。”④随着人们对环境价值认识的加深，越来越多的幼儿园意识到环境创设并非仅为了美观，如何让幼儿通过与环境的相互作用得到发展才是环境创设的要义，例如，将幼儿园走廊的墙面设计为幼儿可以自由发挥的“心情墙”“对话墙”，室内外空间衔接处设置为半开放空间以便幼儿观察，教室不采用固定桌椅而是根据活动不断变化，在美工区多投放半成品材料，诸如此类的环境创设更有利于幼儿与环境进行更好的互动。

（三）层次性和挑战性

幼儿身心发展的个别差异性要求我们为儿童创设具有层次性的保教环境，以最大限度地保证各个水平层次的幼儿都能够从中受益，而维果斯基提出的“最近发展区”理论则启示我们，环境创设还要对幼儿构成一定的挑战，以促进幼儿水平的进一步发展。不同年龄阶段的儿童发展水平自然存在差异，即使同一年龄段的幼儿身心发展具有普遍规律的同时也会参差不齐，在进行环境创设时应当尽量

---

① 但菲，刘笑男. 开放教育理念下的幼儿园环境创设. 辽宁教育，2017（11）：71-73.

② 中华人民共和国国家教育委员会. 关于改进和加强学前班管理的意见.（1991-06-17）[2018-07-10]. http://www.moe.gov.cn/srcsite/A06/s3327/199106/t19910617_81990.html.

③ 中华人民共和国教育部. 幼儿园教育指导纲要（试行）.（2001-07-02）[2018-07-10]. http://old.moe.gov.cn/publicfiles/business/htmlfiles/moe/moe_309/200412/1506.html.

④ 中华人民共和国教育部. 幼儿园工作规程.（2016-01-05）[2018-07-10]. http://www.moe.edu.cn/srcsite/A02/s5911/moe_621/201602/t20160229_231184.html.

满足不同发展水平的幼儿的需求。例如，某乡镇幼儿园根据园内地形在室外开发出的“探险岛”里设置了两座荡桥练习平衡，一座低，一座高，让孩子们根据自己的能力自由选择。其中，高的荡桥分设三段，第一段用高跷长凳，第二段用消防带加竹竿扶手，第三段则换成了软绳扶手，设置不同的难度可以让更多幼儿充分利用荡桥。具备挑战性的环境能够促进孩子不断地向更高水平层次迈进，在他人的指导下或者通过自己不断地尝试，逐渐攻克超出自己现有水平的难题，从而得到进一步的发展，例如，有的幼儿园创设了运动迷宫，每条路径上都设置具有一定难度的路障，需要钻、跑、跳、走等才能通过，幼儿在熟练通过较为简单的路径之后会选择挑战难度更大的路径，即使是多次尝试后才取得成功，依然能够让他们从中获得满满的成就感，这个过程中既锻炼了幼儿的运动技能，又培养了他们勇于克服困难的品质。

（四）自然性

陈鹤琴指出：“爱自然也是儿童的天性……经常指导儿童对于环绕着他们的自然界的事物和现象，进行观察和研究……通过儿童的双手和感官，使儿童对自然界的事物得到正确的认识，使儿童懂得自然界与自然现象之间的关系。”[①]自然环境有着独特的教育意义和价值，创设具有自然性的保教环境既是从儿童的天性出发，又能让儿童获得的经验具有自然的品性。保教环境亲近自然在很大程度上丰富了幼儿园的教育教学价值。近年来的政策文件中已多次提到幼儿园的环境应具有自然性，2011年《幼儿园安全友好环境建设指南》中提到，“幼儿园的环境建设应当因地制宜，环境布置的材料来自于生活和大自然”[②]。《幼儿园工作规程（2016）》中的第三十五条指出：“幼儿园应当有与其规模相适应的户外活动场地，配备必要的游戏和体育活动设施，创造条件开辟沙地、水池、种植园地等，并根据幼儿活动的需要绿化、美化园地。”[③]在实践层面上，很多幼儿园的环境创设中已经融入了越来越多的自然元素。室内活动区出现了诸如麦穗、树叶、果壳等自然物，这些或用于装饰，或用于幼儿创作，或作为幼儿观察认识的对象而存在；室内的自然角、室外的种植区更是充满了生命向上的张力，幼儿在其中不仅能够通过这些自然物获得科学上的感知，而且在与生命同在、与自然同在的过程中能获得哲学上的启迪；甚至在一些幼儿园中能够看到水体的存在，水与幼儿的生活、

① 陈鹤琴. 陈鹤琴教育文集（下卷）. 北京：北京出版社，1985：163.

② 学校建设标准国家研究中心. 幼儿园安全友好环境建设指南. 《幼儿园安全友好环境建设指南》第一期培训班，江苏南京，2013.

③ 中华人民共和国教育部. 幼儿园工作规程.（2016-01-05）[2018-07-15]. http://www.moe.gov.cn/srcsite/A02/s5911/moe_621/201602/t20160229_231184.html.

与世间万物相联系，于无声之中给予幼儿心灵的滋养。

三、保教环境创设中的生态意识越来越强

将人的发展放置于生态关系之中是各种生态取向理论的共同点。①儿童生态学强调将儿童的发展放置于儿童所处的各种变化着的环境中去考虑，这里所指的环境构成十分复杂，包括但不限于保教环境的创设。随着儿童生态学的理论不断深入人心，保教环境创设中的生态关系也越来越紧密。

1）环境创设越来越重视儿童与环境之间的交互作用。传统的环境观容易将环境和儿童剥离开来，认为环境是独立于儿童存在的物理世界，儿童也是独立于环境存在的有机体。随着生态学理论的广泛传播，人们的认识不断进步，逐渐意识到儿童与环境是相互交织的复杂关系，两者之间的交互作用对儿童的发展起主导和决定作用，因此在创设保教环境时越来越重视环境与儿童之间的交互作用，希望儿童通过与环境相互作用获得经验。这一改变首先体现在保教环境越来越具有教育性上，当我们重视环境与儿童的交互作用时，就会进一步考虑到如何让环境发挥其教育价值，为儿童提供更多与环境互动的机会，上文中提到的重视环境的多样性和丰富性、开放性和操作性、层次性和挑战性以及自然性，都是出于让儿童与环境进行更加充分的互动以发挥环境的教育价值的考虑。这一改变还体现在环境创设中的儿童参与性不断加强，儿童参与环境创设的过程本身就是在与环境互动，一方面，教师以幼儿同伴的身份引导幼儿积极参与环境创设，激发幼儿自主探究的兴趣；另一方面，幼儿主动参与环境创设的内容选择、材料收集、墙面布置，体验参与和分享的快乐，感受与环境互动的乐趣。

2）环境创设越来越重视各个层次间多重关系的合作。儿童所处的环境是一种有结构的、由多重关系构成的系统，生态系统各层次间的多重关系是儿童发展的重要背景。儿童所处的生态系统并不仅仅是幼儿园，还有家庭和社区，甚至还有能够对儿童的生活产生影响的更大的系统。存在于同一生态系统内的生态因子之间是相互依托、互为条件的，幼儿园这个生态系统内的教师、环境、幼儿等生态因子之间是互促互利、和谐共进的生态关系，而幼儿所处的不同的生态系统之间的联系也会对幼儿产生影响，以家庭和幼儿园两个生态系统为例，幼儿作为这两个生态系统之间的基本连接，同一天内在家里和幼儿园都生活了一段时间，这种参与是连续发生的，环境创设的最终目的是促进幼儿的发展，所以就必须考虑与

① 朱家雄. 从生态学视野看学前教育. 教育导刊（下半月），2006（4）：4-6.

幼儿在幼儿园之外所处的环境通力合作。这种合作一方面体现在材料的支持上，例如，家长和社区为幼儿园环境创设提供一部分可利用的废旧物品作为材料，为幼儿提供进行特殊活动的场地等；另一方面体现在心理环境氛围的创设上，幼儿园、家庭以及社区能够通力为幼儿提供一种支持、鼓励的心理环境，鼓励幼儿自由玩耍，大胆探索和发现，这种温暖、愉悦、健康的环境有助于幼儿获得幸福感和安全感，帮助他们在集体中学会与他人交往。《幼儿园工作规程（2016）》第三十条便提到："幼儿园应当营造尊重、接纳和关爱的氛围，建立良好的同伴和师生关系。幼儿园应当充分利用家庭和社区的有利条件，丰富和拓展幼儿园的教育资源。"[①]另外，第九章专门强调了幼儿园与家庭、社区的合作，可见儿童所处的各个层次间多重关系的合作越来越受到重视。

3）越来越强调环境的多样性和可变性。儿童生态学强调儿童应在多样的、可变的环境中发展，幼儿在与不断变换的环境的互动中得到发展，环境也因幼儿需求的改变而不断变化，两者相互依存，相互促进。首先，环境的变化为幼儿提供了新的探索点，环境蕴藏着时间运动方式，随着时间的前进不会一成不变，而环境的每一次变化都能够为幼儿开启新的探索之旅，让幼儿有新的发现，例如，树叶随着秋天的到来渐渐变黄、凋落，这就会引起幼儿对秋天的探索。与此同时，幼儿活动的变化也时刻影响着环境的变化，根据幼儿不同的活动，教师会对环境创设进行一定的调整，环境中的要素便随着幼儿兴趣、能力的改变不断产生变化，例如，幼儿对秋天有了探索的兴趣，教师便会以秋天为主题对教室进行布置。因为幼儿是时刻生长着的，环境也就不断随之变化，这样才能不断生成新的内容，始终为促进幼儿的发展服务。

第三节　保教环境创设存在的问题与解决思路

环境是幼儿进行探索与学习的背景，是幼儿之间、师幼之间交互作用的"桥梁"。环境创设应该根据幼儿园课程目标来确定和设置，以充分发挥环境的教育功能。幼儿并非被动接受环境的影响，他们总是按照自己的兴趣、需要以及经验

① 中华人民共和国教育部. 幼儿园工作规程.（2016-01-05）[2018-07-16]. http://www.moe.gov.cn/srcsite/A02/s5911/moe_621/201602/t20160229_231184.html.

和能力，不断地、有选择地对环境做出反应，主动探索并建构自己的经验体系，这也为幼儿园的生成性课程提供了源泉。课程与环境的相互创生，不但使环境更契合幼儿与教师的需要，而且使课程更贴近幼儿的生活，更具吸引力。

一、保教环境创设应进一步去“成人化”

在现实的幼儿园保教环境的创设上，教师更多地用成人的价值观进行审视，把注意力集中于美观，没有给幼儿参与的空间和机会，不需要幼儿动手建构，幼儿只是欣赏。教师负责布置环境、幼儿负责保持好环境的现象具有普遍性，环境是幼儿所不能理解的，无法通过环境传达教育信息，也无法引起幼儿积极参与的兴趣，这种环境与幼儿缺乏互动，过于精美的墙饰等让幼儿望而却步，并不利于激发幼儿动手等方面的能力。幼儿教师承担着环境创设的全部任务，导致教师长期处于有压力的状态，给教师增加了较多额外的工作量。这种现象折射出幼儿学习和发展的主动性被忽视。将幼儿视为环境创设的被动接受者并将其排斥于环境之外，反映出相当一部分教师的意识中仍然存在对幼儿的错误认识，即幼儿是无知、无能和被动的，这种观念将阻碍幼儿与环境的互动，导致幼儿探索精神的丧失，环境由此也失去了作为“第三位教师”在幼儿园教育中的价值。

在环境创设的观念上，应做到：①应树立一种理念——幼儿是环境的主人，幼儿在环境的创设和使用上应发挥主体性和主动性，无论是活动、材料、区域布置，还是要求、引导，都要重在支持幼儿自主活动，主动探索、操作和充分体验。[①]②教师应该对保教环境创设有全面的理解，不能将幼儿园环境狭隘地理解为物质环境的创设，割裂精神环境与物质环境的关系；不能对物质环境创设的理解过窄，将其等同于空间的布置、设施设备的提供，也不能将幼儿园内环境创设狭隘地理解为班级环境的创设，将班级环境创设又主要理解为墙饰的设计与布置等。

二、保教环境创设应综合考虑成本与质量

现今幼儿园环境创设中存在着高投入、贵族化、过度装饰的现象，这也让我们意识到，保教环境创设中的成本和质量的问题，不仅是农村地区、欠发达地区，在相对发达地区的幼儿园环境创设中也需要落实和坚持。学前教育的根本特点是

---

① 教育部基础教育司.《幼儿园教育指导纲要（试行）》解读. 南京：江苏教育出版社，2002：7.

公益、普惠、有质量，三者必须协调、统一，只有普惠的才能实现公益，只有公益的才能普及，而学前教育的普及必须以质量为前提。有的教师为了应付上级领导的检查，在区域中大量投放丰富华丽的材料，实际上材料并没有与课程内容相结合，或者投放教育目标过高的或者过低的材料，使得材料一直堆放在玩具柜里，形同虚设，造成了浪费。

所谓低成本，包括：①经济成本低，即创设幼儿园环境时，花费的资金较少；②时间成本低，即创设幼儿园环境时，花费的时间较少，在当前强调废旧材料利用、乡土资源、园本课程的背景下，应特别注意教师时间成本的花费；③运行成本低，即幼儿园环境创设好以后，在维护、清理、保养等方面需要的人力、物力、财力较低；④改变成本低，即幼儿园环境创设好以后，当其需要根据季节、主题等变化时，需要的人力、物力、财力较低。所谓有质量，是指幼儿园环境是按照国家、地方制定的有关幼儿园环境的标准，由专业人员创设的，是适合不同年龄幼儿日常学习、游戏和生活的。这样的环境不是给成人看的，而是为生活于其中的幼儿去观察、探索、感受、体悟的。[①]

从操作层面来讲，幼儿园环境创设不要盲目追求硬件条件，要考虑园所自身的经济情况，发扬勤俭办园的精神。要厉行节约，不浪费财物，不盲目攀比，提倡就地取材，废物利用，一物多用。一方面，要就地取材，一物多用，如室内外环境创设，可以投放一些废旧的材料，如轮胎等；另一方面，要对家长的观念进行引领，引导家长树立科学的环境观和资源观，学会科学地判断幼儿园质量，更多地关注师资力量的作用。这样做既能实现幼儿园的教育目标，又能节约成本，并对家长的观念和行为发挥引领作用。在考虑成本的同时，还要兼顾材料的安全性，即所使用的材料是否有毒，是否存在安全隐患等，不能因为节约成本而选用对孩子的身心安全有威胁的材料。

三、保教环境创设应去装饰性、重发展性

幼儿园环境创设的核心是满足幼儿的需要，使幼儿获得经验，促进他们身心健全发展。实际上，幼儿园将环境创设中的外表华丽、美观作为出发点，忽视了其中的教育价值，忽略了幼儿的主体性，也背离了学前教育自身的教育目的。过分注重外在的精致、美观和安全，与幼儿的心理、生理特点和个性发展的需要是相违背的。有些幼儿园环境创设的装饰性强，幼儿的参与性却很弱。参与性即引

① 鄢超云，等. 低成本有质量的幼儿园环境创设. 北京：教育科学出版社，2013：11.

导幼儿动手动脑，参与环境的建设，使环境建设的过程成为幼儿学习的过程。教师应提供多种多样的设施和材料供幼儿探究、操作，使之充分地与环境相互作用。对幼儿园的环境创设参与最多的是教师。一般教师提前制定一个主题，然后按照主题进行创设，很少让幼儿参与环境的创设。教师主要根据自己教育教学的方便考虑环境创设，全凭自己的感觉评价好看与不好看，较少倾听孩子的建议，也很少顾及孩子的感受，忽视了孩子的生理健康，如不考虑设施设备的高矮、活动用具及材料的大小是否适合孩子等。[①]另外，一些幼儿园将环境建设单纯视作外部建设中的一个组成环境，只发挥了环境的观赏作用，忽视了外部环境对幼儿教育开展的辅助性作用。对外部环境建设的忽视，容易使教师和幼儿对物质环境的理解发生偏颇，导致教学空间和物理空间的相互脱节。

幼儿园的环境建设应当因地制宜，环境布置的材料应来自生活和大自然，环境创设的方式应符合幼儿的生理和心理特点，贴近幼儿的生活。积极向上的幼儿园环境会激发幼儿的探索欲望，能提高幼儿的审美、实践、动手操作等能力。因此，幼儿园要做到以幼儿为中心，从环境创设的角度来说，就是让幼儿真正地参与其中，既减轻了教师进行环境创设的负担，又锻炼了幼儿的动手操作能力和想象力。创造一个充满美感和生命力的环境是对幼儿的尊重，也是帮助幼儿更好地理解世界的重要渠道。幼儿有自己的想法，教师也可以鼓励幼儿大胆地表达，并尽可能满足他们真正的需求。

四、保教环境创设应深化环境、资源与文化的融合

陈鹤琴先生提出了“大自然、大社会都是活教材”的观念，他认为学前儿童是在周围的环境中学习，教师应该以大自然、大社会为中心组织课程。自然环境包括动物、植物和各种自然现象，社会环境是人类精神活动的环境，如家庭生活、集市、节日、庆祝会、教师接待日活动等学前儿童经常接触的生活环境，都对学前儿童的发展具有很大的作用。他指出大自然、大社会是最真实的、最丰富的、最具吸引力的学习环境。我们应该带幼儿走向公园、农场、自然风景区、社会场所，让幼儿在与大自然、大社会的接触中尽情地看看、听听、摸摸、想想、做做，满足幼儿的好奇心和渴望主动发现、主动探究的心理，让幼儿获得最真实的感受，让幼儿在多彩的环境中学会观察、学会创造，在丰富的社会环境中学会学习、学会生活、学会做人。

保教环境创设中环境、资源与文化的融合，充分地体现了环境创设本土化的

---

① 杨文. 当前幼儿园环境创设存在的问题及解决对策. 学前教育研究，2011（7）：64-66.

要求。本土化意味着了解本土资源，并利用本土化的资源，通过本土化的资源来实现教育的目标。当地资源给孩子提供了最直观、最形象、最容易获取的资源，丰富多彩的自然环境也预示着一种情感，多引导幼儿亲近大自然，让幼儿领略到大自然的乐趣，这在无形之中也激发了幼儿的美感，对于幼儿起到了直接的熏陶作用。对本土资源的利用也应注意整合、取舍，选取那些常见的，幼儿感兴趣的、熟悉的资源，实现对本土资源的有效利用。同时，对本土资源也要进行加工和创新，融入适合于儿童年龄特点和富有童趣的素材，长时间地坚持，也会形成具有当地文化特色的教育。因此，教师应该因地制宜，把好选材关，突出五大领域的整合性等。此外，本土资源的利用还能在一定程度上解决经费紧张问题。这样既能减少资金的投入，也能让孩子与本土资源直接接触，以最直接的方式对幼儿产生影响，促进幼儿的发展。

目前，对环境创设价值的认识得到了广泛的认同，研究应该将关注点置于如何提升环境创设质量上，因此，今后的研究应该注重从多个角度、结合多种研究方法进行生态研究，关注不同类型的幼儿园环境创设，关注幼儿园环境创设的评价，为幼儿提供一个有效的学习环境。环境是重要的教育资源和促进幼儿发展的必要条件，幼儿在与外部环境的相互作用中成长、发展。“教育是否成功，有赖于环境中各要素是否具有教育的成分，是否充分地参与到教育过程中、是否有助于互动，是否有益于幼儿在做的过程中的知识建构等。”①归根结底，保教环境的创设应该以儿童发展作为出发点和归宿。

① 屠美如. 向瑞吉欧学什么——《儿童的一百种语言》解读. 儿童与健康，2010（1）：63.

第七章

幼儿园课程的改革与发展

幼儿园课程是幼儿园教育中极其重要的一部分，是达成幼儿园教育目标的重要载体，幼儿园课程的变革总是与学前教育理论和实践的重大变革联系在一起。从 20 世纪 70 年代末开始，伴随改革开放的大背景，我国在经济、政治、文化和社会领域发生了翻天覆地的变化，这种变化也影响到学前教育与学前课程领域。以史为鉴、继往开来，系统审视和考察改革开放 40 年来我国幼儿园课程变革历程，梳理每一个阶段的主要变革内容及取得的成果，有助于在追本溯源中更好地把握当前幼儿园课程改革的脉络和规划未来幼儿园课程发展的蓝图。

第一节　幼儿园课程改革与发展的历程

改革开放40年来，与时代发展相联系，伴随经济体制与教育制度变革，我国幼儿园课程经历了多次变革与发展，这些变革是深刻的、连续的，每一次变革既是对原有课程理念、课程制度的大胆自我否定，又从中汲取有益的养分并结合时代需求孕育出更新的课程理论与课程实践。按照时间先后顺序梳理，可清晰展示改革开放40年来我国幼儿园课程改革所经历的每一阶段，更易于我们把握历次变革间的关系，有助于理解我国幼儿园课程发展的趋势。

一、1978—1982年：苏联课程模式的延续

展示20世纪70年代末以来我国幼儿园课程的变革与发展，有必要先阐述在此之前我国学前教育所秉持的幼儿教育理念与采用的幼儿园课程模式。

中华人民共和国成立后，百废待兴，为尽快摆脱以美国为首的外部敌对势力的封锁，完成社会主义改造，包括教育在内的各领域都全面学习苏联。进入社会主义全面建设时期（1956—1966年），我国的幼儿教育事业得到进一步发展，但是1966—1976年，包括幼儿教育在内的中国教育在"文化大革命"期间遭受到严重摧残。1976年粉碎"四人帮"，尤其是1978年12月党的十一届三中全会胜利召开后，快速恢复幼儿园正常教育秩序成为当时学前教育领域的主要任务，一系列会议胜利召开和一系列法规文件出台。

1979年7月24日—8月7日，全国托幼工作会议召开，明确了学前教育"两条腿走路"的发展方针。同年11月，教育部颁布《城市幼儿园工作条例（试行草案）》，首先从城市幼儿园开始恢复正常教育秩序：彻底纠正"文化大革命"期间的错误，重新强调幼儿教育"全面发展"的教育目标，规定幼儿园要回归保教结合原则，恢复幼儿园教育中的体育锻炼、游戏和作业等。1981年，教育部颁布《幼儿园教育纲要（试行草案）》，这是对1952年实施《幼儿园暂行教学纲要（草案）》的继承和重新修订。①两份文件名称中"教育"与"教学"之别体现出文

件背后对幼儿教育主要工作的新认识。②《幼儿园教育纲要（试行草案）》由幼儿年龄特点与幼儿教育任务、幼儿园教育的内容与要求、教育手段及注意事项三部分组成，第一部分吸取国内外幼儿生理学、心理学研究成果；第二部分教育内容拓展为生活卫生习惯、体育活动、思想品德、语言、常识、计算、音乐、美术等八个方面，每一方面又按照小、中、大不同年龄阶段提出具体要求；《幼儿园教育纲要（试行草案）》提出教育内容的实施应通过游戏、体育活动、上课、观察、劳动、娱乐和日常生活等途径，防止小学化与成人化。此外，教育部还根据《幼儿园教育纲要（试行草案）》组织编写了全国统一的幼儿园教材，并统一出版，在全国幼儿园推广使用。

对比 20 世纪 50 年代初所颁布的《幼儿园暂行规程（草案）》《幼儿园暂行教学纲要（草案）》，1981 年的《幼儿园教育纲要（试行草案）》继承了其主要精神，并进行了一定革新。总的来说，1978—1982 年，我国所实施的幼儿园课程模式还是对苏联课程模式的延续，对于当时消除“文化大革命”所带来的影响具有很大价值，且总体上体现了儿童身心发展规律和学习特点，使幼儿园课程回归到促进幼儿全面发展的轨道上来，但这种以教师、教材、课堂为中心的幼儿园课程模式存在诸多问题，例如，课程目标设置以及整齐划一的以集体教学为主的课程组织方式忽视了幼儿之间的个体差异；课程内容既片面强调书本知识又划分过细，造成学科界限过于明显，脱离了幼儿的实际生活等。因此，有人以“三多三少”“三轻三重”总结苏联这种学科课程模式所存在的种种问题，即“集体活动多，自由活动少，教师讲得多，幼儿做得少，上课时间多，游戏时间少”，“重知识，轻能力，重结果，轻过程，重教材，轻生活”①。这些问题导致幼儿的主体性和积极性得不到充分发挥，幼儿园课程变革成为必然。

二、1983—1988 年：综合课程的探索与实践

20 世纪 70 年代末开始，西方最新儿童心理研究及教育理论被引入我国，开阔了幼教工作者的视野，涌现出许多针对苏联分科课程模式所存在问题的课程改革，对我国原有的幼儿园课程模式产生了巨大冲击，其中最具代表性的就是 20 世纪 80 年代初南京师范大学赵寄石教授所提倡的幼儿园综合课程模式。

“文化大革命”后，赵寄石教授带领南京师范大学学前课程研究团队恢复了与一线幼儿园的合作，分学科、分专题探讨幼儿园所使用的各科教材和教法。在研

① 王小英，蔡珂馨. 国内外幼儿教育改革动态与趋势. 长春：东北师范大学出版社，2004：40.

究中，赵寄石教授一方面致力于完善分科模式下教材、教法的编排和使用，另一方面又认识到这种课程模式在实践中存在对各科之间的关系和联系缺乏研究的问题，造成教师与幼儿负担过重，影响了幼儿的身心发展，因此，怎样把各科教学有机地结合起来，便于幼儿学习并取得更好的效果，成为下一阶段学前课程研究的重点，由此开始幼儿园课程结构从单科向整体转变的研究，又一次拉开了我国幼儿园课程改革的帷幕。①

综合课程的行动研究首先在城市幼儿园开展，其后向农村幼儿园推广。1983年开始，南京师范大学教育系与南京市实验幼儿园合作，历时三年，开展关于“幼儿园综合教育结构探讨”的教育实验并取得丰富成果：“一是初步建构了不同于学科教学的而是‘以常识为中心，以主题为组织形式的’课程模式的框架；二是总结出了三个方面的综合（内容、手段、过程）及三个层面的综合（主题活动、一日活动、个别活动）的课程综合机制；三是初步尝试用‘行动研究法’来研究课程。”①到1986年，赵寄石教授完成了“幼儿园综合教育课程”的第一阶段研究，逐渐将研究重点转向我国广大欠发达地区以及边远地区的农村幼儿园教育，1987年起，主持全国教育科研“七五”规划的农村幼教研究项目“农村学前一年综合教育课程”，课题研究成果受到鉴定专家组的肯定。通过城、乡幼儿园两阶段的实验研究，综合教育课程模式逐渐成形，主要内容包括综合教育课程的内涵、特点、理论基础、目标与内容、实施手段与过程以及教师观等。

不同于分科课程过于强调学科知识的系统性即“分科教学”，赵寄石教授所提倡的幼儿园综合教育是整体性的教育，“反映幼儿园教育的整体结构和内在联系，体现各部分之间的相互作用以及整体功能”②，旨在根据幼儿全面发展需要，整合各种教育要素之间的联系和相互作用，使学前教育更好地发挥整体功能。为打破学科的界限、研究学科知识之间的联系，赵寄石教授主张以社会生活事件或自然界中的核心点为主线，通过三个方面和三个层次的综合，把各个学科的内容综合到相关主题或单元活动中，并根据教育内容的需要综合地使用各种教育方法和手段，既将各科教育组成一个有机体，增加了学科间的联系，又保持了各学科的系统性。当然，这种以课程结构改革为主要目标的课程改革具有明显的局限性：“只是把课程由分科调整为综合而并未改变传统课程的本质……并没有触及幼儿园教学过程中普遍存在的‘教师中心、教材中心和上课中心’的成人化、小学化倾向以及这种倾向背后的教育理念。”③

---

① 唐淑. 赵寄石学前课程思想的发展历程. 早期教育（教师版），2010（9）：4-5.

② 赵寄石. 幼儿园综合教育课程（一）. 早期教育，1990（4）：6-7.

③ 刘焱，潘月娟，孙红芬. 中国大陆近二十年来幼儿园教育改革的历程回顾与现状分析//朱家雄. 中国视野下的学前教育. 上海：华东师范大学出版社，2007：19-20.

三、1989—1996 年：幼儿园课程中儿童立场的回归

赵寄石教授所领导的综合课程改革探究，掀起了20世纪80年代初以后针对幼儿园分科课程体系的改革热潮，追求学前教育的整体性、联系性，强调幼儿主动性与教师主导作用的发挥，重视幼儿的自主活动，明确了中国幼儿园课程价值取向的方向。一方面伴随大量先进儿童心理学理论、教育理论的引入，我国学前教育工作者在学习中不断加以吸收、引用；另一方面又积极回头看，从20世纪30年代幼儿园课程变革的优秀成果中汲取营养。幼儿园课程中儿童立场的回归成为这一时期的主要特征。

儿童立场的回归首先是相对于分科课程模式中“知识中心”而言的。20世纪50年代，在全面学习苏联模式的同时，曾于20世纪三四十年代流行的杜威实用主义教育理论以及儿童中心主义理论受到严厉批判，陶行知的“生活教育”理论和陈鹤琴的“活教育”理论也被波及，以“活教育”理论为基础的单元课程被废除。以教师、教材和课堂为中心的分科课程，将儿童看成是被动的“容体”，重视通过环境施以教育，着重强调教育与教学在儿童发展中所起的主导与决定性作用，在这种教育理念的指导下，幼儿园教育成为有目的、有计划、有组织地向儿童传授系统学科知识、促进儿童智能发展的过程。显而易见，在分科课程模式下，儿童是知识的被动接受者，儿童的主体性、个体差异性以及创造性被忽视。而陈鹤琴、陶行知、张雪门等的“单元课程”“行为课程”则强调重视儿童与环境的作用，重视儿童与现实生活的联系，重视直接经验，强调“做中学，做中教，做中求进步”，以儿童为教育活动的中心，以儿童体验获得经验的积累而实现自由发展。

两种教育体系有着截然不同的理论基础和实践要求，很难说谁是谁非。分科教育思想及分科课程模式有着明确的教育目标，教育内容比较系统，便于教师操作和实施，在中华人民共和国成立初期很好地满足了当时的需要，在“文化大革命”后为快速恢复正常教育秩序而继续沿袭分科课程模式也是必然之举。但是，20世纪50年代的幼儿园课程变革及其所形成的幼儿园分科课程体系同样有着不可回避的问题，对苏联模式的套用，对陈鹤琴等幼儿教育思想、单元课程模式的全面否定以及将两种教育理念、课程模式人为地对立，必然会产生历史局限。到20世纪80年代，政治环境发生改变，改革开放促进了国内外教育思想的交流，西方先进的儿童心理研究及教育理论极大地丰富了国内幼教工作者、课程专家的认识，他们一方面广泛引进、吸收国外各种教育理念和先进经验，另一方面重新评价、研究陈鹤琴、陶行知、张雪门等老一辈学前教育家的思想。在此背景下，幼儿园课程立场向儿童回归成为必然趋势。

为顺应时代发展趋势，1989年6月，国家教育委员会颁布了《幼儿园工作规程（试行）》，于1990年2月开始试行，并于1996年3月再次修订后正式颁布《幼儿园工作规程》。《幼儿园工作规程（试行）》是对1952年颁布的《幼儿园暂行规程（草案）》的一次全面、大胆的修订，一方面沿袭了原先幼儿园全面发展理念，“实施保育与教育相结合的原则，对幼儿实施体、智、德、美全面发展的教育，促进其身心和谐发展”；另一方面又敢于变革，“以当时在幼儿园教育实践中普遍存在的‘三中（教师中心、教材中心和上课中心）’的状况为靶”[①]。《幼儿园工作规程（试行）》的颁布是一次以行政途径自上而下推动的幼儿园教育理念与幼儿园课程变革，其教育理念与课程理念的更新，最主要的特征就是强调幼儿在教育活动、课程中的中心地位，其变革精神主要体现为：①强调幼儿的主动活动，为幼儿提供充分活动的机会；②注重教育要适应幼儿的个体差异，促进每个幼儿在不同水平上的发展；③指出游戏是幼儿园的基本活动；④强调寓教育于幼儿园一日活动之中；⑤强调幼儿园活动的过程。[①]

《幼儿园工作规程（试行）》对幼儿园教育工作者提出了诸多要求，要求在儿童观、教育观、课程观、教师观上进行转变：“从单纯知识灌输、技能训练，到培养能力，发展智力，进而研究幼儿各方面的协调发展；从注重考虑教师如何教，到研究幼儿在教育过程中如何从被动受教育转变为主动发展。”[②]借助国家行政渠道，《幼儿园工作规程（试行）》将幼儿教育理念、幼儿园课程变革的精神向全国各级行政职能部门和各级各类学前教育机构推广，在短时间内掀起研究、贯彻落实相关精神的幼儿园课程改革活动。

四、1997—2001年：幼儿园领域课程的确立

人类所积累的科学知识按照一定属性可划分为不同的科学，而每一门科学又可划分为不同的学科，在学校教育及学校课程中，学科知识在原有基础上要进行一定的心理逻辑选择和组织，以便于学习者接受。因此，课程中的学科就是按照知识及其内在概念之间的逻辑组织起来的课程内容体系，按照知识逻辑，学科课程若严格按照知识的纵向逻辑，关注知识的纵向脉络，就成为典型的分科课程；若注重知识间的关联性、相似性和类别化，淡化知识的纵向逻辑，则就是领域课程。[③]不同于学科，“领域是一种组织知识较为广泛的形式。一个知识领域可能包

① 朱家雄，黄瑾，李召存，等. 幼儿园课程的理论与实践. 上海：华东师范大学出版社，2010：217.

② 朱家雄. 幼儿园课程的理论与实践. 上海：华东师范大学出版社，2010：217.

③ 虞永平，原晋霞. 幼儿园课程. 北京：高等教育出版社，2014：131.

含两个或两个以上的学科”[①]。相对于典型的分科课程，领域课程打破了各学科之间的界限，能较好地实现领域内各学科知识之间的整合。

在对我国多年来学前教育改革经验进行总结与充分吸收国外先进教育学、心理学研究成果的基础上，2001 年 7 月，教育部颁布了《幼儿园教育指导纲要（试行）》，共包含四个部分，其中第二部分“教育内容与要求”中指出“幼儿园的教育内容是全面的、启蒙性的，可以相对划分为健康、语言、社会、科学和艺术五个领域，各领域的内容相互渗透，从不同的角度促进幼儿情感、态度、能力、知识、技能等方面的发展。”[②]。同时，《幼儿园教育指导纲要（试行）》对五大领域的内容分别进行阐述，从该领域幼儿发展重点追求什么即“目标”，该领域主要教育内容与教师为实现目标应该怎么做即“内容与要求”，以及该领域中教师与幼儿的教与学的特点及注意事项即“指导要点”进行。

与 20 世纪 50 年代以及 80 年代所颁布的《幼儿园暂行教学纲要（草案）》《幼儿园教育纲要（试行草案）》不同，此次颁布的《幼儿园教育指导纲要（试行）》提出了全新的儿童观与教育观，并将幼儿园教育内容相对划分为健康、语言、社会、科学、艺术五大领域，对幼儿五大领域的发展只提出概括性目标，且将目标划分为情感、态度和技能三个维度，没有沿袭原先将教育内容划分为卫生习惯、体育活动、语言、音乐、美术等八个方面，细分小、中、大各年龄班的不同目标以及相应的具体教育内容与要求。

对于学前儿童来说，身心发展的特殊水平和直接、具体的思维与学习特点决定了其最感兴趣、最能接受的学习内容就是身边可以感知的、具体形象的内容，而这些内容主要来源于他们的现实生活。现实生活是整体的、复杂多样的，现实生活给予幼儿的体验也是整体的、复杂多样的，幼儿园课程在教育内容的选择、组织上不能只严格按照学科知识的逻辑特征进行，而应当以生活的逻辑进行组织，课程内容随学前儿童的现实生活、兴趣进行变化。因此，幼儿园课程应是贴近幼儿生活的，是整体的，不能简单划分成与现实生活相割裂的一个个学科。领域课程观念的出现就是提倡从领域的角度关注儿童发展，通过多个领域之间的相互联系、相互促进，最终达成儿童的整体发展，当然，领域的划分也是人为的相对划分，但其反映了一种与分科所不同的整体性、综合性的学前课程观。《幼儿园教育指导纲要（试行）》的颁布，标志着对传统分科课程的一次重大变革，领域课程由此确立。

---

① 虞永平. 学前教育学. 苏州：苏州大学出版社，2001：246.

② 中华人民共和国教育部. 幼儿园教育指导纲要（试行）. 北京：北京师范大学出版社，2001：2.

五、2002—2011年：幼儿园课程实践的百花齐放

21世纪以来，我国幼儿园课程改革进入百花齐放的多元化阶段，在庞大、开放的学前教育领域内共存着多种多样的课程模式，既有来自国外成熟的幼儿园课程模式，又有不断努力中国化、科学化的本土幼儿园课程实践。

（一）学前创造教育课程

我国对于创造性人才培养问题的研究始于20世纪80年代，但在学前教育领域进行创造性教育研究尤其是完整的课程模式结构和系统理论研究的还不多，直到90年代初，这一局面才有所改善。20世纪90年代末，华南师范大学袁爱玲教授提出较为系统和完整的学前创造教育课程理论和课程模式。

学前创造教育课程有着完备的宏观、中观和微观目标体系：①宏观上以满足幼儿终生生活、学习、工作需求为目标，最大限度地发展幼儿大脑潜能，着重为知识经济型社会培养能与社会、自然、自身协调的创造性人才；②依循健康、社会等五大领域制定中观目标，通过对领域内容的学习，最终培养幼儿健康的身体与动作技能、创造性的认知特征、创造性的情感特征、创造性的人格特征等；③微观目标即课程目标被进一步分解为具体的小步子目标。

学前创造教育课程内容的选择依循诸多原则，主要有目标性原则、全面平衡性原则、启蒙性原则、超前性原则、迁移性原则、科学性原则等。学前创造教育课程的实施方法主要有活动法、问题解决法、发现法、情景法、程序法、差异法等。

（二）主题探究活动课程

主题探究活动课程以皮亚杰的建构主义、维果斯基的“最近发展区”理论以及加德纳的多元智能理论为基础建构课程理论支柱，重视幼儿期的生活，尊重幼儿发展的主体性，关注教师的作用，协同家庭、社区开展教育。

主题探究活动课程依据幼儿发展、社会需要与汲取文化知识的需要制定课程目标，关注幼儿终身发展、可持续性发展，关注幼儿基本素质的培养，建构起包括总目标、主题教育目标和学习—教育活动具体目标在内的系统、完整的目标体系。此外，主题探究活动课程目标还强调幼儿的发展性，以幼儿发展为基本目标，既关注通过具体活动的实施达成年龄阶段目标，又着眼于幼儿长远发展，为幼儿终身可持续发展奠定基础。主题探究活动课程提倡互动合作学习，以集体活动、小组活动和小组学习等多样的组织形式满足幼儿不同的学习需要。

（三）渗透式领域课程

“幼儿园渗透式领域课程”是由南京师范大学出版的一套教材，由赵寄石教授等组织编制，出版以来受到国内众多一线幼儿园的关注并被采用。

渗透式领域课程充分贯彻了《幼儿园教育指导纲要（试行）》中关于五大领域相互渗透，促进儿童在认知、情感、态度等不同方面发展的精神。渗透式领域课程关注以下几点：①以儿童发展五大领域为主线，关注领域在幼儿园课程网络中的作用；②强调领域的渗透性，一方面保持各领域的系统性，另一方面又注意不同领域间的相互渗透，从而实现课程的整合；③渗透式领域课程以主题为线索，通过主题整合来自不同领域的课程内容，使之产生有机联系。

渗透式领域课程反映了当时最新的教育观、课程观和教学观，以幼儿全面发展为目标，通过主题活动的设计、实施，渗透性地将相关领域连接起来，一定程度上弥补了领域课程在实施中领域间的相互割裂的不足。该套课程内容广泛、丰富，贴近幼儿生活，既迎合幼儿的兴趣又能为幼儿提供探究的机会，促进了幼儿主体性的发展。此外，该套课程有着涵盖领域、学期、具体活动的目标体系，采用诸多较为先进的教学方法，教学活动设计思路清晰，非常便于教师操作和使用。当然，该课程也存在以目标为导向、结构化程度过高的问题，虽然有利于教师系统地传授知识，但很难反映幼儿的兴趣与需要。

（四）田野课程

田野课程是南京师范大学与南京市太平巷幼儿园从 2001 年开始合作探究出的一种学前课程模式。田野课程理念借鉴了中西方诸多优秀学前课程思想，如瑞吉欧方案教学、英国的开发教育课程等国外最新课程模式，以及陶行知、陈鹤琴等的学前课程理念。

“田野”包含两层含义：“一是原初、自然、本真，强调课程以幼儿生活为中心，为幼儿提供真实的、丰富多彩的、自然的环境……二是将‘田野’理解为深入现场与情景，让幼儿在现实场景、生活情景中学习，让幼儿成为现实情景中的一员。”[①]基于此，田野课程形成“真实、参与、现场、开阔、清新”五大理念，并交融互通。

田野课程具有一套完整的课程框架：①在课程目标上，田野课程关注培养“健康的人、博爱的人、智慧的人、富有个性的人”；②在内容设置上，基于生活与幼儿的已有经验，以五大领域为基础，从幼儿的兴趣和存在的问题出发，以主题

① 秦红. 走进田野——我园园本课程的理念与实践. 学前教育研究，2002（3）：61-63.

活动和非主题活动的方式开展，同时注重整合性、趣味性和挑战性；③在课程实施方面，以主题活动、领域活动、生活游戏活动三种活动方式进行组织，并通过系统活动、项目活动、游戏活动、生活活动、亲子活动等五种形式开展；④创设支持幼儿学习的真实场景或拟真场景，通过实践活动、教室物质材料环境的设置、现代教育设备的使用以及教师语言、动作等创设显性或隐性的田野情景，引发幼儿与场景中的人、事、物进行有效互动，并在解决问题的过程中获取经验；⑤开发一切可利用的人力、物力以及自然环境充实田野课程资源，包括人员、材料、信息、动植物等多方面的内容；⑥根据幼儿的特点和田野课程的组成要素，通过收集、分析、比较等科学地判断课程对幼儿、教师、家长等参与者所产生的价值和效益。[①]

（五）园本课程

2001年《幼儿园教育指导纲要（试行）》出台，为改变课程管理过于集中的状况，试行国家、地方、学校三级课程管理，学校（幼儿园）也具备一定的课程决策权，园本课程的研究逐渐成为热点，并取得了一系列成果，如南京实验幼儿园的“综合教育课程”、南京梅花山庄幼儿园的“民间艺术教育课程”、浙江安吉的“安吉游戏课程”等。

园本课程就是以幼儿园之“本”为基础的课程或是在幼儿园之“本”的基础上建立起来的课程，而“本”就是基础、现状、背景、实际、条件以及可能反映幼儿园现实的因素，即与幼儿园的资源、师资等条件相一致的课程；园本课程以幼儿园为主体，有参与幼儿园教育的有关人员为改善幼儿园的教育品质所开发的带有个性化的课程。[②]园本课程能体现幼儿园的特色，具有开发自主性、民主参与性、开放性和生成性等特点。[③]

从对园本课程概念的界定与其特点可以看出，园本课程建设是落实幼儿园课程适宜性的重要途径，园本课程建设的过程在本质上就是探究适宜性课程的过程，就是幼儿园根据自身实际情况改造或生成适宜的课程。在这一过程中，园本课程不仅仅是一个课程方案，更多的还是幼儿园对已有课程的不断调整、创新，“园本课程不是外来的课程，而是在幼儿园内部逐渐生成起来的课程”[④]。

园本课程建设是通过参与幼儿园教育有关人员的不断实践生成适合自己幼儿

① 南京市太平巷幼儿园. 田野课程介绍. 学前课程研究，2007（2）：47-48.

② 王春燕. 幼儿园课程概论. 北京：高等教育出版社，2007：255.

③ 王春燕. 幼儿园课程概论. 北京：高等教育出版社，2007：257-258.

④ 虞永平. 试论园本课程的建设. 早期教育，2001（8）：5.

园的课程方案的动态过程，可有效地促进本园幼儿的发展，同时，也是促进教师专业化成长的有效途径。园本课程建设的达成，受到幼儿园“办园理念、幼儿园背景、发展机制、师资建设、课程研究和课程内容六大因素”①的影响，在实践中，园本课程的开发一般遵循“建立园本课程开发的组织机构、幼儿园现状分析、拟订园本课程开发目标、编制园本课程开发方案、园本课程实施与评价”②这一流程。

（六）瑞吉欧课程

20 世纪 60 年代，瑞吉欧方案教学诞生于意大利小镇瑞吉欧，是意大利继蒙台梭利课程后，又一在世界范围内具有较大影响的学前课程模式。瑞吉欧教育以建构主义理论为基础，以“走进儿童的心灵”为核心教育理念，允许幼儿拥有表达自己、认识世界的多种方式，尊重儿童个体与社会的相互作用，强调互动关系及合作参与，强调教师与幼儿是教育内容的共同整合者和研究者。在实践中，瑞吉欧课程形成了以“方案教学”为主要特征的课程模式。在这种模式下，活动的主题来源于儿童的生活经验和兴趣，并以主题为中心不断向外加以扩散，从而形成主题网络，在这一过程中，主题内容涉及儿童认知、情感、社会、语言、体能等各个领域，将游戏、故事、绘画、手工、音乐、数学等方面融为一体，在教师与儿童的共同参与和合作中不断完善。

20 世纪 80 年代后，瑞吉欧幼儿教育体系逐渐受到各国关注，瑞吉欧提倡的方案课程对我国学前课程产生了很大的冲击，相较于单元主题课程，方案课程更加注重教师与幼儿在互动过程中不断生成新活动、新课程，由此也有研究者称之为生成课程。2001 年，中国学前教育研究会在上海举办“瑞吉欧教育经验与中国学前教育改革学术研讨会”，自此全国各地许多幼儿园开始了瑞吉欧方案教学的实验研究。各幼儿园通过对瑞吉欧方案教学的借鉴和尝试，改变了传统教育中的许多弊端，瑞吉欧所提倡重视儿童自己的探索、鼓励儿童多样式的表达、让儿童在探究中学习共同合作等教育理念得到广泛认同。

（七）华德福幼儿教育课程

华德福教育起源于德国，20 世纪 20 年代初由欧洲著名人智学家、教育家鲁道夫·史代纳创立，经过多年发展，其教育理念得到肯定，华德福学校与幼儿园遍布世界各地，中国大陆也引进包括幼儿园在内的这一教育体系，并于 2004 年成

---

① 王春燕. 幼儿园课程概论. 北京：高等教育出版社，2007：262-266.
② 王春燕. 幼儿园课程概论. 北京：高等教育出版社，2007：266-267.

立第一所华德福学校。

华德福幼儿教育课程以人智学理论为哲学基础，认为人有身体（body）、心灵（soul）和精神（spirit）三种存在方式，并以这三种方式与世界产生联系，人通过身体与环境接触，通过心灵把印象保存在心里，通过精神认识到事物的本质；以三元社会结构论理论为社会学基础，史代纳认为只有人的精神得到发展，社会才能文明，而教育能促进个人修炼和自我改造，教育应当是实现社会改革的根本力量，因此华德福致力于个人精神自由的培养，注重个体身心尤其是精神方面的发展；以人的七年发展周期理论为心理学基础，认为0～7岁是人类发展的第一个周期即物理性躯体，这个时期人的发展主要包括运动神经、语言、换牙、体型等的发展，而教育也应以模仿、学习为主，以游戏为主。

通过对华德福幼儿教育课程理论基础的阐述，不难看出，其教育目的就是要培养自由的人，因此其课程总目标为“滋养幼儿心灵，寻求幼儿身、心、灵三个层次的全面发展”，具体来说包括运动和身体感觉、感官感觉、语言、想象力和创造力、社会能力、目的性和注意、对正确与错误的感觉七个方面。[①]华德福幼儿教育课程反对对幼儿进行知识训练和单一的智力开发训练，因此其课程内容中没有正规训练和指导，而是以各种艺术活动、游戏活动、生活活动以及节日庆典作为主要的教育内容。华德福幼儿教育课程实施注重节奏和韵律，其具有一套独特的“呼吸节奏”，每天、每周、每年的教育活动都有着特定的节奏，规律而重复，从而帮助幼儿巩固经验，更易于其模仿和学习。同时，华德福幼儿教育课程还非常注重艺术化的教学方式，充分利用各种艺术活动与艺术化的环境布置。

六、2012—2018年：幼儿园课程生活化、游戏化的推进

2010年，国务院颁布“学前教育国十条”，提出发展学前教育，“必须坚持改革创新，着力破除制约学前教育科学发展的体制机制障碍……必须坚持科学育儿，遵循幼儿身心发展规律，促进幼儿健康快乐成长”[②]。

生活、游戏对幼儿发展具有重要价值，是幼儿学习的重要内容，也是其重要的学习途径。生活和游戏中包含了诸多学科的知识，也包含了幼儿情感态度与行为发展的机会。[③]南京师范大学虞永平教授一直以来都呼吁幼儿园课程要生活化、

① 虞永平，原晋霞. 幼儿园课程. 北京：高等教育出版社，2014：209.

② 中华人民共和国国务院. 国务院关于当前发展学前教育的若干意见.（2010-11-21）[2018-07-01]. http://www.gov.cn/zwgk/2010-11/24/content_1752377.htm.

③ “生活化游戏化的幼儿园课程研究”课题中，虞永平对幼儿园生活和游戏的基本观点. 丰力. 全国教育科学“十五”规划课题简介（六）. 教育科学研究，2003（Z1）：96.

游戏化，21 世纪初其所主持的全国教育科学“十五”重点课题“生活化、游戏化的幼儿园课程研究”，一方面致力于从多学科的理论视角研究生活、游戏与幼儿发展和幼儿园课程的关系，建构幼儿园课程生活化、游戏化的基本理论框架；另一方面又尝试通过实践形成相关实践策略。通过不懈努力，课题研究取得了丰硕成果。

2012 年，教育部正式颁布《3—6 岁儿童学习与发展指南》，为贯彻落实《3—6 岁儿童学习与发展指南》的精神，江苏省率先开展幼儿园课程改革项目。2014 年，江苏省教育厅、财政厅下发《关于开展幼儿园课程游戏化建设的通知》，决定从 2014 年起开展幼儿园课程游戏化建设。项目针对该省学前教育保教质量有待进一步提高，以游戏为基本活动、保教结合、寓教于乐的要求未能得到有效落实，“小学化”倾向仍然存在的现状，提出力求通过幼儿园课程游戏化建设，引导幼儿园树立正确的儿童观、游戏观和课程观，推进幼儿园课程实施符合幼儿身心发展规律和学前教育规律，促进幼儿健康快乐成长。按照《关于开展幼儿园课程游戏化建设的通知》的要求，2014 年全省启动 50 个幼儿园课程游戏化建设项目，到“十三五”末全省建成 300 余所项目园。

课程游戏化项目着力于推进幼儿园更高质量的课程建设，从而最终提高幼儿园教育质量。游戏化是提升幼儿园教育质量的重要抓手和切入点，幼儿园的课程应该是游戏性的，体现游戏精神的，是幼儿园课程改革和建设的突破口，也是为了让幼儿园课程更加贴近幼儿的生活，更加符合幼儿的兴趣与需要。

此后，越来越多的地方政府认识到幼儿园课程改革对落实《3—6 岁儿童学习与发展指南》精神、提升学前教育质量的重要性，纷纷以幼儿园课程改革作为提升学前教育质量的切入点。2017 年 11 月，浙江省教育厅发布《浙江省教育厅关于全面推进幼儿园课程改革的指导意见》，该文件指出：“幼儿园课程质量是学前教育质量的核心。要推动幼儿园课程质量的不断提升，关键是全面推进幼儿园课程改革。”[①]针对该省在课程改革实践中所出现的“区域性差异和园所间差异，部分幼儿园仍然存在‘小学化’倾向或‘看管式’‘放羊式’现象；课程方案参差不齐，质量不高；课程内容脱离幼儿园实际，课程资源开发不足；一日活动安排不够合理、科学，课程实施随意性大；课程评价相对缺失”等问题，总体上要求“强化‘一日生活皆课程’理念，坚持以游戏为基本活动。编制园本化课程方案，完善课程结构；加强课程建设，丰富课程资源；改进课程实施，提高活动实效；深化课程评价改革，提高教育整体质量，促进师幼共同发展”[①]。

① 浙江省教育厅. 浙江省教育厅关于全面推进幼儿园课程改革的指导意见.（2017-11-06）[2018-07-03]. http://phhgzxyey.phedu.net/mzgg/content_31502.

第二节　幼儿园课程改革与发展的主要成就

改革开放 40 年来，我国幼儿园课程改革取得了丰硕成果，幼儿园课程质量得到显著提升，儿童发展成为幼儿园课程的价值追求，游戏是幼儿园基本活动的理念被确立，生活化、游戏化的改革方兴未艾，同时，还涌现出多样化的改革实践样态。

一、儿童立场在幼儿园课程中的重归

幼儿园课程的儿童立场，就是遵循儿童的身心发展规律，以儿童为主体。20 世纪四五十年代，苏联学前教育理论深受凯洛夫、维果斯基、杰昂列夫、马卡连科等的影响，带有“教育学中无儿童”[①]的特点。在全面学习苏联先进教育经验的背景下，我国幼儿园课程理论和实践自然而然也有了这种烙印，并从 20 世纪 50 年代一直延续到 80 年代末，直到 1989 年《幼儿园工作规程（试行）》的颁布，这种忽视儿童立场的现象才逐渐改变。可以说，40 年来我国幼儿园课程变革所取得的最显著成果就是儿童立场的回归，即“从‘学科’到‘经验’，从重视‘教育者’到重视‘学习者’”[②]的转变。

在学习苏联学前教育理论和实践经验的影响下，我国幼儿园课程理论与课程实践曾一度严重忽视了儿童立场，具体表现如下：①强调有目的、有计划性的教育在儿童发展过程中的主导作用，认为只有通过教育的力量才能帮助儿童发展；②强调系统知识对儿童智能发展的影响，把“教学”引入学前教育领域；③在课程组织实施上要求采用分科模式，将课程内容与幼儿生活相割裂；④重视集体教育。在这种课程理念与模式中，过于强调幼儿园课程的社会和集体发展价值而不是个体发展价值。

幼儿园课程中儿童立场的转变从 20 世纪 80 年代开始。1981 年《幼儿园教育

---

① 刘焱，潘月娟，孙红芬. 中国大陆近二十年来幼儿园教育改革的历程回顾与现状分析//朱家雄. 中国视野下的学前教育. 上海：华东师范大学出版社，2007：20.

② 唐淑. 学前教育思想史. 北京：人民教育出版社，2010：224.

纲要（试行草案）》虽仍过于注重知识和技能、过于强调教师的作用，但开始关注儿童的特性，第一部分对幼儿年龄特点进行详细阐述，以期帮助和引导广大教师了解幼儿的心理及其发展规律，用科学的方法与内容教育儿童。到1989年《幼儿园工作规程（试行）》的颁布，幼儿园课程中儿童立场有了较大发展，关注个体差异和因材施教，关注全体儿童，关注儿童的生活和游戏需要等，文件第四章"幼儿园的教育"中明确提出："遵循幼儿身心发展的规律，符合幼儿的年龄特点，注重个体差异，因人施教，引导幼儿个性健康发展。面向全体幼儿，热爱幼儿，坚持积极鼓励、启发诱导的正面教育。合理地综合组织各方面的教育内容，并渗透于幼儿一日生活的各项活动中，充分发挥各种教育手段的交互作用。创设与教育相适应的良好环境，为幼儿提供活动和表现能力的机会与条件。以游戏为基本活动，寓教育于各项活动之中。"[①]

2001年《幼儿园教育指导纲要（试行）》提出全新的、以人为本的教育观与儿童观，极大地促进了儿童立场的回归："幼儿园应与家庭、社区密切合作，与小学相互衔接，综合利用各种教育资源，共同为幼儿的发展创造良好的条件……幼儿园应为幼儿提供健康、丰富的生活和活动环境，满足他们多方面发展的需要，使他们在快乐的童年生活中获得有益于身心发展的经验……幼儿园教育应尊重幼儿的人格和权利，尊重幼儿身心发展的规律和学习特点，以游戏为基本活动，保教并重，关注个别差异，促进每个幼儿富有个性的发展。"[②]

经过一系列改革，我国幼儿园课程儿童立场的回归取得巨大进展，幼儿园课程正是建立在儿童真正需要的基础上：①以尊重儿童为前提，幼儿园课程目标和编制适合于儿童的身心健康；②以儿童的社会生活为基石，课程内容与儿童生活及社会现实紧密联系；③顺应综合化发展的时代主流，课程的理论研究走向多学科的整合；④强调儿童的个性化发展，课程计划与实施中注意发挥儿童、家长及社区的积极参与作用。[③]

二、游戏是幼儿园基本活动理念的确立

游戏是幼儿的基本活动，是幼儿通过模仿和想象，有目的、有意识、创造性地反映生活的活动，是人的社会活动的初级形式。[④]游戏对幼儿生理、认知、情绪

① 中国学前教育研究会. 中华人民共和国幼儿教育重要文献汇编. 北京：北京师范大学出版社，1999：291.
② 中华人民共和国教育部. 幼儿园教育指导纲要（试行）. 北京：北京师范大学出版社，2001：1.
③ 唐淑. 学前教育思想史. 北京：人民教育出版社，2010：224-227.
④ 彭佩云. 幼儿教育词典. 北京：中国大百科全书出版社，2004：970.

情感以及社会性的发展具有重要作用，“自由、自主、创造和愉悦”[①]是幼儿游戏的精神与本质。游戏是幼儿的基本活动，自然而然也应成为幼儿园的基本活动。改革开放40年中，我国幼儿园教育与课程改革实践都在努力践行这一理念。

改革开放初期，我国学前教育理论中对游戏的看法同样深受苏联游戏理论的影响。1952年颁布的《幼儿园暂行规程（草案）》中将游戏包含在体育中，作为促进幼儿智力发展的活动项目之一；1981年颁布的《幼儿园教育纲要（试行草案）》中提出游戏是满足幼儿劳动需求的最好手段，游戏有利于促进幼儿身心发展，教师要为各种游戏创设条件。这一时期的幼儿园虽重视游戏，但在强调教师作用的背景下，游戏理念不能指导具体实践，教师依然高度控制游戏活动：“严格按照既定程序‘开始—进行—结束’的‘三段式’指导方式，注重游戏中的集体教育，忽视个别差异；注重在游戏中‘教’给幼儿游戏的经验、玩法，引导儿童共同追求一个游戏的结果，忽视游戏过程的价值；注重游戏的教育价值，忽视游戏对于儿童的发展价值。”[②] 游戏只是教师教学的方式之一，其内在的精神被忽视，其应有的教育价值并未得到很好的体现。

1989年《幼儿园工作规程（试行）》《幼儿园管理条例》相继出台，都提出幼儿园应当以游戏为基本形式。《幼儿园工作规程（试行）》将“以游戏为基本活动，寓教育于各项活动之中”[③]作为幼儿园教育的基本原则，将游戏拓展为幼儿园教育活动之一；在第二十四条中专门阐述了游戏活动的组织，重视游戏在幼儿全面发展过程中的重要作用，强调依循幼儿的年龄特点，尊重和支持幼儿的自主游戏，真正将游戏变成幼儿喜欢的、探究的、促进个性发展的过程。《幼儿园工作规程（试行）》这一文件对幼儿园游戏的地位、作用和指导方式做了科学而又详细的规定，改变了传统的幼儿园游戏指导理念和方式。2001年《幼儿园教育指导纲要（试行）》重申“寓教育于生活、游戏中”[④]，以游戏为基本活动，强调游戏的开展“应充分考虑幼儿的学习特点和认识规律”，同时提出要改造幼儿园的空间、设施、活动材料和常规要求，以有利于引导、支持幼儿的游戏和各种探究活动。2012年《3—6岁儿童学习与发展指南》更强调游戏的作用，提出要理解“幼儿的学习是以直接经验为基础，在游戏和日常生活中进行的。要珍视游戏和生活的独特价值，创设丰富的教育环境，合理安排一日生活，最大限度地支持和满足幼儿通过直接感知、实际操作和亲身体验获取知识的需要，严禁‘拔苗助长’

---

① 虞永平. 课程游戏化的意义和实施途径. 早期教育，2015（3）：4-7.

② 刘彦华，但菲. 中外学前教育史. 北京：科学出版社，2016：161.

③ 中国学前教育研究会. 中华人民共和国幼儿教育重要文献汇编. 北京：北京师范大学出版社，1999：291.

④ 中华人民共和国教育部. 幼儿园教育指导纲要（试行）. 北京：北京师范大学出版社，2001：9.

式的超前教育和强化训练"[①]。

从上述文件内容可以看出，游戏的作用与地位越来越被重视，游戏逐渐成为幼儿园促进幼儿发展的基本活动，这种理念和趋势在课程游戏化改革开始后再一次被强化和巩固。

三、幼儿园课程综合化、生活化、游戏化的探索

幼儿园课程改革最直接的追求就是要使课程符合幼儿发展和教育规律，幼儿是幼儿园课程改革的出发点，也是最终归宿。幼儿园课程综合化、生活化和游戏化最能体现 40 年来幼儿园课程改革的价值追求，回顾一系列课程改革实践和方案，我们的幼儿园课程正以此为方向，奋力前进。

幼儿园课程与幼儿生活、游戏有着密不可分的关系。幼儿是活生生的幼儿，是生活在现实生活中的幼儿，幼儿在生活中获得完整、直接的经验体验，幼儿园教育和幼儿园课程都要建立在幼儿的生活之上，以幼儿为中心，以幼儿真实的生活活动为中心。同时，游戏是幼儿生活、幼儿园教育不可或缺的一部分，是幼儿"成长过程中最具价值的活动，是最适合幼儿身心发展特点的活动，也是幼儿最喜爱的活动"[②]，幼儿通过游戏获得生活经验、不断认识世界、获得愉悦体验。

20 世纪 50 年代以来，过度强调分科的课程模式将幼儿园教育内容严重割裂，学科知识之间的联系不强，又脱离了幼儿实际生活，针对这种现象研究者开始探寻如何通过教育活动加强不同领域之间的联系和相互渗透，对不同学科的课程知识进行整合，使幼儿园课程更符合真实生活。这个时期，从赵寄石教授以社会生活事件或自然界中的核心点为主线的综合教育课程，到 2001 年《幼儿园教育指导纲要（试行）》中将幼儿园全面的、启蒙性的教育内容相对划分为健康、语言、社会、科学和艺术五大领域，力求打破分科教学的综合化课程理念和实践的改革在不断深入。

幼儿园课程综合化使课程内容和组织形式更贴近幼儿现实生活，幼儿生活是什么样的，幼儿园课程也应如此。幼儿园一日生活的每一个环节都具有教育意义，幼儿园一日生活就是幼儿园课程。[③]幼儿园课程生活化的理念也得到广泛认同和落实。《幼儿园教育指导纲要（试行）》明确提出要"科学、合理地安排和组织一日生活……时间安排应有相对的稳定性与灵活性……教师直接指导的活动和间接

① 中华人民共和国教育部. 3—6 岁儿童学习与发展指南. 北京：首都师范大学出版社，2012：3.
② 虞永平. 生活化的幼儿园课程. 北京：高等教育出版社，2010：143.
③ 虞永平. 生活化的幼儿园课程. 北京：高等教育出版社，2010：32.

指导的活动相结合，保证幼儿每天有适当的自主选择和自由活动时间……尽量减少不必要的集体行动与过渡环节……建立良好的常规"[①]；《3—6岁儿童学习与发展指南》中强调："要珍视游戏和生活的独特价值，创设丰富的教育环境；合理安排一日生活，最大限度地支持和满足幼儿直接感知、实际操作和亲身体验获取经验的需要"[②]，多地政府也积极推广课程生活化、游戏化建设项目。

经过多年改革，游戏是幼儿园的基本活动这一理念逐渐得到认同，确定了游戏在幼儿园教育活动中的地位，如何通过课程落实这一理念成为幼儿园课程改革需要面临的新要求，幼儿园课程游戏化改革孕育而生。推行课程游戏化就是要：①使幼儿园课程充满自由、自主、创造和愉悦的游戏精神，并融入一日生活中；②保证幼儿自由游戏时间；③在其他环节，尤其是集体教学活动环节，尽可能地采用游戏方式。[③]

四、幼儿园课程质量的全面提升

改革开放40年来，我国幼儿园课程改革经历了从民间自发改革到政府介入并最终主导的历程。20世纪80年代，以赵寄石为代表的学前教育工作者针对当时幼儿园分科课程中的诸多弊端，自发地进行课程改革，诞生一批如"幼儿园综合课程"的改革成果。当然，这些改革大都是教育工作者本着教育使命自发进行的，是一种"摸着石头过河"的实验，改革的内容从单科到整体课程、改革范围从城市扩展到农村，影响日益增强。此后，以1989年《幼儿园工作规程（试行）》和2001年《幼儿园教育指导纲要（试行）》的颁布为代表，到2010年"学前教育国十条"、2012年《3—6岁儿童学习与发展指南》的颁布以及"学前教育三年计划"的开展，政府逐渐介入并主导幼儿园课程改革。

政府主导幼儿园课程改革，把学前教育改革和幼儿园课程改革放在重要位置，集中投入财力、物力和政策进行支持，各地学前教育和课程改革取得跨越式发展，幼儿园办园条件明显改善，师资力量不断增强，保教质量逐步提升，幼儿园课程更贴近幼儿需要和幼儿生活，形成一大批典型的幼儿园课程方案，受到国内外同行的关注，并进行学习。

全面提升学前教育质量，是当前补齐学前教育短板的重要任务。幼儿园课程质量是学前教育质量的核心，近年来，各地落实《3—6岁儿童学习与发展指南》

---

① 中华人民共和国教育部. 幼儿园教育指导纲要（试行）. 北京：北京师范大学出版社，2001：10.

② 中华人民共和国教育部. 3—6岁儿童学习与发展指南. 北京：首都师范大学出版社，2012：3.

③ 虞永平. 课程游戏化的意义和实施途径. 早期教育，2015（3）：4-7.

的精神，推动幼儿园课程游戏化、生活化建设，从本地实际出发，关注当地幼儿园课程中的实际问题，通过教师培训、项目园建设等多种途径，有针对性地进行改革，取得了丰硕成果。游戏是幼儿最喜欢、最需要的活动，幼儿园课程要更贴近幼儿的生活和幼儿的兴趣需要等理念逐渐被接受，幼儿园教育活动逐渐游戏化、趣味化、生活化，幼儿园课程更适合幼儿，更丰富，更有趣，幼儿在活动中更加主动、专注，更易获得愉悦体验。

五、幼儿园课程实践样态的百鸟争鸣

在40年的历史跨度中，我国改革开放经历了不同阶段，不断变化的政治、经济、文化以及教育大背景影响着幼儿园课程改革实践，在这个过程中，形成了诸多实践样态，百鸟争鸣。

（一）幼儿园课程改革中的“自下而上”与“自上而下”

“自下而上”与“自上而下”反映出幼儿园课程改革主导力量的变化。从主导者差异的角度来看，20世纪80年代以来的幼儿园课程改革可分为民间自发即“自下而上”与政府主导即“自上而下”两种，而对于后者还可进一步划分。

“文化大革命”结束及改革开放后，幼儿园正常的教学秩序逐渐恢复，一些迫切问题如教材教法问题凸显出来，一些研究者自发开始了对教材、教法的改编工作。尝试有成功也有失败，其中以部分高校学者为代表的研究者大胆借鉴西方学前教育理论和实践经验，并重新研究陈鹤琴等老一辈学前教育专家的课程思想，最终形成综合主题教育课程模式，综合课程的研究很快扩展到各地，上海、北京、东北等地区掀起一股幼儿园课程改革的热潮。20世纪90年代以来尤其是《幼儿园工作规程（试行）》的颁布，标志着幼儿园课程改革开始由国家行政力量介入并主导，这一时期的幼儿园课程改革以法规或文件形式呈现，规定幼儿园教育的目标、宗旨、基本原则等，高屋建瓴，引领了幼儿园教育与幼儿园课程的最新改革理念和改革方向，其规模、深度与影响力是民间自发的课程改革所不能比拟的。

进入21世纪尤其是国家与地方政府积极推进课程游戏化、生活化改革后，探索适合自身实际的园本课程实践方兴未艾。从一定程度上看，园本课程实践也是一种针对具体问题的民间课程改革运动，这反映出我国课程改革中民间力量与政府力量正在协调发挥作用。

（二）幼儿园课程改革中的“引进来”与“自力更生”

在幼儿园课程改革过程中积极学习、借鉴西方先进儿童发展理论与成熟的幼儿园课程模式，是不断提升我国幼儿园课程质量的必然要求。“人们开始认识到，教育文化的引进与外来理论的输入是中国教育发展的必要途径，但这种引进应该是多元的而非一元的，中国的教育已经难以孤立地存在，西方的外来文化与理论也不能完全取代我们旧有的传统经验与课程，外来的理论只能作为参考系在比较、研究和借鉴中引进”[①]，因此，“在中外教育文化的交流中不断地进行引进与本土化”[②]一直是中国学前课程发展与变革的主线。致力于中国国情建构适合自己的幼儿园课程理念与课程模式，也是众多研究者的心声。在改革开放以来的40年中，“引进来”与“自力更生”两种样态互相促进、相得益彰。

皮亚杰的建构主义理论、加德纳的多元智能理论、人类发展生态学以及最新儿童心理发展等理论和研究开阔了国内幼儿教育工作者的视野，瑞吉欧、华德福、蒙台梭利等成熟课程模式以及美国、日本、新西兰等课程实践又丰富了我国幼儿园课程改革的实践，同时，陶行知、陈鹤琴、张雪门等本土化教育家的理论与实践也成为研究热点。对比《幼儿园工作规程（试行）》《幼儿园教育指导纲要（试行）》等几个主要文件，我们可以看出其幼儿教育理念都以西方最新理论为支撑，而每个文件又能针对当时幼儿园教育与课程中存在的突出问题提出解决策略。

“自力更生”是通过本土化的努力建构适合国情、适合地域、适合本园的幼儿园课程理念与模式，这是在借鉴西方先进儿童教育理论的基础上探究符合我国实际需要的幼儿园课程的要求。对20世纪三四十年代陈鹤琴、张雪门等寻求幼儿园课程本土化、科学化的再研究，一直是40年间幼儿园课程研究的热点，前辈们敢于肩负时代重任的精神也激励着后代学前教育研究者。从20世纪80年代开始，我国幼儿园课程变革又逐渐回归到本土化的轨道上，到20世纪90年代研究者的国际化视野更加开阔、本土化的进程进一步凸显，涌现出如“综合课程”“田野课程”等许多优秀课程模式。

（三）幼儿园课程改革中的“理论引导”与“课程实践”

如前所述，政府主导的幼儿园课程改革更多的是一种观念上的引领，一方面规范幼儿园工作和建构起科学的儿童观、教育观、教师观，另一方面又推动各级各类政府与职能部门学习，以期普及这些观念。但课程改革的实现离不开实践，

① 王春燕. 中国学前课程百年发展、变革的历史与思考. 南京：南京师范大学博士学位论文，2003：127-128.

② 王春燕. 中国学前课程百年发展、变革的历史与思考. 南京：南京师范大学博士学位论文，2003：126.

在国家下发文件的同时，还要求各地政府根据本地实际情况制定相应的细则，以此类推，最终落实到一线幼儿教育机构。

2012 年，教育部颁布《3—6 岁儿童学习与发展指南》，2014 年，为贯彻落实《3—6 岁儿童学习与发展指南》的精神，江苏省教育厅、财政厅分析该省实际情况后下发《关于开展幼儿园课程游戏化建设的通知》，其后各市、县又根据省下发的相应通知，从省主管部门到一线幼儿园全面推进课程游戏化项目。同时，其他地区也开始相应地提升学前教育质量与促进学前课程质量的改革，从上至下推动学前课程实践。目前，探究园本课程建设正成为一线幼儿园探究课程改革的主要途径之一，诸多幼儿园，无论城市幼儿园还是农村幼儿园都积极结合自身优势与特点，努力建构适合本园课程实际的园本课程，取得了一系列成果。

第三节　幼儿园课程改革方向与发展趋势

改革开放 40 年，是不断接近儿童发展和教育规律的历程，也是不断解决问题、探究发现的历程。[①]任何改革都是一项长期、艰巨的任务，不可能一蹴而就，目前来看我们虽取得了丰硕成果，也暴露出许多新问题和不足，未来我国幼儿园课程改革的方向与发展的趋势如何，仍需努力探究。

一、课程实践中儿童意识的落实

改革开放 40 年来的幼儿园课程改革一直致力于幼儿园课程能符合幼儿身心发展规律与教育规律，儿童意识的回归与落实是关键。通过多年改革，我们可以看到儿童逐渐成为幼儿园课程的中心，尊重儿童、切实促进儿童全面发展成为幼儿园课程新的价值追求。但现实中幼儿园课程“小学化”“成人化”的现象依然存在，其反映出目前我国幼儿园课程改革中所倡导的课程观念与行为之间还存在较大落差。

① 引自虞永平 2018 年 6 月 13 日于成都学前教育研究会学术年会中所做报告“让课程更贴近儿童的心灵——改革开放 40 年的幼儿园课程”。

（一）对课程改革中儿童意识有效落实的研究

“检验教育改革成功与否的一个基本标准就是看教育改革所倡导的理念是否已经深入到最基本的教育活动领域，转化为普遍的教育实践。”①一系列幼儿园课程改革的目的无不是提升幼儿园课程质量，探究符合幼儿发展规律与学习规律的课程，改革的最终归宿应当是形成适合本园需要的课程实践。

“只有被倡导的现代幼儿教育理念转变为一种可观察、可描述的教育经验，以具体的、感性的教育活动作为其实践依托，这些被倡导的理念才能真正找到自己的‘生存环境’。”②在倡导让课程更贴近幼儿心灵的幼儿园课程改革中，树立科学的儿童观、教育观、教师观和课程观一直为历次改革所重视，专家学者与政府研究制定一系列全面推进幼儿园教育改革和幼儿园课程改革的文件、项目，在学前教育领域起到了很好的引领作用，许多旧的、错误的教育、教学理念和方法被纠正和叫停。2018 年 6 月，虞永平教授在成都学前教育研究会学术年会上做了“让课程更贴近儿童的心灵——改革开放 40 年的幼儿园课程”的主题报告，在报告中他以一项于 2017 年 5 月实施，面向江苏省 90 所幼儿园，旨在了解近三年来幼儿园课程和教师教育行为的调查数据，来展示江苏省幼儿园课程游戏化项目实施在改变教师课程观、教育观等方面所取得的成果。例如，在课程类型方面，“幼儿园课程活动类型呈现出多样化的状态，最能体现幼儿自主意识的区域活动已经在课程中占据了不少的比重”；在对环境重要性的认识上，“大部分教师已经意识到了环境支持对课堂实施的重要性，并能在实践中追随课程需要而变化班级环境”，等等。

在进步面前，我们仍要清楚地认识到在幼儿园课程中还存在许多老问题和需要改进的地方，例如，在课程类型方面仍有 50%以上的受访幼儿园选择其他选项，其中 24.69%的幼儿园课程仍以“学科领域为主，单元主题活动、区域活动为辅”。幼儿园课程改革中所倡导的课程观念与行为之间仍存在较大差距的现象，值得我们进一步深究：①我们需要更多的关于改革实效的研究来展示改革的成果和存在的问题；②我们要探究造成问题的缘由，并提出相应的改进措施。

（二）课程改革中儿童意识有效落实的影响因素

探究教育改革实效性的研究伴随着我国幼儿园课程改革的开展。21 世纪初，

① 刘焱，潘月娟，孙红芬. 中国大陆近二十年来幼儿园教育改革的历程回顾与现状分析//朱家雄. 中国视野下的学前教育. 上海：华东师范大学出版社，2007：28-29.

② 刘焱，潘月娟，孙红芬. 中国大陆近二十年来幼儿园教育改革的历程回顾与现状分析//朱家雄. 中国视野下的学前教育. 上海：华东师范大学出版社，2007：29.

刘焱等研究者对20世纪80年代以来我国幼儿园教育改革进行了历史回顾和现状分析，就教育观念与行为之间存在差距的原因进行了总结："'自上而下'的改革导致改革的倡导者和改革的实际承担者分离、'重在观念改变'的外部观念输入式改革缺乏具体的、感性经验的支持、'重观念转变、轻制度建设'的倾向使改革倡导者的理念难以在现实中'安身立命'。"①

将改革开放前20年幼儿园教育改革实践中的问题及原因套用于此后近20年的幼儿园课程改革实践颇有不妥，但其批判精神与部分研究结果仍值得我们借鉴和反思，我们还需要用更多的调查和研究来论证。

二、幼儿园课程"小学化"的防止

幼儿园教育中"小学化"的现象由来已久，消除"小学化"一直是近现代我国幼儿教育的重要目标。回顾改革开放40年来幼儿园课程的发展，"小学化"与防止"小学化"一直如影相随，一方面纠错的力度在不断加强，另一方面"小学化"的表现形式又在不断变化。

（一）幼儿园课程"小学化"的表现及其根源

回顾40年来我国幼儿园课程改革历程，不难发现，幼儿园课程"小学化"现象主要有两种表现形式：第一种是较为显性的"小学化"，主要出现于20世纪80年代，其主要表现为"教师太注重教学忽视了游戏和其他活动，教师的教学太像小学，教师说得多甚至以教师说为主，幼儿没有参与的机会，缺乏学习的主体性和积极性，基本上被成人所控制"②；第二种形式的"小学化"现象近年来表现得较为突出，将学龄前儿童在幼儿园的学习与中小学学习相混淆，追求提前教育，拔苗助长现象严重，例如，组织幼儿学习小学语文、数学、英语等课程内容，而幼儿游戏的时间和机会被逐渐压缩甚至消失。

我国幼儿园课程"小学化"现象的出现有深层次、多方面的原因。第一种形式的"小学化"主要是照搬苏联幼儿园课程理论与实践所造成的历史局限性的体现。20世纪50年代，我国幼儿园课程理论深受分科理论影响并形成一套完整、沿袭多年的幼儿园分科课程模式，一直到80年代依旧作为幼儿园标准课程模式，深刻影响着我国的幼儿园课程理论与实践。这种课程模式首先以学科知识的逻辑

---

① 刘焱，潘月娟，孙红芬. 中国大陆近二十年来幼儿园教育改革的历程回顾与现状分析//朱家雄. 中国视野下的学前教育. 上海：华东师范大学出版社，2007：35-38.

② 虞永平. 学前课程与幸福童年. 北京：教育科学出版社，2012：178.

性划分幼儿园教育内容，强调单科知识的系统性和计划性，忽视了学科间的内在联系，严重脱离了幼儿的实际生活。另外，按分科体系提前统一预设各科、各年龄班教育活动计划（教学大纲、教材等），要求教师严格执行教学大纲规定的内容。同时，强调以教师为中心，教师主导整个教育活动、一日生活活动甚至是幼儿游戏。最后，普遍以“作业”或“集体上课”等形式组织教学活动，形式单一。第二种形式的“小学化”则是因为部分幼儿教师与家长对幼儿成长规律和学前教育规律的错误认识或漠视，以及在功利主义和应试教育的影响下，以拔苗助长的方式对待幼儿教育。

（二）幼儿园课程去“小学化”任重道远

近年来，两种形式的幼儿园课程“小学化”问题都较为突出并受到学界和教育主管部门的关注，为有效防止此类现象，相关部门也出台了一系列文件，如《3—6岁儿童学习与发展指南》《教育部关于规范幼儿园保育教育工作 防止和纠正“小学化”现象的通知》等，力求从科普、行政专项治理等多种途径入手进行规范。

通过对幼儿园课程“小学化”两种不同表现的分析可知，其更深层次的原因不外乎幼儿教师科学的儿童观、教师观、教育观和课程观的缺失，因此，切实解决幼儿园课程“小学化”问题需要从教师培养抓起，“回到儿童，回到本原，回到基本理论”[①]。要落实《3—6岁儿童学习与发展指南》的精神，防止幼儿园课程“小学化”，就需要推动幼儿园课程游戏化、生活化项目，使幼儿园课程内容回归幼儿兴趣与需要，使幼儿园课程组织与实施方式符合幼儿自主、愉悦的特点，能保证幼儿有足够的自主游戏时间，能给予幼儿直接体验的机会。

幼儿园课程“小学化”的防止关键在于幼儿园教育与幼儿园课程要遵循幼儿成长规律、幼儿教育规律，以游戏化、生活化的方式来组织和实施幼儿园课程。其中，教师是课程游戏化的核心，课程游戏化项目如何进一步推进、幼儿教师课程观念如何转变，仍是需要继续深入研究的。

三、幼儿园课程资源的建设与丰富

幼儿园课程资源是幼儿园课程要素的重要来源，也是幼儿园课程运行必要而直接的条件。任何一种幼儿园课程模式的建构与实施都离不开课程资源的开发与利

① 虞永平. 学前课程与幸福童年. 北京：教育科学出版社，2012：180.

用。幼儿园课程资源问题随着幼儿园课程改革的逐渐深入而日益受到关注：①新时期幼儿园课程改革向园本化、综合化、生活化、游戏化方向深入，对幼儿教师在幼儿园课程资源的选择、组织方面提出了更高的要求；②现实中又暴露出教师自身课程资源观狭隘、课程资源开发能力薄弱等问题。因此，幼儿园课程资源的建设与丰富亦是未来我国幼儿园课程改革中的焦点问题之一。

（一）幼儿园课程资源观还需转变

在实践中，幼儿园课程资源的建设与丰富，首先涉及幼儿教师对课程资源的认识。狭隘的幼儿园课程资源观通常将供幼儿教师直接使用的教材或教师参考用书与幼儿园课程资源等同，课程资源的建设与丰富就是对教材的不断修订。以1981年教育部颁布的《幼儿园教育纲要（试行草案）》为例，该文件将幼儿园教育内容拓展为生活卫生习惯、计算、音乐、美术等八个具体方面，每一方面又按照小、中、大班不同年龄阶段提出具体要求，同时，教育部为规范幼儿园教材，还统一编写、统一出版了一批教材，在全国幼儿园推广使用。此外，在诸多幼儿园课程改革的尝试中，也都会出现相应的教材、教师参考用书，如“幼儿园渗透式领域课程”教师用书等。

教材是幼儿园课程中重要的课程资源之一，一般由课程专家依据一定的课程理念而编写，具有较强的专业性。许多教师不自然地将教材作为幼儿园课程资源的重要来源甚至是唯一来源，只向教材要资源，依据教材组织教学活动，对于身边丰富、鲜活的资源利用甚少，其“共同性的问题就是对课程资源认识不足，一提到课程资源，教师们就会感到困难重重”[①]，在此背景下，幼儿园课程内容往往千篇一律，区角材料缺少变化、没有特色，教育活动缺乏生机和活力。

随着幼儿园课程改革的深入，幼儿园课程资源的建设与丰富对于提升课程质量、促进幼儿成长的重要性日益凸显。《幼儿园教育指导纲要（试行）》中提出更为丰富的课程资源观，例如，要重视环境这一重要的教育资源，要充分利用自然环境和社区的教育资源来扩展幼儿学习和生活的空间，要利用幼儿同伴群体、教师集体资源，要重视家庭与幼儿园的合作伙伴关系等。若秉持狭隘的课程资源观，将很难理解《幼儿园教育指导纲要（试行）》中有关课程资源对于课程实施的重要价值，也很难对要充分开发和利用课程资源等精神有准确的理解和把握。

---

① 王芳. 幼儿园课程. 郑州：郑州大学出版社，2013：171.

（二）幼儿园课程资源的建设与丰富面临诸多挑战

在幼儿园课程不断向综合化、生活化、游戏化乃至园本化推进的今天，幼儿园课程必须摆脱之前以教师、教材、课堂为中心的束缚。生活化、游戏化要求教师与课程关注幼儿完整经验的获得，贴近幼儿真实生活，为幼儿提供自主游戏的机会，让游戏精神贯穿一日生活中的每一个环节，“幼儿的一日生活、与幼儿有关的社会生活及幼儿的游戏都是重要的课程资源”[①]，如何以更为广泛的视角开发和利用这些丰富、有益的课程资源，以使幼儿园课程真正符合幼儿身心发展的特点，真正做到具有生活性、综合性和趣味性，成为每名教师必须考虑的问题。同时，生活化和游戏化的幼儿园课程的设计和实施是一项需要创新、需要深入实践的工作，“生活化、游戏化的幼儿园课程需要一种课程整合机制，机制的核心是课程内容组织中心的选择和利用”[②]，如何运用身边的各种课程资源，也是需要探究的内容之一。

四、幼儿园课程理论与实践的中国化

回顾我国幼儿园教育自诞生以来的发展，其经历了一个从模仿、移植到不断改进、创新并追求中国化的过程，这一过程也体现在我国幼儿园课程理论与实践探究的过程中。

（一）幼儿园课程理论与实践中国化的第一次尝试

我国幼儿园课程理论与实践的探究始于对西方各种幼儿园课程理论与课程模式的模仿。20世纪初，我国幼教界充斥着各种外来的课程，鱼龙混杂，既有基督教宗教课程，又有蒙养院式的日本课程，还有来自西方的福禄贝尔、蒙台梭利式课程以及美国式的经验课程，对这些课程模式不是照搬照套就是一知半解，或者限于当时社会条件和办学水平，只能效仿皮毛，教学效果可想而知。思索究竟哪一种幼儿园课程才适合中国的实情，中国需要什么样的幼儿教育，成为当务之急，陈鹤琴、陶行知、张雪门等教育家纷纷投身于教育实践和改革中，“我们生长在这社会里，眼看着如此悲惨的前途，要打出一条改造的活路来”[③]，于是，探求幼

① 这是“生活化游戏化的幼儿园课程研究”课题中，虞永平对幼儿园生活和游戏的基本观点之一。参见丰力. 全国教育科学“十五”规划课题简介（六）. 教育科学研究，2003（Z1）：96.

② 这是“生活化游戏化的幼儿园课程研究”课题中，虞永平对幼儿园生活和游戏的基本观点之一。参见彭彭. 幼儿园课程要生活化游戏化——访南京师范大学教育科学学院虞永平博士. 教育导刊（下半月），2003（1）：4-5.

③ 张雪门. 幼稚教育新论. 上海：中华书局，1936：58.

儿园教育、幼儿园课程中国化、科学化成为20世纪二三十年代的最强音。陈鹤琴在南京鼓楼幼稚园进行为期3年的“单元教学”课程改革，陶行知在燕子矶幼稚园开始乡村幼儿园的课程探究，张雪门在北京开始“行为课程”研究……审视20世纪80年代以来我国课程理论与实践的改革历程，追求适合国情、实现幼儿园教育理论和课程实践的中国化仍然是幼儿园课程改革的主流趋势之一。

20世纪50年代开始，我国幼儿园课程理论与实践深受苏联学前教育理论及分科课程的影响，照搬苏联模式、全盘否定“单元课程”等幼儿园课程理念与实践成果，割裂了我国对于建立有自己民族特色、适合国情的幼儿园课程理论与模式探究的进程，历史局限性不可避免。

（二）21世纪中国需要建立自己的学前教育学理论体系

党的十一届三中全会及改革开放后，我国学前教育及学前课程研究又重新焕发生机。一方面，我们重新研究曾被批判的“进步教育”“儿童中心论”等现代教育理论，重拾陶行知、陈鹤琴、张雪门等教育家的理论与实践，肯定他们将西方理论与中国国情相结合、探究适合中国实际的幼儿园课程改革和所取得的一系列成果；另一方面，众多教育家、课程专家纷纷关注西方先进儿童心理发展和教育理论，翻译并引进如皮亚杰的建构主义理论、人类发展生态学、瑞吉欧课程等诸多幼儿教育理论和课程模式，以期开阔国内幼教工作者的视野，丰富课程改革实践。

更需注意的是，改革开放后尤其是20世纪90年代以来，来自世界各地诸多成熟的幼儿园课程模式被引进国内或重新成为模仿的热点，如来自意大利的蒙台梭利课程和瑞吉欧课程、来自新西兰的“学习故事”、来自德国的华德福幼儿教育课程等，同时，美国、日本、挪威、新加坡等国家以及中国台湾和香港地区的学前课程模式也成为学习和研究的焦点，接踵而至，令人应接不暇，“幼儿园成了各种课程理论的试验田，一种理论尚未消化，另一种理论又进来了，跟风现象严重，导致教师无所适从”①，弊端不容忽视。

历史经验与教训告诉我们，盲目地全盘接受和套用是不可行的，只有真正符合我国幼儿园的课程实际、满足我国学前教育事业发展需要、能着实促进幼儿全面发展的幼儿园课程理论和模式才是切实可行的。同时，40年来我国历次幼儿园课程理论与实践的变革所依循的指导思想并没有发生质的变化，只是更加完善、成熟和更具时代感，而且这些指导思想都是以西方儿童心理发展、儿童教育理论为理论基础的，还尚未真正形成具有中国特色的幼儿园课程理论和实践模式，“即

① 王春燕，仲旭. 建国60年来我国学前课程论研究的发展历程和反思. 幼儿教育（教育科学），2010（1、2）：13-18.

一切从实际出发，从解决实际问题出发，而不是从某些理论或理念出发”①，“学前教育学应当形成自己的理论”②。因此，我国幼儿园课程理论和实践的变革还在路上，我们仍需不断拓宽视野、更新观念，不断深入实践研究，坚持不懈地建构起中国化的幼儿园课程理论和实践体系。

① 朱家雄，黄瑾，李召存，等. 幼儿园课程的理论与实践. 上海：华东师范大学出版社，2010：236.
② 刘晓东，卢乐珍. 学前教育学. 南京：江苏教育出版社，2009：341.

第八章
学前教育质量评价的改革与发展

学前教育质量评价是学前教育事业发展的反思和反馈系统，是学前教育工作健康发展的必要环节。1978 年以来，我国学前教育质量评价有了明显的变化：从关注儿童的身体发育和智力发展逐渐拓宽评价范围，从关注结果性评价迈向对过程性评价的重视，从重视评价的鉴定功能到关注评价的发展性作用，从对国外评价工具的引介到参与评价工具的研发。我国的学前教育质量评价已走过蹒跚起步的阶段，逐渐走向成熟。

第一节　学前教育质量评价的历史

一、1978—1988 年：学前教育质量评价的初探

1978 年以来，我国关于学前教育质量评价的研究不断增多。同时在该时期学前教育评价更多地关注对幼儿发展的结果性评价，特别是对幼儿身体发育和智力的评价。

（一）注重儿童发展的结果

儿童发展评价是本阶段学前教育质量评价的主体工作。在对儿童发展的评价工作中，对儿童发展结果的关注最为突出。

贵州省教育局在制定《贵州省七岁以内小儿体格与智能测试表》后，通过获得粗动作、手动作、生活力、理解、反应、说话等六项测试题的结果来评价幼儿发展。[①]杭州大学通过使用《儿童生长发育监测卡》以获得身高、体重、胸围、上臂围等四项数据作为幼儿身体发育的指标。[②]

（二）注重幼儿的身体发育与智力的发展

在该阶段，幼儿的身体发育和智力的发展成为学前教育评价的重点。①我国用自制量表《儿童生长发育监测卡》评价幼儿身体发育的发展。[②]②黄懿藟通过测试我国以及苏联、日本幼儿的握力发展，发现我国幼儿的握力发展弱于苏联、日本且个体差异大，由此呼吁重视幼儿的体格测试。[③]③竺波编译了 Renzulli-Hartman 量表，用于以非正式的方式评估幼儿是否具有超过实际年龄发展阶段的心理、行

---

① 贵州省教育厅普教处. 宣传幼教 发展幼教——万名幼儿体格和智力发展测查工作的体会. 幼儿教育，1983（11）：4-5.

② 杭州大学儿童生长发育和智能发展研究中心. 你想知道孩子的生长发育情况吗？请使用《儿重生长发育监测卡》. 幼儿教育，1987（2）：32-36.

③ 黄懿藟. 一次幼儿握力测查的启示. 学前教育研究，1987（3）：26-28.

为特征的早慧指征。[①]此外，贵州省教育厅早在 1983 年就制定了《贵州省七岁以内小儿体格与智能测试表》，可以同时评价幼儿身体发育与智力的发展。[②]

（三）出现依据幼儿行为评价游戏的萌芽

在该时期，开始出现了对幼儿游戏适应性的评价，这是评价幼儿游戏的良好开端。林茅等提出幼儿游戏的关键不在于内容是否新颖以及规模大小，而在于是否符合幼儿的年龄特征和能否激发幼儿的主动性、积极性、创造性；是否具有较丰富的玩具材料，玩具是否具有可玩性，是否能一物多用；幼儿在游戏中能否关系友好、情绪欢乐、遵循游戏规则；教师能否有计划、有目的、有重点地指导集体游戏和个别游戏，在游戏中充分发挥主导作用。[③]

二、1989—2000 年：学前教育质量评价的拓展

该时期作为学前教育质量评价自 1978 年起步以来的第二个阶段，随着研究和实践的深入，在前一个阶段的基础上，学前教育质量评价得到进一步的拓展，主要体现在以下几个方面。

（一）探索评价标准的研究众多

该时期众多的研究者在学前教育质量评价的各个方面进行评价标准的探索，使得不同的评价主体在进行学前教育质量评价时有了更多可供选择的评价标准。

1. 评价标准的内容

该时期研究者对于评价标准的探索虽然数量众多，但大致集中在以下几个部分。

（1）幼儿发展评价

1）幼儿体质评估。北京市 1997 年自编以身体形态发育水平、生理功能水平、身体素质和运动能力发展水平、心理发育水平和适应能力为主要内容的幼儿体质评估标准。[④]

2）幼儿动作发展评估。高秀洁在天津市《三岁前小儿教养大纲》《幼儿园工

① E. P. 托兰斯. 学前儿童创造性的非正式评价. 幼儿教育，1986（2）：7.

② 贵州省教育厅普教处. 宣传幼教 发展幼教——万名幼儿体格和智力发展测查工作的体会. 幼儿教育，1983（11）：4-5.

③ 林茅，王令望. 坚持正确的游戏评价标准. 学前教育，1984（10）：13-14.

④ 王梅. 体质测试优于体格评价. 学前教育，2000（10）：33.

作规程》的指导下，分别从以走、跑、跳、平衡、攀登、钻和爬为主的大肌肉动作评估标准和以拼、插、穿、搭、绘画、手工为主的小肌肉动作评估标准出发，制定了2岁半至3岁半幼儿动作发展评估标准。①

曹映红、孙林也制定了以知识与技能技巧、智力因素、非智力因素三大板块为主的幼儿各类能力发展水平评估标准，并统一构成了幼儿发展水平评估系统。②

从已有研究来看，该时期与幼儿发展评价有关的评价标准更多是集中在幼儿身心发展结果上，与幼儿发展过程相关的评价标准则几乎没有。

（2）幼儿教师评价

1）保育员评价。其中一个保育员评估标准是以卫生和保管、管理幼儿、参与教育、工作态度四个方面为主的保育员岗位绩效评估标准。③另外一个保育员评估标准则以北京市教育局制定的幼儿园保育员等级技术标准为代表，该标准从初级保育员、中级保育员、高级保育员三个等级出发，以保育员应知、应会两个层面的知识、技能对各级保育员的等级进行评定。④

2）班级教师评价。何卫红从日常工作、学期综合评价两个方面制定了幼儿园班级教师评价标准，其中，日常工作包括由入园和离园、生活活动、教育活动、游戏活动构成的一日活动和以教师业务竞赛为例的单项活动两个方面，学期综合评价则包括思想素质、业务素质、班级教养工作和教研工作四个方面。⑤郑美玲、何幼华则从反映教师教育观、儿童观、服务观为主的教育思想，反映教师做好日常保教工作应具备的基本保教能力，以及反映教师自身素质提高的自觉程度三个方面，构建了幼儿教师日常保教工作评价标准。⑤

3）园长评价。刘苏以基本素养、管理行为、工作绩效三个一级指标为主要内容，编制形成了幼儿园园长评价标准，其中，基本素养又由事业心、道德品质、运用知识三个方面组成，管理行为则由任职能力表现、工作作风两个方面组成，而进步幅度、工作成绩两个方面则共同构成了工作绩效。⑥

可见，1989—2000年，与幼儿教师相关的评价标准已经包含了幼儿园的主要教师群体，较前一时期有了极大的拓展。

（3）幼儿园课程与教学评价

1）幼儿园一日活动评价。张洁从活动目的、活动设计、活动准备、组织实施、

---

① 高秀洁. 对2岁半～3岁半幼儿动作发展的评估研究. 学前教育研究，2000（5）：20-22.

② 曹映红，孙林. “幼儿发展水平评估系统”的设制. 学前教育研究，2000（5）：40.

③ 欧文锦. 保育员岗位绩效评估的尝试. 幼儿教育，1998（6）：28.

④ 何卫红. 幼儿教师工作评价方案初探. 学前教育研究，1997（6）：27-29.

⑤ 郑美玲，何幼华. 幼儿园教师日常保教工作评估指标体系研究. 上海教育科研，1995（8）：44-47.

⑥ 刘苏. 托幼园所长评价标准初探. 学前教育研究，1996（1）：48-50.

活动效果五个角度出发，研制出了幼儿园教育活动评价标准。①吴积静等则从保教目标、保教内容、保教方法、保教程序、保教素养、保教效果六个方面出发制定了幼儿园一日活动质量评价标准。②王秀英则按照幼儿园一日活动环节进行幼儿园一日活动质量的评价标准的编制，即将以入园和离园活动、生活活动、游戏学习活动、体育活动、自由活动为主的幼儿园一日活动作为一级指标，并在此基础上进行评价标准的制定。③在半日活动评价方面，金广琳分别提出了测定半日活动的要求和测定教师上课的要求，二者共同构成了幼儿园半日活动评价标准。半日活动的要求主要可以分为环节、环境、指导、游戏、体育、语言、习惯七个方面，而教师上课的要求则可以分为计划、方法、教态、思想教育、教学气氛、教具六个方面。④王俊英则将目光聚焦于一日活动中的教育活动上，形成了由教师保教行为的目的及实现程度评价指标、幼儿学习水平评价指标、师生相互作用评价指标构成的幼儿园教育活动评价标准体系。⑤

2）在幼儿园教研组活动评估方面，也初步形成了以活动状况、交流活动、教研成果为主要内容的教研组活动评估标准。⑥

在课程与教学的评价标准方面，该时期主要聚焦在一日活动或者半日活动的评价上，虽然对于教学评价标准有一定的阐释，但对于课程评价标准的探索则几乎没有。

（4）幼儿园教育质量评价

本阶段对于幼儿园教育质量评价标准的研究主要集中在幼儿园游戏环境评价标准的编制上。在户内游戏环境的评价上，刘焱以环境整体效果和各活动区域两个大的方面为主，从面积、活动内容的丰富性、环境结构的目的性和计划性、活动角数量、各活动角活动互不干扰、安全卫生、环境具有间接控制幼儿行为的作用七个具体的方面出发，构建了幼儿园户内游戏环境的评价标准。⑦在户外游戏环境方面，刘焱则从有无户外游戏场地、面积、地面质量、设备器械、结构特征、安全、绿化七个方面出发构建了幼儿园户外游戏环境的评价标准。⑧

2. 评价标准的特点

该时期研究者在制定评价标准时主要有两个途径：①根据评价需要自定评价

---

① 张洁. 长沙市幼儿园教育活动评价标准研制简介. 学前教育研究，1999（3）：24-26.
② 吴积静，周洪飞. 幼儿园一日活动质量评价的探索. 学前教育研究，1994（6）：59-61.
③ 王秀英. 幼儿一日活动评价量表的思考与设计. 幼儿教育，1992（4）：4-5.
④ 金广琳. 如何测定半日活动的质量. 幼儿教育，1989（3）：20.
⑤ 王俊英. 目标课程的教育活动评价. 学前教育，1992（3）：17-19.
⑥ 西城区幼儿教研室. 西城区幼儿园教研组活动评估表（草案）. 学前教育，1994（1）：15.
⑦ 刘焱. 幼儿园游戏环境评价（下）. 学前教育，1994（6）：3-4.
⑧ 刘焱. 游戏环境评价——户外游戏场地评价（上）. 学前教育，1993（4）：3-4.

标准；②使用他人制定的评价标准。但无论是通过哪种途径编制的评价标准，受各方面条件的限制，都存在评价标准笼统、操作性不强[①]和缺乏科学性检验等问题。

1）评价标准笼统、操作性不强。其主要体现在两个方面：①该时期一些评价标准的编制存在套用《幼儿园工作规程》或其他学前教育纲领性文件的情况；②该时期发表在各大学术期刊上的文章，并没有进行详细的二级、三级指标的阐释，只是在文章中罗列出了一级指标或给出一个评价指标的大纲，描述过于笼统，也不利于对该标准的具体操作实施。

2）缺乏科学性检验。在本阶段 15 份与学前教育质量评价相关的评价标准中，仅有 4 份评价标准进行了信效度的检验，或利用专家评定等方法进行了评价标准的评定及修改，而其余的 11 份则无任何科学性检验的相关说明。可见，该时期关于评价标准的探索虽然数量较多、范围较广，但存在缺乏科学性的问题。

（二）引进国外评价工具

除了国内研究者对评价标准的探索，不少研究者也开始放眼全球，进一步大量引进国外的评价工具，介绍国外的评价经验。

1）该时期引进的与学前教育质量评价相关的评价工具，以幼儿园环境质量评价工具、幼儿发展评价工具为主。以“早期儿童环境评分量表”[②]、“儿童-环境交互作用行为量表记录表”[③]、“幼儿教育机构环境等级评定量表”[④]、“丹佛发育筛选测验”、“韦克斯勒学前儿童智力表”、“儿童发育调查表”[⑤]、“托幼机构环境评价量表”[⑥]为代表的国外学前教育质量评价工具进入国内学前教育质量评价者的视野。

2）我国研究者在使用“儿童-环境交互作用行为量表记录表”“儿童发育调查表”时，也开始尝试在原有量表的基础上进行修改和补充，使其更符合国内评价的需要。[⑤]美国国家幼儿教育协会（National Association for the Education of Young Children，NAEYC）的高质量幼儿教育机构评价标准[⑦]也引起研究者的关注，以期对国内学前教育质量评价的发展有所启示。

① 刘焱. 试论托幼机构教育质量评价的几个问题. 学前教育研究，1998（3）：14-17.

② 薛秧丰. 幼儿园环境质量的评价. 早期教育，1993（1）：20.

③ 朱家雄. 幼儿园环境教育专稿之六——幼儿园环境的评价（上）. 早期教育，1995（5）：30.

④ 朱家雄. 幼儿园环境教育专稿之六——幼儿园环境的评价（下）. 早期教育，1995（6）：31.

⑤ 韦有华，景观宗. 226 名小班幼儿发育筛查与评估报告. 上海教育科研，1998（9）：31-34.

⑥ 刘焱，何梦焱，李苏，等. “托幼机构环境评价量表”述评. 学前教育研究，1998（3）：18-20.

⑦ 刘焱. 美国 NAEYC 关于高质量幼儿教育机构的评价标准（上）. 学前教育，1998（2）：17-18；刘焱. 美国 NAEYC 关于高质量幼儿教育机构的评价标准（中）. 学前教育，1998（3）：20-21；刘焱. 美国 NAEYC 关于高质量幼儿教育机构的评价标准（下）. 学前教育，1998（4）：14-16.

（三）非实证研究相对较多

实证研究是“通过对研究对象进行观察、实验或调查，对收集的数据或信息进行分析和解释，以事实为证据探讨事物本质属性或发展规律的研究方法”①。实证研究因强调研究者直接参与收集具体的资料的过程而具有较强的实践指导意义。但在该时期，与实证研究的数量相比，非实证研究数量却相对较多。所谓非实证研究，即指除实证研究之外的、尝试从更宏观的理论层面进行学前教育质量评价的研究。这些非实证研究不仅包括对学前教育质量评价涉及的概念的辨析，还包括学前教育质量评价理论的发展过程、评价方案的制订、评价标准的设计与检验、评价存在的问题等方面。

这些非实证研究对于厘清学前教育质量评价的概念、特点、重要性等具有重要价值，对于指导学前教育研究者、幼儿教师、幼儿家长等与学前教育质量评价相关的主体形成正确的评价观、掌握正确的评价方法等都具有积极的意义，对于学前教育质量评价在各个具体层面的实践也具有较强的指导作用。

总的来说，该阶段是学前教育质量评价积极拓展的时期，一方面体现在国内研究者对于各类学前教育质量评价标准的探索，另一方面体现在对国外评价工具的引进和对国外评价经验的介绍，还体现在研究者开始关注非实证研究。这些在学前教育质量评价方面的积极尝试和探索，虽然存在一定的不足，但仍然对于推动学前教育质量评价的发展产生了重要的积极作用。

三、2001—2011 年：学前教育质量评价的观念革新

2001 年，教育部颁发了《幼儿园教育指导纲要（试行）》。在教育评价部分，该文件明确指出，教育评价是幼儿园教育工作的重要组成部分，是了解教育的适宜性、有效性，调整和改进工作，促进每一个幼儿发展，以及提高教育质量的必要手段，这为幼儿园教育评价工作指明了方向。将评价的功能定位为促进评价对象的改进和完善的评价观念被称作发展性评价观念。随着《幼儿园教育指导纲要（试行）》的推行，对发展性评价观念的探讨声势日益浩大，逐渐成为学前教育质量评价的主流声音。

（一）多元智能理论引发关注

2001 年之后，对多元智能理论及其相关评价方案的引介较为突出，多元智能

① 姚计海. 教育实证研究方法的范式问题与反思. 华东师范大学学报（教育科学版），2017（3）：64-71.

理论对我国学前教育评价产生了明显的影响。

多元智能理论由美国哈佛大学的加德纳教授提出。加德纳认为，人类具有若干种相互独立的智能形式。他将智能定义为解决问题或创造一种或多种文化环境认可的成果的能力。与以往的智能评价只注重语言和数理逻辑能力不同，加德纳提出了七种不同的智能，它们是语言智能、逻辑数学智能、音乐智能、空间智能、身体智能、人际交往智能和反省智能，后来他又提出了第八种智能——认识自然的能力，这是自然博物学家的智能，其典型特征是对自然界的酷爱。①与传统的智力测验只重视语言智力和数理逻辑智力不同，多元智能理论认为这八种智力同样重要，如同七色光谱上的色彩，每一种都有不可取代的价值。

在多元智能理论的影响下，教育评价的目的也发生了巨大的转变。“教育评价的目的和作用不在于诊断智力水平的高下，选拔那些‘智优’儿童，而在于发现和识别每个儿童的智力特点，因材施教，以长补短，长善救失，帮助他们实现富有个性特色的全面发展。”②

以美国加德纳教授的多元智能理论为主要理论依据的评估方案“光谱方案”给我国幼教界带来了全新的评价理念和方法，其主要特点为：①以发现每个幼儿的智力潜力和特点、让每个幼儿得到富有个性特色的发展为评估目的；②重视创设具体的情景，让儿童在真实、自然的活动中接受评估；③主张在学习中评价，在评价中学习，让评价过程成为课程的一个有机组成部分；④评估涉及的智力领域包括语言、数学、运动、音乐、科学、社会理解、视觉艺术，以及儿童在不同领域的学习风格；⑤通过观察和识别某一种智力活动核心的技能和能力（即关键能力）的表现水平，来评估儿童的智力发展状况。③

多元智能理论对儿童发展的不同理解，打破了我们对儿童的僵化认识，为学前教育评价注入了新的活力，推动了学前教育评价目的、评价方式的变革。

（二）尝试开展档案袋评价

在建构主义理论的影响下，表现性评价理念引发了更多的关注。表现性评价，又称真实性评价。“表现性评价是建立在建构主义学习理论基础上的一种对儿童进行评价的新的理念和方法。它要求评价与儿童的生活经验相结合，力求反映儿童在真实的情景中如何理解知识和运用知识的能力，提倡在多种情景中运用多种

① 玛拉·克瑞克维斯基. 多元智能理论与学前儿童能力评价. 李季湄，方钧君，译. 北京：北京师范大学出版社，2002：7-9.

② 冯晓霞. 多元智能理论与幼儿园教育评价改革——发展性教育评价的理念. 学前教育研究，2003（9）：5-7.

③ 彭俊英. 近六年我国学前教育评价研究的文献综述. 山东教育，2003（3）：10-12.

手段和信息来源评价儿童。”[①]在表现性评价的具体做法中，档案袋评价方法引发了更多的关注。这一时期对档案袋评价的介绍和运用（尝试将档案袋评价运用于幼儿园儿童评价、主题活动和教师评价中）都比较多。

档案袋评价，又称为“文件夹评价”，是指收集儿童在学习过程中有代表性的作品和典型的表现记录，以儿童的现实表现作为判断儿童学习质量的依据的评价方法。这种评估活动从多种渠道收集资料，旨在提供有关学生学习的实际水平的各种材料，重视儿童发展的过程，能从多角度、多侧面来判断每个儿童的优点和发展可能性，为描绘每个儿童的学习情况的剖面图和发展过程提供了真实而详细的资料。[②]

档案袋评价方法被认为有突出的优势，“一份好的成长档案既可以详细、生动地描述幼儿在园的学习与生活，又可以帮助教育者对幼儿的发展过程进行动态、适宜的纵向评价，以弥补横向评价的不足。更为关键的是，它可以帮助教师加深对幼儿的理解，寻找幼儿的最近发展区，从而提高教师与幼儿之间互动的质量，促进幼儿园与家庭形成教育的合力，引发幼儿的自主学习”[③]。

当然，将档案袋评价运用在幼儿园中还存在许多问题，包括：①重结果轻过程；②对幼儿作品的选择存在盲目性；③对幼儿作品缺少必要的说明；④档案袋评价结果构成不全面等。[④]

（三）探讨影响学前教育机构质量的关键因素

2001—2011 年，对影响托幼机构教育质量的影响因素的关注相对突出，不但有国外相关研究的大力介绍，还有针对我国具体国情进行的相关探索。

儿童发展是托幼机构教育效益的最终表现。周欣以世界各国的研究为基础，发现托幼机构的结构性变量（如师生比和班级人数、教师资格和所受训练、教育行政管理）对儿童发展有影响，过程性变量中的师幼互动、课程、学习环境、健康与安全、家长的参与对儿童发展的影响明显。比较而言，过程性变量对儿童发展的影响比结构性因素更大，但过程性变量由于具有动态性，评估起来难度相对较大一些。[⑤]

美国托幼机构教育质量的相关研究发现，“较低的幼儿-教师比例、稳定的教师队伍、受教育水平较高的教师、成人更多的适宜行为与婴幼儿较好的社会性发

① 周欣. 表现性评价及其在学前教育中的应用. 学前教育研究，2009（12）：28-33.
② 彭俊英. 档案袋评定——一种新型的幼儿园教育评价方法. 山东教育，2002（33）：4-5.
③ 刘晶波. 创建幼儿成长档案的原则与误区. 幼儿教育（教育教学），2009（10）：24-25.
④ 姚伟，崔迪. 当前幼儿园档案袋评价存在的问题与解决对策. 学前教育研究，2007，7（2）：31-33.
⑤ 周欣. 托幼机构教育质量的内涵及其对儿童发展的影响. 学前教育研究，2003（7-8）：34-38.

展、语言和认知发展结果之间存在相关”[1]。

英国开展了历时五年的全国性的纵向研究项目“托幼机构教育效果研究项目”，其中，“托幼机构有效教学研究项目”是该项目的一个分支。该项研究带给我国的主要启发为：①所有类型的托幼机构教育对儿童发展都有着积极影响；②高质量的教育分布于各种类型的托幼机构中；③高质量的托幼机构，或者是专业化程度较高的教师，或者是家园，在幼儿教育问题上要达成一致；④教职员工的水平与幼儿的发展程度之间呈正相关，尤其是接受过专业化发展培训的教师更能够有效地采用复杂的教学策略，持续地推动与幼儿的共同思考，以及与家长建立更专业化的交往关系；⑤在有效机构中，成人发起的活动与幼儿发起的活动的比例几乎相等（小班除外）；⑥在托幼机构教育效益评估中结合使用过程评价与结果评价，可让研究形成一个全方位的立体系统，使研究结论更具说服力。[2]

潘月娟等分析了幼儿园结构变量与教育环境质量之间的关系，有如下发现：①教师学历、师幼比、在班幼儿人数和收费标准是影响幼儿园教育环境质量的主要结构变量；②师幼比和在班幼儿人数对幼儿园教育环境总体质量、物质环境质量、人际互动质量有影响，但这种影响受到教师学历因素的中介作用；③收费标准仅对物质环境质量有影响，但收费标准的提高并不必然导致物质环境质量的显著改善；④生活活动与课程的质量仅受到教师学历的影响，未见师幼比和在班幼儿人数的作用；⑤结构变量在不同地区和不通办园体制的幼儿园之间分布不平衡，导致不同地区和办园体制的幼儿园在教育环境质量上出现较大差异。[3]

刘焱等比较分析了不同办园体制幼儿园班级在教育环境质量上的异同。研究表明：①不同办园体制的幼儿园都有可能提供高质量的班级教育环境；②乡镇园班级的教育环境质量显著低于其他类型的幼儿园，体现了我国幼儿园教育在区域间及体制间发展的不均衡。总体上而言，教育部门办园班级的教育环境质量明显优于其他类型的幼儿园；民办园的总体水平处于乡镇园与教育部门办园之间，但内部差异较大；各类型幼儿园的班级在课程质量上都有待进一步提高。[4]

康建琴等对我国东、中部3个县农村学前一年教育经费投入效益进行了调研，研究发现，要提高我国农村幼教机构的质量，需要加强专业化教师队伍的建设，逐步增加在编教师比例，实现同工同酬，并以适宜的成本与合理的分担机制发展

---

① 潘月娟，刘焱．美国托幼机构教育质量研究述评．比较教育研究，2008（8）：39-43.

② 孙红芬．英国“托幼机构有效教学研究项目”简介．学前教育研究，2004（3）：58-61.

③ 潘月娟，刘焱，胡彩云．幼儿园结构变量与教育环境质量之间的关系研究——以山西省幼儿园为例．学前教育研究，2008（4）：3-10.

④ 刘焱，李志宇，潘月娟，等．不同办园体制幼儿园班级教育环境质量比较．学前教育研究，2008（8）：7-11.

基本质量标准以上的农村学前一年教育。①

从国内外有关托幼机构教育效果评价的结论来看，师幼比、师幼互动、家长的参与、教师的专业化程度与稳定性等是影响托幼机构质量的关键因素。

（四）呼吁评价与课程教学结合

评价与课程教学的结合是近年来教育评价的一个重要转向。评价应该与课程内容相联系，服务于学校的教学实践。

潘月娟、刘焱强调了评价与课程教学结合的必要性。“为使评价真正有益于教师的教学和儿童的发展，应当将课程与教学建立在评价的基础上，依据评价结果来设计或调整课程与教学，使得课程与教学符合儿童学习与发展的需要，从而使儿童发展评价成为有效课程循环圈的一个重要环节。”②

廖凤瑞认为表现性、真实性及课程相关性被认为是教师设计评价的三个层次。课程相关性高的评价强调课程目标对于幼儿生活的重要性，即评价内容与课程配合度高。③

表现性评价被认为能够很好地反映评价与教学的结合。“表现性评价正好可以在教学过程中进行，帮助教师根据评价的信息来判断当前的课程内容和教学是否适合个别的儿童，如果不适合，该做怎样的调整，从而使得评价的结果能为课程的设计和修改提供相关的信息，这样可以使课程目标与评价之间产生密切的联系。”④

多彩光谱评价方案和作品取样系统两种评价方法具有明显的评价与教学结合的特点。“首先，都注重评价过程与教学过程的结合。多彩光谱评价方案设计专门的评价活动，强调评价活动就是教师日常进行的教学活动，而作品取样系统则直接在日常的课程实施过程中进行评价。其次，都强调评价内容与教学内容的结合。二者在具体的评价内容上虽然有所不同，但都做到了评价内容与教学内容或课程内容的有机结合，评价幼儿在各个领域的发展和表现，而这些内容实际上也构成了课程实施和教学设计的主要内容。”⑤

针对当前幼儿园教育评价与教学脱节的弊端，为实现评价促进教师与幼儿共同成长的发展性功能，焦艳、冯晓霞倡导开展“为教学服务的评价”，主张教师

---

① 康建琴，刘焱，刘芃. 农村学前一年教育经费投入效益分析. 教育学术月刊，2011（5）：34-37.

② 潘月娟，刘焱. 托幼机构教育中的儿童发展评价. 幼儿教育（教育科学），2009（5）：13-16.

③ 廖凤瑞. “在孩子旁边”的评量——从教学评量的三个层面谈起. 学前教育，2008（11）：18-21.

④ 周欣. 表现性评价及其在学前教育中的应用. 学前教育研究，2009（12）：28-33.

⑤ 于开莲，焦艳. 两种学前教育评价新方案的对比——多彩光谱评价方案与作品取样系统. 学前教育研究，2009（8）：9-12.

作为评价的主体，强调评价内容与课程内容相结合，以幼儿在活动中的真实表现为评价对象，在真实的教学情境中实施评价。遵循这一评价理念，在构建操作化的评价工具时，“为教学服务的评价”需要设计体现学习领域特殊性与该领域关键经验的案例式评价活动和结构化指标体系。[①]

将幼儿发展评价与幼儿园课程相关联，开展基于课程、嵌入课程的儿童发展评价在这个阶段得到了更多的肯定，但还只是停留在认识的层面，要在操作的层面做到这一步，仍有待进行更多的探索。

四、2012—2018年：学前教育质量评价的国际化

2012年，我国颁布了两个重要的学前教育领域文件——《3—6岁儿童学习与发展指南》《幼儿园教师专业标准（试行）》。与此同时，我国学前教育质量评价开始进入新阶段：评价工作更加注重科学性，学习、引进了大量国外的研究工具和政策，进行了大量实证研究；开始用国际化的眼光来看待我国的质量评价，更加关注国际学前教育质量评价发展的新动向。

（一）跻身于国际学前教育质量评价视野之下

在这一阶段，我国研究者引进了大量的国外科学化评价工具，更加关注国际学前教育质量评价发展的新动向。

1. 科学化评价工具被大量引进

（1）托幼机构的评价工具

我国引进了许多国外对托幼机构的评价工具，如余璐、黄甫全介绍使用了测量与评价幼儿园（班）教育质量的整体工具“国际儿童教育协会全球指导性评估量表”[②]，王磊介绍使用了美国有效评估师生互动质量的课堂互动评估系统[③]，秦金亮等介绍了英国为揭示学前教育对3～7岁儿童发展影响的有效学前教育（effective provision of pre-school education，EPPE）项目[④]；李克建等历时5年，基

① 焦艳，冯晓霞. 对“为教学服务的评价”的理论构想. 学前教育研究，2009（5）：7-11.

② 余璐，黄甫全. 让每个幼儿都享有优质教育——《国际儿童教育协会全球指导性评估量表》述论. 教育研究，2013（9）：143-152.

③ 王磊. CLASS在美国学前教育机构质量评估中的应用及启示. 外国教育研究，2014（11）：39-46.

④ 秦金亮，李轩，方莹. 有效学前教育机构的特征——英国EPPE项目对我国学前教育质量政策制定的意义. 外国教育研究，2017（1）：15-26.

于扎实的实证研究，研发了适宜我国文化和国情、具有良好测量学特性的“中国托幼机构教育质量评价量表”[①]。

（2）幼儿教师的评价工具

我国翻译并使用了大量国外对幼儿教师评价的工具，如邓小平等介绍了美国学前教育中的课堂评估编码系统[②]，胡珍、于子丽介绍了美国教学策略评估系统[③]，胡春梅等采用世界卫生组织的“生存质量量表中文简表”以及马斯拉克（Maslach）编制的“教师职业倦怠量表”，调查了幼儿教师生存质量及其影响因素[④]。

（3）儿童的评价工具

从 2012 年开始，关于国外儿童评价的研究逐年增多。2017 年，我国有 9 篇论文都介绍了国外儿童评价工具，绝大多数为针对 0～3 岁婴幼儿的评价工具。如周欣等介绍了如何用学习故事评价方法评价儿童对数学的学习[⑤]；刘馨等介绍了“贝利婴幼儿发展量表”“早期儿童保健和发展量表”“学前儿童观察评价系统”等许多对 0～3 岁婴幼儿动作发展进行评估的工具[⑥]。

2. 国际学前质量评价新动向受到关注

（1）国外学前教育质量监控评价体系更加受到关注

1）我国有许多学者都对美国早期教育质量评级与提升系统（quality rating and improvement system，QRIS）进行了不同程度的述评。孙贺群从工具运行机制与运行中的问题出发，分析了美国早期教育质量评级与提升系统[⑦]，刘昊比较了美国早期教育质量评级与提升系统和澳大利亚学前教育质量监控系统[⑧]，王双评析了美国早期教育质量评级与提升系统的实施内容、元评价研究的作用以及四类元评价研究[⑨]；钱雨提到了美国开展的“QRIS 元评价项目”等质量评估与元评估研究以及澳大利亚发布了以国家质量标准为核心的“学前教育国家质量

---

① 李克建，等. 中国托幼机构教育质量评价研究. 北京：北京师范大学出版社，2017.

② 邓小平，孙晓娟，张向葵. 美国学前教育中课堂评估编码系统述评. 外国教育研究，2013（6）：24-30；周玮. 幼儿园保教质量评价实施初探——以广州市荔湾区为例. 学前教育，2016（10）：3-5.

③ 胡珍，于子丽. 美国幼儿教育“教学策略评价体系”简介及应用启示. 外国中小学教育，2017（1）：37-43.

④ 胡春梅，吕晓，何华敏. 幼儿园教师的生存质量及其影响因素. 学前教育研究，2015（11）：28-34.

⑤ 周欣，黄瑾，华爱华，等. 学前儿童数学学习的观察和评价——学习故事评价方法的应用. 幼儿教育（教育教学），2012（6）：12-14.

⑥ 刘馨，钟桂英，王兴华，等. 0～3 岁婴幼儿动作发展评估工具的分析与启示. 幼儿教育，2017（12）：11-17.

⑦ 孙贺群. 理想政策的实践困境：美国早期教育质量评级与提升系统运行中的问题与启示. 外国教育研究，2017（1）：27-40.

⑧ 刘昊. 美国、澳大利亚学前教育质量监控系统比较及启示. 首都师范大学学报（社会科学版），2013（6）：131-135.

⑨ 王双. 美国学前教育质量评级与提升系统的元评价研究述评. 外国教育研究，2017（9）：86-103.

框架”[①]。

2）国际组织进行的质量监测行动也受到广泛的关注。随着学前教育质量评价的发展，国际组织也开始参与到评价工作中，如OECD和世界银行都发布了关于评价的相关政策，受到了我国研究者的关注。周玉娥、刘智成[②]与李静等[③]从政策制定的背景和内容方面介绍了OECD发布的保障早期教育质量的政策杠杆（设定质量目标和法规，设计和实施课程与学习标准，提高保教人员资质，改善工作条件，促进家庭和社区的参与，推进数据的收集、监测和研究）：《强势开端Ⅲ：早期保教质量工具箱》；刘颖、李晓敏从OECD国家普遍建立学前教育质量监测体系的原因和政策方面主要介绍了《强势开端Ⅳ：学前教育质量监测》[④]；李传江等从政策的背景、结构、内容等方面对OECD发布的《强势开端Ⅳ：早期教育与保育质量的监测》，以及世界银行制定的“学前教育系统监测和基准制定”进行了述评[⑤]；张世义从开发背景、内容结构及实施程序、特点三个方面介绍了世界银行发布的“学前教育系统监测和基准制定”[⑥]。

（2）师幼互动质量成为国际学前教育质量研究的核心

研究者更加关注国外过程性的评价，尤其是对师幼互动的评价。韩春红在谈论国际学前教育质量研究新动向时就提到，师幼互动质量成为国际学前教育质量研究的核心，研发和应用科学的师幼互动评估工具是当前学前教育质量研究的重要内容，基于理论的学前教育质量改进策略的开发与验证是国际学前教育质量研究的未来发展方向[⑦]；张晓梅、张向葵从情感支持、班级组织和教育支持三个领域介绍了美国课堂互动评估系统。[⑧]

（3）注重儿童数据库的建立

建设完善的早期儿童系统是欧美发达国家教育领域的一项重大举措。徐小妮、郭力平从儿童数据系统建设的历史与发展现状、核心经验等方面论述了美国早期

---

① 钱雨. 世界学前教育质量监管体系的发展特点与趋势分析及其对我国的启示. 学前教育研究，2012（12）：14-19.

② 周玉娥，刘智成. 追求卓越的早期教育质量——OECD早期保教质量调查报告“Starting StrongⅢ”述评. 外国教育研究，2013（6）：11-16.

③ 李静，王伟，李辉辉. 提升质量：OECD学前教育最新政策研究——《强势开端Ⅲ：早期保教质量工具箱》述评. 比较教育研究，2015（3）：77-82.

④ 刘颖，李晓敏. OECD国家学前教育质量监测系统分析及其对我国的启示. 学前教育研究，2016（3）：3-14.

⑤ 李传江，张义宾，周兢. 国际视阈下的学前教育质量监控体系——基于“经合组织”和“世界银行”学前教育新政策的述评. 外国教育研究，2017（1）：3-14.

⑥ 张世义. 幼儿园教育质量评价主体的分类及其意义. 幼儿教育（教育科学），2015（3）：22-25.

⑦ 韩春红. 国际学前教育质量研究新动向. 全球教育展望，2016（9）：92-99.

⑧ 张晓梅，张向葵. 基于美国课堂互动评估系统的幼儿师资培训课程开发及其启示. 黑龙江高教研究，2017（1）：69-72.

儿童数据系统[①]；同时从儿童数据系统建设的背景与现状、结构、数据挖掘与使用以及纵向建设与数据安全四个方面介绍了美国马里兰州早期儿童数据系统建设[②]；刘昆等也从儿童数据系统的建设背景、整体架构以及实施现状方面介绍了美国宾夕法尼亚州早期儿童数据系统。

（二）关注学前教育效益的评价

在这一阶段，我国开始关注学前教育效益的评价。研究者分别从三个方面评价了我国学前教育的效益。

1）在学前教育经费投入的产出效益方面，李克建等“基于浙江省 79 所幼儿园教育质量评价与办园经费调查的结果，对幼儿园教育质量与生均投入与生均成本的关系进行了探讨”[③]；康建琴、刘焱从教师的学历、职称、所学专业三个方面分析了 3 个县学前教育经费投入存在差异的原因[④]；郭燕芬、柏维春也在构建我国学前教育经费投入的产出评价指标体系的基础上，对我国 31 个省（自治区、直辖市）的学前教育经费投入的产出效率进行了实证分析[⑤]。

2）在学前教育对儿童发展的影响方面，刘焱等“以班级为评价单位，分别从幼儿数学学习和语言发展上考察了学前一年教育效能，以及学前一年班级教育环境质量与其效能的关系”[⑥]；陈纯槿、柳倩也基于国际学生评估项目上海地区的调查数据，考察了学前教育对学生 15 岁时学业成就的影响[⑦]。

3）对“学前教育三年行动计划”实施效果的评价。郑名以教育部与地方教育部门公布的学前教育发展数据以及对甘肃省 86 个县的调查为依据，从学前教育资源、教师队伍、经费投入、体制机制建立等四个方面，对第一期“学前教育三年行动计划”的实施成效进行了分析[⑧]；洪秀敏、马群也采用目的性抽样，调查了园长、教师、学前教育行政管理者三类内部利益相关者对第一期“学前教育三年行动计划”的执行情况（包括实施成效、存在的不足和知情程度）的

---

① 徐小妮，郭力平. 美国早期儿童数据系统的建设与启示. 学前教育研究，2016（6）：15-24.

② 徐小妮，郭力平，刘昆. 美国马里兰州早期儿童数据系统的建设与启示. 外国教育研究，2016（8）：101-115.

③ 李克建，潘懿，陈庆香. 幼儿园教育质量与生均投入、生均成本的关系研究. 教育与经济，2015（2）：25-31.

④ 康建琴，刘焱. 从三个县的调研看影响农村学前一年教育经费投入效益的关键——高成本为何没带来高质量. 中国教育报， 2014-5-18（1）.

⑤ 郭燕芬，柏维春. 我国学前教育经费投入—产出效率分析及政策建议. 学前教育研究，2017（2）：3-16；郭燕芬，柏维春. 学前教育经费投入效益的省际比较与分析——基于 DEA 分析方法. 教育发展研究，2016（20）：27-33.

⑥ 刘焱，赵军海，张丽. 学前一年教育效能的增值评价研究. 教育学报，2013（3）：56-66.

⑦ 陈纯槿，柳倩. 学前教育对学生 15 岁时学业成就的影响——基于国际学生评估项目上海调查数据的准实验研究. 学前教育研究，2017（1）：3-12.

⑧ 郑名. “学前教育三年行动计划”成效分析与政策建议. 学前教育研究，2014（8）：34-43.

看法与评价[①]。

（三）区域性学前教育质量评价增加

区域性的学前教育质量评价的研究数量出现了明显的增加。

1）有研究者对北京、上海、长沙等地都进行了区域性的学前教育质量评价。例如，冯艳芬、李克建对浙江省C市（县级市）13所幼儿园25个班级的教育质量，包括空间与设施、保育、课程计划与实施、集体教学、游戏与活动、语言与推理、指导与互动、家长和教师八个方面进行了评价[②]；李克勤、郑准基于系统与实证的视角构建了“县域学前教育资源配置评价模型”，对长沙市岳麓区学前教育资源配置状况进行了常识性检测与定量评估[③]；史瑾、叶平枝考察了北京市的12所流动儿童幼儿园的30个班级流动儿童幼儿园班级教育环境质量水平[④]。

2）有研究者对不同地域学前教育质量进行了比较性评价。例如，刘占兰调查了“广西、云南、贵州、重庆、新疆5个省（直辖市和自治区）的5个国家级贫困县（即联合国儿基会的项目县）的435个幼儿园、1507个班级、474名教师、56 946名在园儿童”，以了解农村贫困地区幼儿园教育质量现状[⑤]；罗妹、李克建也通过观察对东、中、西部8个省（自治区、直辖市）的428个城镇化程度不同的四类地区（城区、县城、乡镇中心、村）的幼儿园班级教育质量进行了差距检视[⑥]。

（四）实证研究数量攀升

在本阶段，我国的学前教育质量评价呈现出了新的特点：实证研究数量攀升。研究者通过实地观察、发放问卷、访谈等方法，评价了托幼机构、教师以及儿童。

1. 学前教育机构评价

研究者采用多种方法从教学活动和教育环境方面对托幼机构进行了实证研

① 洪秀敏，马群. 学前教育三年行动计划实施效果调查——基于内部利益相关者评价的视角. 教育学报，2015（1）：115-126.

② 冯艳芬，李克建. 县域学前教育质量监测与评估：浙江省C市幼儿园教育质量调查研究. 幼儿教育，2013（10）：26-30.

③ 李克勤，郑准. 县域学前教育资源配置评价模型及其应用. 学前教育研究，2014（10）：23-30.

④ 史瑾，叶平枝. 幼儿园教育环境质量与幼儿入学准备的关系. 学前教育研究，2016（8）：41-50.

⑤ 刘占兰. 农村贫困地区幼儿园教育质量现状与提升建议. 学前教育研究，2015（12）：13-21.

⑥ 罗妹，李克建. 基于全国428个班级样本的学前教育质量城乡差距透视. 学前教育研究，2017（6）：13-20.

究。例如，徐宇、刘宝根通过现场观察法，对 C 市 72 个集体教学活动进行现场观察，调查了幼儿园集体教学活动质量[①]；胡彩云采用“中国幼儿园教育环境评价量表”对唐山市 17 所幼儿园教育环境现状进行了质量评定[②]；王小英、陈欢通过访谈法，访谈了抽样的某市两所公立幼儿园大班 32 名 5 岁儿童对幼儿园物质环境的满意度及原因[③]；李相禹、刘焱“通过一项准实验设计，以 2 所幼儿园的 440 名幼儿和 30 名教师为研究对象，综合运用测查法、观察法和访谈法，分析了不同在场师幼比和分组形式对集体教学质量的影响”[④]；刘占兰也采用多个量表对广西、云南、贵州、重庆、新疆的 5 个国家级贫困县的幼儿园进行了调查，以了解农村贫困地区幼儿园教育质量现状[⑤]。

2. 儿童发展评价

研究者通过大量的实证研究，评估了儿童身心发展的各领域。例如，张莅颖、孙敬采用“4～7 岁儿童社会性发展量表”调查了保定市 186 名 4～7 岁学前流动儿童的社会性发展现状[⑥]；周晶利用自己改编的研究工具，测查了上海市两所一级幼儿园的 9 个班级（大班）180 名儿童初步除法能力的发展水平[⑦]；刘金富等对杭州、宁波、嘉兴市的幼儿园大、中、小班共计 790 名幼儿的在园身体活动进行了为期 3 个月的观察研究[⑧]；彭杜宏等采用灵活选择任务对 103 名 5～6 岁幼儿进行了一对一测试，以研究该年龄段幼儿认知灵活性的发展特征与个体差异[⑨]。

3. 幼儿园教师评价

在对幼儿园教师的评价方面，研究者关注较少。仅冯艳慧“采用问卷调查法和访谈法，对 120 名学前教育专业人员进行调查，在运用层次分析法的基础上构建了包括 9 个特征因素群和 26 项具体竞争力指标的学前教育专业高师毕业生就业竞争力评价体系组合权重模型”[⑩]；徐慧艳通过访谈法和绘画作品分析法了解了

---

① 徐宇，刘宝根. 幼儿园集体教学活动质量的调查——基于某市幼儿园教学活动的现场观察. 幼儿教育，2013（7）：6-9，16.

② 胡彩云. 唐山幼儿园教育环境质量现状分析与改善. 学前教育研究，2013（8）：9-13.

③ 王小英，陈欢. 基于儿童视角的幼儿园物质环境质量评价. 学前教育研究，2016（1）：19-29.

④ 李相禹，刘焱. 师幼比对幼儿园集体教学质量影响的实证分析. 学前教育研究，2016（5）：3-14.

⑤ 刘占兰. 农村贫困地区幼儿园教育质量现状与提升建议. 学前教育研究，2015（12）：13-21.

⑥ 张莅颖，孙敬. 学前流动儿童社会性发展现状及其特点. 学前教育研究，2012（12）：37-40.

⑦ 周晶. 3～6 岁儿童初步除法能力的发展水平与年龄特点. 学前教育研究，2013（9）：28-34.

⑧ 刘金富，魏源，朱小烽. 幼儿在园身体活动观察系统的建构与运用. 学前教育研究，2016（8）：51-60.

⑨ 彭杜宏，廖渝，苏蕙. 5～6 岁幼儿认知灵活性的发展特征与个体差异. 学前教育研究，2017（4）：37-47.

⑩ 冯艳慧. 学前教育专业高师毕业生就业竞争力评价. 学前教育研究，2012（4）：49-53.

4～6岁幼儿心目中的教师形象①。

总的来说，我国学前教育质量评价更加注重评价的实践性与科学性。我国开始从国际视野来开展学前教育质量评价，关注国际学前教育质量评价的发展与成果，不仅引进了大量国外科学化的学前教育质量评价工具，而且尝试根据研究具体情况来使用和改编引进的工具，同时，更加注重评价工具的科学性，如能够通过科学化的流程编制问卷、对工具进行信效度检验等。

第二节　学前教育质量评价的改革经验

一、发展性评价观念影响深远

评价改革的核心在于评价目的的转变。2001年教育部颁发的《幼儿园教育指导纲要（试行）》明确提出，评价是促进每一个幼儿发展，提高教育质量的必要手段，强调评价的过程也是教师自我成长的重要途径。这些要求清晰地凸显了幼儿园教育评价的发展性目的。当评价抛弃了以往常见的“鉴定”“比较”作用，转而成为改进教育工作的手段时，评价的教育价值就得到了解放。自该文件颁布以来，发展性评价观念的传播范围越来越广，对学前教育质量评价的影响也越来越大。

无论是在儿童发展评价还是在教师评价、托幼机构评价中，发展性评价都已成为主导性的评价观念。对儿童的评价是理解、支持儿童发展的重要工具，是促进教育方案取得效果的必要要素②；教师评价要帮助教师诊断和改进教育教学实践③；托幼机构评价要使托幼机构工作人员了解本机构教育实践活动存在的优势和问题所在，反省本机构的教育活动，进一步发扬优点，弥补不足，以促进托幼机构教育质量的提高。④

① 徐慧艳. 4～6岁幼儿心目中的教师形象. 幼儿教育，2014（5）：38-41.
② 高敬，覃佩香，李秋侠，等. 国外儿童发展评价的研究现状及启示. 外国中小学教育，2016（11）：38-45.
③ 朱家雄，张婕. 从“证明”到“改进”——论幼儿园教师评价取向的转变. 幼儿教育，2006（2）：10-11.
④ 刘霞. 托幼机构教育质量评价面面谈. 学前教育研究，2003（7-8）：55-56.

发展性评价观念对评价工作的开展产生了明显的影响。从评价主体来说，自我评价被采纳得更为普遍，多元评价主体的参与更为普遍；在评价实施的时间上，对过程的评价重于对结果的评价；在评价的标准上，个体化的评价标准引起关注；在评价结果上，对评价结果的反馈和运用得到了更多的支持。

二、评价工具科学和可行

评价工具的科学性和可行性会影响评价结果的有效性。自 1978 年以来，研究者建构了大量学前教育质量评价工具。评价工具的数量在增加的同时，其科学性和可行性也得到了提高。

在评价工具的科学性方面，可以明显发现，在早期，评价者都是凭借自己的经验和评价需要而自行拟定评价工具，并无可靠的科学依据，也未对工具进行检验，如幼儿教育编辑部和人民教育三编室联合编制的教师自测试题[①]；杭州大学儿童生长发育和智能发展研究中心在对大量儿童进行调查和测试的基础上，以儿童生长发育过程中最敏感的几项指标作为测量标准，编制了《儿童生长发育监测卡》[②]。而现在，无论是国家、各地教育部门制定的工具，还是研究者自编的工具，都有科学的编制流程和可靠的信效度检验。李克建等在长期、大范围的理论研究、实地数据采集、数据分析、问题研讨的基础上，拟定了“中国托幼机构教育质量评价量表（第一版）”，并对量表进行多种形式的信效度检验，在不断试用的过程中，根据测量结果，结合我国学前教育评价的实际情况，对量表进行了持续的修订和优化，研制出了“中国托幼机构教育质量评价量表（第三版）”，并再次进行了信效度验证[③]；李志宇、原燕也在借鉴国内外经验的基础上，研制了“3～6 岁儿童发展评估工具”，提供了受过培训的一线教师评分的肯德尔和谐系数以及评估工具各领域得分的一致性系数，证明评估工具的信度和效度良好[④]。

在评价工具的可行性方面，我国的评价工具也发生了显著变化。在早期，评价工具的标准都较笼统，操作性不强，评价标准仅有一级或二级指标，且描述过于笼统。例如。刘焱提到的幼儿园游戏环境评价，就只列出了简要的如绿化、面

① 幼儿教育编辑部，人民教育三编室. 幼儿园教师自测试题·幼儿教育学部分. 幼儿教育，1987（5）：40-42；幼儿教育编辑部，人民教育三编室. 幼儿园教师自测活动·语文试题. 幼儿教育，1987（2）：40-47.

② 杭州大学儿童生长发育和智能发展研究中心. 你想知道孩子的生长发育情况吗？请使用《儿重生长发育监测卡》. 幼儿教育，1987：32-36.

③ 李克建，等. 中国托幼机构教育质量评价研究. 北京：北京师范大学出版社，2017：108-154.

④ 李志宇，原燕. 3—6 岁儿童发展评估工具的研制与应用. 教育理论与实践，2016（32）：27-30.

积等评价项目和笼统的达标、有无绿化等模糊的解释，以及明确、适合等无明确界限的标准。[①]而现在无论是各地教育部门制定的标准还是研究者编制的标准都更加具体、清楚，具有可操作性。例如，李克建等编制的“中国托幼机构教育质量评价量表（第三版）”采用“子量表—项目—子项目—等级指标—精细指标”的层级结构，包含幼儿园空间与设施、保育、课程、教学、游戏、人际互动和家长与教师支持质量 7 个子量表，53 个评价项目、160 个子项目、1127 个精细指标，并附加了详细的使用说明；中央教育科学研究所学前教育研究室编制的《幼儿园教育质量评价手册》具体列出了对幼儿园教育质量评价的 10 个评价工具。以对幼儿班级状况考察为例，研究者以建筑与设备、活动区与材料、墙饰布置、班级幼儿特征、日常生活护理、班级课程、幼儿发展评价为主建构了一级指标，又以“你班有没有本班专用的睡眠室”等具体问题构成了幼儿班级状况评定表。同时，研究者还在考察评定表之后附上了详细的考察评定的操作说明、记录与录入方法说明。[②]

三、实证研究持续增加

实证研究所得出的结论具有客观性和普遍性。纵观我国学前教育质量评价的历史发展阶段，1978—1987 年，我国关于学前教育质量评价的实证研究论文仅有 3 篇；1988—1997 年，有 11 篇；1998—2007 年，有 8 篇；2008—2018 年，大幅增长到了 70 篇，实证性的研究呈现出大幅增长趋势。

自 1978 年起的第一个 10 年，实证研究主要关注对幼儿体格和智力的测查。第二个 10 年，实证研究范围有所扩大，除了关注儿童体格和智力以外，更加关注儿童的营养，同时开始关注幼教机构的教育过程等问题。第三个 10 年，实证研究仍集中于对儿童的评价，但评价内容更加具体，开始关注儿童的语言学习效果和动作发展。最近十年，实证研究的对象和范围都有明显扩大，对五大领域（健康、语言、社会、科学、艺术）都有所涉及，如认知灵活性、加减运算能力、社会性发展水平，学前教育机构的评价内容也更加丰富，出现了大量过程性要素的评价，如对集体教学活动、师幼互动、环境质量以及课程的评价，同时开始出现对教师的评价，如幼儿心目中的教师形象等。

---

① 刘焱. 游戏环境评价——户外游戏场地评价（上）. 学前教育，1993（4）：3-4.

② 中央教育科学研究所学前教育研究室. 幼儿园教育质量评价手册. 北京：教育科学出版社，2009：38-57.

四、评价内容更为全面

随着学前教育研究的不断发展，学前教育评价的内容也不断扩展。目前，对于托幼机构、幼儿教师、幼儿等各个方面的评价内容都较为全面。

（一）托幼机构教育质量

1977—1988 年，对于托幼机构教育质量的评价基本没有涉及。1989—2000 年，开始出现对托幼机构的评价，主要集中在对托幼机构结构质量的评价上，如对托幼机构室内的环境[①]、户外环境[②]的评价。此后，对托幼机构的评价逐渐增多，内容也增加了对过程性因素的评价，如刘焱、潘月娟研发的“幼儿园教育环境质量评价量表”覆盖物质环境创设、人际互动、生活活动和课程四个领域，强调了人际交往、生活环节、幼儿园教育活动等过程性因素。[③]

（二）幼儿教师

对幼儿教师的评价方面，主要体现在评价对象的扩大和评价内容的增加上。①在评价对象方面，早期对幼儿教师的评价仅关注班级教师，自 1995 年开始，出现了对保育员的评价[④]，1996 年开始出现了对托幼园园长的评价[⑤]。②在评价内容方面，早期对幼儿教师的评价主要关注教师的专业知识，如教育学基础[⑥]、语文[⑦]，1995 年以后出现了对教师日常保教工作的评价[⑧]、幼儿教师工作的形成性的评价[⑨]、幼儿教师教育科研素养的评价[⑩]。

① 刘焱. 幼儿园游戏环境评价（下）. 学前教育，1994（6）：3-4.

② 刘焱. 游戏环境评价——户外游戏场地评价（上）. 学前教育，1993（4）：3-4.

③ 刘焱，潘月娟.《幼儿园教育环境质量评价量表》的特点、结构和信效度检验. 学前教育研究，2008（6）：60-64.

④ 中国教育科学研究院. 北京市幼儿园保育员技术等级标准（试行）. 学前教育，1995（1）：55-56；欧文锦. 保育员岗位绩效评估的尝试. 幼儿教育，1998（6）：28.

⑤ 刘苏. 托幼园所长评价标准初探. 学前教育研究，1996（1）：48-50.

⑥ 幼儿教育编辑部，人民教育三编室. 幼儿园教师自测试题·幼儿教育学部分. 幼儿教育，1987（5）：40-42.

⑦ 幼儿教育编辑部，人民教育三编室. 幼儿园教师自测活动·语文试题. 幼儿教育，1987（2）：40-47.

⑧ 幼儿园教师工作评估课题组，郑美玲，何幼华. 幼儿园教师日常保教工作评估指标体系研究. 上海教育科研，1995（8）：44-47.

⑨ 郑美玲，周家婷. 如何实施幼儿园教师工作的形成性评价. 幼儿教育，1995（10）：19-20.

⑩ 张晓辉，张传燧. 幼儿教师教育科研素养调查与思考. 学前教育研究，2007（5）：43-45.

（三）幼儿

幼儿评价是学前教育质量评价非常重要的组成部分，也因其丰富的评价内容一直以来都受到研究者的关注。1977—1988年，幼儿评价的内容主要集中在幼儿的身体发育与智力的发展上。[①]1989—1999年，较前一阶段则出现了明显的拓展，幼儿健康与动作、认知与语言发展、品德与社会性发展、习惯与自主能力等方面都出现在了幼儿评价的内容之中。[②]2000年之后，在多元智能理论的影响下，对幼儿的评价不仅包括运动、语言、数学、科学、社会、视觉艺术以及音乐7个智能领域的15个评价活动，还开始涉及幼儿是否愿意参与活动，参与活动时的自信心表现、游戏性、专注程度、坚持性、工作速度、健谈性、计划性、创新性、成就感以及与成人的互动等18种明显的风格特征。

显然，从关注幼儿身体发育与智力的发展，到关注幼儿全面发展，再到关注幼儿差异性的发展，幼儿评价的内容逐渐丰富和全面。

五、评价主体更加多元

“谁来评”是教育评价中的重要内容。纵观以往的教育评价，不难发现，1977—1988年的评价是“上级”对“下级”的评价，如专家对教师的评价、教师对幼儿的评价。2000年之后，评价主体则越来越趋于多元化，家长、幼儿等与学前教育密切相关的人员都成了评价的主体。评价主体的多元化突出地反映在幼儿成为重要的评价主体和对自我评价的重视两个方面。

一方面，幼儿开始成为重要的评价主体。王小英、陈欢以幼儿为评价主体，通过访谈幼儿以调查其对幼儿园物质环境的满意度及原因，来倾听幼儿的心声。[③]另一方面，自我评价得到重视。中央教育科学研究所幼教室在2000年出版了一本包含幼儿教育管理自我评价、幼儿教师自我评价、幼儿家长自我评价及儿童发展评价指标体系的书籍[④]，可供幼儿教育管理者、幼儿教师、幼儿家长选择相应的内容对自己及幼儿进行自我评价及幼儿发展评价，为该时期自我评价在学前教育质量评价中的应用提供了方法及依据。

① 魏振高，王坚红．对学龄前儿童发展的评价．幼儿教育，1985（10）：5-6；欧文锦．保育员岗位绩效评估的尝试．幼儿教育，1998（6）：28.

② 白爱宝．幼儿发展评价手册．北京：教育科学出版社，1999.

③ 王小英，陈欢．基于儿童视角的幼儿园物质环境质量评价．学前教育研究，2016（1）：19-29.

④ 中央教育科学研究所幼教室．幼儿教育自我评价指导手册．北京：教育科学出版社，2000.

第三节 学前教育质量评价存在的问题与挑战

一、学前教育质量评价存在的问题

（一）对评价结果的利用不足

评价结果的利用对改进教学、促进幼儿发展具有重要作用，同时也是促使政府、学前教育机构等相关主体改善和提高学前教育质量的关键。

家长、教师、学前教育机构等相关利益主体对评价结果的充分反思和利用有利于评价结果与教学活动的紧密联系，有利于改善教学策略，更有利于促进幼儿和教师的持续性发展。[①]同时，政府和学前教育机构可以依据评价结果实施问责与干预，以及通过网络媒体公开评价结果等方式，帮助社会了解学前教育机构的现状，进一步提高学前教育质量。[②]

但目前仅有少数研究提到评价结果应用于教育教学活动中，以促进幼儿、教师、学前教育质量的持续发展。大部分研究仅仅获得相关的评价结果，对评价结果的利用没有进行阐述，这是不利于评价对象的改进和提高的。

（二）对弱势群体的评价偏少

弱势群体是一个非常广泛的概念，它是相对于强势群体而言的，是在经济、政治、文化、体能、智能、处境等方面处于相对不利地位的一部分人群。[③]而本书中的弱势群体，主要指学前教育领域中在经济、政治、文化、体能、智能、处境等方面处于不利地位的一部分人群或机构，如幼儿弱势群体（包括特殊儿童、农村儿童、留守儿童、城市流动儿童）、教师弱势群体（包括农村教师、新教师）、

① 潘月娟，刘焱. 托幼机构教育中的儿童发展评价. 幼儿教育，2009（5）：13-16；潘月娟. 国外学前教育质量评价与监测进展及启示. 中国教育学刊，2014（3）：13-17.

② 张霞. 港台两地学前教育机构质量评价：特点及启示. 教育测量与评价，2014（12）：19-23.

③ 谭友坤，卢清. 论幼儿弱势群体的早期教育政策支持. 中国特殊教育，2005（12）：3-6.

幼儿园弱势群体（主要指农村幼儿园）。

罗仁福等在陕西、甘肃和河南3个省的6个国家级贫困县对贫困农村儿童能力发展及其学前教育基本情况进行了全面的调查。[①]吴凡、梅萍对湖北黄冈市的573名农村幼儿进行了认知发展方面的调查。[②]郭丹、陈富对山西省11个地市的22个县中的216名幼儿的语言发展水平进行了测试。[③]彭俊英等在四川3所农村小学选取有入园经验和无入园经验的两类儿童182人，通过对其学习成绩、同伴关系、学习态度、降级情况等方面的评价，分析了西部农村地区幼儿园的教育效益。[④]

可以看到，对弱势群体的研究主要集中在农村儿童的发展水平及影响上，而且研究的数量甚少。在学前教育评价发展良好的今天，我们提倡评价的差异性、全面性、公平性，而增加对弱势群体评价的关注则是保证评价具有差异性、全面性、公平性的重要措施。

（三）独立研发的科学性评价工具薄弱

评价工具的科学性、适宜性是评价科学性的重要保障。不同地区有不同的特点，评价工具的选择应适应不同评价对象的需要。因此，研发适宜我国的科学化的学前教育质量评价工具十分必要。从我国学前教育质量评价工具来看，早期大多是凭经验和目的拟定评价目标，如有些研究者在讨论幼儿教师工作评价方案制定时，就直接给出了评价量表，没有做进一步说明[⑤]；有些研究者直接出示了对教研活动的评价量表[⑥]；还有一些研究者在设计幼儿一日活动评价量表时，也是基于对幼儿园一日活动的经验进行的[⑦]。

随着学前教育事业的发展，我国学者逐渐开始翻译、引进国外的评价工具，如朱家雄翻译、简化了美国学者大卫·戴埃制定的“儿童-环境交互作用行为量表”[⑧]，从量表的7个领域介绍了美国学者哈姆斯和克里福制订的“幼儿教育机构环境等级评定量表”[⑨]；刘焱从评价的政策及过程、高质量幼教机构的评价标准及

---

① 罗仁福，张林秀，刘承芳，等. 贫困农村儿童的能力发展状况及其影响因素. 学前教育研究，2010（4）：17-22.

② 吴凡，梅萍. 农村留守幼儿认知发展问题及教育对策——以湖北省黄冈市8所幼儿园为例. 学前教育研究，2009（6）：29-33.

③ 郭丹，陈富. 山西省农村地区幼儿语言发展水平测评结果及启示. 幼儿教育，2017（7）：72-77.

④ 彭俊英，高群，肖杰. 西部农村幼儿园教育效益分析与政策建议. 学前教育研究，2011（7）：9-13.

⑤ 何卫红. 幼儿教师工作评价方案初探. 学前教育研究，1997（6）：27-29.

⑥ 西城区幼儿教研室. 西城区幼儿园教研组活动评估表（草案）. 学前教育，1994（1）：15.

⑦ 王秀英. 幼儿一日活动评价量表的思考与设计. 幼儿教育，1992（4）：4-5.

⑧ 朱家雄. 幼儿园环境的评价（上）. 早期教育，1995（5）：30.

⑨ 朱家雄. 幼儿园环境的评价（下）. 早期教育，1995（6）：31.

具体评价指标两个方面介绍了美国国家幼儿教育协会颁布的《幼儿教育机构的认证标准》①。

后来，有少量专家学者开始在借鉴国外科学化评价工具的基础上编制适合我国的科学性评价工具，如李克建等在借鉴美国“幼儿学习环境评价量表（修订版）”的基础上编制了“中国托幼机构教育质量评价量表（第三版）”；刘焱等在借鉴“幼儿学习环境评价量表（修订版）”等结构形式的基础上，依据指导我国幼儿园教育实践的重要文件《幼儿园工作规程》《幼儿园教育指导纲要（试行）》，编制了“幼儿园教育环境质量评价量表”。②

现在虽然有部分学者开始独立研发适合我国的评价工具，但数量极少。俞文等通过预调研、专家咨询，对调查数据进行项目分析和探索性因子分析，初步形成了“家长感知保育价值”的项目框架，随后进行了验证性因子分析，增强了检验测量项目基本框架结构的稳定性，证明该量表所调查的项目数据能够拟合所对应的结构因素，以确定测量项目③；高敬等在进行“幼儿园教师幼儿发展评价实践的调查研究”时，自编了一份教师调查问卷，并对问卷各维度的信度系数进行了检验，证明信度较高④。

（四）对差异性评价的关注较少

差异性评价强调评价不同幼儿、不同教师、不同机构时，采用多样性的评价标准，反对使用去背景化、统一化的评价标准评价不同主体。

受后现代主义的影响，托幼机构评价幼儿发展时，需要多样的衡量标准。许裕芳提出“差异性评价是基于对幼儿发展差异性理解的评价，是教师在利用多种途径正确认识幼儿发展差异的基础上，在评价目标、评价方式、评价内容以及评价主体等方面采取的一种差异性评价模式”⑤。因此，教师在评价幼儿时要采用多元的评价标准、科学的评价手段，跟踪观察幼儿的纵向发展，以全面了解幼儿的身心发展特点。

同时，在评价不同的学前教育机构时，也需要采用多样化的评价方式。目前，我国学前教育机构评估存在采用统一化、标准化、去背景化评价标准的现象，但

① 刘焱. 美国NAEYC关于高质量幼儿教育机构的评价标准（上）. 学前教育，1998（2）：17-18；刘焱. 美国NAEYC关于高质量幼儿教育机构的评价标准（中）. 学前教育，1998（3）：20-21；刘焱. 美国NAEYC关于高质量幼儿教育机构的评价标准（下）. 学前教育，1998（4）：14-16.

② 刘焱，潘月娟.《幼儿园教育环境质量评价量表》的特点、结构和信效度检验. 学前教育研究，2008（6）：60-64.

③ 俞文，高云，周敏. 家长感知保教价值测评及提升策略. 中国教育学刊，2015（3）：54-59.

④ 高敬，汪光珩，王梳园，等. 幼儿园教师幼儿发展评价实践的调查研究. 上海教育科研，2017（10）：40-44.

⑤ 许裕芳. 实施幼儿差异性评价的要求、特点与价值. 学前教育研究，2010（6）：58-60.

由于我国存在经济发展差异以及城乡差距，城市与农村的学前教育质量存在很大的差距，因此不能使用统一的学前教育质量评估标准，应综合考虑各种因素，为农村学前教育提供专门的评价标准。[①]

但改革开放以来对不同主体采用差异性评价的研究并不多见，还需要对其做进一步的研究。

（五）中观和宏观的幼儿园课程评价薄弱

幼儿园课程评价是对幼儿园课程的方案、实施、效果等问题进行价值判断，以改进幼儿园课程质量的过程。国外对课程评价的中观和宏观研究要多一些，如美国自2003年开展的学前课程评价研究（preschool curriculum evaluation research，PCER）项目评价了14种学前课程对儿童阅读、语音意识、早期语言、早期数学知识和行为的影响。该研究持续两年，覆盖16个不同地区的2911名儿童、315个学前教育班级、208个学前教育机构。研究发现，14种学前课程对不同年龄儿童的学业成就的影响不一致，14种学前课程在促进儿童发展上的优势也有差别。[②]PCER项目是美国政府和研究机构对学前课程进行的第一次大规模评价，其结论对美国学前课程研究与评价产生了较大的影响。

课程评价是反思幼儿园课程建设，提升幼儿园课程质量的重要手段。虽然我国出现了诸如对湖南省民办幼儿园课程自我评价现状的调查研究[③]、对成都市幼儿园园本课程建设现状的分析研究[④]，但其数量仍与课程评价的重要性相去甚远。改革开放40年以来，虽然我们对幼儿园课程中的一些微观内容的评价并不少见，如评价教师的集体教学活动、幼儿园区域活动、美术活动等，但以地区、课程类型或园所课程为单位的课程评价的实证研究仍较少。

二、对学前教育质量评价的展望

（一）探寻文化适宜性的评价

文化适宜性是指适宜不同地域的人群具有的不同文化背景。具有文化适宜性的评价则指处于某种文化背景下的评价是“与该种文化相应的，是与其所处文化

① 何静，严仲连. 农村学前教育需要合理的质量标准. 现代教育管理，2014（8）：31-35.
② 钱雨. 美国学前教育课程评价研究项目的背景、内容、实施及其启示. 学前教育研究，2011（7）：20-25.
③ 赵南. 湖南民办幼儿园课程自我评价现状与模式建构. 学前教育研究，2014（2）：54-62.
④ 刘敏，马波. 成都市幼儿园园本课程建设现状与发展对策. 学前教育研究，2016（1）：66-69.

的基本价值相一致的”，主要表现为找到评价标准的普适性和相对性之间的平衡点，即在尊重多元文化的基础上进行相对一致的评价。[①]

独特的文化背景将形成独特的社会环境，人们在这样的环境中进行活动并且形成认识和期望。[②]不同社会环境中会形成不同的文化价值观、不同的社会和个体的需要特性，在这种情况下，评判学前教育质量高低的标准也应该是不同的。[③]将处于一种文化背景下制定的评价标准强加于另一种文化背景中，是不符合评价的公平性原则的，也是不利于得出相对准确、客观的评价结果的。

文化适宜性问题在我国的呈现形式主要表现为城乡差异、地域差异、引进外国经验时的本土化问题[④]以及各民族之间的差异。在以往的评价中，不少研究者开始关注文化适宜性问题，并通过改编国外的量表、根据实际评价需要自编量表等方式，增强评价工具的文化适宜性。值得注意的是，评价工具仅是整个评价工作中极小的一部分，这也意味着改编、自编评价工具仅是在提高文化适宜性道路上迈出的极小一步。所以，在目前的学前教育质量评价中，文化适宜性问题是被众多研究者所忽视的问题。

探寻更具文化适宜性的评价是反对用一种绝对化的、统一的标准去进行不同文化背景下的学前教育质量评价，但也不意味着支持另外一个极端，即用相对的、毫无共性的标准去进行评价。学前教育质量评价需要具有文化适宜性的评价，既保留评价本身的客观性，也适宜多元文化的差异性。

（二）推动元评价的发展

有关元评价的概念在学术界仍存在争议，但大致可以认为教育元评价是对教育评价活动本身所进行的评价，并可以从以下三个方面来对教育元评价进行理解：①仍然属于教育评价研究和实践的范围，是一种价值判断；②评价对象一般是正式的、大规模的教育评价活动，是对教育评价质量的评价；③评价的目的在于判断一项教育评价工作的质量，并规范和改进教育评价工作。[⑤]学前教育评价是对学前教育质量的一种价值判断。如果该评价活动本身就存在问题，那么其公正性及客观性也难以令人信服，其功能也难以得到发挥。所以，为保证评价活动本身的公正性、客观性和有效性，为促进学前教育质量评价的发展，就有必要进行学前教育质量的元评价研究。

---

① 朱家雄. 学前教育为了什么——学前教育的文化适宜性问题（一）. 幼儿教育，2015（1）：10-11.
② 沈婕. 西方学前教育方案及相关“质量”研究的回顾与启示. 学前教育研究，2004（1）：25-28.
③ 李召存. 探寻文化回应性的学前教育质量评价. 教育研究，2017（4）：64-71.
④ 刘昊，王芳，冯晓霞. 美国学前教育质量评级与促进系统评介. 比较教育研究，2010（4）：72-75.
⑤ 霍国强. 我国教育元评价的实践缺失及对策思考. 教育发展研究 ，2012（15）：21-25.

元评价研究本身既是学前教育质量评价理论研究的重要组成部分，也是促进学前教育质量评价实践的推动力。以元评价促进评价发展，是学前教育质量评价研究期望的发展方向。

（三）吸取基础理论的养分

理论是撬动学前教育评价变革的根本动力。2000年以来，加德纳的多元智力理论对儿童发展评价的目的（评价力图发现儿童优势智能）、范围（覆盖七八种智力）、方式（让幼儿在真实、自然的活动情境中，利用自己的经验，表现出自己的能力）产生了巨大的影响。社会建构主义和情境认知理论认为个体是在社会性互动过程中通过有意义的社会协商建构发展的，这一观念推动了真实评价的扩展。[①]受后现代主义思潮的影响，学前教育领域开始强调儿童发展的多样性，反对以统一的标准来衡量儿童，这引发了研究者对差异化的评价标准的思考。[②]

理论是理解世界、解释世界的一种方式，是改造世界的重要前提。当评价的基础理论有所突破或在学前教育评价领域有创造性应用时，学前教育评价的革命性时刻才能够到来。学前教育质量评价工作的革新，需要从理论的基础性和应用性研究中吸取养分。

（四）倾听儿童的“声音”

儿童的发展是幼儿园工作的根本目的。近年来，对儿童立场的关注已经成为学前教育的重要发展趋势。在学前教育质量评价中，儿童的“声音”也越来越多地被倾听。从儿童的行为来反思学前教育质量、以是否有利于儿童发展作为评价的基本准绳、让儿童成为评价的主体已成为学前教育质量评价的方向。

1）儿童的行为应是评价的重要依据。例如，在进行幼儿园游戏质量的评价时，游戏质量绝不在于规模的大小、内容是否新异、玩具是否精巧，而应该在于是否符合幼儿的年龄特点，幼儿是否能真正地参与到游戏中并得到发展。[③]

2）促进儿童发展应是评价的主要目的。以发展为核心的评价导向已经逐渐成为学前教育质量评价领域的主流。[④]促进儿童发展应成为研究者进行学前教育质量评价的主要目的。

---

① 潘月娟. 儿童发展评价的新趋势——真实评价. 学前教育研究，2003（12）：5-7.

② 潘月娟，刘焱. 托幼机构教育中的儿童发展评价. 幼儿教育，2009（5）：13-16.

③ 林茅. 对幼儿教育应以游戏为基本活动的一点认识. 学前教育研究，2002（1）：47-48.

④ 李琳，刘昊. 从“抽象的人”到“具体个人”：教育评价范式转变及其对学前教育评价转型的影响. 教育测量与评价，2018（1）：26-32.

3）儿童应是重要的评价主体。儿童作为学前教育质量评价的重要主体在某种程度上已经得到研究者的一致认同，近年来也出现了一些从儿童视角出发、以儿童为评价主体的研究。[①]但将儿童作为评价主体的目的不应该只局限于了解儿童对学前教育质量的评价，而是尝试从儿童的角度出发，理解儿童的经验、观点和行为，并为使学前教育发展更符合儿童发展的需要提供依据。

总的来说，倾听儿童的“声音”的重要性得到越来越多研究者的认同，并逐渐表现在学前教育质量评价的各个方面。但即便如此，儿童的“声音”在学前教育质量评价中仍然很微弱，有待在未来的学前教育质量评价中得以加强。

① 王小英，陈欢. 基于儿童视角的幼儿园物质环境质量评价. 学前教育研究，2016（1）：19-29.

下编　作为学术关注的学前教育

第九章

学前教育学术研究的发展

1978 年以后，我国学前教育的理论研究逐渐恢复和发展，实践改革和探索也日趋深入和多样化，国际交流与合作日益频繁，学前教育学术研究呈现出生机勃勃的态势。40 年间，我国学前教育领域的学术研究日益科学化与系统化，取得了显著进步。作为教育学术研究的重要子领域，40 年来学前教育学术研究的主要发展成就包括：学术研究主体与研究对象不断拓展，课程与教学研究日益多元化；学前教育学术刊物不断发展，质量不断提升，一系列高质量的学术论文产生了广泛影响；学前教育研究方法日益科学规范，定性和定量研究都受到重视。但是当前学前教育学术研究领域仍然存在不少问题与挑战，理论研究与实践行动之间存在脱节现象。未来我国的学前教育学术研究将继续面临着全球化与本土化的双重挑战。如何将国际先进学术研究经验与中国传统社会文化问题结合，进一步健全中国学前教育学术研究体系，是值得每一位学术研究者深思的问题。

第一节　学前教育学术研究的历史发展

一、1978—1988 年：学前教育学术研究的“重新拾起”

1978—1988 年的 10 年间，我国的学前教育研究主要停留在向美国、苏联等学习，研究国外先进的学前教育思想（如夸美纽斯、福禄贝尔、欧文、柯蒂斯等思想家的学前教育思想）、国外的学前教育（如美国、苏联、瑞典、荷兰等国家的学前教育及农村学前教育）、国外的学前教育发展（如美国、苏联等国家的学前教育发展及研究历史）、学前教育评价（如学前教育机构、环境、质量评价等）以及现实状况。在国际研究的基础上，也出现了针对我国学前教育家思想以及学前教育实践的研究。

改革开放的第一个 10 年，我国对于学前教育的研究可谓是“重新拾起”。在社会各界的高度重视下，学前教育研究重新进入学术视野之中。以“学前教育”为主题在中国知网上搜索 1978—1988 年相关学术期刊，在所有文献中剔除与学前教育相关度不高的文献，再分别以“学前教育”“早期教育”“幼儿”“幼儿园”为主题进行并集的精确和模糊匹配，共检索筛查出约百篇期刊文献。

从指标分析来看，下载数和被引数形成巨大反差，下载数大而被引数小。可见当时学前教育学术研究跟不上社会关注程度，学术研究迟滞不前。从总体趋势来看，这 10 年间的总体发文趋势呈现出上升趋势，但是波动幅度较大。从文献互引网络分析来看，这些文献的关键词除了集中在幼儿教育、学前教育、儿童、幼儿教师、幼儿、幼儿园、学前儿童以外，还集中在美国、英国、苏联等国家名称以及陈鹤琴、福禄贝尔等教育家的名字上。从这里也可以看出，当时我国学前教育研究主要处于学习阶段，迫切需要体系化的理论来进行指导。

1978 年中央教育科学研究所重建之后，幼教研究室的孙爱月主持了课题“中国幼儿教育史研究”，并撰写了学术著作《当代中国幼儿教育》。之后，关于中外幼儿教育史的研究和著作日益增多。这一时期，唐淑和吴家苓①、周

① 唐淑，吴家苓. 夸美纽斯的儿童早期教育思想. 南京师大学报（社会科学版），1981（2）：10-11.

采[①]、阎玉英[②]介绍了著名教育家夸美纽斯、欧文等的学前教育理论；唐玉光、胡惠闵介绍了福禄贝尔的学前教育思想，以及如何将其中的“恩物”与“作业”相结合[③]；刘莲兰编译介绍了英国教育学家柯蒂斯的学前教育目标[④]；钟昭华介绍了我国著名儿童教育家陈鹤琴的学前教育思想及其与我国学前教育发展之间的关系[⑤]。

在比较研究领域，张维平[⑥]、周采[⑦]、刘开瑜[⑧]等着重关注了美国的学前教育；曹筱宁[⑨]、邓鲁萍[⑩]、邱蔚芳[⑪]、晓新[⑫]等则着重关注了苏联的学前教育。范崇燕[⑬]、张璟光[⑭]、黄锦芬[⑮]、张宝瑞[⑯]等更加关注我国的学前教育情况并开始关注个别城市的学前教育状况及特点。其通过比较世界学前教育的发展和差异，以期为我国学前教育改革发展提供借鉴。

邵杰泉介绍了早期教育的重要性[⑰]；曹能秀重视学前创造教育研究[⑱]；郑晓边关注了学前教育机构质量的评价，为学前教育的监督监管提供了思路[⑲]；曹小宁介绍了几种主要的幼儿教育研究方法，有利于我国进行更加科学合理的学前教育研究[⑳]；周蕖[㉑]、于文[㉒]、穆子[㉓]、吴毫英[㉔]等更加关注对学前教育书籍的介绍和传

---

① 周采. 夸美纽斯的学前教育思想. 教育研究与实验，1987（1）：33-35.

② 阎玉英. 欧文学前教育思想初探. 西北师大学报（社会科学版），1985（4）：91-95.

③ 唐玉光，胡惠闵. 福禄培尔论游戏体系中的“恩物”和“作业”. 教育评论，1986（3）：76，78.

④ 刘莲兰. 柯蒂斯论学前教育的七大目标（上）. 外国教育资料，1988（5）：65-71；刘莲兰. 柯蒂斯论学前教育的七大目标（下）. 外国教育资料，1988（6）：60-67.

⑤ 钟昭华. 陈鹤琴教育思想与江西实验幼师——中国学前教育史研究之二. 南京师大学报（社会科学版），1981（2）：12-17.

⑥ 张维平. 美国教育中的争论问题（下）. 全球教育展望，1981（2）：43-49，65.

⑦ 周采. 十九世纪美国学前教育发展概况. 教育研究与实验，1985（3）：36-40.

⑧ 刘开瑜. 美国学前教育的发展趋势. 西北师大学报（社会科学版），1987（2）：79-82.

⑨ 曹筱宁. 从美苏两国学前教育的共同趋势谈我国学前教育的改革. 课程·教材·教法，1985（6）：77-80.

⑩ 邓鲁萍. 简述苏联学前教育的知识体系理论. 外国教育资料，1987（1）：65-72.

⑪ 邱蔚芳. 苏联的学前教育. 今日苏联东欧，1983（2）：55-56.

⑫ 晓新. 苏联教育制度在八十年代的发展趋势. 外国教育资料，1983（5）：65.

⑬ 范崇燕. 学前教育小议. 人民教育，1978（2）：59.

⑭ 张璟光. 学前教育改革刍议. 福建师范大学学报（哲学社会科学版），1985（4）：134-139.

⑮ 黄锦芬. 广州市学前教育的现状、问题和建议. 广州教育，1987（6）：18-25.

⑯ 张宝瑞. 北京地区学前教育调查. 瞭望周刊，1988（49）：25-26.

⑰ 邵杰泉. 关于幼儿智力的一些研究. 外国教育资料，1978（4）：1-2.

⑱ 曹能秀. 学前期创造教育初探. 昆明师专学报，1988（4）：69-77.

⑲ 郑晓边. 学前教育机构环境质量评价——Harms—Clifford 环境评价介绍. 教育研究与实验，1988(4):40-42.

⑳ 曹小宁. 介绍几种主要的幼儿教育研究方法. 中国教育学会通讯，1980（1）：61-67.

㉑ 周蕖. 书讯——《童年世界——学龄前儿童》. 外国教育动态，1981（3）：63.

㉒ 于文. 学前儿童认识自然. 人民教育，1984（12）：35.

㉓ 穆子. 下位类注意不够. 图书馆界，1986（1）：30-31.

㉔ 吴毫英. 献给幼儿教师和家长的一本好书——评介《幼儿教育工作指导》. 东北师大学报（教育版），1986（4）：36.

播；陈蘅关注到了学前儿童道德的发展[①]；伍骅和徐佳丽[②]、赵彦[③]、葛曼莹[④]、刘翠荣[⑤]对学前教育师资培养方面给予了更多的关注；肖志植[⑥]、车爱新[⑦]、张维仪[⑧]则更加关注农村学前教育。

20世纪80年代开始了关于儿童观的大讨论，《教育研究》《学前教育研究》等期刊都刊载了一系列文章，提出了我们需要一种崭新的儿童观作为社会主义教育的前提。虞永平、刘晓东、卢乐珍等对儿童观进行了一系列探讨和研究，对儿童观的形态、结构和内涵进行了纲领性的阐述，分析了中国传统文化中的儿童观。

戴伊通过对游戏活动特点的介绍，阐明了游戏对促进幼儿智力发展所起的作用[⑨]；马尔柯娃从"游戏是儿童的天性"出发，以时间为线索，详细梳理和阐述了古典游戏理论、现代游戏理论和当代西方游戏理论。这些研究为扭转学前教育中轻视游戏的观念和做法提供了理论依据。[⑩]

同时，对我国教育思想的研究也日益增多。1987年出版了《陶行知幼儿教育的理论与实践》。1985年起，江苏、北京、上海、江西等地先后成立了陈鹤琴教育思想研究会和研究小组，并共同发行会刊《鹤琴之声》。各地积极整理和出版陈鹤琴先生的学术文献，《陈鹤琴教育文集》（上、下卷）、《陈鹤琴全集》（共6卷）相继出版。后来出版了戴自俺主编的《张雪门幼儿教育文集》（上、下卷）。对张宗麟幼儿教育思想的研究，主要是高等院校结合教学进行的，出版了《张宗麟幼儿教育论集》。

"八五"期间，中央教育科学研究所开展了"农村幼儿教育体系"的课题研究。1987年，史慧中主持了"适应我国国情，提高幼儿素质"的全国教育科学"七五"规划重点课题研究。这一研究成果为我国20世纪90年代开展幼儿家庭教育指导和研究工作提供了依据。

由此可以分析出这10年我国学前教育的发展特点：①学前教育关注度有所提升。在改革开放的政策背景下，我国在重视基础教育发展的同时，也开始关注学

---

① 陈蘅. 关于道德发展阶段的研究与学前教育. 现代中小学教育，1987（1）：70-74，77.

② 伍骅，徐佳丽. 迈开了可喜的第一步——中等职业技术学校毕业生进入江汉大学的调查. 职业教育研究，1987（3）：32-33.

③ 赵彦. 浅谈幼儿教师培训的几个问题. 教育科研通讯，1987（4）：51-53.

④ 葛曼莹. 学前教育专业实践性教学的实验. 江汉大学学报（社会科学版），1987（2）：42-44，49.

⑤ 刘翠荣. 五个发达资本主义国家的学前教育比较. 外国教育研究，1983（2）：59-66.

⑥ 肖志植. 农村儿童早期智力开发的可能性初探. 江西教育科研，1985（Z1）：26-28.

⑦ 车爱新. 关于农村幼儿教师管理制度的改革. 教育科研通讯，1986（1）：57-58.

⑧ 张维仪. 苏联的农村教育. 外国教育动态，1987（4）：17-21.

⑨ B. D. 戴伊. 游戏在儿童早期教育中的价值. 刘焱，译；卢乐山，校. 比较教育研究，1984（3）：60-64.

⑩ A. K.马尔柯娃. 年龄教育学的心理学基础——年龄发展的规律. 陈帼眉，译；苏心，校. 比较教育研究，1990（3）：25-30.

前教育这一二级学科。②掀起向美国、苏联等学习的热潮。由于美国、苏联等的强大，我们从闭关锁国走向改革开放，努力地学习国外先进的学前教育理论以及实践。③学前教育研究比较集中，但是范围较窄。学前教育研究主要集中在国外学前教育思想研究以及发展状况上，学前教育研究的本土化成分较少，而且涉及的学前教育具体内容不够丰富。④学前教育研究领域有日益扩大的趋势，对于学前教育教师、家庭教育、学前教育研究方法等领域关注不足。这也为后续的学前教育研究指明了方向、埋下了伏笔。

二、1989—1998 年：学前教育学术研究稳定增长

20 世纪 90 年代以来，随着科教兴国战略的实施，学前教育工作者及研究者对幼教事业有了更执着的追求，并为之倾注了大量的心血。在这个阶段，学前教育研究仍以一个持续稳定增长的态势发展。根据对 1989—1998 年资料的统计，这 10 年公开发表的学前教育学术论文近 4000 篇，且自 1994 年以后论文数量有了大幅度的增加。从论文在学前教育及其相关学科期刊上的分布情况来看，我国学前教育核心刊物群已基本形成。1999 年，中国学前教育研究会举办了“庆祝中国幼教事业开创 50 周年、中国学前教育研究会成立 20 周年”的学术研讨会，与会代表达 1000 人，这一盛会对推动新时期的学前教育发展和研究起到了重要作用。这一时期研究的热点包括学前课程与游戏的研究、幼儿教师研究、家庭教育研究、农村幼教体系建设研究等。

（一）对学前课程与游戏的研究

20 世纪 90 年代以来，我国仍旧在学前课程改革的道路上上下求索。1996—1997 年，《学前教育研究》开展了“幼儿园究竟应该教些什么”等 13 个系列讨论，对于深化我国的幼儿课程改革起到了积极的作用。讨论中包含了对语言教育、健康教育、科学教育、美术教育等具体领域教学目标和内容的思考。李生兰讨论了幼儿园课程内容的建构。钟小峰和金石红讨论了课程体系与幼儿认知结构的关系。[①]刘焱就教师的“教”与学生的“学”的辩证关系展开了关于课程观的讨论。[②]

---

① 钟小锋，金石红. “幼儿园究竟应该教些什么？”讨论之七：课程体系与幼儿认知结构. 学前教育研究，1996（6）：28-30.

② 刘焱. “幼儿园究竟应该教些什么?”讨论之九：在教与学的辩证关系中看幼儿园课程. 学前教育研究，1997（1）：38-41.

虞永平指出学前课程研究面临的四个尤为重要的课题是课程的“幼儿化”“科学化”“中国化”“现代化”。[①]探索幼儿园课程的现代化，除了立足我国的国情，总结经验与教训，借鉴世界各国的经验、教训与成就也是十分必要的。李生兰指出我国早期教育课程存在理论研究匮乏、课程模式简单划一的问题。[②]黄人颂也对美国发展适应性早期教育课程方案进行了述评。[③]

刘焱开展了一系列关于游戏的研究，并介绍了美国学前教育领域中的一个新概念——“适宜发展性教育”，要求教师在设计课程、准备环境、与儿童相互作用等过程中要考虑儿童的年龄特点和个人特点。[④]

（二）对幼儿教师的研究

教师的专业素养和水平很大程度上影响着幼儿教育的质量，因此20世纪90年代的很多研究者在这方面展开了调查研究。卢乐珍和刘晓东调查分析了教师的儿童观、德育观，发现幼儿教师在热爱儿童方面存在较大问题，对“尊重儿童、建立良好师生关系”的理解和执行仍有不少偏差，以及对家长工作的重视程度仍然不够。[⑤]张明红总结了我国的幼儿教育要从以知识技能为主的教育转到素质教育的轨道上来，并指出了教师需要具备的一些教育技能。[⑥]

屈玉霞对幼儿教师科研能力进行了抽样调查，发现幼儿教师的科研能力整体水平较低，科研重点在幼儿园的教学活动方面，缺乏在一定理论指导下的高层次的科研活动。[⑦]贺蓉调查了幼儿教师的学习方式，发现幼儿教师经常采用的学习方式与其认为对于提高自身相关的专业水平有效的学习方式之间存在极大的矛盾。[⑧]

（三）重视家庭教育

随着我国经济水平的提高，家庭结构的改变，科技的进步，学前儿童家庭教育越来越受到重视。1992年4月“首届全国幼儿家庭教育研讨会”在上海举行，代表们就家庭教育的理论、实践和指导等方面进行了研讨，并且呼吁全社会必须重视家庭教育，再也不能把幼儿教育简单地看成幼儿园教育了。这个时期，“中国幼儿家庭教育研究”被列入国家教育委员会“八五”重点课题，为课题服务的

---

① 虞永平. 学前教育课程研究漫议. 学前教育研究，1996（3）：41-43.

② 李生兰. 美国早期教育课程的理论与实践. 外国教育研究，1992（4）：18-51.

③ 黄人颂. 美国发展适应性早期教育课程方案的述评. 华东师范大学学报（教育科学版），1998（2）：9-15.

④ 刘焱. DAP——学前教育领域中的新概念. 学前教育研究，1994（6）：4-7.

⑤ 卢乐珍，刘晓东. 当前幼儿教师儿童观、德育观的调查分析. 学前教育研究，1995（5）：37-39.

⑥ 张明红. 试论新时期幼儿教师的职业素养. 学前教育研究，1995（4）：41-42.

⑦ 屈玉霞. 对幼儿教师科研能力的抽样调查. 山东教育科研，1998（5）：37-39.

⑧ 贺蓉. 幼儿教师学习方式的调查及思考. 上海教育科研，1998（8）：29-10.

上海幼儿家庭教育研究基地也在上海建立。

1992年，上海市教育科学研究所李洪曾主持了全国教育科学“八五”规划重点课题“中国幼儿家庭教育的研究”，研究成果为幼儿家庭教育指导提供了可借鉴的多种模式。李生兰研究了独生子女家庭教育的问题[①]，比较了中国、澳大利亚家庭教育主客体关系、家庭教育内容、途径等方面的异同[②]；张彦玲研究了深圳特区幼儿家庭教育现状[③]；吴玉琦等调查了上海市区家长的教育观念[④]；李洪曾分析了上海家庭教育的特点与问题[⑤]，介绍了上海家庭教育指导工作的发展[⑥]；杨期正和李洪曾还研究了上海地区家庭幼儿教育投资的现状[⑦]；黄娟娟等调查了电视对幼儿家庭教育的影响，发现电视对家庭教育的观念、内容、方法都会产生一定的影响。[⑧]

（四）农村幼教体系建设研究

面向21世纪，提高农村幼儿教育的质量是提高我国农村人口素质的迫切需求。然而办园条件简陋、“小学化”现象严重、“城市化”教育娱乐、家庭与幼儿园教育脱节、教师专业素质低、幼儿发展水平落后等问题的存在，使得20世纪90年代的农村幼儿教育发展步履维艰。李生兰认为深化农村幼儿教育改革，就必须要更新教育观念，科学安排幼儿一日活动，优化幼儿园环境，提高教师专业水平。[⑨]关于农村教师队伍建设，肖梅初认为要确保幼儿师范生分配到位，给自费幼师生就业开绿灯，同时全面整顿农村幼师队伍。[⑩]

为了改变农村幼儿教育的现状，刘占兰等成立了“农村学前教育项目”课题组，并且几经探索形成了包括有效的行政管理网、师资培训网（多形式、多层次、多渠道）、幼儿教育网（家庭教育和机构教育相结合）三网在内的行之有效的农村幼教体系。[⑪]

徐冰、仲立权调查和分析了一些乡镇幼儿园的情况，认为在农村幼儿园深入贯

---

① 李生兰. 独生幼儿家庭教育的问题与对策. 江西教育科研，1994（5）：31-33.

② 李生兰. 中澳幼儿家庭教育的比较. 上海教育科研，1995（3）：11，37-38.

③ 张彦玲. 深圳特区幼儿家庭教育现状调查报告. 学前教育研究，1994（6）：23-26.

④ 吴玉琦，李洪曾，谢光庭. 上海地区幼儿家长家庭教育观念的调查研究报告. 上海教育科研，1996（5）：27-30，49.

⑤ 李洪曾. 上海地区幼儿家庭教育的特点与问题. 上海教育科研，1995（12）：11-15.

⑥ 李洪曾. 上海地区幼儿家庭教育指导工作的发展（1987—1995）. 上海教育科研，1996（3）：20-25.

⑦ 杨期正，李洪曾. 上海地区家庭幼儿教育投资的现状研究. 学前教育研究，1996（1）：30-33.

⑧ 黄娟娟，乐善耀，杜慧琦. “电视对幼儿家庭教育、幼儿社会化影响”的调查报告. 上海教育科研，1994（7）：43-46.

⑨ 李生兰. 农村幼儿教育的流弊及发展研究. 江西教育科研，1995（2）：22-25.

⑩ 肖梅初. 对农村学前班教师队伍建设的思考. 学前教育研究，1994（4）：18-19.

⑪ “农村学前教育项目”课题组. 中国农村幼儿教育体系的探索. 学前教育研究，1995（4）：21-23.

彻《幼儿园工作规程》的精神尤为重要，主张认真组织教师学习《幼儿园工作规程》及相关理论，加强对教师的实践指导，以正确评价为导向，促进教师观念的转变。①

分析农村幼儿教育，除了要看到其落后的一面，也要看到有利的条件。熊易群归纳了发展农村教育的有利条件，包括优越的自然条件，深厚的传统美德积淀，幼儿园、家庭与社会教育紧密结合，幼儿班与小学关系密切便于幼小衔接等，认为只有扬长避短才能加快农村幼教体系建设的步伐。②

这一时期我国还开始开展农村早期干预项目，如"早期儿童发展"项目是"促进贫困地区初等教育"项目的重要内容之一。1994—1995年，在安徽和广西的8个县进行实验；1996—2000年，在西北、西南11个省（自治区、直辖市）的32个国家级贫困县展开研究。

三、1999—2008年：学前教育学术研究的不断拓展

1999—2008年是跨世纪的10年，我国学前教育研究取得了重大成就。纵观这10年间我国学前教育领域的研究，主要集中在面向21世纪的学前课程改革、以公平为导向的学前教育政策、支持民办学前教育发展以及农村留守儿童教育调研等方面。

（一）面向21世纪的学前课程改革

20世纪90年代末，国际学术交流进一步加强，国际上新的教育理论与观念不断涌现。我国学前课程研究逐渐受到外国课程研究的启发。这些新的教育理念的影响使20世纪90年代末直至21世纪初的中国学前课程变革呈现出了多元化、个性化的态势。李季湄③、王春燕④等通过对日本、美国、德国、法国四国幼儿教育课程改革的对比，总结出21世纪世界幼儿教育课程发展的趋势，即强调幼儿主体性发展，在游戏活动中学习，以及个别差异等，体现了儿童本位的课程设计理念，关注儿童的整体性及和谐发展。

郑三元基于面向完整有机体——学生的情感和人格的人本主义课程论，提出学前课程决策应以尊重儿童为前提，充分考虑课程内容与儿童生活和社会现实紧密联系，多方面综合课程，发挥儿童、家长及社区的积极参与作用。⑤霍力岩提出

---

① 徐冰，仲立权. 农村幼儿园如何贯彻《幼儿园工作规程》. 学前教育研究，1997（3）：55-56.

② 熊易群. 谈谈发展农村幼儿教育的有利条件. 学前教育研究，1998（5）：18-19.

③ 李季湄. 面向新世纪的世界幼儿教育. 学前教育研究，1999（5）：4-7.

④ 王春燕. 中国学前课程百年发展变革的特点与启示. 教育研究，2008（9）：93-97.

⑤ 郑三元. 人本主义课程论与学前课程决策. 学前教育研究，1999（5）：21-24.

的“以我为主，他为我用”，“以他为主，他我结合”两个基本思路，是借鉴了蒙台梭利教育法在我国的实际应用。[①]意大利瑞吉欧课程模式也对我国产生了影响，我国学前课程开始灵活借鉴瑞吉欧课程模式，形成幼儿园活动整合课程、生存课程、田野课程等课程模式。[②]这些课程是在充分吸收皮亚杰、维果斯基理论及多元智能理论基础上的结晶。[③]

幼儿教育课程现代化是跨世纪的任务。[④]21 世纪的幼儿教育和幼儿园课程必须是面向未来、面向可持续发展的，必须是围绕幼儿的基本学习重新组织的，而主动性和责任感的培养应该成为贯穿在我国整个幼儿教育和幼儿园课程中的“主旋律”。[⑤]1999 年 4 月 24—26 日，中国学前教育研究会托幼机构教育专业委员会召开了“迈向新世纪的幼儿园课程学术研讨会”，探讨我国未来幼儿园课程的走向。

对于如何借鉴国外课程发展的经验，如何在我国本土践行，李季湄就幼儿园课程中的几个关键问题——幼儿园教育目标与课程目标、目标模式与过程模式课程，进行了澄清与分析。[⑥]陈时见和严仲连结合中国国情，对幼儿园的园本课程开发的内涵、特点等进行了论述，认为要以和谐发展为前提建立科学的课程体系，发挥师幼间的双主体作用，注重潜在课程的开发，避免流于形式，强调游戏与活动。[⑦]

（二）以公平为导向的学前教育政策

许多学者指出，学前教育发展缺乏有力的法律保障和必要的政策规范，成为当前制约我国学前教育事业发展的主要问题。国家有关部门应组织、启动关于学前教育事业发展问题与现实需要的调研，并积极创造条件制定学前教育法，重点明确规范学前教育的责任、领导体制、管理体制、办园体制、办园条件、经费投入、教师的责任与权利、待遇等重要法律关系问题，以确保学前教育事业在法律的保障下健康发展。[⑧]

蔡迎旗、冯晓霞运用公平理论分析了我国学前教育政策的公平取向，以及当前幼儿教育实践中的各种不公平现象及其背后的社会制约因素和幼儿教育自身存

① 霍力岩. 蒙台梭利教育法与幼儿教育改革——借鉴蒙氏教育法的两个基本思路. 比较教育研究，1999（5）：55-58.

② 车艺. 从方案教学看幼儿园课程的过程模式. 学前教育研究，2000（3）：13-15.

③ 王春燕. 中国学前课程百年发展与变革的基本特点. 学前教育研究，2003（10）：25-27.

④ 袁爱玲. 幼儿教育课程现代化是跨世纪的任务. 学前教育研究，1999（3）：7-9.

⑤ 冯晓霞. 构建 21 世纪的中国幼儿园课程——来自多方面的启示与思考. 学前教育研究，1999（4）：4-7.

⑥ 李季湄. 关于幼儿园课程的几个问题——幼儿园教育目标、课程目标及其课程模式. 学前教育研究，2001（1）：27-30.

⑦ 陈时见，严仲连. 论幼儿园的园本课程开发. 学前教育研究，2001（2）：27-29.

⑧ 庞丽娟，胡娟，洪秀敏. 当前我国学前教育事业发展的问题与建议. 学前教育研究，2002（1）：40-42.

在的问题，进而从政策学的角度提出了改善我国当前幼儿教育公平状况的建议。[①]对我国不同时期学前教育政策价值取向的发展演变进行分析，可以看出我国学前教育政策经历了从偏重社会需要到注重儿童全面发展，从强调整齐划一到推行个性化教育、关注儿童特殊需要的价值取向转变，反映了社会发展、体制变革、世界教育发展趋势等多方面因素的综合影响。[②]

国际学前教育政策对我国学前教育政策的发展有重要借鉴作用。庞丽娟等介绍了西方的学前教育政策发展情况，如英国的"确保开端""每个孩子都重要""儿童保育十年战略""早期奠基阶段"等[③]，以及美国的"普及学前教育运动"[④]，认为世界各国的学前教育政策变革，都对我国促进学前教育公平的政策制定起着重要作用。[⑤]

（三）支持民办学前教育发展

改革开放以后，随着市场经济体制的建立与活跃，国家发出鼓励支持社会力量办园的号召，相继颁布了民办教育促进法草案等，民办幼儿教育事业开始蓬勃发展。蔡迎旗梳理了改革开放以来我国民办幼儿教育的发展历程，提出为加强我国民办幼教事业，需要做到：①转变政府职能，加强宏观管理；②培育和利用中介组织，加强行业管理；③规范和完善园内的管理体制；④加强师资队伍建设。[⑥]朱家雄、张婕对我国民办幼儿教育进行了历史回顾。[⑦]在民办学前教育开始进入快速发展的时期，建立公平的竞争机制，将有益于民办学前教育事业的健康发展。[⑧]

我国民办学前在教育管理上存在着民办观念的偏差，法规政策的操作性差，以及教育行政管理不到位和规范性差等问题。李卫以社会正义理论为研究视野，从平等和公正的维度，分析了我国社会转型中民办幼儿教育事业发展与政府职能转化的问题。[⑨]步社民以浙江省某些区域的幼儿教育现象为例，对学前教育市场化进行了反思，认为我们必须深入思考学前教育与市场的关系，明确只有政府规控

---

① 蔡迎旗，冯晓霞. 论我国幼儿教育政策的公平取向及其实现. 教育与经济，2004（2）：33-36.

② 邢利娅，白星瑞. 建国后我国学前教育政策价值取向的演变. 学前教育研究，2008（3）：13-15.

③ 庞丽娟，沙莉，刘小蕊. 英国布莱尔政府学前教育改革政策及其主要特点. 比较教育研究，2008，30（8）：34-38.

④ 严冷，冯晓霞. 美国"普及学前教育"运动的研究与思考. 全球教育展望，2008（5）：50-56.

⑤ 李敏谊. 从"开端计划"到"稳健起步计划"：国际社会建设和谐教育的不懈努力. 比较教育研究，2008（4）：36-41.

⑥ 蔡迎旗. 改革开放以来我国民办幼儿教育的回顾与思考. 学前教育研究，2003（7）：71-74.

⑦ 朱家雄. 建立公平的竞争机制，积极鼓励和大力支持民办学前教育事业的发展. 学前教育研究，2003（Z1）：67-68.

⑧ 朱家雄，张婕. 我国民办幼儿教育的发展与展望. 学前教育研究，2004（7-8）：29-31.

⑨ 李卫. 我国民办学前教育管理的问题及对策. 长沙：湖南师范大学硕士学位论文，2004：2.

下的资本投入与运作才能保证学前教育事业的健康发展。[①]皮军功对发展民办幼儿教育进行了宏观思考，他主张“办好教育”的动机和“经办”自主是民办幼儿教育自身发展的动力；民办幼儿教育具有与公办幼儿教育同样的公益性；政府应对民办幼儿教育进行规划、组织和管理。[②]

（四）农村留守儿童教育调研

20 世纪 90 年代后期，随着农村劳动力向城市的急剧流动，留守儿童问题逐渐浮出水面，我国研究者相继开始关注农村留守儿童问题。我国对农村留守儿童教育问题的研究主要集中在道德品质、学习状况、心理健康、安全、监护者类型及有效度、解决问题的对策建议等方面。[③]

关于农村留守儿童教育的研究方法呈现出多样化、多视角。从人口学视角出发，段成荣、杨舸利用 2005 年全国 1%人口抽样调查数据估算了全国农村留守儿童的规模、结构、地域分布等基本情况，重点阐述了农村留守儿童的受教育状况、家庭照料状况等。该研究填补了有关农村留守儿童信息的空白，具有创新意义。[④]吕绍青、张守礼以 114 所北京打工子弟学校为案例进行调查研究，其中 3 所为幼儿园，发现外部环境恶劣、民工子弟学校私人办学、入学儿童贫困等问题致使基础教育边缘化，通过剖析我国城乡差别下的流动儿童教育，提出了相应的对策建议。[⑤]殷世东、朱明山基于皖北农村留守儿童教育问题的调查，建议国家、学校、家庭、社区应该合力建立农村留守儿童教育社会支持体系，解决留守儿童的教育问题。[⑥]也有研究者采用比较研究方法，对美国流动儿童教育问题和措施进行了分析，认为美国所采用的完善立法、利用网络传递流动学生信息、帮助贫困流动家庭、加强学校（社区）与流动儿童家庭的联系，以及颁布《不让一个孩子掉队法案》等措施，对解决我国农村留守儿童问题有一定的借鉴意义。[⑦]

这个时期农村早期干预项目日益增多，如“早期儿童养育与发展”合作项目、“早期儿童发展”合作项目等。后者的项目周期为 2006—2010 年，针对东西部地区、经济发达和欠发达地区早期教育事业发展的差异进行了研究。

---

① 步社民. 学前教育市场化反思——以浙江省某些区域的幼教现象为例. 学前教育研究，2008（12）：3-6.

② 皮军功. 发展民办幼儿教育的宏观理论思考. 学前教育研究，2008（9）：29-31.

③ 肖正德. 我国农村留守儿童教育问题研究进展. 社会科学战线，2006（1）：246-249.

④ 段成荣，杨舸. 我国农村留守儿童状况研究. 人口研究，2008（3）：15-25.

⑤ 吕绍青，张守礼. 城乡差别下的流动儿童教育——关于北京打工子弟学校的调查. 战略与管理，2001（4）：95-108.

⑥ 殷世东，朱明山. 农村留守儿童教育社会支持体系的构建——基于皖北农村留守儿童教育问题的调查与思考. 中国教育学刊，2006（2）：14-16.

⑦ 石人炳. 美国关于流动儿童教育问题的研究与实践. 比较教育研究，2005（10）：29-33.

四、2009—2018年：学前教育学术研究的蓬勃发展

2009—2018年是学前教育研究蓬勃发展的10年。这个时期，中国知网上有关学前教育领域的学术论文数量近14 000篇，其中核心期刊论文近3000篇，学术论文数量逐年增加。近10年来，我国学前教育研究主要集中在比较教育研究、政策法规研究（含农村研究）、教师培养研究、学前质量研究等领域，总体来说呈现出以下特点。

（一）多元比较，不断优化学前教育事业

周兢提出应通过比较学前教育研究，将我国学前教育事业置于国际学前教育事业发展的大背景下进行新的考察，在国际范围内将我国与具有代表意义的国家和地区进行比较，从而对我国学前教育政策的走向做出发展性定位。[①]

庞丽娟等针对当前我国对基本普及学前教育的呼声日益高涨，对世界多个实行学前教育免费政策的国家和地区进行了比较和分析，对于我国制定并推行免费的学前教育政策具有积极的启示和借鉴意义。[②]刘焱等通过对OECD的报告《良好开端》的结果进行分析，认为其所采用的比较研究指标，如可获得性、付得起、幼儿园教育质量等，对于制定和推进我国学前教育发展的政策具有借鉴意义，可以帮助我们更好地把握经费投入、资源配置和实践改善的方向。[③]潘月娟、孙丽娜通过对印度的学前教育发展进行比较分析，提出我国应当加大财政性学前教育投入，优先关注处境不利儿童的受教育权利，提高政策的执行力，多渠道筹集资金，稳步推进学前教育发展。[④]刘颖、李晓敏通过对OECD国家学前教育质量监测系统进行分析，提出我国也应建立与完善覆盖所有托幼机构、教师和儿童的学前教育质量监测系统，促进我国学前教育质量的持续稳定提高。[⑤]王晓梅从中国、德国两国学前教育机构类型、教学组织形式、课程内容和教学手段、家园关系等四方面比较分析了两者的差异、差异产生的原因及对中国学前教育的启示。[⑥]

农村学前教育发展严重滞后、城乡差距日益显著，是当前我国学前教育事业发展的突出问题和难点。洪秀敏、罗丽从起点不公平、过程不公平和结果不公平

---

① 周兢. 国际学前教育政策比较研究. 上海：华东师范大学出版社，2012.

② 庞丽娟，夏婧，张霞. 世界主要国家和地区学前教育免费政策：特点及启示. 比较教育研究，2010（10）：1-5.

③ 刘焱，史瑾，潘月娟. 世界学前教育排名比较研究及启示. 比较教育研究，2013（2）：1-8

④ 潘月娟，孙丽娜. 印度发展学前教育的措施、问题及其对我国的启示. 比较教育研究，2015（3）：101-106.

⑤ 刘颖，李晓敏. OECD国家学前教育质量监测系统分析及其对我国的启示. 学前教育研究，2016（3）：3-14.

⑥ 王晓梅. 德国与中国学前教育的比较和启示. 开封教育学院学报，2017（5）：175-177.

三个方面对我国城乡学前教育进行了比较分析，并为我国城乡学前教育公平发展提出了宝贵的建议。[①]叶平枝、张彩云基于国家2010—2012年公布的相关数据，对影响我国发达地区学前教育发展的各类因素进行了因子分析和区域比较。[②]

（二）加强政策法规研究，推进学前教育规范化

当前制约我国学前教育事业发展的主要问题包括教育公平、财政投入、农村教育等。庞丽娟、韩小雨认为立法保障和促进学前教育事业发展既是现代政府职责的重要内容，也是解决当前我国学前教育发展诸多突出问题的关键所在与迫切需求。[③]为了促进我国学前教育事业又好又快地发展，我国学者进行了许多有关政策法规方面的研究，具体如下。

保障弱势群体幼儿有平等接受学前教育的权利、促进学前教育公平成为当今世界学前教育发展的价值追求。王海英指出导致学前教育不公平的根本原因主要有两个：①社会经济、政治、文化、制度设计的城市偏向与东部偏向；②政府对学前教育由来已久的忽视和学前教育研究界的封闭孤立。[④]钱雨分析了世界学前教育质量监管体系的发展特点与趋势及其对我国的启示。[⑤]范明丽、庞丽娟依据当前我国学前教育管理体制的现状，指出了存在的主要问题、面临的主要挑战，为我国学前教育管理体制改革提供了基本方向。[⑥]田志磊和张雪[⑦]、柏檀[⑧]等一致认为，学前教育财政在投入总量、地区差异、成本分担比例及资金分配和使用效率等方面存在诸多问题，要切实解决“入园难”“入园贵”的问题，最为重要的是要加大政府财政投入力度。

农村学前教育作为政策法规研究中的热点话题，受到越来越多学者的关注，关于此方面的研究呈逐年增长的趋势。刘晓红指出当前农村学前教育发展中存在的问题及面临的主要困难，包括物质条件有限、多种安全隐患、各项规章制度不规范、师幼比例失衡、课程设置随意、农村幼儿教师素质低等，为我国农村学前教育的发展提供了路向。[⑨]段成荣等通过深入研究第六次全国人口普查数据，总结

---

① 洪秀敏，罗丽. 公平视域下我国城乡学前教育发展差异分析. 教育学报，2012（5）：73-81.

② 叶平枝，张彩云. 发达地区学前教育发展影响因素研究. 教育研究，2015（7）：23-33.

③ 庞丽娟，韩小雨. 中国学前教育立法：思考与进程. 北京师范大学学报（社会科学版），2010（5）：14-20.

④ 王海英. 学前教育不公平的社会表现、产生机制及其解决的可能途径. 学前教育研究，2011（8）：10-16.

⑤ 钱雨. 世界学前教育质量监管体系的发展特点与趋势分析及其对我国的启示. 学前教育研究，2012（12）：14-19.

⑥ 范明丽，庞丽娟. 当前我国学前教育管理体制的主要问题、挑战与改革方向. 学前教育研究，2013（6）：3-7.

⑦ 田志磊，张雪. 中国学前教育财政投入的问题与改革. 北京师范大学学报（社会科学版），2011（5）：17-22.

⑧ 柏檀，熊筱燕，王水娟. 我国学前教育财政投入问题探析. 教育与经济，2012（1）：29-33.

⑨ 刘晓红. 我国农村学前教育发展中的问题、困难及其发展路向. 学前教育研究，2012（3）：30-33.

了全国农村留守儿童的基本特征、面临的问题和困难，分析了解决相关问题和困难的对策措施，为有效解决农村留守儿童问题提供了科学依据。[①]赖昀等认为面对学前教育普及化趋势，农村地区学前教育学校迎来巨大挑战，如何通过多种途径加强农村学前教育教师资源的合理配置，提高学前教育质量是一个不可回避的现实课题。[②]

（三）关于幼儿教师研究的数量稳中有升，加强幼儿教师的培养研究迫在眉睫

秦光茜认为学前教育是否能够健康发展，关键在于能否拥有一个合格的教师队伍。[③]王迎兰对我国中专、大专、本科三级院校学前教育专业培养目标进行分析后发现，当前我国各级师范和职业院校设置的培养目标存在定位不准、层次不清晰、去向不明确等问题。[④]倪建发[⑤]、潘建飞[⑥]等学者对我国学前教育师资队伍存在的问题进行了分析，具体包括社会地位低、职业认同感和满意度低、师资分布不均衡、师资培养体系结构不合理等。高闰青指出高师院校学前教育专业应如何进行课程设置的改革，以便更好地贯彻《幼儿园教师专业标准（试行）》的精神，真正为学前教育事业的发展添砖加瓦，成为学前教育理论与实践研究者的普遍心向。[⑦]夏婧、庞丽娟指出我国应补充和完善幼儿教师培养机构的准入标准和培养质量评估标准，因地制宜地制定和完善幼儿教师学历培养体系的相关规定，进一步明确和逐步增加幼儿教师培养的经费投入等。[⑧]袁秋红在分析我国学前教育师资培养体系改革变化的基础上，从培养方式、培养机构、支援中西部农村地区等方面提出了优化建议。[⑨]

（四）学前教育质量研究

目前，我国学前教育质量研究主要回应了质量在学前教育发展中的意义、学

① 段成荣，吕利丹，郭静，等. 我国农村留守儿童生存和发展基本状况——基于第六次人口普查数据的分析. 人口学刊，2013（3）：37-49.

② 赖昀，薛肖飞，杨如安. 农村地区学前教育教师资源配置问题与优化路径——基于陕西省X市农村学前教师资源现状的调查分析. 教育研究，2015（3）：103-111.

③ 秦光茜. 幼儿园师资队伍建设的几点思考. 成功（教育），2010（5）：224.

④ 王迎兰. 当前学前教育专业培养目标设置中存在的问题及解决对策. 学前教育研究，2011（11）：55-58.

⑤ 倪建发. 学前教育师资队伍现状及建设途径研究. 温州大学学报（自然科学版），2012（1）：27-30.

⑥ 潘建飞. 当前我国学前教育师资培养中的问题及对策. 理论观察，2012（5）：151-152.

⑦ 高闰青. 高师院校学前教育专业课程设置改革研究——基于《幼儿园教师专业标准》. 课程 · 教材 · 教法，2013（7）：122-127.

⑧ 夏婧，庞丽娟. 我国幼儿教师培养政策：特点、矛盾与建议. 教师教育研究，2014（4）：35-40.

⑨ 袁秋红. 我国学前教育师资培养体系：变革、困境与优化. 当代教育论坛，2018（2）：1-8.

前教育质量的构成要素和判定方式、学前教育质量的现实状况，以及提升学前教育质量的路径四个焦点问题。[①]

刘占兰结合对《国家中长期教育改革和发展规划纲要（2010—2020年）》的解读，认为基本普及学前教育的核心内涵是提高入园率与提高保教质量并重。[②]钟秉林认为，高质量的早期教育可以促进儿童认知和社会性发展，为儿童入学学习和终身发展奠定良好基础；高质量的学前教育可以重塑儿童人生，对于处境不利的儿童和家庭来说尤为重要。[③]李克建、胡碧颖提出托幼机构教育质量由两大要素构成，即结构性要素与过程性要素。基于对学前教育质量的理解和构成要素的分析，研究者对学前教育质量评价的标准、方式、工具等也进行了深入探讨。[④]何静、严仲连提出学前教育质量标准应以确保儿童安全为出发点，满足家长与幼儿的需要，具有可实现性，保证教育资源的充分利用，并且认为农村学前教育质量标准应适度关注幼儿的认知发展，适当降低硬件设施的要求，适度放宽师资条件的规定，从农村实际出发设置课程。[⑤]

在学习参考国外评价工具并结合我国实际情况的基础上，研究者也编制了一些适合中国的评价工具，如李克建等合作编制的"中国托幼机构教育质量评价量表（试用版）"以及中央教育科学研究所编制的"幼儿园教育质量评价手册"等。[①]

第二节　学前教育学术研究的主要成就

一、学前教育研究主体与研究对象不断拓展

改革开放40年来，作为教育学的重要研究子领域，学前教育研究主题与对象不断拓展。1978年7月，国务院恢复建立中央教育科学研究所，设置了"幼儿教

① 杨晓萍，李敏. 焦点与转向：我国学前教育质量研究述评. 教育研究，2016（4）：74-80.

② 刘占兰. 学前教育的普及必须兼顾质量的提高——谈《规划纲要》中基本普及学前教育的内涵与措施. 学前教育研究，2010（10）：18-22.

③ 钟秉林. 发展学前教育要坚持抓好普及与提高质量并重. 中国教育学刊，2014（3）：5.

④ 李克建，胡碧颖. 国际视野中的托幼机构教育质量评价——兼论我国托幼机构教育质量评价观的重构. 比较教育研究，2012（7）：15-19.

⑤ 何静，严仲连. 农村学前教育需要合理的质量标准. 现代教育管理，2014（8）：31-35.

育研究室”，这是我国第一个国家级的幼儿教育研究机构。该研究室的任务是探索3～6岁幼儿德、智、体、美全面发展的教育及幼儿教育事业发展等方面的规律，研究具有中国特色的社会主义幼儿教育体系的基础理论问题，为决策部门制定和修改幼儿教育方针、任务，为幼儿园编写教育纲要、教材与教法等有关幼儿教育研究书籍提供科学依据。

20世纪80年代，学前教育正式成为全国教育科学规划课题的一个分支领域。20世纪90年代以来，幼儿教育科研工作得到进一步加强，各省（自治区、直辖市）在教育局或教育科学研究所设幼教研究机构或专职研究员，县级教研室也有专职幼教研究员。许多高等师范院校和幼儿师范学校也相继成立了幼儿教育研究室。随着《幼儿园教育指导纲要（试行）》和“学前教育国十条”等重要文件的颁布实施，国家对学前教育研究的重视与支持也日益增加。如今我国学前教育迎来了快速发展的时期，对学前教育学术研究取得的成就和问题进行总结，可以更好地了解我国学前教育研究的发展概况，提升学前教育的研究水平。

全国教育科学规划课题是国家设立的高级别教育科学研究课题。通过在全国教育科学规划领导小组办公室网站获取2003—2017年的课题立项数据，对其进行分析，可以从一个侧面反映出我国学前教育研究的发展状况。

（一）学前教育研究的立项课题数量呈现增长态势

2003—2017年，全国教育科学规划课题共有6141项，学前教育领域的课题数量有198项，所占比例为3.22%。学前教育领域的课题数量比例范围在1.44%～4.48%。自2010年颁布实施“学前教育国十条”后，关于学前教育领域的研究课题比例一直维持在2.8%以上，近两年一直保持在4.5%以上的水平。

（二）研究主体呈现多元化

通过对全国教育科学规划课题承担人的所在单位进行分析可以发现，学前教育的研究主体来源于高等院校、幼儿园、研究机构、各地区教育学院、出版社、地方教育局、企业、教育协会、幼教学区。具体来说，来源于高等院校的研究主体是最多的，比例高达75.76%，其次是幼儿园，比例为10.61%，专门研究机构的比例达到7.07%，各地区教育学院的比例为2.53%。可以看出，来源于这四类的研究主体占大多数。

（三）学前教育研究者所属的地域分布广泛

统计全国教育科学规划课题的承担人所在单位的地区分布，可以发现学前教育研究的课题承担者涵盖了我国 26 个省（自治区、直辖市）（不含港、澳、台数据）。排名前 10 名的地区有北京市（13.64%）、上海市（13.13%）、江苏省（9.60%）、浙江省（7.07%）、吉林省（7.07%）、湖南省（6.06%）、山东省（5.05%）、河南省（4.04%）、天津市（3.54%）、辽宁省（3.54%）。可以看出，在课题承担者所属的地域分布方面，向普及化发展的同时也有一定的集中性倾向，即主要集中在我国东部沿海地区，西部地区相对较少。

（四）学术研究的对象不断扩展

学前教育研究对象呈现出覆盖面广、内容丰富、形式多样的特点。1979 年年末，中国启动了中央教育科学研究所幼教研究室主持的第一个项目——“3～6 岁幼儿言语发展特点的调查研究”。该项目的研究者与 10 个省（自治区、直辖市）的幼教工作者协作，通过一年横向调查和三年纵向调查，探索了学前儿童言语发展的顺序性、阶段性的特点。1984—1986 年，该研究室又与 16 个省（自治区、直辖市）的幼儿教育工作者协作，进行了“我国幼儿形态、机能、基本体育活动能力的调查研究”，分析了 34 000 余名幼儿的 58 万条有关数据，为支持我国幼儿生理素质发展的有效教育行为和策略的研究提供了可靠依据。

全国教育科学规划领导小组办公室将 198 项关于学前教育研究的课题进行了 19 项主题分类，如表 9-1 所示。其发现与以下 6 个主题相关的研究较多：幼儿园教师及园长（33 项）、儿童发展与教育（25 项）、幼儿园五大领域（22 项）、学前教育政策与法规（20 项）、农村学前教育发展（17 项）、课程与游戏（14 项）。近年来，关于学前教育政策与法规、儿童观与教育观、处境不利儿童的学前教育、国际比较研究、学前教育人才培养这五类主题的研究不断增多，尤其是 2010 年以后变化更加明显。除了类别不断扩展，各类主题研究的内容也不断深化和扩展。例如，幼儿教师及园长这个主题里的研究，包含的内容有职前培养、师资准入、教学策略、园长领导力等（表 9-2）。

表 9-1　立项课题主题词的统计情况　　　　单位：项

主题	年份															总计
	2003	2004	2005	2006	2007	2008	2009	2010	2011	2012	2013	2014	2015	2016	2017	
1. 幼儿园教师及园长	2	2		1	1	2	2	2	1	1	4	3	6	5	1	33
2. 课程与游戏	5	1	2		1				1			2		2		14
3. 幼儿园五大领域	5		2			1	1	3	2	2	1			3	2	22

续表

主题	年份															总计
	2003	2004	2005	2006	2007	2008	2009	2010	2011	2012	2013	2014	2015	2016	2017	
4. 儿童发展与教育	5			2		2			2		1	2	3	4	4	25
5. 幼小衔接、入学准备	2		1													3
6. 儿童观与教育观						1	1				1	1	1			5
7. 家庭与社会	2									1	1				1	5
8. 处境不利儿童	1							1		1					1	4
9. 学前特殊教育	1		1				1								2	5
10. 农村学前教育发展		1			1	1			5	2	2	1			4	17
11. 民族地区学前教育		1			1			1		1	1				2	7
12. 质量监测与评估			1	1				1	2		2					7
13. 学前教育机构管理	1			1			1				1			1	1	6
14. 学前教育政策与法规							3	1	4	1	3	2	1	4	1	20
15. 国际比较研究							2		1	1		1			2	7
16. 学前教育信息化	1		1											1	1	4
17. 学前教育与社会学			1				1									2
18. 学前教育人才培养			1							1	1		1			4
19. 其他		1	1			1				1		2		2		8
总计	25	6	11	5	4	8	12	9	18	12	18	14	12	22	22	198

资料来源：全国教育科学规划领导小组办公室

表 9-2　与幼儿园教师及园长相关的课题

课题名称	年份
教师及园长：幼儿园教师专业发展的组织形态及行动策略的研究	2003
高素质婴幼儿教师教育培养方案研究	2003
促进幼儿教师专业成长——以“叙事研究”为主要方式的校本培训设计与实践研究	2004

续表

课题名称	年份
幼儿园课程资源开发与教师专业成长行动研究	2004
幼儿教师胜任力模型构建和实践验证	2006
在积极有效的师幼互动中促进教师教育行为变化的研究	2007
幼教师资准入制度研究	2008
我国中部地区幼儿教师流动问题及对策研究	2008
促进幼儿自我概念发展的教师评价行为研究	2009
幼儿园教师课程决策研究	2009
幼儿园教师资格考试制度研究	2010
幼儿教师信息化素养调查与培养模式研究	2010
幼儿教师职业准入标准研究	2011
初任幼儿教师专业发展规律研究	2012
幼儿教师胜任力情景判断测验开发及其在幼儿教师专业成长中的应用	2013
民族地区农村幼儿教师培养机制研究	2013
幼儿园园长任职资格制度研究	2013
青海学前藏汉双语教师“双文化”问题研究	2013
幼儿园教师信息技术应用能力提升路径及其实施策略研究	2014
学前教师课程创生素养研究	2014
西北地区“幼师国培”实施成效及提升培训质量的研究	2014
“卓越幼儿教师”实践性知识发展研究	2015
失范与规范：幼儿教师教育权利规制研究——基于虐童事件反思	2015
幼儿园教师管理中的心理契约问题研究	2015
学前教师教育临床教学模式研究——以幼儿语言教育课程为例	2015
幼儿园园长领导特质模型的建构及应用研究	2015
建构主义理论视野下幼儿园的教师自主学习支持系统的研究	2015
社会支持与幼儿教师工作投入：关系、作用机制与管理策略	2016
自然教育取向的农村幼儿教师“四位一体”培训行动研究	2016
农村幼儿园师资远程培养适切性研究	2016
幼儿园园长领导力的实施困境及改善路径研究	2016
西部农村卓越幼儿教师成长的困境及配套支持政策研究	2016
乡村幼儿教师专业成长轨迹及其特质研究	2017

资料来源：全国教育科学规划领导小组办公室

通过以上分析可以发现，学前教育领域研究的立项课题数量逐年增长，研究主体基本形成了以高等院校、幼儿园、研究机构、各省市教育学院为主要力量，其他研究主体参与的多元化格局，并且研究者所分布的地域范围较广，学术研究的对象不仅在类别上不断扩展，研究的内容也不断细化。

二、学前教育学术刊物的发展与演变

改革开放以来，随着学前教育事业的发展，我国学前教育研究文献数量大幅度增加，研究成果的应用性与实效性明显增强。《幼儿教育》于1982年创刊，由浙江教育报刊总社主办。《早期教育》创刊于1983年7月。1984年，《幼教通讯》更名为《学前教育》。1987年，《学前教育研究》由中国学前教育研究会和长沙师范学校联合主办，成为中国学前教育研究会的会刊。该刊反映了我国学前教育研究成果，能有效指导我国学前教育改革实践，是我国唯一一本学前教育类CSSCI期刊。

笔者运用文献计量学与可视化技术，从期刊载文的年代分布、作者分析、发文机构、期刊被引分析、基金支持以及研究主题等维度，对《学前教育研究》（1994—2018年）的载文进行计量分析发现，1994—2018年共发文5434篇，其中2003年发文量最多，高达399篇，2004—2008年基本维持在150篇。《学前教育研究》经历了两个发展时期，2003年以前（不包括2003年）为双月刊，共54期，发文总量1759篇，期均发文数32.57篇；2003年之后为月刊，共184期，发文总量3675篇，期均发文数19.97篇。2006年后稳定在20篇左右，对自身载文量的控制有效地保证了《学前教育研究》的办刊质量，也体现了我国学前教育研究水平整体呈上升的趋势。

对关键词共现网络进行聚类分析，通过过滤，发现该期刊主要围绕以下几个聚类进行：学前教育（136篇）、幼儿教师（100篇）、幼儿（96篇）、幼儿园（88篇）、幼儿教育（67篇）、幼儿园课程（66篇）等。项目资助基金分布在全国教育科学规划（44.73%）、国家社会科学基金（19.02%）、湖南省社会科学基金（9.00%）、国家自然科学基金（6.17%）等领域，属于基础研究（社会科学）。

其主要发文机构为南京师范大学、北京师范大学、华东师范大学三所师范类高校。从文献总量来看，发文作者主要为冯晓霞（36篇）、庞丽娟（31篇）、虞永平（21篇）、姜勇（21篇）、杨晓萍（19篇）、刘云艳（19篇）等。

高被引文献有梁慧娟和冯晓霞的《北京幼儿教师职业倦怠的状况及成因研究》、虞永平的《试论政府在幼儿教育发展中的作用》、周兢的《论早期阅读教育的几个基本理论问题——兼谈当前国际早期阅读教育的走向》、洪秀敏和庞丽娟的《学前教育事业发展的制度保障与政府责任》等。

张媛、蔡建东发现，学前教育研究领域早期关注较多的是学前教育政策、幼儿园课程、科学的学前教育观念和家庭教育等方面的问题，2005—2014 年则较为关注农村学前教育、幼小衔接、政府职责、教师专业发展等方面，整体而言受政策影响较大。学前教育的研究在整个教育研究中所占的比例较低，但近些年来随着国家政策的颁布，这个比例一直在提高，已有的研究以儿童的发展与教育、课程与教学、学前教育的发展与管理为主；幼儿教师的研究数量稳步增长，而农村幼儿教师的研究可以进一步提升；农村学前教育研究关注度逐渐增加；学前教育的质量和评价研究有所增加。①

三、学前教育研究方法日益科学规范

学前教育研究方法日益科学规范，主要体现在研究方法的引进、移植与数字化，研究方式的跨学科和跨文化性，以及研究手段的现代化三方面。②邻近学科、自然科学研究方法的引进、移植及数字化给教育研究注入了活力，它不仅丰富了学前教育科学研究方法，而且促使学前教育研究走向科学化、客观化之路，逐渐向实证化发展，定性分析与定量分析相结合。学前教育研究方法开始呈现出跨学科、跨文化等多样化发展的趋势。总的来说，学前教育研究方法发展呈现出以下三方面的特点：实证研究方法得到发展，多种研究方法被综合运用，跨学科、跨文化研究方法得到重视。

（一）实证研究方法得到发展

实证研究方法是基于事实和证据的研究方法，量化是实证研究的基本特征和思维方法之一。③以内容分析法为主的文献综述为例，研究者通过阅读自己检索到的相关文献，进行主观综述，而随着计算机的发展，文献计量学理论的应用，研究者也开始采用文献计量软件对文献进行更为系统、科学的聚类分析，同时结果以表格、图形呈现，更加简单、直观、清晰。例如，刘晶波选取了 1987—2007 年我国全国教育科学规划课题的学前教育课题以及中国学前教育研究会自行设立的课题做多重分析。④罗若飞对我国和国外几个典型国家的近现代学前教育发展概

① 张媛，蔡建东. 中国学前教育研究二十年——基于《学前教育研究》的文献计量分析. 学前教育研究，2014（1）：3-10.

② 刘电芝. 现代学前教育研究方法. 重庆：西南师范大学出版社，1999：10-13.

③ 袁振国. 实证研究是教育学走向科学的必要途径. 华东师范大学学报（教育科学版），2017（3）：4-17.

④ 刘晶波. 我国学前教育研究 20 年发展状况分析. 教育研究，2011（8）：39-44.

况及发展趋势进行了分析。[①]郭文斌等采用关键词共词分析法，分析了我国学前教育研究热点知识图谱，客观和直观地展示了我国2003—2013年学前教育的研究成果。[②]张媛、蔡建东基于《学前教育研究》进行文献计量分析，分析了1994—2012年我国学前教育研究的发展。[③]兰国帅等对学前教育领域SCI和SSCI期刊的知识图谱进行了分析，研究了我国21世纪以来国际学前教育研究的趋势。[④]以上这些研究均基于文献计量软件绘制知识图谱，按照一定的年限范围，对学前教育研究进行了综述。

（二）多种研究方法被综合运用

多种研究方法互为补充，可以从不同角度、侧面揭示信息，使研究获得的材料丰富而全面。以学前儿童心理发展研究为例，研究者常常会结合问卷调查、访谈、实验等方法进行研究。例如，姜勇、庞丽娟编制了幼儿责任心问卷，对120名4～5岁中班幼儿教师进行问卷调查，采用探索性因素分析和验证性因素分析探讨幼儿教师责任心的维度构成。[⑤]邓赐平等运用家庭情绪表露问卷、表情识别程序和幼儿社会行为教师评估问卷，对82名3～4岁幼儿的家庭情绪表露气氛、情绪认知和社会行为表现进行测查，并分析了三者间的相互关系。[⑥]陈英和等则运用横断设计，以北京市某幼儿园大、中、小班共98名幼儿为被试，通过对其心理理论、情绪理解及语言能力的测试，考察幼儿心理理论和情绪理解的发展状况以及二者之间的关系。[⑦]彭君等采用实验研究法，选择幼儿园4～5岁幼儿进行工作记忆训练任务，考察工作记忆训练对流体智力的提升及保持效应。[⑧]

（三）跨学科、跨文化研究方法得到重视

跨学科研究方法的使用，使学前教育领域的研究更具丰富性。例如，联合国儿童基金会与中国国家教育委员会的合作项目“幼儿园与小学衔接的研究”就是

---

① 罗若飞. 近现代学前教育发展趋势及其对学前教育专业建设的启示. 黑龙江高教研究，2013（11）：61-64.

② 郭文斌，周念丽，方俊明. 我国学前教育研究热点知识图谱. 学前教育研究，2014（1）：11-18.

③ 张媛，蔡建东. 中国学前教育研究二十年——基于《学前教育研究》的文献计量分析. 学前教育研究，2014（1）：3-10.

④ 兰国帅，程晋宽，虞永平. 21世纪以来国际学前教育研究：发展与趋势——学前教育领域四种SCI和SSCI期刊的知识图谱分析. 教育研究，2017（4）：125-135.

⑤ 姜勇，庞丽娟. 幼儿责任心维度构成的探索性与验证性因子分析. 心理科学，2000（4）：38，417-420.

⑥ 邓赐平，桑标，缪小春. 幼儿的情绪认知发展及其与社会行为发展的关系研究. 心理发展与教育，2002（1）：6-10.

⑦ 陈英和，崔艳丽，王雨晴. 幼儿心理理论与情绪理解发展及关系的研究. 心理科学，2005（3）：527-532.

⑧ 彭君，莫雷，黄平，等. 工作记忆训练提升幼儿流体智力表现. 心理学报，2014（10）：1498-1508.

多学科合作研究的结果，它结合了教育学、心理学、生理学、教育社会学等学科内容，从不同角度为幼儿园与小学衔接问题的解决提供了理论基础和实践操作途径。程秀兰从社会学、心理学、现象学视角对幼儿园教育“小学化”现象进行了透视，认为幼儿园“小学化”是一种失范现象，社会竞争环境影响了教师和家长的主体意识，这是由必然的失范向自然的衔接过渡，从而提出了防止与纠正的路径。[①]基于人口学理论，张辉蓉等以 2009 年人口数据作为基点，对我国 2013—2020 年的城乡学前教育阶段学龄人口数进行了预测，发现 2013—2020 年城市学龄人口将逐年增加，而农村学龄人口则逐年下降，至 2020 年两者基本接近。[②]

有研究以统计学理论为指导，制定量表并采用统计方法对研究量表进行检验，并运用于统计分析中。例如，刘焱、潘月娟对“幼儿园教育环境质量评价量表”的特点、结构和信效度进行了检验。[③]刘占兰、高丙成结合国内学前教育发展现状，构建了由 4 项一级指标和 6 项二级指标构成的中国学前教育综合发展水平指标体系，用于对全国和各地区学前教育发展指数进行统计。[④]叶平枝、张彩云基于国家 2010—2012 年公布的相关数据，对影响发达地区学前教育发展的各类因素进行了因子分析和区域比较。[⑤]

第三节　学前教育学术研究存在的问题及发展方向

一、理论与实践的脱节：学前教育学术研究存在的问题

1978 年后，学前教育的理论研究随之恢复和迅速发展，实践改革和探索也日趋深入和多样化，国际交流与合作日益频繁，我国的学前教育理论研究和实践发

① 程秀兰. 多学科视野中幼儿园教育“小学化”现象透视. 教育研究，2014（9）：69-76.

② 张辉蓉，黄媛媛，李玲. 我国城乡学前教育发展资源需求探析——基于学龄人口预测. 教育研究，2013（5）：60-74.

③ 刘焱，潘月娟.《幼儿园教育环境质量评价量表》的特点、结构和信效度检验. 学前教育研究，2008（6）：60-64.

④ 刘占兰，高丙成. 中国学前教育综合发展水平研究. 教育研究，2013（4）：30-37.

⑤ 叶平枝，张彩云. 发达地区学前教育发展影响因素研究. 教育研究，2015（7）：23-33.

展呈现出生机勃勃的态势。但是学前教育研究领域的理论与实践存在脱节现象。针对该现象，刘晓东曾呼吁学前教育学科应当加强理论建设，尤其是基础理论建设，努力形成“学术共同体”，形成自己的理论话语体系。同时，学前教育学科应当与学前教育实践密切联系，更要对学前教育现实有所反省、有所批判、有所改造。①

2001年《幼儿园教育指导纲要（试行）》的颁布，开启了我国幼儿园教育教学的全面改革，提出了与以往不同的教育领域和目标内容，尤其是在表述方面有很多新的提法，真正促使人们去深入思考和实践幼儿教育的目标、内容和方法，彻底地冲击和更新了人们的教育理念和行为。《幼儿园教育指导纲要（试行）》还单设了“教育评价”部分，对教育评价的意义、内容、方法和注意事项进行了说明，第一次将教育评价作为国家正式文件的一部分提了出来，引发了学前教育工作者对教育评价工作的重视。自此，在《幼儿园教育指导纲要（试行）》的指导下，我国学前教育教学与课程改革轰轰烈烈地开展起来，深刻影响了我国学前教育的理念与实践。2003年，国务院办公厅发布《国务院办公厅转发教育部等部门（单位）关于幼儿教育改革与发展指导意见的通知》，这一文件的颁发明确了学前教育事业发展面临的困难和解决问题的方向与措施。由于历史的原因，我国学前教育是基础教育中发展最薄弱的阶段，总体上看，基础差，未来的发展仍然存在多重问题，需要进一步深化理论，并密切联系实践。②

二、学前教育学术研究的发展方向

（一）全球化：融合国际理念的学前教育学术研究

改革开放40年来，学前教育研究不断汲取国际先进教育思想，但未来仍需在本土化的基础上，开阔视野。1978年以后，我国教育研究者对西方学前教育流派与课程模式的认识和研究兴趣开始复苏。1987年，中国幼儿教育研究会加入世界学前教育组织，开展幼儿教育国际交流。2013年，世界学前教育组织年会在中国上海召开。

但引进西方理念需要结合我国社会文化传统与地域特点，经过理性的批判与扬弃，不可一味地生搬硬套。例如，为了迎合家长和市场的需要，一些民办幼儿园打着蒙台梭利的旗号，却把教育重点放在了知识学习上。这些被异化了的蒙台

---

① 刘晓东. 学前教育理论发展存在的问题与未来的路向. 教育学报，2010（5）：43-49.

② 虞永平. 站在国家战略的高度确保“幼有所育”. 人民教育，2018（2）：1.

梭利教育阻碍了其理论在我国的健康传承与发展。许多学者呼吁我们要继承和融合蒙台梭利教育、瑞吉欧课程、多元智能理论等西方先进教育理念的精髓，但要与当代中国幼儿教育实践相结合，根据社会现实情况和儿童的需要，不断进行反思和调整。

（二）本土化：回归传统文化的学前教育学术研究

对传统文化的融合与回归也将成为学前教育研究未来面临的主要挑战之一，我国研究者正积极建设有中国特色的学前教育研究体系。改革开放40年来，我国学前教育科研机构和群众性学术团体建立并发挥着重要作用，研究范围不断拓展，研究成果不断深化。1979年3月，参加全国第一次教育科学规划会议的9名幼教界代表倡议发起成立中国教育学会幼儿教育研究会。1979年11月3日，中国教育学会幼儿教育研究会在南京正式成立，并召开了第一届年会，陈鹤琴任名誉理事长，左淑东任理事长。

1992年2月，中国教育学会幼儿教育研究会更名为中国学前教育研究会，成为全国一级学会。1995年10月26日，在成都召开了中国学前教育研究会第一次代表大会，史慧中任理事长，卢乐山、张小清、赵寄石、孙爱月等为顾问。1996年，中国学前教育研究会成立了五个专业委员会，分别为托幼机构教育专业委员会、游戏与玩具专业委员会、学前儿童社会教育专业委员会、学前儿童健康教育专业委员会、学前教育事业发展与管理专业委员会。2003年10月，中国学前教育研究会在北京举办纪念“百年中国幼教”的系列活动。

1996年开始，我国进入“九五”时期，这是我国实施科教兴国伟大战略的重要时期，也是学前教育事业发展的关键时期。1997年7月，国家教育委员会下发《全国幼儿教育事业“九五”发展目标实施意见》，提出这一时期我国学前教育事业的发展目标为：为形成有中国特色的、面向21世纪的社会主义教育体系的框架奠定坚实基础。2001年，教育部在青岛召开全国学前教育工作座谈会，会议就学前教育取得的成绩和发展的前景进行了全面总结和深刻分析，就当前学前教育发展存在的问题及如何推动“十五”期间学前教育事业的发展提出了改革思想。随着改革开放的深入，传统文化如何在中国学前教育变革中保留与传承成为新的课题，中国学前教育需要革命性的基础观念和根本立场的转变。

结语

走向未来的中国学前教育

改革开放以来，我国政府与社会对发展学前教育的重要性的认识逐渐增强，特别是2010年以来，在中央政府的主导下，多层面、全方位、大力度、体系化的政策发挥出显著的改革效应，促使我国的学前教育事业实现加速发展，取得了一系列令人瞩目的成就。进入社会发展的新时期，我国的学前教育需要以新思维面对教育现代化的挑战，破解教育事业发展的难题，提高教育质量，为广大幼儿造就幸福美好的童年。

1）要按规律办教育，规范和引导学前教育健康发展。学前教育是具有复合性质的社会事业，只有遵循其发展的基本规律，才能推动该事业走向蓬勃。

学前教育最核心的规律是幼儿身心发展规律，是学前教育规律的源头，幼儿的身心发展规律和学习特点，是我们开展科学保教的基础和前提。幼儿发展的规律催生了幼儿教师劳动的规律，也就是教育过程的规律。客观地说，幼儿身心发展的水平和学习特点决定了他们不能学习很多高深知识，幼儿园的学习内容比中小学的学习内容要简单，但这并不意味着幼儿教师的工作就更为简单。幼儿教师必须了解幼儿的身心发展规律和学习特点，关注幼儿的现实生活，深入观察自己所面对的每一个幼儿的行为表现，分析他们的发展特点和需要，有针对性地为每一个儿童提供适宜的、可选择的和有趣味的环境和材料，以便引发儿童与同伴、环境的相互作用。因此，学前教育的内容需要教师以观察和分析为基础，进行挖掘、选择和创造。幼儿教师不只是教案的书写者，更重要的是环境的创设者和材料的提供者，要为教育活动付出大量劳动，否则幼儿难以在原有基础上获得新的发展。对幼儿教师的专业要求是热爱儿童和学前教育事业，拥有广博的知识，具有观察和分析儿童行为并进行指导的能力、进行课程计划和设计的能力、开展环境创设的能力、组织多样化教育活动的能力以及进行评价的能力。幼儿教师要具备这些基本专业素养，意味着对儿童的教育需要大学问。[①]

幼儿教师劳动的规律，呼唤学前教育管理的规律。幼儿教师的劳动具有针对性、适宜性和创造性。因此，幼儿教育的管理应充分考虑幼儿教师的工作规律，了解幼儿教师的基本素养，尊重他们的人格和尊严，为其进一步的发展创造条件。在管理工作中，要做到严格要求和充分信任相统一，坚持规范和鼓励创新相结合，满足需求与提高要求相协调。[①]与其他学段的教师相比，当前，我国幼儿教师待遇保障不尽理想，这是制约我国学前教育发展的羁绊之一。因此，特别需要关注超大班额带来的过重身心负担、部分家长的苛责带来的人际关系困扰、由偏低的收入所产生的待遇失落、个别媒体对幼儿教育负面案例的过度宣传等问题，这不仅会影响保教质量，还会影响教师的工作热情和职业幸福感，甚至会损害幼儿教师的社会形象。

2）要继续唤醒全社会的“儿童意识”，夯实学前教育的理念根基。儿童意识是以“儿童本位”为核心思想的，是对儿童这一处于特殊年龄阶段的人的认识与态度。它表现为对儿童价值的认可、对儿童身心特点的尊重、对儿童兴趣与需求的理解、对儿童权利——特别是发展权——的支持。联合国公布的《儿童权利公约》曾提出，“关于儿童的一切行为，不论是由公私社会福利机构、法院、行政当局或立法机构执行，均应以儿童的最大利益为一种首要考虑”[②]。20世纪90年代以来，我国已连续三次颁布“儿童发展纲要”，反复强调“保护儿童”“儿童优先”“儿童最大利益”“儿童平等发展”等观点。可见，倡导树立儿童意识已成为世界的共识，也已经成为我国政府的责任。

但学前教育领域出现的各种问题，反映出儿童意识还未从国家意志完全融入地方决策、融入教育理念、融入民众意识、融入大众文化。一个文明、和谐的社会主义国家有必要唤起全社会的儿童意识，从国之未来的高度认识学前教育的价值，进一步加大对学前教育事业的政策倾斜，引导社会资源合理流入；严格禁止违背科学教育观念的学前教育行为，支持学前教育学术研究与实践创新，为彰显儿童意识的教育行为提供有力解释和榜样参照；宣传正确的儿童观和教育观，营造人人关爱儿童、呵护儿童、支持儿童发展的良好社会氛围。

3）要坚持政府主导不动摇，为“幼有所育”提供制度保障。改革开放40年来的经验与教训提醒我们，要实现学前教育自身的良好发展以及发挥其对国家发

① 虞永平. 用规律指引学前教育健康发展. 中国教育报，2018-3-10（2）.

② 联合国. 儿童权利公约. (1989-11-20)[2018-07-10]. http://www.un.org/chinese/children/issue/crc.shtml.

展的利好作用，务必坚持政府在学前教育事业中的主导地位。《国家中长期教育改革和发展规划纲要（2010—2020年）》提出，要建成覆盖城乡的基本公共教育服务体系，建立政府主导、社会参与、公办民办并举的办园体制。这意味着无论哪一种幼儿园类型、无论办园主体是谁，政府在幼儿园的举办过程中都应担负起必要的投入、监管责任。即便是主要依靠市场机制运行的民办幼儿园，政府同样要分别做好必要的监督管理和投入支持。

我们认为，政府的主导责任应立足于如下方面：①从促进教育公平、社会发展、儿童健康成长的高度统筹辖区学前教育，担负起规划布局区域学前教育的责任，特别要注意公办与民办幼儿园的均衡布点，避免普惠性学前教育的盲区；②承担主导性的责任来保障全体公民平等地享有有基本质量的公共服务，通过一系列制度的设计与建设，以直接或间接的方式保障幼儿入园的基本质量，监督并促进民办幼儿园的教育条件、师资质量和业务水平的提升；③继续进行学前教育投入，逐步构建起合理的学前教育成本分担结构——我们建议政府分担比例为50%～55%，家庭分担比例为35%～45%，社会辅助分担比例为5%～10%；④建设学前教育管理的专门机构，配备专门人员，做好各部门协同管理的“联络员”，确保对民办幼儿园的管理少重叠、无空白；⑤建立有效的政府问责制度，明确责任主体及其相应的责任清单，建立责任制，落实责任目标、责任部门和责任人，破解“是否履行责任”“履行责任效果如何”等难题。

索　引

后　　记

学前教育是基础教育的重要组成部分，是关乎儿童健康成长、人民安居乐业、国家和民族未来的重要事业。大量研究证实，学前教育在提升人口素质、消除贫困、促进社会公平、刺激生育意愿、预防青少年犯罪、传承民族文化、提升文明程度等方面，都具有深远而巨大的作用。因此，“办好学前教育”，推进“幼有所育”，促进学前教育的可持续发展，是党和国家实现新时代中国社会发展目标的必然要求。

改革开放40年来，我国的学前教育事业经历了一系列重大变革，有进步，有成就，也有曲折与遗憾，更有历史性的突破及跨越式的发展。当前，我国进入了社会发展的新时代，学前教育事业的核心使命逐步从“让幼儿有园上”向“让人人上好园”转变，站在这一历史转折点，系统回顾并反思学前教育改革40年的历程，总结经验教训，探索发展规律，揭示问题矛盾，展望未来趋势，有助于国际社会对中国教育与儿童教育事业历史与现状的了解，有助于为破解学前教育发展所面临的问题提供智慧支持，有助于引领我国的学前教育事业朝更加美好的方向前进。因此，这是一项意义深远、责任重大的任务。能够参与钟秉林教授主编的“中国教育改革40年”丛书的编写，并负责《学前教育》的撰写，我们既深感荣幸，又颇感压力。

为了使本书能够客观、全面、准确、清晰地呈现我国学前教育最“新鲜”的历史，带领读者全方位、多角度地了解40年来我国学前教育事业的起伏变化，编写团队确立了如下的努力方向：以真实为原则，以事实为基础，以材料为根据，立足反省的角度审视、深思一个个教育改革事件，引导读者辩证地思考我国学前教育的过去与现在；为处在改革深水区的中国学前教育提供方向的指引和方法的指导，从而推动学前教育事业的科学发展。但限于能力与时间的制约，难免会存在疏漏与不足，真诚期待广大读者批评指正！

本书由编写团队分工协作完成。其中，绪论、结语由南京师范大学的虞永平撰写；第一章由扬州大学的江夏撰写；第二章由江苏省教育科学研究院的何锋撰写；第三章由南京师范大学的刘颖撰写；第四章由江苏省第二师范学院的田燕撰写；第五章由常熟理工学院的张斌撰写；第六章由南京师范大学的王玲艳撰写；第七章由苏州幼儿师范高等专科学校的张晗撰写；第八章由四川师范大学的彭俊英撰写；第九章由华东师范大学的钱雨撰写。全书由虞永平、张斌统稿、审校，南京师范大学的王亚珺、韩志辉、陈欢、向逸可及东南大学的程友伟参与了全书的校对工作。

另外，南京师范大学的研究生李雨霏、孙悦参与了第六章的资料搜集与整理；苏州幼儿师范高等专科学校的陶双骥老师参与了第七章的资料收集与文稿审读；四川师范大学的研究生郑骞、焦雪丽、万金、陈佳雪参与了第八章的撰写；华东师范大学的研究生何梦瑶、刘露、陈倩茹、鲁熙茜、朱美玲、蓝素芬参与了第九章的资料收集与撰写。

在本卷的编写过程中，科学出版社的编辑乔宇尚给予了重要的协调与支持，朱丽娜和高丽丽做了多次细致的审读，提出了宝贵意见，在此致以诚挚的感谢！

40 年，我国的学前教育从蹒跚逐渐稳健，期待在下一个 40 年中能够更加矫健、茁壮，能够充分实现其利于个人、益于家庭、惠及社会、功在千秋的价值。

作　者

2018 年 9 月 1 日